叢書・ウニベルシタス　26

感覚の分析

エルンスト・マッハ
須藤吾之助／廣松　渉 訳

法政大学出版局

訳者序文

E・マッハの名前は、我が邦の〃読書界〃でもかなり広く知られてはいるが、彼の業績や思想内容が一体どの程度識られているかという段になると、甚だ覚束ないのが実情であるように看ぜられる。

マッハの思想は、もはや、単なる過去の遺物にすぎないのであろうか？　なるほど、一昔前のマルクス＝レーニン主義者は「マッハ主義はレーニンの主題的批判の一書『唯物論と経験批判論』でもう決着がついている」と言って口を拭ったかもしれない。また、一時期の論理実証主義者たちは「現在の論理実証主義はマッハの時代のハード・ポジティヴィズムを克服している」と言って〃開祖〃を貶しめたかもしれない。しかしながら、昨今では、マルクス主義哲学の創造的展開のためにはマッハ主義との対決が必要な予備作業の一つであることを認めるに吝かなマルクス主義者はむしろ稀であろう。また〃新〃実証主義者たちの多くも、冷汗三斗の思いでマッハを再評価しはじめている筈である。

マッハの研究は、しかし、啻に我が邦だけでなく、外国においても、まだ本格的には開始されていない慨がある。象徴的な一事を挙げれば、科学論関係の論著には「アインシュタインの相対性理論は、直接に、マッハ哲学の線に則ったものである」と書かれており、そこでは屢々アインシュタイン本人の有名な言葉「私の仕事にとってマッハの認識論が非常な助けになった。マッハは、彼自身の哲学に導かれて、半世紀も前に一般相対性理論を求めるにあと一歩のところまできていた。もしもマッハがまだ若く彼の頭脳が活発だった時期に、〃真空中における光速の一定性〃という実験結果が知られていたならば、マッハこそが相対性理論の発見者になったであろう云々」が引用されている。にもかかわらず、マッハの哲学と相対性理論との内面的関係を究明した論文がほとんど見当らないのが現状である。

今日までのところ、人びとは、超音速の先駆的研究者マッハ、著名な物理学史家マッハ、ゲシュタルト心理学の先駆者マッハ、耳の機能に関するマッハ・ブロイエル説の唱導者マッハ、音楽理論家マッハ、等々、まさしく群盲象を撫するかの風情で語るが、マッハの多面的な業績を依って以って可能ならしめた所以の彼の哲学、彼の世界観と発想法の総体的把握には懸案を残したままになっている。

マッハの哲学は、もちろん、そのままの形で拳々服膺しうべきものではない。それは、仮令数々の天才的着眼と創見に充ちているにもせよ、所詮は近代イデオロギーの埒内での近代哲学の自己批判、近代科学主義的発想の枠内での科学主義の自己批判という以上のものではなく、われわれにとっては批判的に対質すべき与件たるにすぎない。この批判的対質は、しかし、近代イデオロギーの地平を端的に超克するための恰好な手掛りとして、是非とも遂行さるべき前梯であるとわれわれは考える。この作業は識者の協働に俟たねばならない。けだし、浅学菲才をも顧みず、マッハ哲学の主著の一つを敢て翻訳紹介する所以である。

本書『感覚の分析』は——別著『認識と誤謬』も同断であるが——決して体系的な講述を事とする労作ではない。いわゆるドイツ哲学書に馴染の深い読者の眼には、いかにも素人《ジレッタント》的な〃軽薄哲学〃の印象を与えるのではないかと惧れる。あまつさえ、数次に亘る改訂増補の結果、行論の脈絡に紊れを生じている。論述の非体系性と生硬な訳文を以って、直ちに思想内容を貶価されぬよう期望してやまない。

なお、本書とは別のシリーズ（「りぶらりあ選書」同じく法政大学出版局刊行）の一冊として、マッハのしかるべき論文・講演を選んでコンパクトな編訳書『認識の分析』を上梓する。併せて御検討いただければ幸甚である。

本訳書は、以前、他の出版社から公刊した版本（創文社・昭和三八年刊）の新訳版である。旧版の上梓に際して、幸いにも永井博先生の監修を仰いでいたため、内容的には改訳の要を認めなかったが、新版を機会に修辞の一新を図った次第である。本訳書がもし恙ないとすれば、それはひとえに旧訳稿に賜った朱筆に負うものである。この意味において、この新訳版は、依然、旧版の監修者永井博先生の余慶を留めている。この旨を記して感謝の辞を申し添えたい。

新版の上梓に当っては、旧版元創文社主・久保井理津男氏、同編集部清水芳治氏の御芳情を忝うし、法政大学出版局の稲義人、平川俊彦、藤田信行三氏のひとかたならぬ御世話になった。ここを藉りて御礼申上げる。

昭和四六年七月

訳　者

序文

第六版への序文

本書は批判に熱心な少なからぬ論者たちによって途轍もない思想を誣いられているが、先入見にとらわれていない読者は、全巻を通じて、何一つそういう思想には逢着されない筈である。本書は、誰もがよく知っており、わけても自然科学者には馴染のふかい、自然的世界観を唱導し、世界観をその最も単純でかつ最も確実な基盤につれもどそうと努めるものである。第一章だけではこのことが必ずしも分明でないにせよ、第十四章、第十五章、および新規に追加した補遺によって、それが明瞭になることと思う。補遺の一部は他の方々の特殊研究による改善や敷衍に負うている。御通報いただいた御好意に厚く感謝する次第である。感官生理学の分野で私自身もう一度実験を試みる機会があれば、ミュンヘンのL・ブルメスター教授、およびインスブルックのF・ヒルレブラント博士のお力添えを特にお願いする所存である。R・パウリ博士の「光刺戟の時間的順序の判定について」は、公刊が遅きに失したため、本書では援用させて頂くことができなかった。

一九一一年　五月　ウィーン

著者

原著者の遺命によれば、著者の歿後に公刊される版本は最終版の覆刻でなければならない。本第七版は、書肆の意向に随って誤植の訂正にとどめ、E・マッハが予定していた大掛りなテクスト上の改訂は別の機会を期することになった。事情が許せば、一九〇二年に交わされた協約にもとづいて、プラーグのA・ランパ教授とウィーン新市のR・ウラサック博士とは、此学の現状に即応して、その都度補遺を書いて下さる筈であった。しかし、ランパ教授は公務御多忙のため、増補および関聯する特殊研究の仕上げというE・マッハとの御約束を今日では解消なさるのほかないとの由、また、ウラサック博士のお考えでは、本書の意義は詳説や増補に求めらるべきではなく、補遺が問題になるのは、本書の根本思想が現在の心理学で占める位置やその運命に係わる限りにおいてであるとのことである。時間の猶予もなかったことであり、両氏を煩らわせての増訂は、適当な時期を俟つことになった次第である。

一九一八年　四月　ベルリン・ヨハネスタール

L・マッハ

初版への序文

科学全般がそうであるが、とりわけ物理学は、その基盤に関する大いなる解明を、次には生物学に、しかも感官感覚の分析に俟たなければならないという深い信念によって、私は従来くりかえしこの〔感覚の分析という〕領域に誘引されてきた。

この目標を達成するために私のなしえた貢献は、もとより、微々たるものにすぎない。私は折にふれて、それも専門外の仕事として、しかも長期間の中絶のあとで再度とりかかるという仕儀でしか、研究することができなかった。右の事情からしても、私の散発的な発表は、当然重きを失したし、恐らくこまぎれだというひそやかな非難をすら招いたことであろう。私はそれだけに一層、E・ヘーリング、V・ヘンゼン、W・プライヤーその他、私の論文の事象的内容や方法論的立言に顧慮を惜しまれなかった研究者たちに対して、ひとかたならぬ恩義を感ずるのである。

さて、本書における総括的でかつ補完的な叙述は、私が研究してきた幾多の個別的な諸事実から私の眼前に立ち現われたものが、全ての場合を通じて結局は同じ問題に帰趨することを明らかならしめ、多少とも面目をほどこすのではないかと思う。私は決して生理学者の名を恣にすることはできないし、況や哲学者を僭称することはできない。とはいえ、因襲的な専門の縄張りを超え出て四囲を眺めやっている一介の物理学者が、自分の蒙を啓きたいという一念でとりくんだこの著述は、常に正鵠を得ているわけではないにせよ、他の人びとにとっても、やはり全く無益だというわけではあるまいと思う。

顧れば、今を去る二十五年前、フェヒナーの『精神物理学綱要』(ライプチッヒ、一八六〇)によって、本書で取扱っている諸問題に手をつけてみようという自然な性向を、強烈に興発されたのであった。そして、本書の〔訳文〕五八頁および一三六頁で論及しておいた二つの問題に関するヘーリングの解決によって、大いに助成されたのであった。

何らかの理由で一般的な論議を忌避される読者には、初章と終章とを割愛されるようお奨めする。しかし、私自身にとっては、総論的な見解と各論的な見解とは分かちがたく結合している。

一八八五年　十一月　プラーグ　　著　者

第二版への序文

本書は要綱として役立てる心算で書いたものであるが、アヴェナリュウス、H・コルネリュウス、ジェームズ、キュルペ、ロェプ、ピアソン、ペツォルト、ウィリイ、等々が折にふれて述べているところに鑑みれば、現に要綱としてはたらいたようである。本書は十四年を経て、今日新版として世に現われる。これは多分に冒険的な企図である。というのは、幾多の実験的な個別研究を挿入したり、その後公けにされた文献を詳細に顧慮したりして、大冊に仕立てることは、本書の性格にそぐわないからである。とはいえ、私にとっては重要なこの主題についてもう一度言葉を費すことのできるこの最後の機会を逸したくなかったのである。それゆえ、緊要な増補や説明を、大抵、短い章の形で挿入した。その一つである第二章は、既に一八九七年の英語版に収めておいたものである。

私の認識批判的・物理学的研究と本書における感官生理学的研究との根底には、同一の見解が介在している。それは、形而上学的なものは一切余計であり、科学の経済を混乱させるものとして悉く消去さるべきだという見解である。本書では異説を詳細に批判し、それと論戦を交えるようなことはしないが、しかしそれは異説を蔑視するからではなく、この種の問題は討論や弁証的争論によっては解決しないと信ずるからである。ここで有益なのは、半熟の思想や内容的に矛盾した思想を何年間も根気よく抱きつづけ、補完ないしは矛盾の除去を図って誠実に努力することだけである。第一頁を卒読しただけでもうそれ以上ついていけないと思い、本書をなげだされる読者があるとすれば、その読者は私自身が折々そうせざるをえなったのとまさしく同じ振舞いをされるわけである。

本書の旧版はいろいろと好意的に受取られもしたが、強い反対にも出会った。内容について詳しく立入ろうとされる読者にとっては、ウィリイが最近公けにした「心理学の危機」(Die Krisis der Psychologie, Leipzig, 1899) は、私のそれと近い立場を採っているが、細目に関しては多くの点で私の見解と反対であることを承知しておかれると好便であろうかと考える。

一九〇〇年　四月　ウィーン

著　者

第三版への序文

意想外なことに、第二版は数ヶ月で払底してしまった。私は一八八六年の原版を本質的には変更することなく、自説を明瞭にするために役立ちうる事がらは逸せずに添加しておいた。唯二つの個所、つまり第二版一一頁の第七節と一五頁の第十一節だけは、一層はっきりした表現様式に改めた。というのも、当大学物理学科講師、A・ランパ博士が色々な読者との話を通じて、この個所は往々、一面的に観念論的な意味に理解されていること——これは決して私の意図するところではなかった——に気付かれたからである。私は、ランパ博士がその旨をお報らせ下さった御芳情に、衷心から御礼申上げる。第九章と第十五章とは、第二版では暗示するにとどまったものをあらためて敷衍展開したものではあるが、新規に書き加えたものである。

私の僻目でなければ、今日では、私の見解は、もはや数年前のように孤立してはいない。アヴェナリュウスの門下のほかに、独自の経路を辿って近づいて来られたH・ゴンペルッのような若手の学者もある。依然として残っている差異は、調停不能ではないと思うが、これについて論議するには時期尚早であろう。「問題なのは、しかし、他人が云っていることを、いな、自分自身で云っていることをすら、正確に理解することが妙に六ケ敷いといった体のものである」。私と極めて近い研究方向をとっている数学者W・K・クリフォードは、ユーモア交りにこう述べている（「物自体の本性について」、『講演集』第二巻、八八頁）。

一九〇一年　十一月　ウィーン

著　者

第四版への序文

科学は事実の概括的な記述だけを宗とすべきである。次第に広まりつつあるこの見解は、経験によって制御できないありとあらゆる余計な仮定——とりわけカントの意味での形而上学的仮定——の排除へと論理必然的に帰向する。物理的なものと心理的なものとを包括する最広の領域でこの観点を堅持するとき、至近の第一歩として、「感覚」を以って一切の物理的体験および心理的体験の共通な「要素」とみる観方が生ずる。物理的なもの、心理的なものというのは、唯、この要素の相異る結合様式、相互依属関係に存する。こう考えることによって一連の煩らわしい似而非問題が消失する。本書は何ら哲学体系、包括的な世界観を提供しようとするものではない。本書で論及するのは、他の一切がそれに懸っている上述の第一歩の諸結果だけである。本書においては、凡ゆる問題の解決が図られるのではなく、個々の重要問題の解決にあたって、懸隔している別々の専門的研究の協働を準備すべき、認識論的転回が試みられるのである。

本書で開陳されている個別的諸研究はこの観点からみらるべきである。物理的なものと心理的なものとのあいだに何ら本質的な差異が存在しない以上、両者の関聯においても、われわれが物理的なものにおいて求めるのと同じ精確な聯関が予想されるであろう。とすれば、われわれは次のような期待を抱く。それは、感覚の生理学的分析によって発見されうるありとあらゆる個別的事実に対して、これと逐一対応している物理的神経過程の個別的諸事実が見出されるということである。私はできる限りこの関聯を明示しようと努めた。

私はこれまで、過度の毀誉褒貶を耳にしてきた。右の立論によって、過度の毀誉が静謐な評価へと落着するよう希ってやまない。三十数年前、先入見を克服することによって、本書で採った立場を確立し、我が生涯の最大の知的不快から解放された時、若干の満足が叶えられた。私は当時、カントとヘルバルトしか知らなかった。ところが今日では、私のみるところ、多数の哲学者達――実証主義者、経験批判論者、内在主義哲学の唱道者達や、種々様様な自然科学者達が、互いに他を知ることなく、様々な個人的差異をもちながらも、一点へと収斂する途を歩んでいる。こういう事情の下で、私のおこなった個々の仕事の価値は極く些少にしか見積もれないにしても、私は単に主観的な幻影を追ってきたのではなく、汎く追求されている目標を達成するために私なりに寄与してきたのである、そう考えてもよいのではないかと思う。端緒を辿っていけば古代にまで遡る思想に関して、先陣争いをすることは云うまでもなく無意味である。

医学部講師、ヨゼフ・ポラック博士とヴォルフガング・パウリ博士とが、校正の労をとって下さった。ここに記して心から御礼を申述べる。

一九〇二年　十一月　ウィーン

著　者

第五版への序文

この版では、補遺と註とを幾つか補った。方向感覚に関する近年の研究の浩瀚な挿入は、ヨゼフ・ポラック教授に負うものである。教授には校正と索引の修正をもお願いした。このお力添えに対して、衷心より御礼申上げる。エーヴァルトの聴覚理論に関する誤りを訂正しておいた。喜ばしいことには、物理的なものと心理的なものとの関係に関するアルフレッド・ビネ(『心身論』、パリ、一九〇五)の考えかたは、本書が唱道しているものとほぼ一致していることが判った。

一九〇六年　五月　ウィーン

著　者

目次

凡例

一、Die Analyse der Empfindungen und das Verhältnis des Physischen zum Psychischen von Dr. E. Mach (em. Professor an der Universität Wien) 7. Auflage, Verlag von Gustav Fischer, Jena, 1918. を底本とし、マッハ自ら校閲の労をとった経緯のある英訳 The Analysis of Sensations and the relation of the physical to the psychical. translated by C.M. Williams, revised and supplemented by Sydney Waterlow. を参照した。

二、訳出に当っては、原文の構造、句読点などを必ずしも墨守することなく、総じて大胆な意訳を辞さなかったが、しかし全文ゲシュペルトで強調されている個所をはじめ、枢要と思われる個所は、敢て文体の統一性に固執することなく、むしろ直訳に近い形にしておいた。なお、多義的に読める条りは、多くの場合英訳の読みかたに従った。

三、煩雑をもかえりみず三通りの括弧を用いた。( ) は原典の括弧に照応し、〈 〉は訳者の補い、〔 〕は訳者の云いかえである。括弧をつけずに補ったり云いかえたりした個所もあるが、それが解釈の域に属する恐れのある場合には、執拗なまでに括弧をつけておいた。

四、註についていえば、原註は章ごとに一連番号を附し、各章末に一括しておいた。訳註も同じく章ごとに一連番号を附したが、これは巻末にまとめた。ただし、補遺に附した訳註は右の原則からはずして、それぞれ適当な個所に挿入しておいた。なお、訳註には、純粋に文法的な問題にかかわるものもあるが、大半は内容的なものであり、解説に準ずるものや関連する個所を指示したり、マッハの他の著作における同趣の立論を指摘したものである。

五、哲学用語は別として、生理学をはじめ個別科学の用語は必ずしも現行の訳語をとることができなかった。マッハの時代と今日とでは、同じ用語であっても用法が異り、語義を異にするものが少くないのであって、却って旧時の訳語の方が適切かと思われる場合もあるからである。

六、一原語一訳語主義を墨守しなかったが、術語ないしそれに準ずる用語には、原則として一貫した訳語を当て、この原則からはずれたものについては、ルビ、訳註などの手段で原語の同一性を指示した。

七、ルビは、基本的な語彙が初めて現われた場合、原語の同一性を指示する場合、その用語の重要性をあらためて強調する場合、意訳した言葉の原語を伝える場合に用いた。

八、人名の読みかたは原地読みを原則としたが、慣用の読みかたに従ったものも少なくない。

九、引用されている文献は、本文中では一応訳出しておいたが、註に現われるものは、マッハの文献以外、原則として訳出しないことにした。

十、索引は、事項索引と人名索引とに分けた。事項索引は、原典および英訳のそれを参考にして、一層詳細なものを作ってみた。語彙そのものは大して重要でなくとも、それがどのような使いかたをされているかに応じて思想全体の性格が窺える類いの用語は、或る種の術語よりも一層綿密に拾いあげた。他面においてそれが定式化されている個所だけをあげたものもある。人名索引は、本書に登場する人物とその個所をもれなく拾っておいた。

感覚の分析

第一章　反形而上学的序説

1

物理学的研究は、ここ数世紀、自分自身の分野で偉大な成果を収めただけでなく、他の学問領域をも大いに裨益するところがあった。その結果、物理学的な観方や方法が到るところで脚光を浴び、その適用に非常な期待が寄せられるようになった。これに応じて、感官生理学も、ゲーテやショペンハウエル等の採った方法——この方法で最大の成果を収めたのは何といってもヨハネス・ミュラーであったが——、つまり、感覚そのものを研究しようというきかたを次第に棄てて、今では殆んど例外なく物理学的性格を帯びるようになった。この転換は、しかし、物理学は、なるほど瞠目すべき発展を遂げたとはいえ、より広大な全体的知識《ゲザームトヴィッセン》の一部分をなすにすぎず、物理学の一面的な目的に適うように作られた一面的な知的手段を以ってしては、当の素材を汲みつくすことはできないということに鑑みるとき、必ずしも正鵠を得たものとは思えない。物理学の支援を辞退せよというわけではないが、感官生理学は独自的な展開を期しうるだけでなく、ほかならぬ物理学に対してすらかえって強力な援けともなりうるのである。以下の簡単な考察は、この間の事情の闡明に資するであろう。

2

色、音、熱、圧、空間、時間等々(訳註1)は、多岐多様な仕方で結合しあっており、さまざまな気分や感情や意志がそれに結びついている。この綾織物から、相対的に固定的・恒常的なものが立現われてきて、記憶に刻まれ、言語で表現される。相対的に恒常的なものとして、先ずは、空間的・時間的（函数的）に結合した色、音、圧、等々の複合体が現われる。これらの複合体は比較的恒常的なため〈それぞれ〉特別な名称《ナーメ》を得る。そして物体と呼ばれる。が、このような複合体は決して絶対的に恒常的なのではない。

私の机は明るいこともあれば暗いこともある。暖かいこともあれば冷いこともある。インクのシミがついていたり、脚が一本折れていることもありうる。それは、修繕し、磨き、部分を取り換えることができる。それにもかかわらず、その机は、私にとっては依然、私が日常そこでものを書く当の机であることに変りない。

私の友人は、衣裳をかえることがあるし、大真面目な顔つきをしていることも陽気そうな顔のこともある。彼の顔色は照明や感動によって変りうる。彼の姿態は運動によって変化するし、年々歳々変っていく。とはいえ、恒常的なものの総和は、徐々に変化するものに比べてずっと大きいので、変化の方は影が薄れる。つねひごろ私と一緒に散策するのは同一の友人である。

私の上着にはシミがついたり、孔があいたりしうる。この表現が、すでに、われわれの関わっているのは恒常的なものの総和だということ、この恒常的なものの総和に新しいものが付け加えられたり、〈一旦この総和を考えたのち〉欠けているものが事後的に差引かれたりするのだということを示している。

自分にとって重要な恒常的なものが、変化するものに比べて、一層なじみ深く一層重きをなすことから、半ば本能的で半ば随意的かつ意識的な、表象や記号の経済がおのずと促進される。通常の思考や言語にもこの経済が現われている。一挙に表象されるものは一つの呼称、一つの名称を与えられる。

相対的に恒常的なものとして、次いでは、特殊な物体(身体)と結びついた、記憶、気分、感情の複合体、つまり自我と呼ばれるものが〈意識に〉立現われる。私〔自我〕は、この物に係わったりかの物に係わったり、平静であったり快活であったり、激昂していたり不機嫌であったり、さまざまでありうる。とはいえ(病的な場合を除けば)、自我を同一のものとして認めるに足る恒常的なものが存続している。いうまでもなく、自我もまた、ただ相対的に恒常的であるにすぎない。自我が一見恒常的に思えるのは、就中その連続性、変化が緩慢なことに負うものである。昨日から今日へとうけつがれていくさまざまな考えや計画――覚醒時には環境によってたえずそれを想起させられる(夢のなかではこのような継承的想起を欠くので、自我がひどく朦朧となったり、二重になったり、或いは全く欠如していたりしうるのである)――、無意識的かつ不随意的にかなりの期間保持される些細な習慣、こういったものが、自我の根幹を形づくる。先ずもって、或る人物の自我と他の人物の自我との差異は、一人の人物の自我において年が経つうちに生ずる差異よりも大きいということはない。今日幼年期の自分を想い起こすとき、もしも記憶の連鎖が存在しないとしたら、私はきっとその少年を(いくつかの個々の点は別として)、ほかの少年だと思いちがいすることであろう。私自身が書いた論文ですら、二十年も前のものは甚だ疎遠な感じがする。自我の恒常性には、身体の変化が非常に緩慢だということが確かにあずかってはいるが、普通にそう思われている程ではない。知的自我や道徳的自我のそれに比べて、この種のことがらの分析と考察はまだまだ極めて不十分である。人間は自分のことをよくは知らないものである。(原註1)(私はこの条りを書いた一八八六年当時、リボーの優れた著作『人格の病い』をまだ知らなかった。この本では自我の形成に対して一般感情の果たす重要な役割が強調されている。私はリボーの見解に全く賛成である)。(原註2)

自我は物体と同様、絶対的に恒常的というわけではない。われわれが死に関して非常に恐れること、つまり恒常性の廃絶ということが、生存中にすでに相当程度起っているのである。われわれにとって最も価値あるものは、無数の亀鑑となって保存されつづけるし、それが極めて著しい資質である場合には、一般におのずと保存されるものである。もっとも、秀でた人には個性的な特徴があるが、それが失われたとしても自他ともに別段嘆き悲しむには及ばない。実際、時によっては、個性からの解放としての死が、愉しい想念であることさえある。勿論こう考えたからといって、生理的な死が安楽になるわけではない。

「物体」と「自我」(物質と精神)という実体概念の形成を通じてひとわたり概観(訳註2)がおこなわれると、今度はこの相対的に恒常的なものにおける変化をいささか精密に顧慮しようとする意志がはたらくようになる。物体ならびに自我において変化するものこそ、まさしくこの意志(原註3)を動かすものである。ここにはじめて、複合体の諸構成分《ベシュタントタイレ》がそれの属性《アイゲンシャフテン》として現われる。或る果物は甘い。が、それは苦いこともある。甘い果物はほかにもある。赤い色が、多くの物体に見出される。或る物体の近傍は快適であり、他の物体の近傍は不快である。こういったわけで、さまざまな複合体は、次第に共通の構成分から合成されているようにみえてくる。見えるもの、聞こえるもの、触れうるものが、物体から分離する。見えるものは色と形とに分かれる。多彩な色の中で、再び原色等々といった比較的少数のいくつかの構成分が際立ってくる。複合体は要素、(原註4)すなわち、今までのところわれわれがもうそれ以上分割しえない究極的な構成分に分解する。この要素なるものの本性については差当り不問に附しておきたい。こんにち要素とされているものが今後の研究によって、さらにいっそう解明されるということもありえよう。自然科学者にとっては、要素間の直接的な関係よりも、要素間の関係の関係の方が考究しやすいのであるが、ここでは問題とするには及ぶまい。

3

恒常的なものを一つの名で呼び、構成分をその都度分析することなく、ひとまとめにして考えるという合目的な習慣が、構成分を分けようとする傾動との間に、特異な葛藤を惹き起こすことがある。あれこれの構成分が脱落しても目立った変化をしない漠然とした像《ビルト》は、一見、何かしらそれ自体で存在するもののようにみえる。任意の構成分を一つずつ取り去ってもこの像は依然として全体性を表わし、再認されつづけるので、構成分を全部取り去ることができる、そうしてもなお或るものが残るといった臆見を生ずることになる。こうして、極く自然のなりゆきで、初めは畏敬されたが後には奇怪だとされるようになった（それの「現象」とは別な、不可知な）物自体（原註5）の哲学思想が成立する。

物、物体、物質なるものは、諸要素、つまり、色、音、等々の聯関《ツーザンメンハング》（訳註3）を離れてはない。いわゆる徴標《メルクマーレ》を離れては存在しない。大雑把な概括と入念な分離とは、いずれも暫定的には正当であり、その都度のさまざまな目的には適うにしても、両方一遍には遂行できない。この間の事情を看過するところから、多くの徴標をもつ一つの物をめぐって、似而非の哲学的問題がさまざまな形をとって生ずるのである。物体は細目を考慮する必要のない限り一つのものであり不変である。で、地球なり撞球の玉なりは、球形からの歪みを一切無視しようとする時には、しかもさしたる精度を必要としない場合には、球である。ところが、山岳誌や顕微鏡がものをいうような場合には、地球も撞球の玉も、球ではなくなる。

4

随意的かつ意識的に観点を設定する能力という点で、人間は〈他の動物に比べて〉殊にすぐれている。人間は、個々の細目を、たとえそれが目を惹きやすいものであろうとも、無視することができるし、一転して、些細な点を顧慮することもできる。内容を等閑にふして（熱や電気であれ、流体であれ）定常流に目を向けることもできれば、スペクトル中のフランホーフェル線の幅を計算に入れることもできる。人間は、その気になれば、最も普遍的な抽象に上昇することもできるし、極めて個別的なことに沈降することもできる。この点、動物の能力ははるかに劣っている。動物は観点をとるというよりも、大抵、印象によって或る観点に立たされる。父親が帽子をかぶると判らなくなる赤ん坊や、主人の新しい衣服にまどわされる犬は、観点の葛藤に克てないでいるわけである。この種の破目に陥った経験のない人とてはあるまい。哲学の徒でさえ、上述の訝しい〔物自体の〕問題からも判るように、時折、この破目に陥りかねない。物自体の問題を尤もらしく見せかける格別な事情がある。

物体の色、音、香りは無常《フリユヒテイツヒ》である。しかるに触れうるもの《ダス・タストバーレ》は、持続的な、容易には消失しない核として残存し、この核が、無常な諸性質がそれに結びついている担い手であるかのように思える。見ること、聞くこと、嗅ぐこと、及び、触れることは、全く似たりよったりの〔互角の〕ものだという認識がすでに途を拓いているにもかかわらず、習慣が思考《ゲダンケ》をこのような核に固執させるのである。もう一つ〈の事情を挙げておけば〉、力学的物理学が特異な大発展をとげた結果、空間的・時間的なものに、色や音や香りに比べて或る高次の実在性が帰せられる。従って、色、音、香り、そのものよりも、これらのものの時間的・空間的な紐帯の方が一層実在的であるかのように思える。しかし、感官生理学は、空間や時間が、色や音と同様、感覚と呼ばれうることを明らかにする。この点についてはあとで論ずる予定である。

5

物体の自我に対する関係と同様、自我もまた、同じような似而非問題を生ずる機縁となる。その骨子を簡略に記しておこう。先に立てた要素《エレメンテ》を、ABC……KLM……αβγ……で表わすことにしよう。はっきりさせるために、普通には物体と呼ばれている色、音、等々の複合体をABC……で表わし、身体と呼ばれている複合体——これはいくつかの特質によって特別な取扱いを受ける、前者の一部分であるが——をKLM……で表わし、意志、記憶像等々の複合体をαβγ……で表わすことにしよう。さて、普通には、複合体αβγ……KLM……は自我として、物体界としての複合体ABC……と対置される。時にはαβγ……が自我として、KLM……ABC……が物体界として総括されることもある。ABC……は、先ず差当っては自我から独立で自存的に自我と対立しているようにみえる。が、この独立性は相対的なものにすぎず、よく気をつけてみると固執できないことが判る。たしかに複合体αβγ……においては著しい変化がみられるのに、ABC……には殆んど変化が認められないといったことがありうるし、また逆の場合もある。しかし、αβγ……における変化の多くはKLM……における変化を介して、ABC……の方へ移行するし、逆の場合も起る。(例えば、活潑な表象が行動となって発露する場合や、逆に環境が身体に著しい変化を惹き起こすような場合)。この際、KLM……は、αβγ……やABC……とも関聯しており、この関聯の強さはABC……相互間のそれよりも一層大きいように思われる。こういった事情が、まさしく日常的思考や言語活動《シュプレッヘン》のうちに表現されている。

精確に考察してみると、しかし、ABC……は常にKLM……によって共約《ミット・ベシュテイムト》的に規定(訳註4)されていることが判る。

骰子は、近くで見れば大きく、遠くでみれば小さいし、右の目でみたのと左の目でみたのとは違う。時には二重にみえることもあり、目をつぶれば見えなくなる。同じ物体の諸性質が、このように、身体によって変様され、身体によって制約されて現われるのである。とすれば、多様な姿をとって現われる同一の物体なるものが一体どこに存在するというのであろうか？（原註6）われわれが言いうるのは、さまざまなＡＢＣ……がさまざまなＫＬＭ……と結びついているということだけである。

通俗の思考法や話術では、現実《ヴィルクリッヒカイト》に仮象《シャイン》を対立させるのが常である。鉛筆を空中で見ると真直ぐに見える。ところが、この鉛筆を斜めにして水中に突込むと曲って見える。この場合、人びとは次のように言う。鉛筆は曲って見える《シャイネン》が、実際《イン・ヴィルクリッヒカイト》には真直ぐである、と。しかし、一体どういう根拠で一方の事実を以って現実だといい、他方の事実を以って仮象だといって貶めるのか？　われわれは何を以ってこのことを正当化できるであろうか？　これら二つの場合、いずれも事実が現前しているのである。これら二つの事実は、まさしく、条件の異った、別様の要素聯関を表わしている。水中にさし込んだ鉛筆は、まさしくその周囲の事情によって視覚的には曲っているが、触覚的ならびに計測的《メトリッシュ》には真直ぐなのである。凹面鏡とか平面鏡のなかの像は見ることしか出来ないが、その他（普通）の事情の下では、可視的な像には、触れることの出来る物体が対応している。明るい面は、暗い面のそばでは、もっと明るい面のそばにある場合よりも、一層明るい。もし、聯関を異にする事例を、その諸条件を精密に考量することなく、混同してしまったり、異常な場合に平常のことを期待するといった自然な過ちをわれわれが犯せば、たしかに期待を裏切られる。それは、しかし、事実の罪とがではない。こういう場合に、仮象を云々することは唯実用的《プラクティッシュ》な意味をもつにすぎず（訳註5）、学問的には無意味である。世界は果して現実に存在するのか、それともわれわれは世界を夢想しているにすぎないのか、という屢々立てられる問題も、これまた、何ら学問的な意味を持たない。極めて混沌とした夢でさえ、他の諸事実と同様、一個の事実である。われわれの見る夢が、もっと規則的で、もっと脈絡があり《ツザンメンヘンゲンダア》、もっと安定しているとしたら、夢はわれわれにとって実際上《プラクティッシュ》もっと重要となるであろう。覚醒すると要素間の関聯が、夢の場合よりも豊富になる。われわれは夢を夢として識る。夢に入る逆の過程では、精神の視野が狭まり、そこでは対立がほぼ完全に欠けている。対立が存在しないところでは、夢と覚醒、仮象と現実との区別は全く無用であり無価値である。

仮象と現実とを対立させる通俗的な考えは科学的・哲学的な思考に対して非常な影響を及ぼして来た。プラトンの「洞窟の比喩」——われわれは火に背中を向けて洞窟のなかにつながれており、事象の影を眺めているだけだ、という含蓄の深い詩的な比喩(『国家篇』、七の一)などはさしづめその一例である。この思想は、とことんまで考えぬかれなかったので、これまでわれわれの世界観に不当な影響を及ぼしてきた。世界は——その一部分としてわれわれがあるのに——われわれからまったくひき離されてしまい、無限のかなたに押しやられてしまったのである。それで、多くの若い連中は、容易かつ些細な修正によって万事が再びうまく処理されるのに、天文学上の光線屈折のことを初めて聞くと、天文学全体がどうも疑わしいなどと思い込む始末である。

6

尖端Sをもった物体が目の前にあるとしよう。Sに触れ、それをわれわれの身体と関聯づけると刺痛を感ずる。刺痛を感ずることなしにSを見ることはできる。が、刺痛を感ずるや否やわれわれは皮膚にSを見出す。という次第で、可視的な尖端が持続的な核であり、これに、事情如何によって、偶然的にいわば刺痛が附着している。この種の事態に頻々と出会っているうちに、人びとはついに、物体のあらゆる性質を、持続的な核から出て身体を介して自我にもたらされた「結果」――この結果が感覚と呼ばれているのであるが――だと見做すようになる。が、このことによって核の方は感性的内容を全く失ってしまい、単なる思想上の記号《ゲダンケンジンボレ》になる。とすれば、世界はわれわれの感覚だけからなりたっているというのが正しいことになる。がしかし、この際には、われわれはまさしく感覚についてしか知らないのであって、かの核を仮定したり、また、感覚を惹き起こす核〈と身体と〉の交互作用を仮定したりするのは全く無用の長物であることが判る。こういった考えは、唯、半実在論ないし半批判主義といった代物に相応しいだけである。

7

普通には、自我として、複合体αβγ……KLM……が、複合体ABC……に対置される。人びとはやがて、ABC……の諸要素のうち、刺痛や疼痛のように、αβγ……を相当激しく変化させるものだけを自我と一括するようになる。ところが、このやりかたをよく注意してみると、ABC……を自我の内に算入する権利は、どこまでおし進めても熄まないことが判って来る。従って、自我というものは、ついには全世界を包括するに到るまで、拡張することができる。(原註7) 自我は確然と境界づけられているわけではなく、境界は多分に不定であり、随意に押しやることができる。この境界を、知らず識らずのうちに、一方では狭めると同時に他方では拡げていることを人びとは見落してしまう――もっぱらこのことによって、観点間の拮抗を地盤として、形而上学上の難問が生ずるのである。

「物体」や「自我」という仮想的な単位が、暫定的な概観とか或る特定の実際的目的（物体をつかむとか苦痛を防ぐとかいう目的）のための方便にすぎないということを識ったからには、もっと進んだ多くの学問的研究に際してはそうした仮想的な単位を不充分・不適切なものとして却けねばならない。そうすれば自我と世界、感覚ないしは現象と物との対立は脱落して、問題なのは、要素αβγ……ABC……KLM……の聯関だけになる。かの〈自我と世界等の〉対立はまさに、この聯関に対して、ただ部分的に妥当な・不完全な表現にすぎなかったのである。この聯関は、かの諸要素の、他の同種の要素（時間と空間）との・結合以上のものではない。学問は、この聯関の存在を直ちに解明しようとするのではなく、差当っては先ずこの聯関を単純に承認し、この聯関に定位しなければならない。

皮相にみると、複合体αβγ……はABC……やKLM……に比べて、はるかに流動的な要素からなりたっているようにみえる。ABC……KLM……においては、諸要素がより安定した、より恒常的な仕方で（固い核に）結びついているようにみえる。よくみてみればあらゆる複合体の諸要素は同種的であることが判るにも拘わらず、こういった認識が行われた後においてさえも、またもや物体と精神とを対立させる旧くからの考えが易々としのび込んでくる。（唯心論者は、往々、精神によって創られた世界に対して必要な固定性を与えるのに困難を感ずることであろうし、唯物論者は、物体界を感覚で活《ベレーベン》かそうという段になると当惑を感ずることであろう）。旧くからの根強い本能的な考えによって、熟慮によって贏ちとられた一元論的立場が、容易に再び曇らされてしまうのである。

8

上述の困難が、とりわけ次のような考察に際して感じられる。先に物体界と呼んだ複合体ABC……のうちには、自分の身体KLM……だけではなく、他の人間（ないし動物）の身体K′L′M′……K″L″M″……も、その部分として見出される。この他人の身体に、人びとは類推によって、複合体αβγ……と類似なα′β′γ′……α″β″γ″……を結びつけて考える。K′L′M′……と係わっている限りでは、われわれは熟知の・いつどこでも感性的に接近しうる領域のうちにいる。しかるに、身体K′L′M′……に属する感覚だとか感情だとかを問題にしはじめるや否や、われわれはもはや、感性的な領域のうちにそれを見出すのではなく、頭のなかで附け足して考えているのである。いま足を踏み入れた領域は、われわれにとってはるかに馴染が薄いばかりでなく、この領域への移行もかなり不確実である。まるで奈落の淵に落ちていくような感じがする。(原註8)専らかかる思索の途だけを歩んでいる人でさえも、不確実だという感情を払拭することはできまい。この感情が次々と似而非問題を生み出す源泉なのである。

われわれは、しかし、この〈他人の意識という〉難路にだけかかずらわっているわけではない。まず、複合体ABC……の諸要素の相互聯関をKLM……(つまり身体)を措いて考察することにしよう。物理学的研究はすべてこの種のものである。白い球が鐘にあたる。音がする。この球は、ナトリウムランプの前では黄色く、リチウムランプの前では赤い。ここでは、諸要素(ABC……)は、相互に聯関しあっているだけであって、われわれの身体(KLM……)からは独立であるようにみえる。しかし、われわれがサントニンを服用すると、球はこの場合にも黄色になる。一方の眼を〈指で〉側方に押しやると二つの球が見える。目を閉じてしまうと、球は現前しない。聴神経を切断すると、音がしない。それ故、要素ABC……は、相互に聯関し合っているだけでなく、要素KLM……とも聯関しているのである。この限りにおいて、且つこの限りにおいてのみ、われわれはABC……を感覚と呼び、ABC……を自我に属するものとして考察するのである。私が「要素」「要素複合体」という表現と併用して、ないしは、それを代用して、「感覚」「感覚複合体」という言葉を以下で用いる場合、要素は右に述べた結合と関聯においてのみ、すなわち、右に述べた函数的依属関係《フンクチオナーレ・アブヘンギッヒカイト》(訳註6)においてのみ、感覚なのだということを銘記さるべきである。この感覚は、他の函数的関聯においては、同時に、物理学的客体である。私が要素という語と併せて感覚という語を用いるのは、ただ次の理由によってなのである。すなわち、一方では、私のいう要素は大抵の人びとにはまさしく感覚（色、音、圧、空間、時間、等々）として親しまれており、他方、世間一般の理解では、質量の微粒子を以って物理学的要素〔元素〕となし、私がここで用いている意味での要素はそれに「性質」「作用」として附着しているのだというふうに考えられているからである。(原註9)

先にのべた物体と感覚、外界と内界、物質界と精神界との間の溝渠は、このような次第であるから、実は存在しない(原註10)ことが判る。すべての要素ＡＢＣ……ＫＬＭ……はただ一つの脈絡ある集塊を形成しており、どの要素が動かされてもその全体に動揺が起こる。唯、ＫＬＭにおける攪乱は、ＡＢＣ……におけるそれよりもはるかに影響が広く深いというだけの話である。磁石は、われわれの環境世界の内部で近くにある鉄片を攪乱するし、落石は地面をゆるがす。しかるに、神経の切断は要素の全体系を動揺せしめる。こういった関係があることから、知らず識らずのうちに、若干の個所（つまり自我）においてかなり強固に聯関している強靱な集塊のイメージができあがる。私は講義で屢々この像を利用して来た。

9

物理学的研究と心理学的研究との間によこたわる溝渠なるものは、今や明らかになった通り、伝来の型に嵌った考え方にとってのみ存在するにすぎない。色は、光源（他の色、温度、空間等々）との依属関係《アプヘンギッヒカイト》においてみれば物理学的対象である。網膜（要素ＫＬＭ……）との依属関係においてみれば、それは心理学的対象、つまり感覚である。二つの領域において異るのは、素材ではなくして、研究方向なのである。（第二章三九頁参照）。

他人の身体や動物の身体の観察から彼らの感覚を推論する場合にも、また自己の身体が感覚に及ぼす影響を研究する際にも、斉しく、われわれは観察事実を類推によって補完(訳註7)しなければならない。しかしながら、この補完は、

第１図

それがただ、神経過程だけに関わる場合の方が——自分の身体において神経過程を完全に観察することは不可能である——従って一層よく知られている物理的領域において補完がおこなわれる場合の方が、それが心理的なもの、他人の感覚や思想におし及ぼされる場合に比べて、遙かに安全確実であり、かつ容易である。この点を措けば、両者の間に何ら本質的な差異は存在しない。

右にのべた考えは、単に抽象的な形式で論ずるのではなく、その母胎となっている事実に直接目を向けると、確乎瞭然となる。例えば私が安楽椅子によこたわって右の眼を閉じると、左の眼に、第１図のような映像が映る。眉毛半弓、鼻、およびロ髭からなる枠の内に、見える限りでの私の身体の一部とその周囲が現われる。（原註11）私の身体は他人の身体から次の点で区別される。すなわち、活潑な運動表象が直ちに私の身体の運動となって現われ、それに触れると他の物体に触れた場合に比べて一層目立った変化が生ずるということのほかに、自分の身体はただ一部分しか見えず、とりわけ頭がみえないことによってである。私が視野のうちにある要素Ａを観察し、同じ視野のうちにある他の要素Ｂとの聯関を研究する場合、このＢが、——第一図のスケッチをみて偶々ある友人のもらしたうがった表現を藉りれば（原註12）、——皮膚を通過する時には、私は物理学の領域から生理学ないし心理学の領域へ踏み込むことになる。視覚の野に関する右の考察と同様な考察を、触覚の野やその他の感官知覚の野に関してもおこないうる（原註13）。

11

要素グループＡＢＣ……とαβγ……との差異についてはすでに論及したところである。実際、緑の樹を眼前に見ている場合、或いは、緑の樹を想起または表象している場合、われわれはこれら二つの場合をうまく識別している。表象された樹は、確定の度がはるかに低く、形姿がはるかに変りやすい。表象された樹の緑は、はるかに淡く移ろいやすい。そして何よりも、はっきりと別の視野に現われる。遂行しようと欲している運動は、あくまで表象された運動たるにすぎず、実際に遂行される運動——表象が十分に活溌であるときにはこれが随伴して起こる——とは別の野に現われる。ところで、要素Ａまたはαが別の野に現われるということは、窮極のところ、Ａとαとがそれぞれ別の諸要素と結びついているということにほかならない。とすれば、ＡＢＣ……αβγ……における根本成分は同じ(色、音、空間、時間、運動感覚)(訳註8)であって、ただその結合の仕方が異っているにすぎないというわけである。

苦痛や快感は、一般には、感官感覚とは別種だとみなされがちである。しかしながら、触覚だけでなくどの感官感覚も、次第に苦痛や快感に移行しうる。苦痛や快感も、当然、感覚と呼ばれてしかるべきであろう。感官感覚ほどよく分析され熟知されてはおらず、恐らくはまた、感官感覚ほど少数の器官に局限されていないというだけの話である。快苦の感覚は、たとえ影のようにしか現われないにしても、いわゆる感情すべての本質的内容をなすものである。感情が湧いている際に意識に現われるその他のものは、多かれ少なかれ拡散した、截然とは局定されていない感覚だといえよう。ウィリアム・ジェームズ(原註14)と、その後、テオデュール・リボー(原註15)とは、感情の生理学的力学《メヒャニーク》を研究し、その本質《ダス・ヴェーゼントリッヒエ》を、環境に適応すべく生体によって解発される、合目的な、身体の行動傾向のうちに認めている。この行動傾向《アクチオンステンデンツ》は、一部分しか意識にのぼらない。泣くから悲しいのであって、悲しいから泣くのではない、とジェームズは言う。しかも、リボーは、感情に関するわれわれの知識が貧弱でお粗末なのは、従来この生理過程において、意識に現われるものだけしか顧慮しなかった所為だとしているが、これは卓見というべきであろう。にもかかわらず、彼が心理的なものはすべて物理的なものへの単なる「附け足り」(surajouté)にすぎないと考え、物理的なものだけが実効《ヴィルクザーム》をもっていると考えているのは行き過ぎである。私の考えではこういった差別は存在しない。

こうして、知覚も意志も感情も、要言すれば、内外世界の全体は、或る時には流動的に結合し或る時には鞏固に結合している少数の同種の要素から成り立っている。これら諸要素は普通には感覚と呼ばれている。しかし、この感覚という名称にはすでに或る一面的な理論が籠っているから、先にそうしたように、単に要素という語を用いることにしたい。あらゆる研究はこの要素の結合の探求を目指している。(原註16)もし、一種類の要素ではどうしても間に合わない場合には、何種類もの要素が設定されるであろう。が、今ここで扱っている問題にとって、初めからこういう仮定をもち込んで事を煩雑にするのは、目的に副わない。

12

根源的には唯一つのこの要素複合体から、物体と自我とが、あらゆる場合にそれで事足りるような、確定的な様式で分れるわけではないということ、これは上述の通りである。苦痛や快感と緊密に聯関している諸要素を一括して、自我という一つの観念的な思惟経済的な単位とすることは、苦を避け快を求める意志に仕えている知性にとって、はなはだ有意義である。それ故、本能的に自我の区分が生じ、馴染み深いものとなり、恐らくそのうえ、遺伝によって固定化するのである。個体に対してのみならず種全体に対してもそれが大きな実用的意義をもつということとから、「自我」および「物体」という総括が、本能的に擡頭し、いやが応でも立現われる。しかし、実用的な目的は問題外であって認識が自己目的となっているような特別な場合には、自我と物体との区分は、時として、不充分であり、支障となり、維持できない、といったことが明白になる。(原註17)

第一次的なもの〔根源的なもの〕は、自我ではなく、諸要素（感覚）である。（この「感覚」という表現に関しては一四頁での所説を顧慮していただきたい）。諸要素が自我をかたちづくる。私〔自我〕が緑を感覚する、ということは要素緑が他の諸要素（感覚、記憶）の或る複合体のうちに現われるということの謂いである。私が緑を感覚するのをやめたり、私が死んだりすると、諸要素はもはや従前通りの結合関係《ゲゼルシャフト》においては現われない。それだけの話である。観念的・思惟経済的な、実在的ではない統一《アインハイト》〔単位〕が存立しなくなったというだけのことである。自我は、不変の、確定した、尖鋭に区画された統一ではない。不変性、他から確定的に識別され、尖鋭に区画されうること、こういったことはどうでもいいことである。というのは、これらの契機はいずれも、既に個体の生存中に自ずから変ずるのであり、しかも個体はそれを変えようとさえ努力するのだからである。大切なのは連続性だけである。この考えは、ヴァイスマンが生物学的研究によって到達した見解と合致する。（「単細胞生物の不死性の問題に寄せて」『生物学会中央機関紙』第四巻、第二一、第二二号、特に個体の等半分割が扱われている個所、第六五四～五頁参照のこと）。が、この連続性は、自我の内容をしつらえて保障する一手段にすぎない。肝腎なのは自我ではなく、この内容である。が、この内容は個体に局限されない。個体が死んだ後にも、とるに足らない瑣末な追憶に至るまで、他人の裡で存続しつづける。一個人の意識要素は強固に結びあっているが、それにひきかえ、他人の意識要素との結びつきは弱く、偶に気付かれるにすぎない。そのため、各人は自分を不可分な・他人から独立な統一体だと考えて、自分についてしか知らないと思い込む。しかしながら、一般的な意味での意識内容は、個人という枠をつき破って、己れの母胎となった人格から独立に、――無論別の個々人と再び結びついて――普遍的・非人格的・超人格的な生存を続ける。これに寄与することが、芸術家、学者、発明家、社会改革家、等々にとっての無上の歓びである。

自我は死を免れない。このことの洞察から、また恐怖から、極端に悲観的な、または逆に楽観的な、宗教的、禁慾主義的、哲学的な倒錯が生ずる。が、心理学的な分析から帰結する簡単な真理にいつまでも目をつぶり通すことはできない。この真理を見据えるとき、人びとは自我なるものにもはや高い価値をおかなくなるであろう。（自我は生涯を通じて変易するものであり、それどころか、睡眠中や、夢中になって観たり考えたりしている時や、有頂天になっている時、その一部または全部を欠くことがありうる）。そうなれば、人びとは個体の不死[原註18]ということを欣然として諦念し、副次的なもの〔自我〕に主要なもの〔意識内容〕以上の価値をおくようなことはしなくなるであろう。そのことによって、人びとは、もっと自由で、光明にみちた人生観[訳註9]――他人の自我を貶しめ、自分の自我を過大評価するといったことのない人生観をいだくようになるであろう。こうした人生観にもとづいた倫理的理想は、禁慾主義者の理想からも、ニーチェ流の不遜な「超人」の理想からも、斉しく相隔たることになろう。前者は、禁慾主義者御本人にとって生物学上履行不能であり、彼の死とともに消失してしまう。後者は、朋輩の甘受しえざるところであり、望むらくはまた、斥けられるであろう。[原註19]

もし、われわれが要素（感覚）の聯関を知ることでは満足せず、「誰がこの感覚の聯関を有するのか、誰が感覚するのか」を問うとすれば、われわれは各要素（各感覚）を未分析の複合体に帰属させる因習に屈伏し、知らず識らずのうちに、旧くからの根深い、より狭隘な見地に逆戻りすることになる。人びとは往々、或る特定の主体の体験でないような心理的体験は考えられないことを指摘し、これで以って意識の統一性の本質的な役割を証明した心算でいる。しかし、自我意識の程度は何とまちまちであることか！ 何と多様で偶然的な記憶の寄せ集めであることか！　それと全く同様に、次のようにいうことだってできよう。どこか或る環境――本来的には常に世界――のなかで起らないような物理学的過程などというものは考えられない、と。この環境の及ぼす影響は実にさまざまであるが――そして特別な場合には極小にまで収縮しうるのであるが――研究に着手するためには、環境を一旦捨象することが、自我の場合と同様この物理学的過程の場合にも、許されねばならない。下等動物の感覚を考えてみるがいい。下等動物に際立った主観を帰する気にはなれまい。感覚から主体が構築される。しかる後に、成程、それが感覚に反作用を及ぼすのである。

分析されていない自我複合体を不可分な統一体として取扱うという習慣は、しばしば一種独特な様式で、学問的に粉飾されて登場する。身体から、先ず神経系が感覚の座として分離される。この神経系において、今度は脳髄が、感覚の座に適わしいものとして選出される。そして遂には、仮想的な心理的統一を救うために、脳髄のうちに霊魂の座としての一点が求められる。しかし、こういった粗雑な観方では、物理的なものと心理的なものとの聯関の研究法を大雑把な構図で描き出すことさえ覚束ない。いろいろな器官や神経系の諸部分が、物理的に聯関し合っており、容易に興奮を惹き起しあえるということが、「心理的統一体」の基盤となっているように思われる。私はかつて「大きな樹の知覚がどうして小さな人間の頭に納っているのか」という問題が大真面目で論議されるのを聞いたことがある。この問題はそもそも成り立たないのだが、しかしともあれ、このように設問してみると、感覚を空間的に脳の内に投入して考える《ヒナインデンケン》ことによってわれわれの犯しがちな倒錯がはっきりと感ぜられよう。他人の感覚を問題にする場合、この他人の感覚なるものは無論、私の視空間、否、そもそも物理的空間内には現われない。それは附け足して考えられる《ヒンツーゲダハト》のである(訳註10)。しかも私はそれらを因果的に（より正しく言えば函数的に）考える。とはいえ、観察もしくは表象された脳髄に空間的に結びつけるわけではない。私の感覚という場合、感覚が空間的に頭のなかにあるのではなく、上述の通り、むしろ私の「頭」がそれらの感覚と同一の空間的場を分有しているのである。（第一図をめぐっての所説、一五〜一六頁参照）（原註20）。

意識の統一ということにアクセントをおいてはいけない。現実界と感覚界との見掛け上の対立は、単に考察様式の相違に存するのであって、本来両者の間には溝渠など存在しないのであるから、多様に聯関しあっている意識内容は世界における多様な聯関に比してより理解し難いということはない。

自我を実在的な統一だと見做そうとすれば、不可知な存在の世界を自我に対立させるか（これは全く無駄で正鵠を失している）、それとも、他人の自我をも含めた全世界を単に私の自我のうちに含まれているにすぎないものと見做すか（真面目にこう強弁することは誰しもためらうであろう）――このジレンマからぬけ出せまい。しかるに、自我を単に暫定的概観のための実用的統一とみなし、比較的鞏固に聯関しあっている要素群であって、しかも此の種の別の要素群とは比較的虚弱にしか聯関していないものと見做せば、右に述べたような問題は生じないし、自由な探究の途がひらける。

リヒテンベルクはその哲学的覚え書きのなかで次のように述べている。「われわれは或る種の表象（意識に現前するもの）を意識する。この意識に現前する《フォルシュテルンゲン》もののうち或るものはわれわれに依存しない類のものであり、或るものはわれわれに依存する類のものである――と、少くともわれわれは信じ込んでいる――、境界はどこにあるのか？ われわれは唯われわれの感覚、表象、思想の現存を識るのみである。閃めく（es blitzt）というのと同様、思う（es denkt）というべきであろう。コギトということは、我惟う（Ich denke）と訳するや過大となる。我を仮定し要請するのは実用《プラクティッシュ》上の必要〈にすぎないの〉である」。リヒテンベルクがこの結論に到達した途行きはわれわれの場合とは多少とも相違するにせよ、われわれはこの結論そのものには賛同しなければならない。

13

物体が感覚を産出するのではなく、要素複合体（感覚複合体）が物体をかたちづくるのである。物理学者にとっては物体が、持続的なもの、現実的なものであるように見え、これにひきかえ、「要素」はこの物体の流動的なはかない仮象であるように見えるので、「物体」はすべて要素複合体（感覚複合体）に対する思想上の記号《ゲダンケンシンボレ》にすぎないということを物理学者は考量しない。生理・物理学的研究によって立ち入って探求さるべき、本来の・直接的かつ究極的な基礎をなすものは、ここにおいてもやはり上述の要素なのである。このことを洞察することによって、生理学ならびにまた物理学において、多くの事柄がはるかに透徹しかつ経済的になる。しかも多くの仮想上の問題が除去されることになる。

世界は、こうして、われわれにとって、摩訶不思議な存在から成り立っているのではない。すなわち、これまた摩訶不思議な存在である自我との交互作用によって・それだけが認識可能な・感覚を産出するというような存在から成り立っているのではない。われわれにとっては、差当り色、音、空間、時間……が、究極的要素であり（一三〜五頁参照）、これの所与聯関こそがわれわれの探求すべきものである。（原註21）実在の探求はまさしく是に存する。こうした研究に際しては、われわれは断じて、物体、自我、物質、精神……といった――特定の実用的な一時的で局限された目的のために案出された――概括や区画に煩わされるわけにはいかない。むしろ、個別科学がそうしているように、研究そのものに即応して、最もふさわしい思惟形式が案出されるのでなければならない。伝来の本能的な考え方に代えて、より自由淳朴で・発達した経験に〈も〉適合し・実生活の必要をみたすという以上の射程をもつ・ものの観方を登用しなければならない。

学問というものは、つねに、特定の経験領域に思想が適合していく過程を通じて成立する。その領域全体を叙述できるような思惟要素がこの適合過程の成果である。この成果は、更めていうまでもなく、所与領域の種類や大きさに応じて異る。経験領域が拡がったり、それまで分離していた幾つかの領域が結合したりすれば、伝来のなじみの深い思惟要素では、そのより広い領域をカヴァーしきれなくなる。獲得された習慣と、適合しようとする努力とが抗争して問題が生ずる。この問題は、適合の完了と共に解消し、その間に現われた他の問題に座を譲ることになる。

生粋の物理学者にとっては、物体という観念《ゲダンケ》は——何ら混乱の因とはならず——概観を容易ならしめる。純粋に実際的な目的を追求している人は、自我という観念によって実質的に支えられている。けだし、随意的にせよ不随意的にせよ或る特定の目的のために案出された思惟形式は、疑いもなく、当の目的に対しては永続的な価値を保有するからである。ところが、物理学と心理学とが相会すると、一方の領域での観念を他方の領域では維持できないことが判ってくる。両者を適合させようとして、原子論や単子論が色々なかたちで案出されるが、そうしたからといって目的を達することはできない。既述の意味での要素（二二頁参照）を以って世界要素と見做せば、この問題は基本的には片がつき、最も重要な第一次の適合が成就されるように思う。この根本的な観方は（永遠の哲学などと僭称することなく）当面のところ、あらゆる経験領域に対して堅持されうる。それ故、この観方は最小の出費によって、つまり他の観方よりもより経済的に、当座の全知識に役立つのである。また、この根本的な観方は、全く経済的な機能〈に徴してのみ意義をもつものにすぎない〉という自覚を伴っているから、極めて寛容な態度に出る。それは現行の観方で間に合っているような領域には強いて押しかけたりはしないし、また経験領域が新たに拡張されれば、いつでもより優れた観方に途を譲る心構えでいる。

15

世間一般の人びとの表象や概念は、完璧な純粋認識を自己目的としてではなく、生活条件にうまく適合しようとする努力によって形成され律せられる。従って、それは正確さという点では劣るが、そのかわり、学問的(哲学的)な立場で行われる一面的で一本槍な追究が陥りがちな畸型化を免れている。虚心坦懐な、精神上完全に発育した人にとっては、先にＡＢＣ……で表わした要素は、空間的に要素ＫＬＭ……と並んで且つその外部に現われる。しかも、要素ＡＢＣ……は直接的に現われるのであって、心理的な投入だとか、論理的な推論だとか、構成だとかの過程を通じて現われるのではない。たとえ、投入・推論・構成の過程が存在するとしても、それは決して意識にのぼりはしないのである。それ故に、彼は自分の身体ＫＬＭ……とは別の、その外部に存在する「外界」ＡＢＣ……を見るのである。彼は当初、ＡＢＣ……のＫＬＭ……――これは相似の様式でくりかえし現われるのであまり注目を惹かない――に対する依属関係を顧慮せずに、ＡＢＣ……相互間の鞏固な聯関を追跡する。こういう次第で、彼に対して彼の自我から独立な物の世界が現われるのである。この自我は、苦痛、快感、感情、慾求、等々が緊密に聯関している個物、ＫＬＭ……の特性を顧慮することによって形成される。彼はそのうえ、ＫＬＭとまったく類比的な振舞いをする事物Ｋ′Ｌ′Ｍ′、Ｋ″Ｌ″Ｍ″……に注意し、ＡＢＣ……のそれとは対蹠的なそれの振舞いを、――彼が自分自身において観察するのと類似な――感覚、感情等々をそれに結びつけて考えるに至ってはじめて納得する。彼を駆り立てる類推は次のたぐいのものと同一である。目の前の針金には、直接的には未だ検証されていないとはいえ、電流が通じていそうなあらゆる徴候がみられるものとしよう。こうした場合、彼は、この針金が残る唯一つの性質をも具えている、つまり電流が通じているものと見做すであろう。ところで、彼は他人や動物の感覚を知覚するのではなく、類推によって補完するにすぎない。他人の挙動から推して、彼等も自分に対して同じような類推をやっていると推測する。こうしたことが機縁となって、彼は感覚や記憶等々に、ABC……KLM……とは違った特別な本性を帰するようになる。――この本性たるや文化の発展段階に応じて把えかたはさまざまであり一定しない――。感覚、感情等々とABC……KLM……とが本性を異にすると考えることは、上述の通り不必要であり、実生活にとっては大して支障にならないとはいえ、学問上の誤謬に途を拓くものである。

素朴な人間の知的状況を規定しているこれら二つの契機は、実生活の必要に応じてこもごもに現われ、一方だけが重視されるのではなく、ほぼ安定した均衡を保っている。しかるに学問的な世界考察は、こちらの契機を重くみたりあちらの契機を重くみたり、こちらを出発点とするものがあるかと思えばあちらを出発点とするものがあるといった有様で、しかも、議論を尖鋭にし、統一的・整合的にしようと努め、無くても済む見解は可能な限りこれを排除しようとする。という次第で、二元論や一元論のさまざまな体系が出来あがる。

素朴な人間は盲目や聾を知っており、日常の経験から事物の外貌は感官に影響されることを識っている。しかし、だからといって、全世界を己れの感官の被造物に仕立てるようなことはしない。観念論的な体系だとか、独我論といった奇矯なものは、彼にとっては実際《プラクティッシュ》上耐え難い代物であろう。

特定の体系に捉われていない学問的考察も、特定の・狭隘な・目的に適う観方をはじめから凡ゆる研究の基礎においてしまうと、いとも容易に攪乱されるものである。例えば体験とは悉く意識のなかに貫入してくる外界の「作用」だとみなされるような場合、そういった攪乱が生じ、一見解き難い一連の形而上学的難題が生ずる。この妖怪は、しかし、事象をいわば数学的に把握して、われわれにとって大事なのは函数的関聯の発見だけであり、われわれが知りたいのは体験相互間の依属関係だけだということを明察すれば、たちまち消え失せる。こうすればまず、未知の、与えられていない基本変数（物自体）との関聯は、純粋な仮構であり、なくてもすむものだということが明瞭になる。しかし、この不経済な仮構を差当り立てておいても、「意識事実」の諸要素のあいだの依属関係を、いくつかのクラスに容易に類別することができる。われわれにとって大切なのはこの類別だけである。

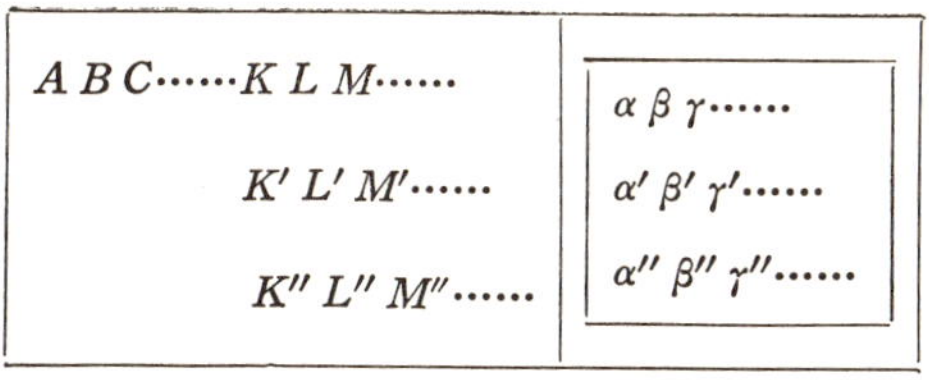

左掲の図式は要素の体系を表わしたものであって、一重の枠のなかにあるものは、感性界に属する諸要素であり、その合法則的な結合、その固有な相互依属関係が、物理的物体（無生物）および、人体や動植物にあたる。これらの諸要素は、そのうえ、いずれも要素ＫＬＭ……のうちの若干のもの、つまりわれわれの身体の神経との間に全く特別な依属関係をもっており、感官生理学の諸事実がそれで以って言い表わされる。二重枠は高次な精神生活に属する諸要素を納めている。記憶像や表象がそれであり、このなかにはわれわれが他人の精神生活に関して形成するものも含まれる。このたぐいの要素はアクセントのちがいによって識別され得る。表象は、感覚される要素ＡＢＣ……ＫＬＭ……とは異った仕方で相互に聯関し合っている（聯想、想像）、とはいえ、ＡＢＣ……ＫＬＭ……と極めて密接な関係にあり、その振舞いは窮極的には後者——物理学的世界の全体——とりわけ、われわれの身体と神経組織によって規定されているという事は疑いを容れない。他人の意識内容についての表象$\alpha'\beta'\gamma'$……はわれわれにとって仲介代理者の役を演じる。これによって、他人の振舞い、つまり$K'L'M'$のＡＢＣに対する函数的関聯が、——それ自身だけでは（すなわち物理学的には）納得のいくような解明が得られないところまで——理解される。

それゆえ次の点を認識することが重要である。すなわち、いかなる問題にあっても——尤も、それは理に適ったものであり、かつ興味を惹くに足るものでなければならないが——さまざまな基本変数およびさまざまな依属関係を斟酌することに、一切が懸っているということがそれである。これが事柄の要諦である。所与の一切を意識内容と見做そうと、その一部なり全部なりを物理学的と見做そうと、いずれにせよ、基礎事実ならびに函数的関聯は何ら変じないのである。(原註22) 学問の生物学的課題は、正気の人間に出来るだけ完全なオリエンティールング(訳註11)を提供することである。これ以外の学問的理想を立てたところで、それは実現できないし、また無意味でもある。

普通の人の哲学的立場——素朴実在論をこう呼べれば——は、〈哲学上の諸々の立場のうち〉最も高く評価されてしかるべきである。これは、人間の意図的な参与を俟つことなく有史以前このかたの歳月を経るうちに、自ずと成ったものである。それは自然の所産であり自然によって保持される。これに反して、従来哲学が達成したものは、その各発展段階はおろか、その錯誤さえ、しかるべき生物学的根拠をもっていることは認めるにしても——すべて無意味な・はかない・人工の所産《クンストプロドゥクト》たるにすぎない。しかも、現にみる通り、どんな思想家、どんな哲学者も、実際の必要に逼られて彼の一面的な知的職業から駆り出されるや、たちどころに世人一般の立場をとるのである。理論の上では独我論者の心算でいらっしゃる某教授は、大臣に対して勲章の返礼を奏上されたり、聴衆を前にして一場の講演を垂れたりなさる節には、実践の上では独我論者ではないことを御存知というものである。モリエールの『強制結婚』に出て来る懐疑論者は、棍棒でぶん殴ぐられた時には、どうも貴方が私をなぐったのではなかろうかとはもはや言わないのであって、実際に一撃を喰ったと信ずる《アンネーメン》。

この「序説」(訳註12)は決して世人一般の立場に対して不信の念を生ぜしめようと図ったものではない。われわれは生涯の大半を通じて何故またどういう目的のために、この立場をとるのであるか、また、何故、どういう目的のために、どういう方向に、一時この立場を去らねばならないのであるか、これを示すことがもっぱらの課題だったのである。いかなる立場も絶対的・永続的に妥当するものではなく、或る一定の目的にとって重要だというにすぎない。（補遺一参照）。

（1）若い頃、はなはだ気にくわぬ横顔を街なかでみかけたことがある。それが自分の横顔だと判った時、少なからず面くらった。それは、鏡屋の店先で、向かい合わせになっている鏡に自分が映っていたのだった。また或る時、夜汽車の旅を終えて、つかれはてて乗合バスに乗込んだところ、向こう側からも一人の男が乗込んで来た。「何てうらぶれた先生が乗って来たんだろう」と思った。それは私自身であった。大きな鏡が向こうに立っていたのである。自分の人相よりも類の人相の方をよく知っていたというわけである。

（2）ヒューム、『人性論』、第一巻、第四部（邦訳が岩波文庫に収められている）。
Gruithuisen : Beiträge zur Physiognosie und Eautognosie. München 1812. S. 37～58.

（3）形而上学的な意味にとらないでいただきたい。

（4）後にみる通りこの過程を抽象だとみなしても、要素は何らその意義を失わない。第十四章での概念に関する詳説を参照されたい。

（5）ユーバーヴェークに対するW・シュッペの論駁を参照されたい。ブラッシュの『ユーバーヴェークの世界観と人生観』ライプチッヒ、一八八九、所載。
F. J. Schmidt : Das Ärgernis der Philosophie. Eine Kantstudie. Berlin 1897.

（6）私はずっと以前に（Vierteljahrsschrift für Psychiatrie Leipzig und Neuwied 1868 „Über die Abhängigkeit der Netzhautstellen von einander“）此の考えを次のように表現しておいた。「即ち『錯覚』（Sinnestäuschung＝感官の欺瞞）という表現は、感官は間違って呈示もしないし正しく呈示もしないということがまだ充分には意識されていないこと、ないしは、少くともそれを用語のうちに定着させる必要が意識されていないことを証明している。感覚器官についてわれわれがなしうる唯一の正論は、感覚器官は相異る諸条件の下では相異る感覚や知覚を解発するということである。この「諸条件」は実に多種多様であって、対象の側の外的条件もあれば、感覚器官内の内的条件もあり、更にはまた、中枢器官内ではたらく内奥の条件もある。このため、外的諸条件だけしか顧慮しない場合には、同じ諸条件の下で器官が違った働きかたをするかのように見える。かくて、異常な結果を錯覚と呼び慣わすのである。」

(7) 机、樹、等々は私の感覚であるという時、ここには、常人の考えに比べて自我の現実的な拡張がみられる。感情の方面においてもやはりそういう拡張が生ずるのであって、例えば、楽器を自分の身体のように扱いこなす名演奏家だとか、聴衆の耳目を集めその考えを操っている雄弁家だとか、一党を牛耳っている有力な政治家だとか、の場合がそうである。他面、神経質な人びとが折々そういった目にあうように、抑鬱状態にある場合には、自我が収縮する。壁が自我を四界から隔てているように感ぜられる。

(8) 私が四歳か五歳の頃、田舎から初めてウィーンに出て来て、城壁跡の稜堡に登った時のことである。私は遙か下方の外濠に人が居るのをみて驚ろき、一体どうやってこの人達は私の居る個所からそこへ降りて行けたのか、理解することができなかった。別の降り道という考えが全然うかんで来なかったからである。これと同じ驚異を私はもう一度目撃したことがある。それは当時三歳だった自分の息子を連れて、プラーグの城壁を散歩した時のことである。本文に記した省察を行う時には、いつもきまってこの感懐がよみがえる。私は、この久しく抱いている考えを確立するに当って、この偶然な体験が決定的に与ったことを欣んで打ちあける。物質的なそれであれ精神的なそれであれ、同じ途を辿ろうとする習慣は途を誤らせがちである。子供は、自分が久しく住みなれている家の壁を突き破った時、世界観の真の拡張を経験する。ちょっとした科学的転向で、大いに蒙を啓かれることがある。

(9) 私は『認識と誤謬』ライプチッヒ、一九〇五、において、本質的には同じであるが、もっと自然科学者達に享けそうな形式で、この主論点を述べておいた。〔加藤・廣松編訳『認識の分析』(法政大学出版局、りぶらりあ選書)に収録〕

(10) 拙著『運動感覚論綱要』ライプチッヒ、一八七五、五四頁参照。旧著のこの個所において、私はこの考えを初めて、簡潔にではあるがはっきりと次のように述べておいた。「現象は諸要素に——つまり、それらが身体の一定の過程と結びついており、かつこれによって規制されているものと見做されうる限り、感覚と呼ばれるところのものに——分解することができる。」

(11) 両眼視の視野はここでは割愛することにしたい。これはその特有な立体視像と同様、万人に周知ではあるが、描写しにくく、一つの平面画ではかきあらわせない。

(12) ウィーンの技師、J・ポッパー氏である。

(13) この図を描く機縁になったのは、一八七〇年頃の或る愉快な偶然事である。故L氏といえば、その本当に愛すべき性格のおかげで奇矯な振舞いが大目にみられていた人であるが、私はこのL氏にChr. Fr. クラウゼの或る書物を無理矢理読まされた。この書物には次のような条りがあった。

「問題：『自我』の自己観察を遂行すること。

解答：人々はそれを雑作なく遂行する。」

この哲学的「空騒ぎ」をおもしろおかしく図説し、併せて、実際どのように『自我』の自己観察を遂行するかを示すために、第一図をかいてみたのである。

L氏とのつきあいは、他の〈人々の？〉場合には注意深く沈黙を守ったり、かくしたりする哲学思想を、氏が天真爛漫に語ってくれるので、私にとっては甚だ教えられるところ多く、また大いに刺戟になった。

(14) W・ジェームズ、『心理学』、ニューヨーク、一八九〇、第二巻、四四二頁。

(15) Th. リボー、『感情心理学』一八九九。

(16) 本書、五、九、一二、一四、一五頁参照。尚、拙著、『エネルギー保存の原理の歴史と根源』プラーグ、一八七二、末尾の註をも参照されたい。〔本書には英訳がある。History and Root of the Principle of the Conservation of Energy. Translated and annotated by P. E. B. Jourdain, Chicago Open Court Publishing Co. 1911. —訳者〕

(17) 同じく、階級意識、階級的偏見、民族感情、狭隘な愛郷心、等が或る目的のためには、極めて重要なこともある。しかし、視野の広い研究者には、上に挙げたような事柄はさしてみられない。少くとも研究している最中にはそうである。上に挙げたような自己中心的なものの観方では、実際的な目的にとってしか間に合わない。勿論、研究者も習慣に負けることがある。つまらぬ衒らい、剽窃、自分の非を認めようとしない態度やそういった際における他人の業績の歪曲、こういった事柄は、研究者もやはり生存競争の渦中にあるということ、学問の途も餬口に通じているということ、今日の社会的諸関係の下では、純粋な認識衝動というものはまだ一個の理想だということ、是を余縕なく示している。

(18) 自分の追憶を死後に残そうと希う際、われわれは、海豹や海象なしにという交換条件つきで不死を与えてやろうという申出を、慎んで辞退した如才のないエスキモー人と同じ振舞いをしていることになる。

(19) 理論的洞察から実際的態度までの道のりがいかに遠かろうとも、後者は結局、前者に抗しきれるものではない。

(20) すでにヨハネス・ミュラーの著作中にこれに類する考察への端緒が見出される。尤も、彼の形而上学的傾向が、これを整合的に、終局までつきつめるのを妨げている。しかし、ヘーリングには、(ヘルマンの『生理学教本』、第三巻、三四五頁を見よ) 次のような条りがある。「目に見える物 (Sehdinge) を構成している素材は視感覚である。夕陽は目に見える物としては、黄味がかった赤い色からなる、従って一種の視感覚からなる平らな円盤である。だからして、われわれは夕陽のことを、直ちに、円盤状の赤黄色の感覚と呼ぶことも出来よう。われわれはこの感覚をば太陽がみえるまさしくその個所に有するのである」。この問題をつきつめて考えたことのない大抵の人達は、この観方に接して、ただ恐竦するばかりである。折々人と話してみた経験からすれば、こう断言しても大過なさそうである。いうまでもなく、この恐竦は、主として、感性的空間と概念的空間との混淆のせいである。もし人びとが、私がそうしたように、科学の経済的任務ということから出発するならば、〔すなわち、科学の任務は事象の経済的記述にあるという考えから出発するならば〕、この見方に到達する。因みに、経済的任務に則ればわれわれにとって重要なのは観察可能なもの・所与の聯関だけであって、一切の臆説、形而上学的なもの、余計なものは除去することが出来る。われわれはこの同じ立場をアヴェナリュウスに〈も〉帰さなければならないであろう。というのは、彼の „Der menschliche Weltbegriff", S. 76 には次の条りがあるからである。「脳髄は思惟の住居、座席、創出者ではなく、またその道具ないし器官でもその荷い手や基体でもない」。「思惟は脳髄の居住者でも、命令者でもなく、その半面や側面、等々、でもない。それはまた脳髄の所産でもなく、生理的機能ないしはそもそも脳髄の状態でもない」。アヴェナリュウスの言葉とその解釈を逐一請けることはできないし、またそうする心算もないが、彼の観方は私の観方と極めて近いように思う。アヴェナリュウスが追究しているやりかた、すなわち「投入の排拒」は形而上学的なものを除去する一特殊形式にほかならない。

(21) 私は父の書斎で非常に早い時期に（十五歳位の時）、カントの「プロレゴーメナ」を手にしたのであったが、これを想う時、私はいつも、すこぶる運がよかったという感懐にうたれる。私はこの本を読んで、強烈な、抹しがたい感銘をうけた。その後哲学書を読んでこれ程の感銘をうけたことはない。それから二、三年たって、私は「物自体」が果たしているなくもがなの役割にふと気づいた。或る晴れた夏の日に——そのとき戸外にいたのだが——突如として、私の自我をも含めた世界は聯関し合った感覚の一集団である、唯、自我においては一層つよく聯関し合っているだけだ、と思えた。本当の省察は後になってはじめて加えられたのであるが、この刹那は私のものの観方全体にとって決定的な瞬間となった。ともあれ、この新たにかちえた見方を自分の専門領域においても固持できるようになるまでには、永く激しい苦闘を経なければならなかった。われわれは物理学説における価値あるものと一緒に、必ず誤った形而上学のなにがしかを受容れて了っている。この形而上学的夾雑物は、当の物理学説が膾炙している場合には、固持さるべきものからの剝離が殊に困難である。あまつさえ、旧来の本能的なものの観方が、時折、抑えがたい力でもちあがってきてさまたげになった。物理学と感官生理学との交互的研究を通じて、また一八六三年頃からの物理学の歴史的研究を通じて、更にはまた、精神物理学に関する私の講義（Zeitschr. f. prakt. Heilkunde. Wien 1863. S. 364）中における矛盾を、物理・心理学的単子論によって解決しようとする空しい努力を経た後に、私の見解はようやく、いささかの鞏固性に達したのである。私は哲学者という称号を需めない。私は唯、あらゆる学問が結局は一総体をなすべき以上、ほかの学問の領域を見遣ったとたんに棄て去ることを要するといったことのない〈普遍的な〉立場を、物理学において採り入れることを希うのみである。今日の分子物理学〔Molekularphysik＝微粒子物理学＝原子物理学〕は、断然この要求に応えない。私は多分、これを立論した〔要素一元論的なものの観方をした〕最初の人間ではあるまい。尚私は自分の行った解明が、とりたてていう程の業績だと言明するつもりもない。私はむしろ、狭きに失せざる知識領域を冷静に眺望する人であれば、誰しもこの途を楫とって進むものと信ずる。私の立場はアヴェナリュウスのそれに近い。序ながら、私が彼を知ったのは一八八三年のことである。（Philosophie als Denken der Welt nach dem Prinzip des kleinsten Kraftmaßes. 1876)。尚、へーリングは「記憶について」という講演において(『ウィーンアカデミー年鑑』、一八七〇、二五八頁)、またJ・ポッパーはその素晴しい „Das Recht zu leben und die Pflicht zu sterben“（ライプチッヒ、一八七八、六二頁）において、部分的には同じような考えかたをしている。私の講演、「物理学的研究の経済的性質について」(『ウィーンアカデミー年鑑』、一八八二、一七九頁、註、及び、『通俗科学講義』第三版、一九〇三、二三九頁）〔邦訳『認識の分析』所収〕をも参照ねがいたい。最後に、W・プライエルの „Reine Empfindungslehre“ への緒論、リールのフライブルグ大学就任講演、四〇頁、R・ワーレの „Gehirn und Bewußtsein“ (1884) を挙げておかなければならない。私は自分の見解を一八七二年及び一八七五年に簡潔に表明しておいた後、一八八二年及び一八八三年になってから初めて詳しく論じたのであった。もし私がもっと広汎な文献に通じているならば、多かれ少なかれ自説と類似な論稿をもっと数多く引用しなければならないことであろう。

(22) J・ペツォルト、Solipsismus auf praktischem Gebiet (Vierteljahrsschrift f. wissenschaftliche Philosophie XXV. 3. S. 339) におけるすばらしい詳論を参照されたい。尚シュッペ、Der Solipsismus(Zeitschr. f. immanente Philosophie Bd. III. S.327)参照。

第二章　いくつかの先入見について

1

先入見に捉われることなく当の分野そのものを虚心坦懐に研究するかわりに、他の分野で立てられた見解をその分野に転入《ユーバートラーゲン》することによって、その分野での認識がどんなに酷く損われうるか、物理学者たちはこのことをしばしば目撃し〈従ってよく知っ〉ている。しかるに、このような先入見の転入《ユーバートラーグング》が物理学の分野から心理学の分野へ行われると、それがもたらす混乱は、はるかに重大である。二三の例を挙げてこれを明らかにしておこう。

物理学者は、摘出眼の網膜に倒立像が結んでいるのを観て、空間中では下にある点がどうして網膜では上に映ずるのかと自問し、この問題に屈折光学的研究によって答える。この問いは物理学の分野においては全く正当である。ところが、この問いが心理学に転入されると、それはただ迷妄を生むばかりである。倒立している網膜像が正立的に見えるのは何故か〈網膜上の像は逆立ちしているのに、客体が真直ぐに見えるのは何故か〉という問いは心理学上の問いとしては無意味である。網膜の個々の部位における光の感覚は初めから空間感覚と結びついており、網膜における下方の部位に対応する位置をわれわれは「上」と呼んでいるのであって、感覚している主体にとっては先に立てたような問題は全然生じえないのである。

有名な外部投射説の場合にも事情は同様である。網膜上の結像点に対して、結像点と光が眼に入射する点とを結ぶ延長射線上に光っている対象点を求めることは、物理学者にとっての課題である。感覚している主体にとっては、光の感覚は初めから一定の空間感覚と結びついているのであるから、そもそもこういう問題は存在しない。外界の心理学的起源を感覚の外部投射によって説こうとする理説は、徹頭徹尾、物理学的観方の誤った適用に基づいている。視感覚および触感覚はさまざまな空間感覚と結びついている、すなわち、これらは並存的かつ相互外在的に存在し、空間的場――われわれの身体はその一部分を充たしているにすぎない――のなかにある。従って、机、樹、家、等々は、いうまでもなく私の身体の外部に在る。それ故、投射問題なるものはもともと存在しないのであり、意識的に解かれるわけでも無意識的に解かれるわけでもない。

物理学者のマリオットは、網膜の或る部位は光を感じないということを発見した。物理学者は、空間内の各点にそれぞれ一つの結像点を対応させ、結像点のそれぞれに一感覚を対応させるのが、慣いである。そこで次の問題が生ずる。盲点に対応する空間中の位置には一体何が見えるのであろうか？　どのようにしてこの空隙が充たされるのであろうか？　不当な物理学的設問様式を心理学的研究から排拒してみると、ここにはそもそも問題が存在しないということが判る。われわれは盲点においては何物をも見ないのであり、像の空隙はそもそも充たされないのである。というよりはむしろ、空隙は全然感得されないのである。その理由たるや簡明であって、もともと光を感じない部位において光感覚の欠如が気付かれないのは、いうなれば背中の皮が光を感じないからといって視野に空隙を生じえないのと同断である。（補遺二参照）。

或る分野では妥当する見解や思考様式が、全然別な分野に不用意に転入されることによって、何と無用な紊乱が生じうるか、これを示さんがために私はわざと簡単明瞭な例を選んだのである。

私は或る有名なドイツの民族学者の著作のなかで、「この種族は人身供食で甚だ品位を落としてきた」という条りを読んだことがある。同じ対象を扱ったイギリスの研究者の書物もあったが、このイギリスの研究者は〈先入見を交えることなく〉単に、或る種の南洋の土人はなぜ喰人種なのかと設問し、研究の結果、われわれの祖先もやはり喰人種であったことを発見して、今問題のインデアン種族の物の見方の理解にも成功したのである。或る折、私の五歳になる子供にも同じ考えが閃いた。彼は焼肉を食べている最中に、突然おどろいて、食事を中断し、「僕達は動物にとってみれば人喰い人種なのだ！」と叫んだ。「汝人間を喰うべからず」というのは非常に称揚すべき原則である。しかし、ドイツの民族学者のように云ったのでは、この原則は、イギリスの研究者をつつんでいた崇高で穏和な公正さを台無しにしてしまう。一歩を進めて次のように云うとしよう。「人間は猿より出でたるにあらざるべし」「地球は自公転すべからず」「物質は空間を連続的に充塡すべからず」「エネルギーは恒存たるべし」等々。惟うに、物理学的な見解を、果してそれが適用できるかどうかを予め吟味することなしに、絶対的に妥当する筈だという要求をひっさげて、心理学の分野に転入する場合には、そのやりかたは、上に挙げたことどもと程度の差こそあれ、種類の上では同断である。そのような場合にはわれわれはドグマの下敷きになる。成程スコラ哲学の先蹤たちのように強制されたドグマに屈するわけではないにしても、やはり自分で作ったドグマの下敷きになってしまう。長年の習慣によってドグマと化さないような研究成果というものがあろうか？　再々現われる知的状況に対して獲得されたその当の如才なさ《ゲヴアントハイト》が、新しい状況において緊要な、潑剌さと無縫さとを奪い去ってしまうのである。

以上の一般的な注意書きに則って、物理的なものと心理的なものとの二元論に対する私の立場《シュテルング》について、必要な説明的敷衍をおこなうことができる。この二元論たるや、私の見るところ、別段必要でもないのに技巧的に導来された代物である。

純粋に物理学的な過程を研究する際には、通常きわめて抽象的な概念をもちいるので、この概念の基礎になっている感覚（要素）のことは、殆んどないしは全く、考慮しないのが通例である。例えば、強さ一アンペアの電流は一分間に摂氏零度、水銀柱圧七六〇ミリの爆鳴ガス一〇・五立方センチメートルを発生せしめるということを確定する場合、定義されている諸対象に、自分の感官感覚からまったく独立な或る実在性を帰しがちである。しかしながら、この定義をうるためには、一定の半径をもった針金の輪に電流を通じ、――因みに、自分の感官感覚によってしかこの電流を確かめることはできない――この電流が、与えられた強さの地磁気のもとで、磁針を或る定った角度だけ子午線面から偏倚させるようにしつらえることを余儀なくされる。磁力の強さ、爆鳴ガスの量、等々、の規定も負けず劣らず廻りくどいものである。規定はすべて感官感覚の殆んど無限に近い系列に基づいている。規定に先立っておこなわるべき器具の検定を考慮に入れる場合には、殊更にそうである。ところで、操作の心理学を学んでいない物理学者にとっては、周知の言い廻しを裏返して言えば、森を見て木を見ない、つまり概念の基礎である感覚を看過ごしてしまう、こういった不始末が容易に起こりうるのである。私はあくまで、物理学の概念は、前章においてＡＢＣ……で標記された感性的諸要素の一定種類の聯関を表徴《ベドイテン》するにすぎないという考えを堅持する。これら諸要素――従来それ以上の分解が成就されていないという意味での諸要素――が、物理学的（ならびにまた心理学的）世界の最も単純な建築材料である。

生理学的研究は徹頭徹尾物理学的な性格をおびうる。知覚神経を通じて中枢器官にいたる物理的過程の進行《フエアラウフ》を追跡し、また逆に、中枢器官から筋肉にいたるそれのさまざまな行路《ヴェーゲ》を探り出すことができる。因みにこの筋肉の収縮によって環境中に新しい物理的変化が生ずる。この際、観察されている人間ないし動物の感覚については考えるべきでない。われわれが研究しているのは純粋に物理学的な対象である。無論、個々の点を理解するためには、そこにはまだ非常に多くのことが欠けている。一切が「分子の運動に基づいている」と断言してみたところで、それは己れの無知について自分を慰めることも出来ないし、自分を欺くことも出来ない。

とはいえ、科学的心理学が発達する遙か以前から、物理的影響の下における動物の挙動《フェアハルテン》(訳註1)は、人間のそれに類する感覚や記憶を動物に帰することによって、遙かにうまく予見することができる、すなわち、理解することができるということに人間は気づいていた。私が観察するもの、つまり私の感覚をば、私は思考のなかで《イン・ゲダンケン》、動物の感覚という自分の感覚領野には現われないものによって、補完しなければならない。この対立は、無色で抽象的な概念をもちいて神経過程を追跡している研究者、しかも、この神経過程に、緑色の感覚といったものを思考のなかで附加することを余儀なくされる研究者にとっては、甚だ峻嶮に思える。この緑色の感覚といったものは、実際まったく新しい異様なものとして立現われるのであって、われわれはこの不可思議な代物が、化学的過程、電流、等々から、一体どのようにして出現しうるのであるか、と自問する。

3

心理学的分析は、この訝かり《フェアヴンデルング》が当を得ていないことを教える。けだし、物理学者は常に感覚を操作しているのであって緑色の感覚といったものだけがとりたてて別種のものではない所以である。これまた心理学的分析によって明らかになることであるが、物理学者はつねづね、その瞬間には観察されていない要素や、或いは、そもそも観察されえない要素で以って、感覚複合体を思考のなかで類推によって補完している。一例をあげれば、物理学者が何かしら掴める・重たい・惰性のある物塊として月を表象するような場合、そういう類推的な補完がおこなわれている。だからして先に述べた状況の奇矯さは、実は幻影にすぎないのである。

この幻影は、自分自身の感覚領野に限った別な考察をおこなうことによっても消失する。目の前に植物の葉があるとしよう。この葉の緑色（A）は、或る視空間感覚（B）、或る触感覚（C）、太陽ないしランプのあかり（D）と結びついている。日光のかわりにナトリウム焔の黄色（E）をもってくると、葉の緑色は褐色（F）にかわる。葉緑素をアルコールで抽離してしまうと、――この操作はこれまた感覚要素によって標示できるのであるが――緑色（A）は白色（G）にかわる。これらの考察はすべて物理学的な考察である。だがしかし、緑色（A）は私の網膜の過程とも結びついている。私の眼におけるこの過程を上にのべたのと同じ仕方で研究し、それを要素XYZ……に解離することは、原理上何ら妨げられない。たしかに自分自身の眼に即して研究することには色々な困難が伴うけれども、他人の眼に即して研究し、類推によって欠を補うことができるのであって、この点では他の物理学的研究の場合と同断である。さて、AはBCDE……との依属関係でみれば、物理的要素であり、XYZ……との依属関係でみれば感覚なのであって、心理的要素としても把握することができる。しかし、緑色（A）それ自体は、われわれが依属関係のいずれの形式に注意を向けるかということに関わりなく、その本性上は不変である。従って、私は、心理的なものと物理的なものとの対立ではなくして、これら要素に関しての完き同一性を看てとる。私の意識の感覚領野においては、いかなる対象も同時に物理的でありかつ心理的である。（一五頁参照）。

4

私の考えでは、この知的状況[訳註2]にみられた暗闇は、もっぱら、心理学の分野に転入された物理学的先入見から生ずるものである。物理学者はいう。私が見出すのはいつどこにおいても物体と物体の運動だけであって感覚ではない。従って感覚というものは、私が扱っている物理的対象とは何かしら根本的に異ったものに相違ない、云々。心理学者はこの主張の後半をうけいれる。心理学者には、——これは間違っていないのだが——先ず感覚が与えられている。この感覚に、神秘的な物理的な或るものが対応している。この或るものは先入見によれば、感覚とは全然別ものの筈である。しかし、この神秘的なものは、実際には何ものなのであろうか？　それはフュシスなのであろうか、それともプシュケーなのであろうか？　或いは、むしろ両方なのであろうか？　そうであるようにも思える。けだし、透徹しがたい暗黒に纒われていて、或いはこれが、或いはかれが、長短覆いがたく思えるからである。それとも、ここでは、悪霊にとりつかれて、われわれはから廻りしているのではなかろうか？

私はそうだと信ずる。私にとっては、要素ＡＢＣ……は直接的かつ不可疑的に与えられており、これらの要素は、爾後考察によっては散消されえない。因みに爾後的諸考察は結局のところ要素の現存に基づいている。

以上の一般的概観によって、物理・心理的な感性的領野の特殊研究が決して無用になるわけではない。そういう特殊研究が、ＡＢＣ……の特有な聯関を探求すべき課題を担っている。象徴的〔記号的〕に表現すれば、特殊研究の目標はF（A, B, C, ……）＝0という形の方程式を見出すことだといえよう。（補遺三参照）。

第三章　私とアヴェナリュウスその他の研究者たちとの関係

1

私が本書で著わしている見解と色々な哲学者や哲学的に思索する自然科学者達の見解との共通点についてはかなり以前から指摘されている。完全に枚挙しようとすれば、私としては実にスピノザから始めなければなるまい。しかし、ここでは悉く枚挙する必要はないと思う。私の出発点がヒュームのそれと本質的には異っていないということ、これは全く明白である。私の考えでは、心理学的事実は、物理学的事実と少くとも同程度に、重要な認識源泉である。コントとはこの点で袂を別たねばならない。私は内在哲学の唱道者達とも極めて近い立場に立っている。とりわけ、シュッペについてそういえる。尤も、私が彼の著作や論文に接するようになったのはごく最近のことであって、一九〇二年になってからである。わけても、思想的密度の高い、それでいて特別な用語辞典なしに読める彼の『認識論ならびに論理学綱要』には非常な共感を覚えた。この本には、尤も多少の修正を加えればの話であるが、賛同を惜しむべきことは皆目存在しなかったといってよい程である。自我の把えかたが、たしかに相違点をなしてはいるが、この点についてはは諒解に達しうるものと思う。R・アヴェナリュウスについていえば、われわれ両人の見解は極めて類似したものであって、閲歴を異にし、活動分野を異にする二人の人間が、お互いにまったく独立に、かくも類似な見解を形成するということは、到底これ以上望めそうにない程である。叙述形式が余りにも相違しているため、われわれ両人の思想的一致が多少蔽い隠されている。アヴェナリュウスは、非常に周到な、だが終始一貫図式的な論述をおこなっており、普通にはみかけぬおよそ尋常でない彼の用語法が、さなきだにその透観を困難ならしめている。私は彼のような叙述法を、採ろうと思ったことも、採らねばならないと思ったこともない。私にはそういう資質も才覚もない。私は一介の自然科学者なのであって哲学者ではない。私はひたすら、確実にして明晰な哲学的見地——そこから心理生理学の領域へも物理学の領域へも、形而上学の霧に蔽われていない通路がひらけるような哲学的見地、これをかちえようと努めただけである。私はこれを以って能事足れりとした。私の叙述は、若い時分このかたの永年にわたる省察に基づいているとはいえ、簡潔であり要綱《アペルシュ》の形をとっている。人あって私の叙述を思いつき《アペルシュ》だと看做そうとも、私は一向意に介さないであろう。技巧的な術語を忌諱するの余り、私はアヴェナリュウスとは裏腹の極端に陥っているかもしれない。私はこれを認めるに吝かではない。アヴェナリュウスは往々にして全然理解されないし、ともあれ晦渋であって理解されるにしても時間が経ってからである。それにひきかえ、私の文章はしばしば存分に誤解されてきた。才気煥発の一批評家氏は、私が到るべからざりし！結論に到達していると仰言る。——かくて到達すべき結論を既に御存知である以上、氏は研究の労苦をお省きになれるわけである——。剰えこの批評家氏は、私がもっぱら全く日常的な用語を用いており、従って私の与みする「体系」がはっきりしない、この故に私の主張が正しく把えられないという廉で論難されるのである。何はともあれまず一つの体系を選び取らねばならぬ、しかる後、その体系の内部で考えたり喋ったりすることを許されるというわけである。かような次第で、人びとは従来、私の文章にありきたりで手近かな見解を適当に読込んで、私を観念論者、バークレー主義者に仕立てあげたり、はたまた唯物論者、等々に仕立てあげたりしてきたのである。しかし、この点に関しては私には何らの罪科もないと信ずる。

アヴェナリュウスと私との両極端の叙述様式は、いずれも利害得失を兼ね具えている。が、この叙述様式の相違は、われわれ両人の相互理解にとっても、不利な影響を及ぼした。私はいちはやく見解の類似性を認め、一八八三年には『力学』において、また一八八六年には本書の初版において、(原註1)類似性があるという確信を表明しておいた。尤も、私はその際、『力学』を公刊する直前、たまたま目にふれた彼の小さな著作〔『最小力量の原理に基づける世界考察』〔一八七六〕〕を挙げることしか出来なかった。傾向が同じだということが完く明らかになったのは、一八八八年、九一年、九四年に至ってからである。つまり、『純粋経験批判』、『人間的世界概念』及び『四季報』所載の心理学上の論文が公けにされたことによってであった。しかし、『純粋経験批判』の場合には、幾分大仰な術語が満腔の賛意を阻んだ。幾つもの言語を修得した上に、或る個人の言語をも修得せよということは、年配の人間に対してはたしかに過当な要求である。それ故、アヴェナリュウスの業績を活用することはもっと若い世代に委ねられている。ここに、アヴェナリュウスの業績の核心をあらわにし、かつそれを一層発展させた、H・コルネリュウス、C・ハウプトマン、J・ペツォルトの諸論文を挙げうることは、私の欣快とするところである。アヴェナリュウスの方でもわれわれの見解が類似していることを認め、一八八八〜九五年に現われた著作や論文では、その旨に言及している。がしかし、一致が益々深くなっているという確信は彼の側でも漸次醸成されたものの如くである。彼が以前第三者達にもらした言葉から推して私はそう考えざるをえない。私は彼とはついに面識のないままであった。〈アヴェナリュウスは一八九六年に歿してしまった〉。アヴェナリュウスへの追憶を弱めようとする努力が紛うかたなくおこなわれているが、それにも拘わらず彼の業績が急速に知られるようになってきているのは喜ばしい限りである。

2

アヴェナリュウスとの一致点のうち私が重視しているものを特に挙げておきたい。思惟の経済 つまり 事実の経済的叙述、これが科学の本質的な課題であるということについて、私は最初 一八七一、一八七二年にごく簡潔に述べ、一八八二、一八八三年にそれを敷衍しておいた。別の折に指摘しておいた通り、この見方はキルヒホッフの『完全でしかも最も簡単な記述』（一八七四）の思想を含意しかつ先取りしているとはいえ、決してまったく新しい思想だというわけではない。アダム・スミスに遡ることができるし、P・フォルクマンもいうように、発端を尋ねればニュートンにまで遡ることができる。叙述の仕方に不明晰な点があるということを措けば、当の見方がアヴェナリュウスによって非常に精緻に更めて（一八七六年に）定式化されている。

右に述べた見解〔思惟経済論〕は、科学をも含めた心理的生活の全体を、ダーウィンの理論が励起するところに従って、生物学的な現象としてとらえかえし、生存競争、進化、淘汰といったダーウィン流の考えを適用してみると、広大な基盤に支えられていることがわかり、新しい側面から照明される。この見解は、心理的なものはいずれも物理的に基礎づけられ、規定されているという想定と不可分である。アヴェナリュウスは『純粋経験批判』のなかで、理論的・実践的な挙措のすべてを中枢神経系の変化によって規定されているものとして詳細に叙述しようと努めている。この際、彼はもっぱら次の極めて普遍的な前提から出立している。すなわち、中枢器官は、全体としてだけではなく、その個々の部分においても、自己保存の努力、言いかえれば、その平衡状態を保持しようとする傾向を有するということである。この前提はヘーリングが生体の挙措について展開した考えと非常によくマッチする。アヴェナリュウスのこの見解は、最近の実証的研究、殊に生理学的研究と非常に近いものである。私の著述にも、一八六三年以来、これに照応する言表が、簡潔ではあるがしかし確然と現われており、アヴェナリュウスのように完結した体系を展開したわけではないが、一八八三年にはそれを敷衍したのであった。

私が最も重視するのは、しかし、物理的なものと心理的なものとの関係の把えかたにおける一致である。これこそが私にとっては核心である。私はアヴェナリュウスの心理学方面の論文に接してはじめて、この一致を本当に確信するようになった。万全を期すべく、私はルドルフ・ウラサック博士に照会してみた。博士はアヴェナリュウスとの多年に亘る御交誼を通じて、彼の立場に通暁していらっしゃる方である。博士の御返信を紹介しておこう。

「アヴェナリュウスとマッハとにおいて、『物理的なもの』と『心理的なもの』との関係の把えかたは同じである。両人とも、物理的なものと心理的なものとの区別は、もっぱら依属関係の相違に存するのであって、それらは一面では物理学――但し語の最広義における物理学――の対象であり、他面では心理学の対象である、という結論を下している。環境構成分Aの環境構成分Bに対する依属性を研究するならば、物理学をやっているのであり、生体の感覚器官や中枢神経系の変化によってAがどの程度変化するかを研究するならば、心理学をやっているわけである。アヴェナリュウスは、このような事情に鑑みて物理的、心理的という用語を消去し、物理学的依属性、心理学的依属性という言いかたしかしないよう提議している。(「覚書」、『四季報』、第十九巻、一八頁)。マッハの著作には、此の観方が、心理的なものについての旧来の把えかたが維持できないということ、従って心理学の課題についての旧来の把えかたが維持できないということ、このことに関する説明なしに(?)現われる。」

「『投入』の暴露ないし投入の根底に横たわっている形式論理学上の誤謬を暴露することによって、この課題が解決される。アヴェナリュウスは、一切の哲学的省察の端初には素朴実在論、『自然的世界観』が存するということから出立する。この自然的世界観の内部で『自我』という複合体と『環境』『物体界』という複合体との相対的な区画が自ずと進展し得る。が、この区画は必ずしも『物体』と『精神』との『二元論』に通ずるものではない。というのは、素朴実在論の立場では、『自我』つまり自分の身体に属する構成分は、環境の構成分と徹頭徹尾比較可能（vergleichbar＝等質的）だからである。最初の概観が実体概念の形成へと進もうとも（マッハ、『感覚の分析』六頁）、そのことによって物体と精神との完き本質的差別が生ずるわけではない。根源的統一的に――素朴実在論的に――把捉された世界の本当の分裂は、アヴェナリュウスによれば、仲間《ミットメンシュ》(訳註1)の陳述を解釈する際に惹き起こされる。あの樹は私に対してだけ現存しているのではなく、仲間の陳述から推せば、彼に対しても、私に対するのと同様な仕方で現存しているものと想定せざるをえない。このように言う限りでは、私は決して形式論理学上許容されうる――私と仲間との間の――類推《アナロギー》を踏みはずしてはいない。しかしながら、樹が『模像』『感覚』『表象』として仲間の裡にあるという場合には、すなわち、樹を賦入《アインレーゲン》、投入《イントロイツーレン》する場合には、それを踏みはずすことになる。けだしこの場合には、決して自分自身の経験中には見出されない或るものを、仲間に対して想定しているからである。因みに、経験は必ず、環境構成分を自分の身体との一定の空間的関聯においてのみ提示するのであって、決してそれを自分の意識ないしはそれに類するものの内部に提示するのではない。投入は経験の踏み越えであるから、投入を経験事実と和合させようとする試みは、いずれも似而非問題の無尽蔵な源泉となる。このことは、それが哲学史上とってきたさまざまな形式に、一番明瞭に顕われている。最古の粗笨な知覚理論は、対象から模像が剝離しこの模像が身体の内なるもの《ダス・インネレ》の中に入り込む、というきわめて粗笨にしてかつ単純な形で賦入を表わしている。ところで、環境構成要素は身体の内なるもののなかでは、身体の外部におけると同様の仕方で現前しているのではないという洞察が進むにつれて、一旦それが内なるもののなかに在るとされるや否や、この〈裡にある〉ものは、環境とは本質的に異った或るものたらざるを得なくなる。二元論の根幹は、投入の解釈、投入を環境複合体から直接に生じた諸経験と調和させようとする試みに根差している。」

「アヴェナリュウスが投入の機縁のすべてを果して正当に評価していたか、この点には疑問の余地がある。彼の叙述では投入は必ず仲間の『知覚』と結びつけて説明されている。しかし次のように言えると思う。すなわち、一個同一の環境構成分が、或る時には感性的に与えられた『事象』として現われ、別の折には『記憶』として与えられるという事実は、この環境構成分が二重に存在する――つまり、一度は環境中に『物質的に』存在し、二度目は自分の『意識』『精神』の裡に存在する――という風に想定せしめるに充分な機縁となりうる。更にいえば、夢の経験は、これまた未開文化にとって、二元論を生ずる一個独立の機縁たりえたのではないか(原註2)、これも一考に価するであろう。アヴェナリュウスは、投入が夢の二元論的解釈の前提だと主張しているが、これに対する説得力ある根拠を提示していない。しかし、もしアニミズムという言葉で、唯もっぱら、生命なき環境構成分もすべてわれわれ自身と同様な存在《ヴェーゼン》だという仮定だけを表わすとすれば、この場合には、前史的アニミズムを以って二元論の根幹だと見做すことは、たしかに当を得ない。現に、自然的世界観のもとにおいても、或る程度すすんだ生理学的な〈判断〉根拠からそれが妨げられない間は、環境構成分は、例えば樹に対して、それが人間に対するのと同じ意味で存在するという想定が生じうるのである。言い換えれば、心理的なものについてアヴェナリュウス・マッハ的な把えかたをする人は、生理学の知識を完く欠いているとすれば、樹や石がその環境を触ったり見たりすると想定することができよう。しかし、だからといってその人は未だ二元論者ではないであろう。〈ところがもう一歩を進めて〉、樹や石の触覚作用や視覚作用を説明するために、次のように想定するならば、すなわち、樹や石によって触れられたり視られたりする環境構成分が、樹の裡にその『感覚』や『意識』として今一度存在するというふうに想定するならば、その時はじめて彼は二元論者になるのである。このときはじめて世界が二重化され、精神的世界と物体的世界とに分断される。」

「投入が失当だということの暴露による啓蒙が二方面にわたっておこなわれる。その一つは認識論の方面である。『感覚』『表象』『意識』の『物質的事物』に対する関係を問い、後者の模像、記号、等々、それが先に挙げた投入の所産だと主張するような問題は、悉く似而非問題であることが自ずと明らかになる。空間理論における投入問題、空間知覚の外部への転置、等々は、似而非問題であることが明らかになる。」

「もう一つの方面についていえば、投入の排拒は、生理学的でない心理学は許容されないということを意味する。『意識内容』、神経系の変位と並んで起る『心理的過程』なるものは、実は、自分が仲間や帰するところ自分自身に対しても賦入した環境構成分にほかならないという洞察に達すれば、神経系のうちに生理過程以外のものを求めることは出来なくなる。特別な精神的《プシヒッシュ》因果性なるものは悉く問題の圏外に去る。精神的な力が脳髄の生理的過程へと入り込み、これと聯動するということが、エネルギー保存の原理と結合できないかどうか、この類いの問題はすべて圏外に卻けられる。（原註3）」

「『表象は意識の中にあることなく〔意識を離れても〕存続する』（マッハ、『熱学の諸原理』、四四一頁）ということについて言えば、これは厳密には、或る種の中枢神経性の現象《フォルゲング》に対する縮約的な表現としてしか許されないのであるが、とかく二元論的表象を唆りがちである。」

3

アヴェナリュウスの叙述〈様式〉と私の叙述〈様式〉との、依然として残っている相違は、容易に諒解できるいくつかの根拠に還元することができる。第一に、私は自分が採るに到った立場の、先行する世界観の諸相からの展開を、完璧に叙述しようとは目論まない。第二に、アヴェナリウスの叙述は実在論的な局面から出立しているのにひきかえ、私の叙述は観念論的な局面——私は若いころ実際にこれを閲歴《エアレーベン》したのである——から出立している。（第一章註21参照）。私はそのつもりになれば、〈アヴェナリウスを顛倒して〉投出《エクストライエクチオン》を云々することもできたであろう。（本書、七、一一〜一八、二三〜二五、三八頁）。第三に、非難の対象として用いられている意味での、仲間や投入に関する批難的な陳述に——新しい立場への到達に先立てて——あれほど重要な役割を演じさせる必要はないし、そうすれば、この投入を再び排拒することもこれまた不必要になる。単独に〈つまり仲間なしに〉思索する人であっても、新しい立場〈つまりアヴェナリウスや私の立場〉に到達することが出来ないとは限るまい。しかも、ウラサックが指摘している通りその孤独な思索家がまさしく二元論という麻疹《はしか》を克服していることも、ありえないことではないと思う。尤も、この立場に到達し、要素間の依属関係の差異こそが本質的なものだという認識に達してしまえば、実在論的な局面から出立するか観念論的な局面から出立するかということは、大した意味をもたないように思われる。それは、数学者や物理学者にとつて、方程式中の基本変数の変換がさして重大なことではないのと同断である。

私の見るところ、アヴェナリウスの主張も、従ってまた私の主張も、およそ自明的な事柄しか言表していない。少くともタイラーの謂う「粗野な哲学の残渣」の重圧から解放されている人びとにとっては、われわれの主張はもっぱら自明的な事柄だけを語るものである。こういう自明的な事柄こそ、従来つねに、学問の安全な基礎たりえた当のものにほかならない。哲学的に思索する人びとの進路が相接近していくことのうちに、とりわけ一般的哲学的考究と実証的個別科学的考究とが吻合していくことのうちに、諸学が相繋っていく吉兆を見てよいと私は思う。

(1) Avenarius : Denken der Welt nach dem Prinzip des kleinsten Kraftmaßes. 1876.

(2) 確かに夢の経験は（タイラーによれば）有力な動機の一つである。

(3) 特別な精神的動因が存在するかどうかという問題に関して非常に屢々エネルギー恒存の原理が持出されているが、このことに対して私はここで怪訝の意を表明しておかざるをえない。エネルギーの恒常ということによって、物理的過程の経過が限定されてはいるが、しかし決して完く一義的に決定されているわけではない。あらゆる生理的過程においてエネルギー恒存の原理が充足されているとしても、このことは、唯、精神はエネルギーを消費しもしなければ支出しもしないということを示すだけである。それ故、精神は依然、生理的過程の規定に与かる一要因であるかもしれないのである。こういうケースに関して哲学者達が問題にしている場合、エネルギー恒存の原理は大むね誤った評価をうけているように見受けられる。そして物理学者達が時折行っている苦肉の解答は、自分達の思考圏から遠く隔っているこのケースに関しては何をいっているのかわけがわからない。（ヘフラー、『心理学』、一八九七、五八頁以下の註におけるこの類いの論議に関する報告を参照）。私は上にのべたことを措いても、特別な精神的動因を仮定することは、不幸、不都合な、研究の妨げにしかならず、そのうえ不必要で、しかも正しくない仮定だと思う。（補遺四、参照）。

第四章　感覚の研究に対する主要な着眼点

1

われわれの〔第一章で〕(訳註1)確保した立脚点に立って、感覚の分析という特殊な目的に方向づけを与える大凡の概観を試みておこう。

二つの事象AとBとを頭のなかで結びつける習慣が——適応を通じて——一たん形成されると、探索的知性は、多少変化した事態のもとでも、当の習慣をできるだけ固持しようとする。いつどこでも、Aが現われれば、Bが附《ヒン》け足して考え《ツーゲダハト》られる。ここに露われている原理を、恒常性の原理、ないしは、連続性の原理と呼ぶことができよう。この原理は、〈思惟〉経済の努力に根差すものであり、偉大な研究者たちにあっては(訳註2)、殊に明瞭に現われるものである。

AとBとの結合〈といっても実はさまざまであり、そこ〉において実際に観察される変調《ヴァリアチオン》は、それが気づかれるほど大きければ、当の習慣を攪乱する。攪乱がもはや感受されなくなるのは、習慣が十全に変様されるに至ったときである。たとえば、入射光線が空気とガラスとの境界面で屈折するのを見慣れているとしよう。この屈折はその場合その場合でいちじるしく変調するので、二、三の場合に即して形成された習慣を新しいケースに混乱なく転入できるようになるのは、任意の入射角Aに対してそれに照応する屈折角Bを結びつける態勢が出来あがってからのことである。すなわち、いわゆる屈折の法則の発見、ないしは、そこに含まれている規則に習熟してはじめて、それが達成される。このような次第で、恒常性の原理と対抗的に、これを変様〔修正〕せしめるもう一つの原理が存在している。この原理を、充足限定の原理、ないしは、充足分化の原理と呼ぶことにしたい。

これら二原理の協働は、先の例を敷衍することによって、好便に説明することが出来る。光の色の変化に応じてそこに現われる事実をさばくためには、屈折法則の思想を堅持しつつ、しかもその都度の特定の色に対してそれぞれ特定の屈折率を対応させねばならず、やがてはまた、その都度の特定の温度に特定の屈折率を対応させねばならないことに気がつく、等々。

この過程は、二つの事象AとBとが——どの瞬間の経験に属する一方の変化に対しても、他方の側のそれに見合う変化が対応づけられるほど——〈分化して〉結びつけられるに及んで、遂には暫定的な得心と満足に行きつく。AもBもいくつかの構成分の複合体として現われ、かつAの各構成分がBのそれと対応づけられるというような場合もありうる。例えば、Bがスペクトル、Aが試料となる混合物であって、スペクトルの一構成分とスペクトル装置の前で蒸発している試料の一構成分とが、他の成分から独立に、対応づけられるというような場合がそれに当る。この関係に完全に習熟することによってはじめて充足限定の原理に応えうる。

2

さて、色の感覚Bを——灼熱している試料Aとの依属関係においてではなく——網膜過程Nの諸要素との依属関係において考察しているものとしよう。こうすることによって変るのは、概観の種類ではなく、方向だけなのであって、上述のことはすべてそのまま妥当する。遵守さるべき原則は旧の儘である。そして、このことは無論どの感覚についても当てはまる。

ところで、感覚は直接・それ自体として・心理学的に分析することも出来るし、（ヨハネス・ミュラーがやったように）、また、物理学の方法に則ってそれに対応する物理（生理）学的過程を研究することも出来る（なかんずく現代の生理学派がおこなっているように）。或いはまた、心理学的に観察できるものとそれに対応する物理（生理）学的過程との聯関を追究することもできる。（これが一番研究を進捗せしめるであろう。というのは、これにあっては観察が全面にわたって試みられ、一方の研究が他方の研究を援けるからである）。われわれはこの最後に記した目標に到達できそうな場合には、常にこれを目指すことにしたい。

この目標に徴すれば、われわれが、連続性の原理および充足限定の原理を満足せしめうるのは次の場合に限ってである。すなわち、同じB（或る感覚）にいつどこにおいても専ら同じN（同一の神経過程）を対応づけ、Bの観察可能な各変化にNの対応する変化を見出す場合に限ってである。Bを心理学的に分解して幾つかの相互に独立な構成分に分かち得る場合には、われわれはこれらに対応する構成分をNに見出しえてはじめて一安心できる。しかるに、例えば音の高さや強さのように、個々別々には現われない諸性質や諸側面がBに関してみられる場合には、同様な事情がNに関しても期待できるであろう。一言でいえば、心理学的に観察されうるBのあらゆる個別的性質に対して、それに対応するNの物理学的な個別的性質を探し出さなければならない。

われわれは無論、一つの（心理学的にみて）単純な感覚が甚だ錯綜した諸要因《ウムシュテンデ》によって規制されている場合もありうるということを否定する心算はない。けだし、当の諸要因は、謂わば鎖状に聯関しており、この鎖が神経にまで達しなければいかなる感覚をも解発しないからである。とはいえ、身体の外部には何ら物理的に規定された要因が現前していない場合にも、感覚が幻覚という形で現われることもある。それ故、鎖の最後の環たる或る神経過程こそ感覚にとって本質的でかつ直接的な制約〔条件〕である。われわれは、この直接的制約が変化する場合には、感覚の方も相伴って変化する筈だと考える。また逆に、感覚が変化する場合には、この直接的制約の方も変化したのだと考える。この鎖の最後の環と感覚との聯関に関して上述の原理が妥当するものと看做すことにしたい。

3

こうしてわれわれは感覚の研究に対する一個の指導原理を設定することができる。それは、心理的なものと物理的なものとの完全なる平行の原理と称されうるであろう。われわれの根本的な観方からすれば、すなわち（心理的なものと物理的なものという）二つの領域のあいだに何らの溝渠をも認めない立場からすれば、この原理は殆んど自明である。が、この根本的な観方を抜きにしても、私がかつてそうしたように、発見的原理としてそれを設定することができる。（原註1）

ここで用いている原理は、心理的なものに物理的なものが、物理的なものに心理的なものが対応するという一般的な前提以上のものであって、この前提を特殊化し限定している。多くの場合に正しいことが証明されているこの一般的な仮定は、蓋然的に正しいものとしてすべての場合に固持することができるし、そのうえ、厳密な研究にとって必要な前提をなしている。が、ともあれ、われわれの考えは、物理的なものと心理的なものとが一個同一の実在の二つの異った側面だとするフェヒネル流の考えとは異る。第一に、われわれの考えは何ら形而上学的な背景をもっておらず、経験的に見出される事柄を一般化して表現しているだけである。次いではまた、われわれは知られざる第三のものの二つの異った側面を区別するのでもない。われわれがそれの結合を研究するところのもの、すなわち経験中に見出される要素は、常に同一のものであり唯の一種類であって、ただ聯関の種類に応じて、物理的要素として現われたり心理的要素として現われたりするだけである。(原註2) 私はかつて次のように反問されたことがある。そもそも心理的なものと物理的なものとのあいだに本質的な差異を認めない以上、心理的なものと物理的なものとの平行論はおよそ無意味ではないか、単なる同義反復ではないか、と。この反問は、私の先の立言に対する或る誤解にもとづいている。私が緑の葉を見る場合——これは或る脳髄過程によって制約されている——、形そのもの、色そのもの等々はすべてそれ自体としては同種であり、心理的でも物理的でもないけれども、私に見える葉の形、色、等々は、確かに、研究対象となっている脳に見出される形、色、等々とは異るのである。脳髄過程に依存していると見做される・見られている・葉は、或る心理的なものであり、他方、この脳髄過程そのものは、それの要素の聯関に即しては、或る物理的なものである。そして、第一の直接的に与えられている要素群が、第二の要素群——これは(多分複雑な)物理学的研究を通じてはじめて与えられるものであるが——に対する依属関係に関して、平行原理が成立するのである。(三九頁、および、補遺五参照)。

4

以上の説明では抽象的にすぎたかと惧れる。ここでは二三具体的な例を挙げて平行原理を解説することにしたい。視覚によってであれ触覚によってであれ、あるいは他のいかなる仕方によってであれ、私が空間を感覚するときには、どの場合にも同じ種類の神経過程が存在しているものと想定しなければならない。あらゆる時間感覚に関して私は同種の神経過程を想定する。

異色同型の像《かたち》を見る場合には、私は異った色の感覚と共に特定の同じ空間感覚を求め、またそれに対応する同じ神経過程を探し求める。二つのかたちが似ているとすれば、（すなわち、二者が部分的に同じ空間感覚を供するとすれば）、それに対する神経過程も部分的に同じ構成分を含んでいる。二つの異ったメロディーが同じリズムをもっているとすれば、両方の場合に異った音響《トーン》（訳註3）感覚と並んでそれに対応する同じ神経過程を伴う一つの同じ時間感覚が存在している。音調を異にする二つのメロディーが同じだとすれば、音響感覚とその生理学的条件は、音調の高さこそ異るにせよ、同じ構成分をもっている。一見無限の多様性をもっているようにみえる色の感覚が、心理学的分析（自己観察）によって六要素（原色感覚）に還元されるとすれば、神経過程の体系に対しても同じ単純化を期待してよかろう。空間感覚の体系が三次元の多様態として現われるとすれば、これに対応する神経過程の体系も、これまたそうなっているであろう。

5

とにかく、人びとは従来、多かれ少なかれ意識的にまた多かれ少なかれ整合的に、必ずこの原理に従ってきた。例えば、ヘルムホルツ（原註3）が各純音感覚に対してそれぞれ一本宛の特定の神経纖維を（それに属する過程と共に）指定し、音を純音感覚に分解し、音の類似性を同じ純音感覚（及び神経過程）成分に還元している場合、ここには上述の原理の実証《ベテーティグンク》〔実践的適用〕がみられる。但し、後述の通り、この適用は不完全である。ブリュースター（原註4）は、色彩感覚に関する欠点だらけの心理学的分析と、不完全な物理学的実験と（原註5）によってではあるが、次のような見解を懐くに至っている。赤黄青の三感覚に対応して物理学的にも、唯三種の光しか存在せず、従って、連続的な序列の屈折率（訳註4）をもった無数の光種《リヒトゾルテン》が存在するというニュートンの想定は誤っている云々。彼はこの結果、緑を混合感覚と考える誤りに陥ってしまった。彼が色の感覚は物理学的な光なしにも現われる場合があるということをもし熟考したならば、彼は推論を神経過程に局限し、ニュートンの物理学上の主張——これは同様によく基礎づけられたものである——には口出ししなかったであろうに。Th・ヤングがこの欠陥を、少くとも原理的には、矯正した。彼は連続的な次序の屈折率（と波長）をもった無数の物理学的な光種が少数の色彩感覚と神経過程に結びつきうるということ、プリズムにおける屈折の連続体（空間感覚の連続体）に少数の色彩感覚が対応していることを明識した。しかし、ヤングでさえ、心理学的分析に際して物理学的先入見によって惑わされている点は措いても、上述の原理を充分な自覚をもって、厳密に整合的に適用したわけではない。ヤングも、当初、赤黄青を原色感覚として仮定していた。彼はその後、——アルフレッド・マイヤーがその肯綮にあたる一労作で示した通り(原註6)——ウォーラーストンの物理学上の誤謬に誤導されて、それを赤緑菫とおきかえた。色彩感覚論をどういう方向に修正していくべきかについて私は何年も前に他の個所で示唆しておいたが、色彩感覚論はその後、ヘーリングによって完成の度が大いに高められた。

6

〈それゆえ〉ここでは、色彩感覚論の取扱いに関して私が現在いだいている考えの要点だけを記しておこう。近時の文献には、ヘーリングによって受け容れられた六原色感覚——白黒赤緑黄青——は、レオナルド・ダ・ヴィンチを嚆矢とし、その後マッハとアウベルトによって提唱されたものであるという指摘がしばしば見出される。ダ・ヴィンチ当時のものの観方に鑑みて、右の報告が彼に関してはいささか訝しいと私ははじめからにらんでいた。その『絵画論』(原註7)中におけるダ・ヴィンチ自身の言表を聞いてみよう。「二五四。単色は六つである。その第一は白である。尤も、哲学者たちは白も黒も色のうちには数えない。けだし、前者は色の原因であり、後者は色の欠如だからである。しかし画家はこれら二色無しには済ませないのであるから、われわれはこれらを色のうちに算入して、白を単色のオーダーにおける第一のものと言うことにする。黄が第二、緑が第三、青が第四、赤が第五、黒が第六である。われわれは白——これなしにはどんな色もみえない——で以って光を代表させ、黄で地を、緑で水を、青で風を、赤で火を、黒で闇を代表させよう。闇は火の上に位する。けだし闇のなかには物質ないし濃密なもの——つまり日の光がそれに衝突して輝やかせうるもの——が存在しないのであるから」。「二五五。青と緑とはそれ自体としては単色でない。何となれば、風〔空〕の青が完全な黒と純粋無垢の白とからなっているのと同様、青は光と闇とからなっているのであるから」。「緑は単色と合成色とからなっている」。

レオナルド・ダ・ヴィンチにあっては絵具《ピグメント》の色や自然哲学的考察が問題なのであって、原色感覚が問題にされているのではないということを示すためには、これで充分であろう。レオナルドの著書に含まれている数多くの、素晴らしい、鋭利な自然科学的考察は、芸術家達、就中、彼こそが間もなく陸続と登場した偉大な自然科学者達の真の先駆者であるという確信を抱かしめる。彼等は自然を適宜に模造するため、自然を知らねばならなかった。彼等は純粋な趣味から〈つまり実際的な目的を離れて〉(訳註5)自他を観察した。とはいえ、レオナルドは到底、例えばグロット(原註8)が彼に帰しているような発明発見のすべてを成就したわけではない。

色彩感覚論に関する管見は、折にふれて言表したものにすぎないけれども、内容的には判明である。私は原色、白黒赤黄緑青と、それに対応する・網膜における・六つの相異る(化学的)過程(神経繊維ではない)とを想定した。(ライヒェルト及びデュボアのアルヒーフ、一八六五、六三三頁以下参照)。物理学者の範にもれず、補色関係については勿論、私も熟知していた。しかし、私は二つの補色過程が一緒になって一つの新しい——白色——過程を興発すると考えた。(同前、六三四頁)。私はヘーリングの理論の〈方が〉卓越している諸点を喜んで承認する。それは次の諸点である。第一に黒色過程が白色過程に対する反動〔反対過程〕として把握されていること。黒と白との関係こそが〈私の旧説にとって〉最大の難点であったことを思うにつけ、ヘーリングの理論によってこの難点が軽減されていることを益々高く評価すべきだと思う。更にはまた、赤と緑、黄と青は、新過程を作り出すのではなく、相互に打消し合うような反対過程として捉えられている。従って白は〈私がかつて考えたように二つの補色過程が合して〉作り出されるのではなく、初めから存在しており、補色によって色が打消される際にも残留しつづけるのである。ヘーリングの理論中私に満足できなかった唯一つの点は、何故黒と白という二つの反対過程が同時に生じかつ同時に感覚されうるのか——赤・緑と青・黄にあってはこういうことが不可能なのに——是が判らないという点であった。しかしこの疑念はヘーリングの〈その後の〉説明によって或る程度除去されるようになった。[原註9] この関係の完璧な解明はパウリがおこなった証明のうちに見出せる。[原註10] すなわち、膠質体や生体における或る種の過程はa図の如く同じ途を辿る（homodrom）反対過程によって打消されることもあるし、また或る種の過程はb図の如き異った途を辿る（heterodrom）反対過程によって相殺されることもある。私自身もずっと以前に、或る種の感覚は正数と負数とのような相互関係にあるが（例えば赤と緑）或るものはこういった関係にはない（例えば白と黒）ということを指摘したことがある。[原註11] パウリの考えを採って、ヘーリングのいう反対過程のうち第一の組〔赤緑、青黄〕に対応する過程はホモドロームであり、第二の組〔白黒〕の根底にある過程はヘテロドロームであると見做せば、万事うまくいくというものである。[原註12]

a

b

7

前節で挙げたいくつかの例は、上述の研究原理の意味を説明し、旁々、この原理が全く新しいものだということではないことを示すに足るであろう。かつてこの原理を定式化した際には、久しい間いわば本能的に感じていたことを、自分自身に対してはっきりさせるということしか意図しなかった。

類似性は部分的相等性、部分的同一性に基づいているということ、従って類似の感覚がみられる際には、共通な同一の感覚成分とこれに対応する共通な生理学的過程を探求すべきだということは、単純で自然な、殆んど自明といってよい考えだと思う。とはいえ、この見解が決して普遍的な賛同を博してはいないという事実を読者の目から蔽うことは出来ない。哲学文献では、そうした同一成分が全然問題にならないような場合にも類似性が知覚されるというさまざまな主張に出会う。或る生理学者は、(原註13)私の原理を評して次のように述べている。「結局、上の問題に対する本原理の適用は彼(マッハ)をして直ちに生理学的契機——すなわちかの要請された諸性質に対応する生理学的契機——の尋求へと赴かしめる。ところで、私の観るところでは、これ程疑わしくこれ程誤った公理ないし原理は二つと存在しない。もし此の原理が所謂平行原理の言い換えにすぎないものとすれば、何ら新しいものでも特に実り多いものでもなく、それほど重視するに価しない。しかるに、もし此の原理が次のように主張するものだとすれば、——すなわち、われわれが或る単一なものとして心理学的に取り出しうる凡ゆるもの、関係、形態、一言にしていえば、われわれが一般表象によって表わしうるところの一切のものに対して、それぞれ生理過程の一定の要素、一構成分が対応している筈だという事を主張するものとすれば——この定式は甚だ疑わしい代物であり誤謬に導くものであると考えざるをえない」と。此の原理は(五三頁での留保つきで)、仰言る通り「疑わしく誤謬に導き易い」ものと受取って頂きたい。読者がこれ以上私につき従ってかの原理によって明示される研究の緒口に進み入るか、それとも、反対者たちの権威に追随して踵を返えし、眼前の難題をあれこれ詮議してみるだけで満足するか、そのいずれを選ぶかは読者に一任しなければならない。読者が前の途を選ばれるならば、比較的簡単なケースが片付いた後には、もっと奥深い、もっと抽象的な類似性のケースにあっても、最早これまで往々にしてそうみえたように、恐ろしく困難ではないということを経験されるであろう。ここでは次の一事を附言するにとどめよう。類似性(訳註6)が複雑なそういうケースにあっては、類似性は共通な一要素に基づくのではなく諸要素の共通な体制《システム》に基づいている。この点については後に概念的思考に関して更めて説明する予定である。(第十四章参照)。

8

われわれは物理的なものと心理的なものとのあいだに溝渠を認めないのであるから、感覚器官の研究に際して、物理学的経験一般はもとより、特殊生物学的な経験をも援用することができるということは、あらためて云い立てるまでもない。感覚器官と物理装置とを平行的に考えるとき――この物理装置には「魂」がみられるのであるが――今日われわれにとって理解しがたい多くの事柄が進化論の光のなかで透視できるようになるであろう。現にわれわれが扱っている対象は、特殊な記憶、特殊な習慣や行動様式――これは種族の長年にわたる数奇な歴史に負うものである――をもった生きた有機組織なのである。感覚器官は、それ自身、魂の一片であり、心理的作業の一部を遂行し、事件の結末を意識に伝達する。次節ではこの点に関する私の主張を簡単にまとめておこう。

9

進化論を生理学一般、殊に感官生理学に適用しようとする着想は、ダーウィンに先立ってスペンサー(一八五五)にみられる。この着想は、ダーウィンの著作『感情の表現』によって強く促がされた。その後、P・R・シュスター(一八七九)は、「遺伝される表象」ありやという問題をダーウィン流に論じた。私も、感覚器官の理論に進化論を適用することについて賛成の立場から発言していた。(ウィーンアカデミー学会報告、一八六六、十月)。進化論の心理生理学への適用に係わる最も素晴らしくかつ最も説得的な議論の一つが、アカデミー総会におけるヘーリングの講演のうちにみられる(原註14)。(『有機物の一般的機能としての記憶について』、一八七〇)。親の身体の部分であった有機組織が移住〔游出〕して新しい個体の基盤となるという点に鑑みれば、実際、記憶と遺伝とは一つの概念に帰着する。親体の一部が移住して新しい個体の基礎になるという着眼によって、アメリカ人が英語を話すとか、アメリカの国家機構が多くの点で英国のそれと同じであるとか、この種の事情がよく判るのと同様、遺伝ということがよく判る。勿論このように考えただけでは、有機体が無機物には欠けているようにみえる記憶をもっているという問題は、まだ手つかずのままで、依然として残る。(第五、第十一章参照)。

ヘーリングの説に対する的外れ《まとはず》の批判に陥らないためには、彼が記憶という概念を広い意味に用いていることを念頭におかねばならない。彼は、種族の歴史が有機体に刻印した永続的な痕跡と、個体の生活が(意識中に)残す比較的短期間の痕跡とのあいだに、近親性を認めたのである。彼は、かつて営まれた過程の一寸したはずみによる自発的甦生は、意識という狭い枠のなかでそのことが観察されうると否とにかかわらず、ともかく、本質的にはかつて営まれたのと同じ過程であることを認めている(原註15)。現象の巨大な系列のうちにこうした共通な特性《ツーク》を看取したことは、――この根本特性そのものの説明が未だ残されているとはいえ――決定的な前進である。

近時、ヴァイスマン(原註16)も死を遺伝現象として把えている(『生の持続について』、一八八二)。この素晴らしい著作も非常な刺戟となった。この考えでは、遺伝の過程が済んでしまった後に親に現われる〈死という〉形質が遺伝するということになり、この点に難があると思われるむきもあろうが、それは言葉の綾にすぎない。この難点は、体細胞の増殖力は(ヴァイスマンが示唆している通り)(訳註7)胚細胞の増殖を犠牲にして増大しうるという点を考慮すれば消失する。細胞社会の比較的長い寿命と減退生殖とは抗争的に規定しあう適応現象だと言うことが出来よう。

私は、ギムナジウム時代に、南半球の植物は北半球に移しても、配所の春には心開かず故郷の春を待って花開く、という話を聞いて、ショックを受けたことを今でもまざまざと想い出す。この話が虚言ではないとすれば――なるほど、事の趣きは生命現象の周期性であるにせよ――植物における一種の記憶といったものを考えることもできよう。

動物のいわゆる反射運動は意識器官外の記憶現象だという把え方をしても不自然ではあるまい。たしか一八六五年のことだと思うが、私はこの種の現象の刮目に値する一例をロレットの所で目撃したことがある。脳を切除した鳩は、脚を冷い液体に漬けると、それが水であれ、水銀であれ、硫酸であれ、必ずその液体を飲む。鳥というものは渇をいやそうとするとき脚を濡らす状態になるのが常であるから、生活様式に規定された〈一般には〉合目的的な、遺伝によって固定化された習性ができあがっており、照応する[訳註8]解発刺戟に応えて（意識が遮断されている時ですら）当の習慣が時計のような正確さで発現するのであろう。われわれとしては、巧まずしてそう考えざるをえない。ゴルツは彼の素晴らしい著作[原註17]（『蛙の神経中枢』、一八六九）とその後の幾篇かの論文のなかで、この種の現象を数多く報告している。

この機会に、私自身にとっても愉快な想い出である或る観察事実についてふれておこう。一八七三年の秋休みのことである。私の息子が生後数日の落雛を拾ってきてどうしても飼うのだといってきかない。この小雀を飼うのは容易ではなかった。まだついばむ運動はできなかったし、だからといって無理矢理に嚥み込ませようとすれば傷ついて死んでしまうこと必定である。そこで私は次のように考えた。「初生児は（ダーウィンの理論が正しいにせよ誤っているにせよ）しかるべき哺乳器官と哺乳衝動をもっていないとしたら、そしてそれが適応刺戟によって全く自動的・機械的に作動するようになっていないとしたら、間違いなく死んでしまう。鳥の場合にも、形こそ別であれ、同じような仕掛けになっている筈だ」。私としては、そこで、適応刺戟の発見に努めた。小さな昆虫を棒切れの先にさして、雛鳥の頭の周りをグルグルッと廻してみた。すると、雛は嘴を開け、羽をバタつかせて、餌をむさぼり喰った。こうして、私は衝動を解発し自動的運動を解発する正しい刺戟を発見したのであった。この雛雀は見る見るうちに丈夫になり食慾がつき、パクリと餌に喰いつくようになった。そして或る時、偶々棒の先から机の上に落ちた虫をついばんでからというものは、遅滞なく自分で喰べるようになった。知能、記憶が発達するに応じて、その都度ほんの一寸した解発刺戟が必要であった。独り立ちするようになってきた雀は、段々と雀特有の行動様式をとるようになったが、この行動様式たるや到底自分一代で習得したものではない。日中(知性が醒めている時)には、安心しきった様子で可愛らしかった。ところが夕方になるときまって別の現象が現われた。雀は怖気づき、部屋のなかで一番高い所に留ろうとする。天井に阻まれてもうこれ以上昇れないことが判ってやっと落付く。これまた、合目的的な遺伝された習性だ！　真暗になると雀の挙動は一変する。人が近づこうものなら、羽毛を逆立て、喉を鳴らしはじめ、驚愕の表情、まるで怪物に出会ったかのような恐怖の表情をあらわす。自然状態の下では、何時なんどきでっかい奴に呑み込まれぬともしれない動物にとっては、これまた全く理にかなった合目的的なことである。

この恐怖を観察したことによって、私は前々から抱いていた或る考えに一層確信をもつようになった。それというのは、うちの子供達が怪物を怖れるのは、(聞かせないように万全の注意を払っていた)お伽噺のせいではなく、生得的なものだということである。一人の子は、時折暗い所にある肘掛椅子を厭がった。もう一人の子は、夕方、煖炉の傍の石炭入れには近づかないようにしていた。とりわけ、蓋が開いたままになっており、アングリ開いた顎のようにみえる場合には特にそうであった。怪物への恐怖が宗教の本当の母である。こういった事柄は、自然科学的な分析によっても、D・シュトラウスがやったような神話に対する周到な歴史的批判によっても、遽かには退かないであろうし消え去りはしないであろう。因みに、強靱な知性にとっては、分析や批判を俟たずとも、それらはとっくに論破されている。が、非常に長いあいだ思惟経済の要求に実際かなってきたもの、しかも未だに部分的には適っているもの（悪しきものへの恐怖、より良きものへの希望）は、不透明で統禦しがたい本能的な思想系列のなかで、なお久しく存続しつづけることであろう。無人島の鳥は（ダーウィンによれば）人間に対する恐怖を習得するのに幾世代をも重ねなければならないということである。恰度これと同様、われわれも多くの世代を積み重ねた後にはじめて、今日では不必要となった「ゾクッとする恐怖」を忘れ去るようになるであろう。「ファウスト」が上演される度毎に、われわれは魔力が信じられていた時代のものの観方とどんなに内心でつながりがあるかを感じ取ることができよう。人間にとっては、未知のものへの恐怖よりも、自然すなわち生活環境の精確な知識《ケントニス》の方が一層有用になる。やがてはまた、周りの連中に用心することが緊要である。すなわち、自分に暴力を加えようとしたり、思考や感情を惑わし、あわよくんば悪用しようとする隣人達に気をつけることが最も大切であることがわかってくる。

もう一つ特異な観察例を報告しておきたい。これは熱烈なダーウィン主義者だった父（晩年にかけてクラインの地主）から聞いた話である。父は養蚕に御執心で、山蚕を樫の森に放育していた。普通の蚕は幾世紀来飼馴らされており、そのため甚だかよわくなり、独立独歩できなくなっている。繭を作る時期が来ると、その上で繭になるための藁束を与えてやるのが慣いである。ところで、父は或る日ふと気が付いた。或る一群には藁を用意してやるのをすっかり忘れていた。その結果は次のような始末であった。蚕の大部分は死に絶えていて、ほんの僅かだけが、つまり絶大な適応能力を具えた天才だけが、繭になっていた。妹はこの自力で繭になった蚕の第二世が目立って藁なしでも繭になったのを看たと言うのであるが、果して一世代の経験が次の世代でそう目立つ程活用されるものかどうか、この点はもっと立入った研究を要する。C・ロイド・モーガン（『比較心理学』、ロンドン、一八九四）が雛鶏やアヒルの雛などでおこなった実験から、少くとも高等動物にあっては生得的なのはまずもって反射に限るという結論がでて来る。孵ったばかりのヒヨコは、間違いなく見えるものときたら何でも啄く。しかし、何が啄くのに適しているかは個体の体験によって学びとらねばならない。生体の組織が単純であればあるだけ、個体に負う記憶の役割は小さい。われわれはこのたぐいの注目すべき現象から、無意識なるものという密教《ミスティク・デス・ウンベヴステン》をでっちあげるには及ばない。個体を超えて子孫に伝達される記憶（但し先に用いた広い意味での記憶）ということによってこれら諸現象を理解できる。スペンサー・ダーウィンの意味における心理学は、進化論に支えられ、あまつさえ詳細な実証的研究に基づきつつ、従来のいかなる思弁にもまして稔り多い成果を約束している。

　私の観察と考察は、多くの類似点をもったシュナイダーの立派な著作（『動物の意志』、一八八〇）が現われるはるか以前の時点に属するものであり、また活字化されている。シュナイダーの（感覚と物理的過程との関係や種族保存の意義等々に関する）自然科学上の根本的な観方は私のそれとは本質的に異っているし、また、私は例えば感覚衝動と知覚衝動との区別は全く蛇足だと考えるのであるが、こういった違いがあるにも拘わらず、私はシュナイダーの研究の個々の論点に関しては――それがロイド・モーガンの実験によって訝しくなっていない限りで――ほぼ全面的に賛成である。

　遺伝に関するわれわれの観方はヴァイスマンの著書（『遺伝について』、イエナ、一八八三）によって重大な変更をうけてしかるべきかとも思える。彼は、訓練（Übung＝使用）を通じて獲得された形質の遺伝はまずもってありそうもないと考えており、胚素質および胚素質の淘汰における偶然的な変異こそが重要な因子だとみている。ヴァイスマンの所論に対してどういう態度をとるにせよ、彼によって惹き起こされた議論はいずれにしても問題の解明に資することができる。彼の問題設定が殆んど数学的な鋭さと深さとをもっていることは誰しも承認するに吝かではあるまいし、彼の議論が有力であることも否めない。彼は、例えば次のような一考に値する所見を述べている。無性蟻〔働らき蟻〕の一種独特な形態——これはさなきだに生殖能力を具えた仲間の形態とは甚だしく異っている——は一見したところ使用と適応に淵源するものであるかのようにみえるが、訓練《ユーブンク》を通じて獲得された形質の遺伝に基づくものではない、（原註18）云々。しかし、胚素質そのものが外的な影響によって変じうるということは新種の出現——つまり、自らをその新種として保存し、その新種の形質を遺伝し、自ら再び他の環境の下で新種を生み出しうる如き新種の形成——という事実によって明白であるように思う。してみれば、（ヴァイスマン自身認めている通り）胚質に対して、それを囲繞する〈謂わば一種の環境たる〉身体も影響を及ぼす筈である。かくして、個体の訓練の結果の子孫に対する直接的な伝播は、よしんば（ヴァイスマンがいう通り）期待できないにしても、ともあれ子孫に対する個体生活の影響ということを卻けてしまうわけにはいかない。

胚素質が偶然的に変異すると考えるにしても、偶然は作用原理でないということを考えるべきである。さまざまな種類のさまざまな周期をもった全く合法則的に作用する環境条件がいくつも重り合っている場合には、それらが重畳している余り、個々にはもはや法則を認知できないことがある。とはいえ、法則は、比較的長期に亘る経過中には姿を現わし、よってもってわれわれは効果の平均値、確率を計算できる。（原註19）こういった作用原理なしには、確率だとか偶然だとかいうことはまったく無意味である。ところで胚素質の変異に対して、一体いかなる作用原理が親の身体以上に影響を及ぼすというのであろうか？

私には、変化する環境によって種が影響されるのに、この環境条件が個体には影響を及ぼさない、といったことは到底考え難いのである。そのうえ（原註20）〔外的環境条件どころか内的な条件について考えても〕、私にとっては私の物理的行動全体をすら変化せしめるところの一つ一つの思想、記憶、経験によって自分自身が変異するということは確かである。

蛇足めくが、私としては、進化論はどういう形のものであれ、修正可能な、一層厳密にさるべき自然科学上の作業仮説とみなしており、この作業仮説が価値をもつものは、それが、経験に与えられたものの暫定的な理解を容易ならしめる限りにおいてのみであると考えていること、このことをはっきりと附言しておきたい。生物学的研究のみならず、あらゆる研究が、ダーウィンの進化論によって、力強い飛躍を遂げたのを共体験《ミットエアレーベン》して来た私にとっては、この作業仮説の価値は確かに非常に大なるものである。が、私は、これの価値が非常に低いと考える人びととは争わない。生物学的事実そのものの研究によって獲得されたより厳密な概念を携えて前進する必要があることについては、すでに一八八三年および一八八六年に指摘しておいた。(原註21) だから私は決して、ドリーシュがおこなったような研究に頭から反対するものではない。彼は進化論に対する私の態度について批判を加えているが、彼の批判(原註22)が正しいかどうか、この点については、こうした批判を措いて、ともかく私の説明を読んでみようと努められる読者に判定を一任する。

10

研究の補助手段として目的論的な考察を試みることは憚るに及ばない。たしかに、未知の「世界目的」といったもともとそれ自身があやしいものに訴えたり、これまた同様にあやしい生体の目的といったものに遡源してみたところで、事実《ダス・タートザヘリッヒエ》が一層理解しやすくなるわけではない。しかし、しかじかの機能が生体の事実的存立にとってどういう価値をもっているか、その機能がこの生体の保存に対してどういう寄与をなしているか、これを問うてみることによって、この機能そのものの理解が促されうる。(原註23) 尤も、だからといって、或る機能が種の存立にとって必要だということを認識する際には、〈とりも直さず〉その機能を「機械論的に説明」したのだ――多くのダーウィン主義者はこういっているが――われわれは勿論そう信じ込むには及ばない。ダーウィン自身はこうした短見から完全に免れている。どういう物理的手段によってその機能が発達するのか、ということはあくまで一個の物理学的問題たるに止まる。しかるに、何故また如何にして生体は適応しようとするのか、ということはあくまで一個の心理学的問題なのである。そもそも種の保存ということは、研究に対する価値に富んだ事実的な手掛りにすぎないのであって、決して窮極最高のものではない。実際、種が死滅したことさえあったのだし、新種が生じたことも疑えない。それゆえ、快を求め苦を避けようとする意志[原註24]は、種の保存よりおそらくより大きな射程をもつに違いない。この意志は、種の保存が自分の志向に適っていれば種を保存する、種の存続がもはや自分の志向に適っていない場合には種を廃絶する。もしも此の意志が専ら種の保存ということのみに向けられているならば、それはあらゆる個体と自分自身とを欺きつつ、欠陥だらけの〈その種という〉枠のなかであてどもなくどうどうめぐりをすることになろう〈よってもって進化ということはありえないことになろう〉。それは物理学における悪名高い「永久運動」の生物学上の片割れということになろう。国家をもって自己目的と見做す政治屋諸公は、まさしくこうした悖理《フェアケールトハイト》〔顚倒〕を犯しているのだ。

(1) 拙稿「光刺戟の空間的分布の網膜への作用について」(ウィーンアカデミー会報、第五二巻、一八六五)参照、また、ライヒェルトとデュボアのアルヒーフ、一八六五、六三四頁および、拙著『運動感覚論綱要』ライプチッヒ、一八七五、六三頁、をも参照されたい。尚、フィヒテの哲学雑誌、第四六巻、一八六五、五頁における拙論に、この原理がすでに含蓄されている。(『通俗科学講義』、ライプチッヒ、第三版、一九〇三、所収)。

(2) 平行論問題の諸相面については、C・シュトゥンプのミュンヘン心理学者会議における講演(一八九七)を参照されたい。
G. Heymans: Zur Parallelismusfrage. Zeitschr. f. Psychologie der Sinnesorgane. Bd. XVII.
O. Külpe: Über die Beziehungen zwischen körper-

lichen und seelischen Vorgängen. Zeitschr. f. Hypnotismus. Bd. VII.

J. v. Kries : Über die materiellen Grundlagen der Bewußtseinserscheinungen. Freiburg i. B. 1898.

C. Hauptmann : Die Metaphysik in der Physiologie. Dresden 1893.

(3) Helmholtz : Die Lehre von den Tonempfindungen. Braunschweig, Vieweg, 1863.

(4) Brewster: A treatise on optics. London 1831. ブリュースターは、赤、黄、青の光は、太陽スペクトルの全体に拡がっているのではあるが、分布密度は一様でなく、そのため、眼に対しては、赤は両端(つまり赤と菫)、黄は中間、青は屈折端に現われるのだ、と考えている。

(5) ブリュースターは、ニュートンが単色とみなしたスペクトル色の微細な差異は、吸収によって変じうると考えたのである。もしこの考えが正しいとすれば、実際、ニュートンの考えを動揺せしめたであろうが……。ところがブリュースターは、ヘルムホルツ (Physiologische Optik) が指摘している通り、不純なスペクトルを用いて実験したのであった。

(6) Philosophical Magazin. Feb. 1876. p. Ⅲ. ウォーラストーンは（一八〇二年に）、後にフラウンフォーフェルに因んで名づけられた太陽スペクトルの暗線をはじめて観察し、細いスペクトルが強い暗線によって赤、緑、紫の部分に分かたれるのを看てとった。彼はこれらの線を物理色の分画線だとみなした。Th・ヤングはこの考えをうけいれて、彼が以前に考えていた、赤、黄、青、という三原色感覚を、赤、緑、紫、でおきかえた。という次第で、ヤングは、最初の主張では緑を混色感覚とみなし、第二の主張では緑と紫を単色感覚だとみなしているわけである。

　われわれが心理学的分析によって得た結果があてにならないこともある。そのため、心理学的分析を活用できるという確信が全面的に崩れると考えられるむきもあろう。しかし、どんな原理も使いかた次第で誤謬に陥いるということを忘れてはならない。ここにおいても、練習が決定的である。感覚の物理的諸条件は殆んどいつも混合感覚を解発するのであって、感覚構成分はめったなことでは個々別々には現われないという事情が、心理学的分析を甚だ困難ならしめる。それで、例えば、緑は単純感覚であるが、絵具の緑やスペクトルの緑は、一般に黄や青の感覚を共に興発し、このため、緑の感覚は黄と青の感覚から合成されているという（絵具の混合の結果に基づいた）誤った見解が助長される。心理学的分析に際しても、やはり、慎重な物理的研究が不可欠である。が、他面において、物理的経験を過大に評価してはならない。黄の絵具と青の絵具とを混ぜると緑の絵具ができるという経験事実だけでは、緑のうちに黄と青とが見えるということを——もし実際にそれが含まれているのでなければ——確定することはできない。スペクトルの黄とスペクトルの青とを混ぜると実際、白を生ずるのであるが、誰も白のうちに黄と青とを見る人はいない。

(7) ハインリッヒ・ルードヴィッヒ独訳（Quellenschriften zur Kunstgeschichte. Wien. 1882. Bd. XVIII）第二五四項、および、第二五五項。

(8) Groth : Leonardo da Vinci als Ingenieur und Philosoph. Berlin 1874.
Marie Herzfeld : Leonaldo da Vinci. Auswahl nach den veröffentlichten Handschriften. Leipzig 1904.

(9) Hering : Zur Lehre vom Lichtsinne. Wien 1878. S. 122. 尚、先に引用した拙稿、ウィーンアカデミー会報、第五二巻、一八六五、一〇月、参照。

(10) W. Pauli : Der kolloidale Zustand und die Vorgänge in der lebendigen Substanz. Braunschweig, Vieweg, 1902. S. 22. 30.

(11) 拙著、『運動感覚論綱要』、一八七五、五七頁以下。

(12) ヘーリングは次著のうちでその見解をあらためて論じている。Graefe-Saemisch. Handbuch der ges. Augenheilkunde. Leipzig 1905. Bd. III.

(13) J. v. Kries : Über die materiellen Grundlagen der Bewußtseinserscheinungen. Freiburg i. B. 1898.

(14) Hering : Über das Gedächtnis als eine allgem. Funktion der organisierten Materie. 1870.

(15) R. Semon : Die Mneme. Leipzig 1904.

(16) Weismann : Über die Dauer des Lebens. 1882.

(17) Goltz : Die Nervenzentren des Frosches. 1869.

(18) しかし、無性蟻の強力な顎は、恐らく種に本来具っていたものであって、専ら生殖を司どる有性蟻においてはそれが萎縮しているだけであろう。

(19) Vorlesungen über Psychophysik. Zeitschr. f. prakt. Heilkunde. Wien. 1863. S. 148. 168. 169.

(20) 『通俗科学講義』、第三版、一九〇三、二六〇、二六一頁。

(21) 『通俗科学講義』、二四四頁以下、および、本書初版、一八八六、三四頁以下。

(22) Driesch : Die organisatorischen Regulationen. 1901. S. 165 f.

(23) このような目的論的考察が、これまで私にとってしばしば役に立ったし、またそれに教えられるところ大であった。例えば、可視的対象の照度を変えるとき、その対象は、解発される感覚が対象とその周囲との照度の比に依存している時に限って、同じものとして再認されるということに着目すると、眼の生理的諸特性の全系列が判りやすくなる。(Vgl. Hering in Graefe-Saemisch. Handbuch der Augenheilkunde Bd. III. 12. Kap. S. 13 f.) またこのことによって、生体が生存を完うするためには、如上の要求に適合し、光度の比を感受するような機構になっていなければならないということも判る。いわゆるウェーバーの法則ないしフェヒナーの精神物理学的公式は、それゆえ、基底的なものとしてではなく、生体の適応機構の・説明できる結果として立現われて来る。勿論、だからといって、この法則の普遍妥当性が棄てられるわけではない。私はこの点に関しては色々な論文のなかで詳しく論じておいた。（ウィーンアカデミー会報、第五二巻、一八六五、精神病理学四季報、一八六八、ウィーンアカデミー会報、第五七巻、一八六八）。私は最後にあげた論文のなかで、心理的なものと物理的なものとの平行の仮定——当時私が用いた表現でいえば、刺戟と感覚との釣合い——から出発して、フェヒナーの測定公式（対数法則）を廃棄し、公式〈について〉の別様な把握を採ったのであった。（光覚に対するこれの妥当性については議論しなかった）。このことはこの論文での展開の仕方からして、疑問の余地がない。だからして、例えばヘーリングが評しているように、私が到るところで精神物理学的法則に基づいているということはできない。精神物理学的法則ということでフェヒナーの測定公式を指している限り、ヘーリング流のいい方は当っていない。一体、刺戟と感覚との釣合いということを、対数的依存性と、どうやって両立させることができたというのであろうか？私にとっては自分の考えをはっきりさせるだけで充分であった。フェヒナーの法則を批判したりこれとあらがったりすることは、幾多の明白な根拠からして、不必要である。厳密にいえば釣合いという表現でさえ不適切である。というのは、感覚を実際に測定〔定量〕するということは問題になりえないのであって、高々、数値による精密な性格づけと目録作りとが問題になりうるにすぎないからである。拙著『熱学の諸原理』五六頁、熱の状態の性格づけに関して述べたことを参照されたい。

(24) 意志と力との関係についてのショペンハウエルの思想を、——これらのうちに何ら形而上学的なものを看ることなく、——うまく採り入れることができる。

第五章　物理学と生物学、因果性と目的論

　さまざまな知識領域は、往々、互いに影響を及ぼしあうことなく、永年のあいだ個々別々に発展をとげていく。が、時として、或る領域の理説が別の領域の理説によって思いがけぬ啓発を受けることがあり、そのことに気づくと緊密な接触をもつようになる。そうなると、前者の領域を後者の領域に解消してしまおうとする（原註1）自然な努力を生ずることさえある。しかし、希望にみちた時代、一切を解明するかにみえるこの関聯づけ〔併呑〕を過大評価する時代に続いて、間もなく失望の時代（訳註1）、二つの領域を再度分離する時代、それぞれが自己固有の目標を追求し、独自の問題を設定し、特有の方法をもちいる時代が訪れる。時折生ずるこういった接触は、いずれも後々まで痕跡を残す。実証的な知識が獲得されるほかに——これは軽視できないが——相異る領域が一時的にもせよ聯結することによって、諸概念の転態《メタモルフォーゼ》（訳註2）がもたらされる。この転態によって概念が明晰になり、その概念が成立したもとの領域を超えて他の領域にも適用できるようになる。

2

現在はそういう多様な関聯づけの時期であり、招来された概念の変動は刮目すべき相貌を呈している。一方で若干の物理学者たちが物理学の概念を心理学的、論理学的、数学的に錬磨しようと努めているかと思えば、他方ではこれに飽き足らず、哲学者たち以上に哲学的に振舞い、哲学者たちがとうの昔に放棄してしまった旧い形而上学的概念を擁護している物理学者もある。哲学者、心理学者、生物学者、化学者たちは、エネルギー概念やその他の物理学的諸概念を——物理学者が物理学の領域では到底そうしそうもないような得手勝手な仕方で——極めて広汎な領域に適用している。専門家たちの在来の役割が入れかわってしまった、といえそうな程である。こういう動向にはプラスの面もあればマイナスの面もあるが、ともあれ、それによって諸概念が一層精緻に規定されるようになり、その適用領域が一層精密に限界づけられるようになり、諸領域の方法の相違と類似とが一層明晰に表象されるようになった。

3

われわれがここで特に問題にしておきたいのは、語の最広義における物理学の領域と生物学の領域との関聯である。アリストテレスがすでに動力因と目的因すなわち目的とを区別している。物理学の領域に属する諸現象は徹頭徹尾動力因によって規定されており、生物学のそれは目的によっても規定されているということが前提されたのである。例えば、物体の加速度はもっぱら動力因によって——その瞬間の状態、引力、磁力、電気をもつ他の物体の現存によって——規定される。しかるに固有の形相のもとで行われる動植物の成長発育だとか、動物の本能的な行動だとかは、現在のところ、動力因だけでは解明できないのであって、特定の生活環境のもとにおける自己保存という目的によって——少くとも部分的に——われわれはそれを了解する。生物学の領域で目的概念を適用することに対してどのような理論上の疑念をいだこうとも、「因果論的」考察によってはまだきわめて不充分な解明しか与えられない領域において、目的論的考察が供する導きの絲をないがしろにするのは理に悖ること明らかである。私は天蚕蛾の幼虫が輻射剛毛つきの繭をつくるのは如何なる原因によるのかは知らないが、このような繭がまさしくその生命の保存という目的に適っているということはよく判る。ライマルスとアウテンリートがすでに記載研究している、幾多の注目すべき、発育現象や動物の本能行動を「因果的」に理解することなど、私には及びもつかないが、生命の保存という目的とその特殊な生活条件とからすれば私にも一応理解できる。発育現象や本能行動は、目的論的考察を通じて注目を惹くようになり、生体の生活像になくてはならない構成分として嵌め込まれ、目的論的考察を通じてはじめて脈絡ある統一的な全体像が築きあげられる。ライマルスとアウテンリートはすでにこのようなやりかたで、成長現象と本能現象との親近性を認めていた。しかるに、成長と本能との関係が本当に解明されれ、これらが「因果的」に把握されるようになり始めたのは、極く最近になってからである。とりわけ、ザクスの植物生理学的研究、および、趨地性、趨光性、趨物性などに関するロェブの動物生理学的研究によってである。生物学的研究にとって目的概念がいかに有用であるかは歴史の証言する通りであって、およそ異論はあるまい。眼に関するケプラーの研究を考えてみるがよい。ケプラーにとっては、調節機能の存在は、眼の目的——さまざまな距離をはっきりみるという事実——に鑑みて明白であった。しかるに調節の過程が実際に明らかにされたのは、その後三百五十年も経ってからである。ハーヴェーは心臓弁膜と静脈弁との配備の目的を究明しようとして、血液の循環運動を発見するに至ったのである。

4

或る事実領域が目的論的に完璧に見透せたとしても、依然として「因果的」理解が必要である。〈物理学と生物学という〉両考察領域が本性上まったく異質であり、その本性上、一方はもっぱら因果的に、他方はもっぱら目的論的に把握さるべきだという信仰は正当化できない。物理的な事実複合体はもともと単純であるか、少くとも多くの場合直接的な聯関が看取できるように（実験によって）随意に単純化できる。で、この領域を充分研究して、そういう聯関の種類を表わす――事実に普遍的に対応していると見做される――概念を獲得した暁には、生起する個々の事実もすべて、この概念に対応しているものと論理必然的に、予期せざるをえない。しかし、そこには自然必然性が存在するわけではない。（原註2）これが謂う所の「因果論的」理解なのである。ところで、生物学的な事実複合体は非常に錯綜しており、ひとわたり見渡しただけでは直接的な聯関を看取できない。それゆえ、直接的に聯関しているわけではないが、事実複合体の目立った諸部分を――聯関しているものとして――際立たせることでひとまず満足する。ところで、比較的簡単な因果関係に即して陶冶された知性は、媒介項の欠如が難点だと思い、出来るだけ媒介項を探索することによってこの難点を除去しようと努めたり、さもなければ全く新しい種類の聯関という仮説を思いついたりする。〈しかし〉われわれの知識を不完全で暫定的なものと見做し、物理学の領域においても類似のケースが生ずることを思えば、そういうことは不必要である。古代の学者たちは両領域をそれほど厳格には区別していない。例えば、アリストテレスは重い物体は己れが本来占むべき位置を求めて落下するのだと考えており、ヘロンは自然は節約を意図して光に最短距離・最短時間のコースをとらせるのだと考えている、等々。彼ら古代の学者は、物理学的なものと心理学的なものとの間にそれ程はっきりした境界を引いてはいない。考え方を一寸変えれば、目的論的な問題を目的概念が全然介在しないような仕方で定式化することができる。眼は近くにあるものも遠くにあるものも判明に視る。それゆえ、眼の屈折光学的装置は可変的な筈である。この変化は何辺に存するのか？ 心臓弁膜および静脈弁はすべて同じ向きに開く。こうした事情のもとでは、同じ向きの血液循環だけが可能である。果してこういう血液循環が存在するか？ 現代の進化論はこうした穏当な考え方を執っている。物理学の高度に発展した部門においてさえ、生物系の諸科学のそれと非常に似た考えが見出される。例えば、或る条件下で可能な定常振動、つまり自己を保存しうる定常振動(訳註3)の研究はずっと以前から進んでいたが、しかしこの定常振動がどのようにして生ずるのかは最近の研究によってはじめて明らかにされた(原註3)。最短距離を通る光の運動は、有効経路の選択と(訳註3)いうことで説明されている。化学者の考え方はもっと生物学者のそれに近いことがある。化学者の考えによれば、溶液中では〈それが含む原子の組合わせによって〉可能なありとあらゆる化合物が形成される。しかし不溶性化合物、つまり新手の攻撃に一段と強く抵抗する化合物はこの攻撃との戦いにおいて、他の化合物を抑えて勝利を博し(訳註3)、残留するのである。こういう次第であるから、差当ってはまだ、目的論的研究と因果論的研究との間に根本的な区別を立てる必要はないように思う。目的論的研究は単に暫定的なものというにすぎない。(補遺六参照)。

5

右の命題を基礎づけるために、因果性の表象にもう一度立入ってみよう。旧来の因果性の表象は多分に生硬であって、一定量の原因に一定量の結果が継起するというにある。ここには四元素説の場合にもみられるような一種の原始的・呪術的な世界観が露われている。このことは原因(Ursache=原事象)という言葉からして明白である。自然における聯関は、或る与えられた場合に、一つの原因と一つの結果とを指摘できるほど単純なことは稀である。それで、私はずっと以前、因果概念を数学的な函数概念で置き換えようと試みた。すなわち、現象相互間の依属関係、より精密にいえば現象の諸徴表相互間の依属関係で置き換えようとした。(原註4) この函数概念は研究対象たる事実の要求に応じて、適宜に拡げることもできれば狭めることもできる。或る論者がこれに対して持出した疑念は、こうして卻けられよう。(原註5) 簡単な一例として引力の作用下にある質量の動向をみてみよう。質量Aに質量Bが向かい合うと、Bの方に向かうAの運動が結果として生ずる。これが旧来の定式である。が、よく考えてみると、質量A、B、C、D……は相互に加速度を規定しあい、従って、加速度は質量の措定と同時に与えられることがわかる。この加速度は質量が後にそれに達するであろうところの速度を指定する。またこれによって、各時刻にA、B、C、D……の占める位置が決定される。しかるに、時間の物理学的尺度はふたたび空間の測定（地球の廻転）に基づく。こうして、結局、位置相互間の関係ということになる。それゆえ、こういうきわめて簡単なケースでさえ、旧来の定式では自然の中に存立する関聯の多様性を把えることができない。他のケースも一切は相互的依属関係に帰着する。(原註6)尤も、その〈函数〉形式は特殊研究によってのみはじめて決定できるのであって、予め云々することはできない。相互的依属関係の変更が許容されるのは、関聯している項の或るグループが独立に変化すると見做されうる場合に限ってである。だから世界像を構築すべき充分な構成分が与えられている場合には、科学的に規定された仕方で世界像を個々に補完することは可能であるが、世界全体を探求しようとしても科学的にはできない相談である。

或る（例えば中心力によって）よく定義されている力学系の位置と速度とが与えられる場合には、その成形は時間の函数として規定される。われわれは時間上の原点の前後における任意の時点の函数値を知り、従って将来に関しても過去に関しても予言することができる。このことは、いずれの場合にも外からの攪乱がなく、従ってその系が或る意味で自己完結的とみなされうる限りにおいてのみ妥当する。ところがいかなる系も爾余の世界から全く孤立したものとして把えることはできない。というのは、時間の規定、従ってまた速度の規定は、その系の外部に存在する物体（惑星）の軌道によって規定されているパラメーターへの依属関係を前提しているからである。あらゆる事象が直接に一天体の位置に依属しているわけではないにしても、実際の依属関係からして全世界が聯関していることは間違いない。（原註7）任意の物理系に関して――力学系としてこれをとらえない場合にも――ほぼ同様な考察が妥当する。精密かつ明晰に認識された依属関係は、すべて、相互的な共時関聯とみなすことができる。

普通の因果概念を右の考えと対比してみよう。太陽が（第1b図をみられたい）或る媒質中におかれた物体を照射する。すると、太陽ないしは太陽熱が物体Kの温度上昇――これは合規則的に照射に継起する――の原因である。他方、物体Kないしはその温度の変化は太陽の温度が変化する原因とはみなされない。――SとKとだけが直接的な交互関聯に立っているのであればたしかに原因とみなさるべき筈なのだが――。そしてこの際には両者の温度の変化は同時的であり相互に規定し合うということになる筈なのだ。してみれば原因とみなさずに済むのは媒介項のせいである。すなわち、Kのみならず他の諸要素の変化を規定し、また逆にも規定されるところの媒質の諸要素A、Bのせいである。Kもまたそれに劣らず無数の要素との交互関聯のうちにあり、その反射光の極く極く僅かな部分だけが辛じて太陽まで帰りつくのである。次の場合にもこれと似た事情にある。物体Kが網膜上に像Nを投じ、視覚Eを解発し、更にはこの視覚の記憶が残留する、しかるにこの記憶によっては網膜像やもとの物体Kは復元されないというような場合である。函数概念は精確〈な把握〉を促し、因果概念の不完全性、規定の不充全性や一面性から免れている。この点で私は因果概念よりも函数概念の方が優っていると思う。実際、原因という概念はプリミティヴな当座の間に合わせなのである。このことは現代の自然科学者――例えばミルの実験的研究法に関する所論に一顧を払う科学者ならば、誰しも感ずるのではあるまいか。因果概念を適用しようとしても所詮暫定的処置の域を超えないであろう。人びとは空間的時間的に非常に隔っているものの間に函数〔機能的〕関聯を推定し、現在から遠い将来や過去を予言しようとする。そして倖いにうまくいくこともある。しかし隔たりが大きければ大きいほどその思想は基礎薄弱になる。それゆえ、遠隔作用というニュートンの思想の偉大さをさておき、現代物理学が出来るかぎり空間的時間的連続性を顧慮するよう要求しているのは重大な進歩である。

6

以上の説明で、物理学の領域においても生物学の領域においても函数概念で充分間に合うということ、しかも函数概念で凡ゆる要求に応えうるということが明らかになったであろう。物理学の領域と生物学の領域とは一見甚だ異ってみえるが、われわれは別段、怖気るには及ばない。非常に親近な関係にある物理学的な現象群――例えば摩擦電気とガルヴァニー電気との如き――は一見甚だ異っているので、当初はこれらを同一の基礎事実に還元することなどおよそ出来そうにもなかったではないか。前者の領域ではほとんど気付かれず発見されそうにもなかった電磁的および化学的現象が後者では顕著に現われる。他方逆に、物動力による運動現象や電圧現象が日常茶飯にみられるのは専ら前者の領域においてのみである。しかし、いかに両領域が相互に補全しあい、また照明しあっているかは、周知の通りであって、摩擦電気の化学的本性がガルヴァニー電気によって解明されるところまできている。物理学的領域と生物学的領域との間にも恐らくやこれと類似の関係があるものと思われる。両者は同一の基礎事実を含んではいるが、その或る側面はもっぱら一方の領域だけに現われ、また或る側面はもっぱら他方の領域だけで目立つといった次第で、物理学が生物学の援けとなりその解明

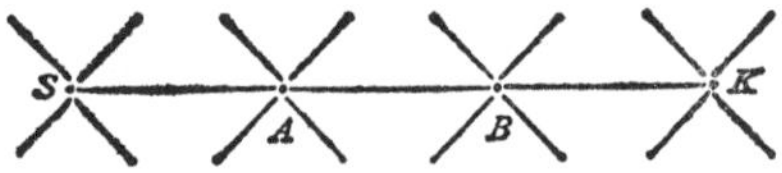

第1b図

に役立つだけではなく、逆の関係も成立つのである。物理学が生物学の領域で果たした紛ぎれもない業績と並んで、生物学によってはじめて物理学的事実が明るみにひきだされた逆の場合も存在する。(ガルヴァーニ電気、ペッファー細胞、等々)。物理学が生物学によって先ずは一層育成されれば、物理学は生物学において一層の功を積むようになるであろう。

7

もっぱら物理学的考察にいそしんでいる学者が生物学の領域に踏み込んで、動物には後々の生活段階になってはじめて役立てられる特有な器官があらかじめ具っているとか、将来の子孫にとってはじめて役に立つような、学習した筈のない本能的行動がおこなわれるとか、将来出会うかもしれない敵にそなえて保護色をもっているとか、この種の事柄を学び知ると、ここには或る特別な作用因子が介在しているという想定に陥りがちである。この一見謎めいた未来の遠隔作用は、しかし、――多くの生物は後々の生活段階に備えておりながらもそれに達する以前に死んでしまうのであるから――例外なく厳密に成立っているわけではないという一事に徴しただけでも、物理学的〔遠隔作用〕関係とパラレルに考えることはできない。われわれ自身はっきりとは規定できないもの、ないしは不完全にしか規定できないもの(不確実な過去や不確実な未来)を以って、現在の状態、眼前の事実の規定要因だとは考えたくないものである。当の過程が幾世代もの生活を通じて周期的に反復するということを思えば、或る特定の生活段階を以って遠隔的に作用する未来の項とみなすのはいささか恣意的な牽強であることがわかる。この〔遠隔的に作用している未来の〕ものは、実は祖先の遺物、痕跡を留めている現在的所与だと見做すこともできる。そうすれば一見とらえがたい不可思議なものがはるかに減少する。こう考える場合には、それは作用するかもしれない可能的未来ではなく、何千回何万回となく実在し、作用したに違いない過去である。

物理学が一見特殊生物学的な問題の解決に与かって力のあることを示す実例として、物理・化学的方法[原註8]を用いる実験的胎生学や発生力学の瞠目すべき躍進に留意[原註9]を促したい。また、O・ウィナーによる色付写真と自然における色光順応との間に聯関がありそうだということの証明も特筆に値する。照射光線の色を干渉色として映し出す定常光波による感光媒質の成層のほかに、他の仕方でも照射に応ずる着色が生じうる。殆んどすべての色彩を帯びることのできる感光質がある。この感光質は有色照射にさらされると照射光の色を帯びる。けだし、それはその色の光線を吸収せず、従ってもはや、照射光による変化を蒙らないからである。プールトンの観察[原註10]によれば蝶の順応色の多くは恐らくこの方式で生ずるものである。という次第で、このような場合には達成さるべき「目的」から大して隔っていないところに有効手段を求めることができる。[訳註4] 控え目にいっても、平衡状態は、——そのもとで平衡状態に達する環境条件によって規定されている。

8

「動力因」という概念も「目的」という概念も、古代の学究をみてみればその痕跡がはっきりしている通り、アニミズム的な表象に起源をもつものである。未開人は、彼自身の、一見自明に思える自発的な運動については、頭を悩ますようなことはなかった筈である。ところが、彼の予期しない運動が自然界に現われるのを知覚すると、本能的に、それを自分自身の自発的な運動になぞらえて考える。この類推によって、自他の意志という考えが浮かぶ。[原註11] 意志行為という根本図式を伴いつつ、物理学的現象と生物学的現象との類似と相違とがこもごも立現われ、次第次第にそれが明晰になっていき、概念がより精密になっていく。意識的な意志行為という埒内で、原因と目的とはまだ合一している。物理学的な現象に関しては、それが単純であり予測可能であることから、アニミズム的な見方が段々と抑制されていく。原因という概念は、生硬な諸形態を経て、次第に、依属性という概念、函数概念に移行する。アニミズム的な見方が余り抵抗をうけない生命体の諸現象に関してのみ、目的概念、目標を意識した行為という考えが堅持される。目標志向的行動を生物そのものに帰することができない場合には、これを超えた、目標を是が非でも実現しようとする別の存在（自然、等々）が想定され、これが生物を嚮導するのだとされる。

アニミズム（擬人主義）はそれ自体としては何ら認識論上の誤りではない。もしこれが誤りだということになれば、類推なるものはすべて誤りだといわねばなるまい。これが誤りとなるのは、それの前提が欠けていたり不充分であったりする場合に適用する限りにおいてのみである。人間を造った自然は、低い進化段階にあるものと〈人間との〉、いわんや高い進化段階にあるものと〈人間と〉の類比を数多く創り出している。

無機的な物体においてはもとより有機的な物体においても、その瞬間の状態によって完全に規定されており、かつ、そのままの状態が持続するような場合には、先ず以って目的が云々されることはない。或る刺戟によって光感覚や筋肉の痙攣が生ずるような場合にもそうである。ところが、飢えた蛙が目についた蚊にぱくりと喰いついて、嚥み下し、消化するといった場合には、目的行動という考えをとるのが自然である。生体の諸機能が相互に解発し合うこと、諸機能の聯関、直接的なものに局限されていないこと、廻り途、こういったところにはじめて合目的性ということが存立する。有機体のうちには世界の出来事の相当大きな断面がみられ、かなり大きな空間的時間的な環境の影響がみられる。それゆえ見透すことが六ケ敷い。しかるに真の理解は、複合体を直接的に聯関している分肢に分解しえてこそはじめて得られる。それゆえ、有機体に特有な諸々の特質は暫定的な手引きと解さるべきである。この点、近時の生物学方面の文献（ドリーシュ、ラインケ等々）を読んでみて——著者達の傾向は肯定し難いとはいえ――意を強うするばかりである。目的論的研究がそうであるのと同様、歴史的研究もまた、因果的な研究によって補わるべき、暫定的な研究である。ロエプはその生物学の著作において、K・メンガーはその経済学の論文において、いみじくもこのことを強調している。（補遺七参照）。

9

生体は全体としてもまたその部分においても必ず物理学的法則に支配されている。それゆえ、生体を物理学的に把握していき、もっぱら「因果的」な考察のみを貫徹しようとするのは当を得た志向である。しかしそう努めても、有機体の全く固有な特質に必ずつき当る。それは、従来通観された物理現象（「生命なき」自然）のうちにはいかなる類比も見出せないような特質である。生体は、その性状（化学的状態、体温の状態、等々）を外部からの影響に抗って保存することができ、かなり安定したダイナミックな平衡状態を呈するような、（原註12）一つの体制《システーム》である。（原註13）生体はエネルギーを支出するが、消失を補うかあるいはそれを上廻るエネルギーを、環境から取り入れることができる。自分自身で石炭を調達し自分自身で熱する蒸気機関というのでは、生体のイメージとしては稚拙で、技巧的というものだ。生体はその細部においてもこうした特性をもっており、それを元にして自らを再生する――すなわち成長し増殖する。物理学は有機体を自家薬籠中のものとなしうる前に、まだまだ有機体それ自体の研究から数々の新しい見識を汲みとらねばならないであろう。（原註14）

生体の過程《レーベンスプロツェス》を表わす物理的なイメージとして最良のものは、自ずと環境に伝播する燃焼、ないしはこれに類する現象である。燃焼は自己を維持し、燃焼温度を創り出し、近くにある物体をその温度にし、このことによってその物体を燃焼過程に引き入れ、同化し、成長し、拡大し、増殖する。実際、動物の生命《レーベン》活動は複雑な状況のもとにお

ける燃焼にほかならない。（原註15）

10

意志行為を、われわれ自身にみられる——いささか意外な——反射運動や動物の反射運動と対比してみよう。われわれは、反射運動については、全過程が生体の一瞬間の状態によって物理的に規定されているとみなす傾向がある。しかるに、謂う所の意志とは、——一部分自覚され、結果の予見と結びついている——運動の諸条件の総体にほかならない。意識にのぼっている限りでのこれら諸条件を分析してみれば、以前の体験の記憶痕跡とその結合（聯合）以外にはなにもないことが判る。こうした痕跡を把持し、それらを結合すること、これは要素的生体の根本的機能であるように思える。（訳註5）——尤も、ここでは意識だとか記憶体系への秩序づけだとかはもはや云々できないのであるが。

もし、ヘーリング流の広い意味での記憶や聯想を要素的生体の根本的特性だと見做すことができるならば、適応ということがよく判る。（原註16）相好相依《ヴァス・ジッヒ・ベグユンステイクト》なものは錯雑たる蓋然的なものよりも頻々と併発し聯想されて〈記憶に〉留まる。食物の現前、飽満感、嚥下運動、は結びついて〈記憶に〉留まる。系統発生が個体発生に縮約されて再現するということと、思想は一度歩んだ理路を好んで反復し類似の事情のもとでは類似の思想が再現されるという周知の現象とはパラレルであろう。実際、生体は胎生的にも誕生後においても、甚だよく似た諸関係のもとで成長する。ところでわれわれは、記憶や聯想に物理的に対応するものを知らない。これを説明しようとする試みはいずれも牽強附会である。一見したところ、有機的なものと無機的なものとのあいだには殆んど類比がなりたたないかのようにみえる。（原註17）しかしながら、感官生理学において、心理学的考察と物理学的考察とは互いに触れ合うところまで進捗し、新しい事実が知識にもたらされるであろう。この研究からは二元論ではなくして、有機的なものと無機的なものとを包括し、両領域に共通な諸事実を講述する一個の科学が姿を現わすであろう。

(1) W. Pauli: Physikalisch-chemische Methoden in der Medizin. Wien 1900.
本書において、もっと局限されてはいるが、同類の問題が取扱われている。

(2) 拙著、『熱学の諸原理』、第二版、ライプチッヒ、一九〇〇、四三四、四五七頁。

(3) Vgl. W. C. L. van Schaik: Über die Tonerregung in Labialpfeifen. Rotterdam 1891.
V. Hensen: Annalen der Physik. 4. Folge, Bd. II. S. 719. (1900)

(4) 拙著、『エネルギー恒存の原理の歴史と根源』、プラーグ一八七二。

(5) こういう駁論が、キュルペ „Über die Beziehungen zwischen körperlichen und seelischen Vorgängen.“ (Zeitschr. f. Hypnotismus. Bd. VII, S. 97.) および、コスマン „Empirische Teleologie“ (Stuttgart. 1899. S. 22.) によって持出された。私は、私の見方とコスマンのそれとが相互諒解に達することができないほど相隔っているとは思わない。もしもコスマンがもう少し時間をかけて慎重に考量したならば、私は旧来の因果概念の代りに函数概念をおきかえたのだということ、しかも、これは彼が念頭においているすべてのケースに対して十全であるということが判明したであろうに。„Empirische Teleologie“ に対しては、それ以外には反駁すべきことがない。尚、Vgl. C. Hauptmann: Die Metaphysik in der Physiologie. Dresden 1893.

(6) 拙著、『認識と誤謬』、一九〇五、二七四頁。

(7) 上掲書、四二六頁以下。

(8) Vgl. W. Roux: Vorträge u. Aufsätze über Entwicklungsmechanik der Organismen. Leipzig. 1905.

(9) O. Wiener: Farbenphotographie und Farbenanpassung in der Natur. Wiedemanns Annalen, Bd. LV (1895), S. 225.

(10) Poulton. The Colours of Animals. London 1890.

(11) 息子が三歳位の時だったが、私はホルツ発電機を始動させてやった。息子は火花をみて悦んでいた。ところが、この機械を弛めて、そのまま廻転させたところ、息子はこわそうにあとずさりした。この機械が生きていると思った様子であった。「ひとりで動く!!」驚いたようすでこわごわこう叫んだ。多分、動いている車のあとをほえながら追いかける犬の場合にも、同様なのであろう。(ツェルの „Sind die Tiere unvernünftig?“ Kosmosverlag S. 38. には、別様ではあるが此の見方とも矛盾しない説明がみられる)。私は三歳位の頃、鳳仙花のたねを押したところはじけてさやが指にまつわりついたのを憶えている。それは動物みたいに生きているように思えた。

（12） Hering : Vorgänge in der lebendigen Substanz. Lotos, Prag 1888.

（13） Hirth : Energetische Epigenesis. München 1898. S.X, XI.

（14） Hering : Zur Theorie der Nerventätigkeit. Leipzig 1899.

（15） Vgl. Ostwald : „Naturphilosophie", W. Roux : Vorträge u. Aufsätze über Entwicklungsmechanik der Organismen. Leipzig 1905.

（16） Hering : Über das Gedächtnis als allgemeine Funktion der organischen Materie. Wien 1870.

（17） フェヒナー流の用語を用いてではあったが、私は『医師用物理学便覧』一八六三、二三四頁に、この考えを初めて暗示しておいた。

第六章　眼の空間感覚

1

樹木は、堅いざらざらした灰色の幹、風にそよぐ幾本もの枝、滑らかで艶々とした撓みやすい葉、こういうものの一全体として、まずは一つの不可分な全体として現われる。丸々とした黄色い甘美な果物、舌を出して燃えている明る暖くかい火、われわれはこういうものをも同じく一つのものとしてみる。一つの名辞は全体を表わす。一つの語句は、まるで糸をたぐるように、共属している記憶の全部を忘却の淵から一度にひき出す。

樹木、果実、火焔などの鏡像は、見ることはできるが手でつかむことはできない。眼をそらしたり眼を閉じたりすれば、——樹に触わったり、果物を味わったり、火を感じたりはできるが——見ることはできない。こうして見かけ上単一な物が部分に分かれる。この部分たるや、相互に結合しあっているばかりでなく、別の諸条件とも結びついている。見えるものが、触われるもの、味わえるもの等々から分離する。

単に見えるだけのものも、まず最初、一つの物として現われる。しかし、黄色い星形の花のそばに黄色い丸い果物が見えることもある。もう一つの果物があって、これまた丸くはあるが、緑色であったり赤かったりする。二つの物は、色は同じでも形が違ったり、色は違っても形が同じだったりする。という次第で、視感覚は色彩感覚と空間感覚とに分かれる。これらは一つだけをひきはなして単独に提示することはできないにしても、ともかく区別できる。

2

色彩感覚については、ここで立入るつもりはないのだが、〈一言だけしておけば〉色彩感覚は本質的には適意不適意の化学的生活条件の感覚である。色彩感覚は、この生活条件への適応に即して発展し、変様する。(原註1) 光は生体の営みを嚮導する。緑色の葉緑素と（補色的な）赤色のヘモグロビンとは、植物内部の化学的過程と、動物内部の〈それと〉反対の化学的過程(訳註1)において、重要な役割を演じている。これら両物質は変様され、さまざまな色彩の衣裳をまとって立現われる。視紫素の発見、写真ならびに写真化学の経験によって、視覚過程をも化学的な過程として把握するよう促されることになった。化学分析、スペクトル分析、結晶物理学において、色彩が演じている役割は周知であろう。色彩は、いわゆる光の振動を、力学的な振動としてではなく、化学的なそれとして把握すべきことを示唆している。すなわち、交互に起こる化合と分解として、写真化学的過程において生ずるのと同じ種類の振動過程として——尤も写真ではただ一方向にしか生じないが——把握できることを暗示している。この観方は、異常分散に関する最近の研究によって決定的に裏打ちされるのだが、電磁光学理論とも適合する。電気分解に際しては電解質の両成分が反対方向に游動するとみなせば、電気分解の場合の電流に関しても、化学こそ最も肯綮にあたる表象を供する。このような次第であるから、将来の色彩論においては、幾多の生物・心理学的な緒と化学・物理学的な緒とが合流するかもしれない。

3

色彩となって現われる化学的生活諸条件への適応は、味や匂となって現われる条件への適応よりも遙かに大きな場所的運動を要する。少なくとも人間の場合にはそうである。（われわれが直接に確実な判断をくだせるのは人間のケースに限られるが、われわれにとって問題なのは人間の場合である）。このことから、空間感覚（力学的契機）と色彩感覚（化学的契機）とが緊密に結びついていることが判る。まず視覚的空間感覚を分析しておこう。

第2図

4

色の違う同じ図形《ゲシュタルト》、例えば違った色で書かれた同じ文字に目を向けると、色彩感覚が異るにも拘らず、一目みたとたんに、われわれは同じ形を認知する。それゆえ、視知覚は同じ感覚構成分を含んでいるに違いない。これらの構成分こそがまさしく（両方の場合に同一な）空間感覚である。

5

さて、図形の再認を生理的に規制している空間感覚がどういう種類のものであるかを究明しよう。この再認が幾何学的な熟慮の結果ではないということがまずは明らかである。熟慮は感覚ならざる悟性の仕事《フエアシユタンデスザツヘ》である。今問題の空間感覚こそが、むしろ、あらゆる幾何学（訳註2）にとって出発点ならびに基礎として役立つのである。二つの図形は幾何学的には合同でありながら生理学的には全然異っていることもある。このことは、次頁の第3図をみれば明らかである。これら二つの四角形は、力学的な知的操作をおこなうことなしには、決して同じだとは認識され得ない。（原註2）この間の事情をはっきりさせるために、極く簡単な実験をやってみよう。全く任意な斑点（第4図）がある。この斑点を、二つまたはそれ以上同じ向きに一列に並べてみよう。すると、特有な・愉快な・印象を生じ、一目みただけで難なくこれらの図形が同じであることが判る（第5図）。ところが、一つの斑点をもう一つの斑点に対して充分傾けると（第6図）、知的な手段に俟たずしては、同形だということが判らなくなる。観察者の正中面に関して対称になるように、二つの斑点を向き合わせると、形の類似性がはっきりする（第7図）。ところが、対称面が観察者の正中面から相当ずれると（例えば第8図）、図形を回転させたり、知的な操作を加えたりしなければ、形態の類似性は判らない。これに反して、一方の斑点をこれと合同な斑点に対して、その平面内で百八十度回転させて向き合わせると（第9図）、再び形の類似性がはっきりする。こうしていわゆる点対称が成立する。

　さて、斑点をどの方向にも同じ比率で縮小すると、幾何学的に相似な斑点が得られる。しかし、幾何学的に合同だからといって必ずしも生理学的（視覚的）にも合同だというわけではなく、幾何

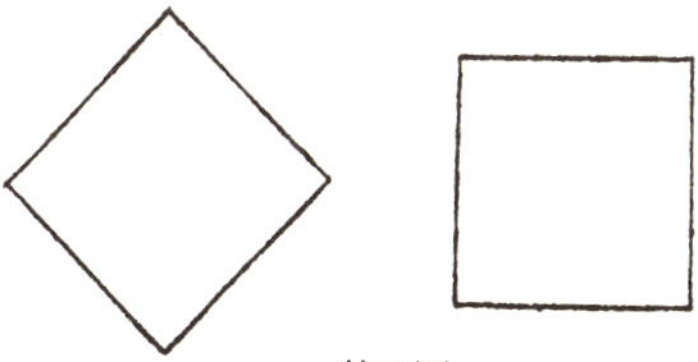
第3図

第4図

第5図

第6図

第7図

第8図

第9図

第10図

第11図

第12図

第13図

学的に対称なものが必ずしも視覚的にも対称というわけではないのと同様、幾何学的に相似なものであっても必ずしも視覚的に相似ではないのである。尤も、幾何学的に相似な斑点が同じむきに並べられると、視覚的にも相似にみえる（第10図）。一方を傾けると相似性は消え去る（第11図）。これを観察者の正中面に関して対称な斑点で置き換えると、視覚的にも対称的相似性が成立する（第12図）。一方の図形をその平面内で百八十度回転させた場合にも、——このときには点対称的相似性が成立するのだが——生理学的・視覚的な相似性が現われる（第13図）。

6

ところで、幾何学的相似性と対比される視覚的相似性の本質はどこに存するのであろうか？ 幾何学的に相似な図形においては、相対応する長さがすべて同じ比率をもっている。しかし、これは悟性の係わることであって感覚の関与するところではない。辺 a b c をもった三角形に辺 2a 2b 2c をもった三角形を対置するとき、われわれはこの簡単な関係《ベツィーウング》を直接に知るのではなく、測定によって知的に知るのである。視覚的にも相似が認められる場合には適当な向きが加わっている筈である。二つの客体の悟性に対する簡単な関係というのでは感覚の相似〔類似〕性にとって充分な条件ではない。このことは、三辺 a b c の三角形と、辺 $a+m$ $b+m$ $c+m$ をもった三角形とを比較してみれば判る。これらの二つの三角形は〈悟性に対する関係が簡単であるにもかかわらず〉決して相似にはみえない。同様にまた、円錐曲線はすべて幾何学的には簡単な近親関係にあるが、相似にはみえない。三次曲線になるとなおさらのこと視覚的相似性を示さない、等々。

7

二つの図型の幾何学的相似性は、相対応する長さがすべて比例するということ、ないし、相対応する角がすべて等しいということ（訳註3）によって規定される。図型は、相似の位置におかれ、従って、相対応する方向がすべて平行、ないしは、この言い方のほうを採りたいのだが、相等である場合にはじめて視覚的に相似となる（第14図）。感覚にとって方向が大切なことは、第3図の考察からしてすでに明らかである。図形の生理学的・視覚的な相似性《エーンリッヒカイト》を特徴づける相等しい空間感覚を規制するのは、方向の相等性《グライヒハイト》なのである（原註3）。

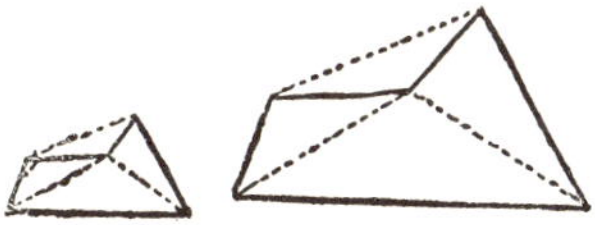

第14図

直線ないしは曲線の方向がどういう生理学的意義を有するかについては、以下の考察によって一層明らかにすることができよう。$y = f(x)$ を或る平面曲線の方程式だとしよう。一見しただけで、われわれは $\frac{dy}{dx}$ の値の経過を看取できる。けだし、この値は曲線の上昇によって規定されるからである。また、$\frac{d^2y}{dx^2}$ の値についても、見ただけでその質が判る。けだし、この質は曲線の曲率によって特性が判るからである。$\frac{d^3y}{dx^3}$、$\frac{d^4y}{dx^4}$ 等々の値については何故それほど直接には言表できないのか、という問題が持上がるが、答は簡単である。われわれが見るのは、言うまでもなく、微分係数——これは悟性の係わるところである——ではない。われわれが見るのは、曲線要素の方向、ならびに、或る要素の方向の別の要素の方向からのずれなのである。

ところでわれわれは相似の位置にある図型の相似性を直接に識るのであるから、また、合同という特殊ケースを他のケースから雑作なく識別できるのであるから、われわれの空間感覚は方向の相等、不等性、および、大きさの相等・不等性を〈悟性を俟たずに弁別し〉報らせてくれるわけである。

8

空間感覚が眼の運動性装置と何らかの仕方で聯関しているということは初めから判り切った話である。別段立入って考察しなくとも、先ず気がつくことは、眼の装置全体、とりわけ運動性装置が頭の正中面に関して対称的だということである。従って、対称的な眼の動きに、相等またはほぼ相等な空間感覚が結びついているであろう。子供達は文字bとd、pとqとをよく間違える、大人でさえ、感性的ないし知性的な何らかの特別な手掛りが欠けている場合には、左右の顛倒になかなか気がつかない。眼の運動装置は完全に対称的にできている。この対称的な器官に与えられた相等な刺戟だけでは、左右の区別は殆んど不可能であろう。しかし、人体殊に脳髄は一寸した非対称を伴っている。これによって、例えば一方の手(通常右手)が運動機能の点で左手に優るようになるのである。これが、ひいては、右側の運動機能を一層発達させ、それに帰属する感覚を変様せしめる。字を書く際、眼の空間感覚と右手の運動感覚とがひとたび結びついてしまうと、書字の熟練や書字の習慣と係わりをもつ、かの左右対称形態の混淆はもはや生じなくなる。この結合が非常に強くなる結果、習慣化した路線を通じてしか想起がおこなわれず、例えば鏡に映った文字を読むのに甚だ骨が折れるようになる。しかるに、例えば装飾紋様のような純粋に視覚的で運動と係わりのない形態に関しては、依然として左右の混淆が生ずる。左右の著しい差異は動物も感得できる筈である。というのは、動物は多くの場合、これによってしか定位できないからである。それはさておき、対称的な運動機能と結びついている感覚がいかに相似であるか、注意深く観察してみれば誰しも識ることができる。例えば、偶々右手が空いていないので、測微計のネジだとか鍵だとかを左手で廻す際には、予めよく考えておかないと、逆に廻すこと請け合いである。すなわち、習慣的になっている運動と対称的な運動を――感覚が似ているために両者を混淆して――やらかしてしまう。ハイデンハインが、身体の半面だけが麻痺した人に鏡影文字を見せておこなった実験結果も、ここで引合いに出すことができる。

9

左右の区別は非対称性に基づくものであり、究極的には恐らく化学的な差異に基づくものであるという考えが、若い頃から私の脳裡を去らなかった。この考えを、私は最初の講義の折[訳註4]（一八六一）にいちはやく述べておいた。爾来この考えが再三再四私の脳裡を占めてきた。私は或る老将校から、真暗闇のなかを、または吹雪をついて進んでいる軍隊は、外部に拠りどころがない場合には、真直ぐ行進しているつもりでも、ほぼ大きな円を描いて動いており、その結果、出発点に帰って来かねないという話を聞いたことがある。トルストイの「主人と召使い」のなかにも同じような話が出て来る。この現象は運動がほんの僅か非対称的であるということによってのみうまく理解できる。それは、円筒に近い形の円錐を転がすと、大きな円を描いて廻るのと似ている。実際、F・O・グルトベルク[原註4]は道に迷った人間や動物にみられるこの類いの現象を周到に研究して、そういう把え方をしている。定位障碍を来たした人間や動物は、例外なく円環運動をおこなう。その半径の大きさは種によって違うし、その中心点の位置は、円道を辿る個体の右にあったり左にあったり、個体や種によってまちまちである。グルトベルクはこの円環運動に自分が育てている仔を探し出すという目的論的な仕組みをも認めている。従って、こういう動因を欠いている下等動物について実験してみると面白いであろう。ともあれ、すでに下等動物においても、普遍的にそうなっていそうないくつかの根拠があるのであって、やはり不完全な対称性が予期される。

ロェプの研究（「手の触空間について」）も、次の事実を教える。（原註5）右手の運動を（眼をつぶって）左手で真似ると、拡大されるか縮小されるかはその人によってちがうが、必ず拡大されるか縮小されるかして再現される。ロェプはこの変様的再生現象から推して、左右の差異は種類上の差異だと考えている。が、私自身これまで左右の差異を単なる幾何学な量的運動の差異として把えてはこなかったということを銘記しておこう。

10

日常の経験から判る通り、仰観と俯瞰とには根本的に異った空間感覚が結びついている。このことは、眼の運動性装置が水平面に関しては非対称だということから理解できる。重力の方向は眼以外の運動性装置に対しても基準となる非常に重要なものであって、他の装置を助ける眼の装置においても、こうした事情が見出される筈である。風景と水面に映った影との対称性が全然感ぜられないことは、周知の通りである。よく知っている人物の肖像であっても、それを逆さまにすると、知的な手掛りによる認知を俟たねば、謎めいた見知らぬものに見える。ベッドに寝ている人の頭ごしに立って、何の気なしにその人の表情だけを見ていると、（とりわけ相手が喋る際には）その人が全く珍妙にみえる。bとp、dとqとは、子供でさえ取り違えない。

対称性や相似性などについて以上で述べてきたことは、勿論平面図型ばかりでなく立体図型にもあてはまる。それゆえ、奥行きの空間感覚についても論及しなければならない。遠くを見るのと近くを見るのとではその際生ずる空間感覚が異る。遠近の差異は人間や動物にとって甚だ重要であるから混淆するわけにはいかない。両者の混淆が生ずべくもないのは眼の運動性装置が前後の方向と垂直な平面に関しては非対称的だからである。よく知っている人物を彫ったものであっても、その凹鋳型では半身像を代替できないという経験的事実は、上下顚倒の際の事情と全く類比的である。

11

同じ大きさと同じ方向とは同じ空間感覚を解発し、正中面に関して対称な方向は相似の空間感覚を解発する。このように考えれば先に述べた諸事実が甚だよく理解できる。直線はどこをとっても同じ方向をもち、どの部分も一様な空間感覚を解発する。ここに直線の美学上の長所が存する。のみならず、正中面に含まれる直線や正中面に直交する直線は、こうした対称的布置では視覚装置の両半分と均等に関わるので、特有なみえかたをする。それ以外の布置にある直線は、いずれも「斜位《シーフ・シュテルンク》」として、対称位《ジンメトリーシュテルンク》からの偏倚として、感受される。

同じ空間図形を向きを変えずに反復すると、同一空間感覚の反復を生ずる。〈これら合同な図形の〉相対応する点を結んで出来る線は斉一な方向を有し同一の空間感覚を解発する。幾何学的に相似な図形を同じ向きに並列した場合でさえも、やはり同様な関係がなりたつ。失われるのは大きさの相等性だけである。しかし、向きを不揃いにすると、こうした関係も紊され、したがって統一的な（美的な）印象も紊される。

正中面に関して対称な図形にあっては、相等な空間感覚に代って、対称方向に対応する相似な空間感覚が現われる。図形の右半分が視覚装置の右半分に対して有する関係は、図形の左半分が視覚装置の左半分に対して有するのと同じ関係である。大きさの相等性を毀しても、依然として対称的な相似性は感受される。対称面を傾けると関係全体が紊れる。

或る図形のそばに、それと同じ図形を百八十度回転させて並置すると、点対称が成立する。相対応する二組の点を結ぶとこれら二本の直線は一点Oで交わる。すなわち、この一点は等分点で、相対応する点を結んで出来る凡ゆる直線はこれを通る。点対称の場合にも、相対応するあらゆる結線は同じ方向を向いている。これは気持よく感ぜられる。大きさの相等性が失われても点対称的相似性は依然として感受される。

合規則性は、対称性にひきかえ、何ら特有の生理学的〔視覚的〕価値をもたないように見える。合規則性の価値はむしろ――単に一つの布置では気付かれないような――多重的な対称性においてのみ発現するのかもしれない。

12

オーウェン・ジョーンズの著作（Grammar of Ornament. London 1865）を一読されれば、以上の立論が正当であることをお判りいただけると思う。彼が掲げている図表のほとんどどれをとってみても、われわれが以上で得た観方の証明となるような各種の対称に出会う。純粋器楽と同様、何ら副次的な目的を求めることなくひたすら形態（および色彩）の賞翫に資する装飾術こそが当面の研究に役立つ事実を最高に供与する。（訳註5）文字は美への配慮以外の契機によって律せられる。にも拘わらず、例えばラテン語の二十四個の大文字のうち、左右に対称なものが十字（AHIMOTVWXY）、上下に対称なものが五字（BCDEK）、点対称のものが三字（NSZ）あって、非対称的なものはただの六文字（FGLPQR）にすぎない。

原始美術の発達の研究は、今われわれが扱っている問題にとっておおいに参考になる。原始美術の性格は、模倣される自然対象、腕前の程度、そして最後に、反復をさまざまな形で活用しようとする志向、これらによって規定される。（原註6）

13

私はかなり以前に発表した論文のなかで、ここに述べた諸事実の美学上の意義について簡略に述べておいた。この点について敷衍する心算はなかったのであるが、ジュネーヴの物理学者、故J・L・ソレが――一八九二年に著わした立派な書物のなかで(原註7)――それを遂行している事実を黙過することはできない。彼がスイス自然科学者協会で一八六六年に行った講演は右に挙げた書物の先駆と見ることができる。彼は私の立論を知らずに――と思えるのだが――自説をヘルムホルツに結びつけている。問題の生理学的側面は余り突込んで説明されていないが、それにひきかえ、美学上の立論は恰好な例を豊富に挙げて傍証されている。彼は対称性、反復、相似性、連続性の美的効果を考察している。(ついでながら、彼は連続性を以って一種の反復だと見做している)。彼の考えによると、対称からの一寸したずれは、それがもたらす多様性やこれと結びついた知的な美的満足やによって、感性的満足の毀損を償って余りある。彼はゴチック式ドームの装飾や彫刻に徴して、このことを説いている。ここに謂う知的な満足は、潜在的な対称性――これは人間の姿やその他対称的な形態を非対称的に配置した場合に感受される――によっても解発される。彼は私と同様視覚的な場合に限らず、この考察をあらゆる領域に拡充した。彼は、リズム、音楽、運動、ダンス、自然美、さらには文学をも考察している。彼がローザンヌの養老院でおこなった盲人の観察は特に興味深い。盲人達は可触的対象物における同一形態の周期的反復を悦ぶ。彼らは形態の対称性に対する素晴らしい感《ジ》受《シ》性をもっている。対称性が著しく紊れると、盲人達には不愉快であり、時としては滑稽にすら思えるらしい。大きな欧州浮彫地図で学んだ或る盲人は、縮尺度の高いもっと広い地域を含んだ浮彫地図をあてがわれた際、幾何学的相似性のお蔭で、その地図の一部分たる縮小されたヨーロッパを認知できた由である。対称的触覚器官、すなわち、両手両腕は、視覚器官と似たような具合に配備されているのであるから、この一致は驚くに値しない。近代の学者(例えばデカルト)はいわずもがな、すでに古代の学者達にもこの一致が影響を及ぼし、幸便とはいい難い多くの観念を作り出した。この観念は、部分的には、いまだに悪影響を及ぼし続けている。ソレの書物中文学に関する章は余り成功していないように思う。たしかに音律や韻などには、以上論じて来た諸領域におけると類似の現象がみられる。しかし、例えばモリエールの有名な作品（原註8）(『スカパンの悪企み』)のなかで六回も繰返されている、「あいつは何だってつまらぬ危険なことに係わりあったのだ」という文句の効果を彼は装飾的な趣向の反復とパラレルに論じているが、おそらくこれに賛同する人はあるまい。モリエールのこの作品のなかでは、反復はそういう効らきをしているのではなく、滑稽な対立を次第に高めていくことに由って、知的な効果をあげているだけである。

私はここで、その後現われたアーノルド・エムチの論文「美的諸形式の数学的原理」(モニスト誌、一九〇〇、十月)に注意を促しておきたい。彼は一連の形態が一定の幾何学的原理に服せしめられると、協働して美的印象を喚起するという興味深い例を挙げている。彼は私が一八七一年の講義でふれたのと同じ思想——一定の確固たる規則に従った創作は美的効果をあげるということ——を追究している。(拙著、『通俗科学講義』、第三版、一九〇三、一〇二頁、参照)。が、同時に、私は次の点を強調しておいたし、ここでもあらためて強調しておきたい。悟性の用件としての規則は、それ自身が美的効果を有するのではなく、規則によって律せられた、同一の感性的モチーフの反復のみが美的効果を有するのである。

14

空間図型の幾何学的性質と生理学的性質とを截然と区別すべきこと、もう一度この点を強調しておきたい。生理学的な性質は、幾何学的な性質によって共々に規定されてはいるが、幾何学的な性質だけによって規定されているのではない。反対に、恐らくや生理学的性質（訳註6）こそが幾何学的研究に対する最初の刺戟となったものである。直線は二点間の最短距離という性質によってではなく、当初は先ず、その生理学的単純性によって人目を惹くのである。平面はその幾何学的性質のほかに、後に詳説する通り、特別な生理学的・視覚的（美的）な、それによって人目を惹くような価値を有する。平面や空間の垂直二等分は、相等な部分が生じるという特質《フォルツーク》を有するのみならず、特別な対称価値をも有する。合同な図型や相似な図型はその親近性が生理学的〔視覚的〕に目立つような向きにおくことができる、恐らくこのような事情が由因となって、この種の幾何学的親近性の方が、親和性、共線性などのような比較的目立たない幾何学的親近性よりも早くから研究されたのである。感性的直観と悟性との協働をぬきにしては科学的幾何学は考えられない。しかしH・ハンケルはその『数学史』（一八七四）において、ギリシャ幾何学では悟性的契機が勝っており、インドの幾何学では感性的契機の方が勝っていることを見事に解明している。インド人は、ギリシャ人には全く疎遠だった対称性の原理と相似性の原理を普遍的に活用している。（上掲書、二〇六頁）。ギリシャ的方法の厳密さとインド的方法の直観性とを結合して新しい叙述様式を編みだそうとするハンケルの提唱は留意に値する。尚この点では、相似性の原理を、もっと一般的な仕方で、力学においてさえ活用したニュートンやベルヌーイの先駆的業績（原註9）を踏襲する必要があるかもしれない。対称性の原理が力学の領域でいかなる利益をもたらすかについては、他の個所で縷々と論じておいた。

（1） Vgl. Grant Allen: Der Farbensinn. Leipzig 1880.
歴史時代にはいって以降、色彩感覚がいちじるしく発達したということを示そうとするH・マグヌスの試みは当を失した企てだとみなさるべきであろう。マグヌスの書物が公刊された直後、私はドレスデンの文献学者F・ポーレ教授とこのテーマについて書簡を交した。私ども両人は間もなく、マグヌスの見解は自然科学的検討にも文献学的批判にも耐えないという確信をもつに到った。私どもは結果の発表をお互いに相手に委せたので、それは今もって公表されていない。尤も、そうこうするうちにこの懸案は、E・クラウゼ、および、詳細にはA・マルティによって片づけられた。私はここで、以下の短かい覚書きだけをしたためておきたい。

言語的表現が欠けているということから、それに対応する感覚質が欠けているという結論を導くわけにはいかない。色を表わす言葉は、今日においても、不精確であり、不明瞭であり、欠陥だらけである。そして精確な分解が必要でないところでは数が少い。今日田舎の人達が色を表わす言葉は、そして一般に感覚を表わす言葉は、ギリシャ詩人達のそれに比べて、劣りこそすれ優ってはいない。私自身が実地で何度も聞いたことだが、マルヒフェルトの百姓達は、例えば「塩辛い」という表現になじんでいないので、食塩を「酸っぱい」という。色を表わす言葉は詩人の許に求めるべきではなく技芸書に求むべきである。その際にも、私の僚友ベンドルフが指摘しているように、マグヌス氏のように、壺の染料の枚挙といったことをもって色全体の枚挙だとするわけにはいかない。古代エジプト人やポンペイ人の多彩装飾を見る時、これらの装飾が色盲の人達によって行なわれた筈はないということを考慮に入れる時、また、ヴィルギリュウスの死後七十年そこそこでポンペイが埋ったのだということ、しかるにマグヌスの考えからすればヴィルギリュウスはまだ殆んど色盲同然だったことになるということ、これに留意する時、マグヌス流の観方は全然保持されがたいという結論が導かれる。この問題は、最近もっと豊富な資料を駆使して、W・シュルツによって再論された。(Das Farbenempfindungssystem der Hellenen. Leipzig 1904)。

あまつさえ、他の方面においてダーウィンの進化論を適用することには慎重でなければならない。われわれは人間が色彩感覚のない状態ないしはこれが貧弱な状態から、それが高度に発達した状態に向って前進しているというふうに考えたがる。まさしく学習している人にとっては単純なものから複雑なものへと前進していくのが当然である。しかし自然はこれと同じ路を辿る必要はない。色彩感覚が現存し、しかも、恐らくや、それが可変的なのである。色彩感覚は豊かになったり貧弱になったりするか？ 誰がそれを知ることが出来よう？ 知性がめざめ技巧的手段を使用するようになると、悟性——このとき以降主として要求されるところの——に進化全体が懸ってきて、人間の下等な諸器官の進化が背景に退くということ、これは不可能であろうか？ （補遺八参照）。

（2） 拙稿「位置および角度の視作用について」ウィーンアカデミー会報、第四三巻、一八六一、二一五頁。

（3） 四十年程前、私は物理学者と生物学者とが集まっている席上、幾何学的に相似な図形は何故視覚上も相似なのかという問題を話題にのぼせた。私は今だにありありと思い出すのだが、人びとはこの問いが余計であるばかりかこっけいであると考えた。それにも拘わらず、私は今日でも、当時に劣らず、この問いは形態視の全問題を包含していると信じている。問題が問題として認知されていないとき、それが解かれる筈もないことは明白である。私の考えでは、かの一面的な、数学的・物理学的な思考方向が、ここ〔問題そのものを認めようとしないこの態度〕に露われている。そうしてこの一面的な数学的・物理学的思考方向ということによってのみ、例えば、へーリングの立論が――友誼ある賛同を受けずに、こうも久しいあいだ、いろいろと――批判の的になっていることの説明がつく。

(4) F. O. Guldberg : Die Zirkularbewegung. Zeitsch. f. Biologie. Bd. 25. 1897. S. 419. 論談の際W・パウリ博士がこの論文について注意を促して下さった。

(5) Loeb : Über den Fühlraum der Hand. Pflügers Archiv. Bd. 41. u. 46.

(6) Alfred C. Haddon : Evolution in art ; as illustrated by the life-histories of designs. London. 1895.

(7) J. Soret : Sur les conditions physiques de la perception du beau. Genève 1892.

(8) Les fourberies de Scapin.

(9) 本章で述べた基本思想を、不完全な形においてではあるが、先に引用した論文「位置および角度の視作用について」(一八六一)、さらにはフィヒテの哲学雑誌、第四六巻一八六五、五頁、および、「液体の形態」、「対称」(プラーグ、一八七二)、において展開しておいた。(上掲文献のうち後三者は、『通俗科学講義』ライプチッヒ、第三版、一九〇三、所収)。力学における対称の原理の利用については拙著『力学』ライプチッヒ、一八八三、第四版一九〇一を参照。(邦訳は、『力学――力学の批判的発展史――』伏見譲氏訳、講談社。近く法政大学出版局より岩野秀明氏の新訳版が刊行される)。

第七章　空間感覚の立入った研究（原註1）

1

空間視に関する知識は十九世紀中に決定的な進歩をとげた。これは実証的な洞察の成果によるばかりではなく、いろいろな哲学者や物理学者たちによって、とりわけデカルト以来、この領域で累積されて来た先入見が除去されたことにもよる。実証的発見に必要な公平無私の態度がそれによってはじめて確立されたのである。

ヨハネス・ミュラー（原註2）は特殊エネルギーの理論を創唱し、また同一網膜部位の思想を明晰な方式で論じた、（この思想の端初は明瞭な範囲で辿っても、プトレマイオス（原註3）にまで遡ることができる）。網膜はそれ自身で固有の活動性〔エネルギー〕を具えていて自分自身を感覚するのだというミュラーの考えからすれば、「視空間」は或る直接的な与件だということになる。視野の内には自分の身体も現われる。方向の問題は一切、もっぱら視野の諸部分相互間の布置に係わるにすぎない。視方向はもっぱら網膜の感覚部位の配備に懸かる。投射問題や直立視の問題はすべて脱落する。が、ミュラーにとっては視覚対象《ダス・ゲゼーエネ》の距離の見積りは徹頭徹尾やはり悟性の用件なのである。

ホィーストーン（原註4）の案出した実体鏡を用いてみれば誰しも容易に納得する通り、同一網膜部位上の結像のみならず余り違わない他の部位に映ずる像も事情如何では単一にみえる。しかも、実体鏡（訳註1）の差異に応じてさまざまな奥行きに見える。この事実が、同一性理論〔同一網膜部位説〕に疑念を抱かせることになり、奥行視に関する心理学的説明の出現を促した。このような経緯から、空間視に際しては継起的凝視がおこなわれるのだというブリュッケの理論が成立した。が、この理論もダヴが瞬間照射のもとでおこなった実体鏡実験によって維持できないことが証明された。

パヌムは重厚な省察と適切に考案された実験とによって（原註5）この種の理論と対質した。彼は両眼の競合現象や輪郭がその際に果たす顕著な役割を論拠にして、奥行視は左右両網膜の相互作用（共働）に基づいており、奥行きの感覚は生得的な特殊エネルギーだという見解を抱くに至った。左右の単眼像、殊に輪郭、形態、色彩、位置、が似ていれば似ているほど、両者は容易に融合して一つの両眼像になり、その奥行きは実体鏡的な差異によって規定される。この奥行きに関しては、しかし、パヌムはまだ、投射線によって与えられる奥行に対応するものと考えていた。

旧来の先入観を抜本的に一掃したのはヘーリングである（原註6）。彼は、われわれに直接的に与えられる視空間と、特別な経験を通じて獲得される空間概念とは飽くまで区別さるべきだという見解から出発する。彼が決定的な実験によって証明している通り、客体がわれわれに見える方向は客体と網膜像とを結んでできる直線、すなわち視線ないし投射線とは異る。両眼の視線の組に、これら二視線のなす角を等分する——両眼を結ぶ線分の中点から発すると見做すべき——一つの視方向が対応する。幾何学的空間との関聯を悉く排拒すべく次のように言うことができる。両眼は一体となって、両眼の中間にある一つの眼で見たと仮定した際に見えるであろう如き幅と高さをもった構図を見るのだ、と。視線が水平になりかつ左右の視線が丁度その点上で交わるようにして、窓ガラス上の一点を凝視すれば、われわれはこの点を正中面内に見るわけであるが、同時にこの正中面内には遥か後方にある客体も見える。実体鏡実験において、眼軸が多少分散している場合にも、——この際には投射線の方向はもはや全然客体の方に向っていず、少なくとも物理学的ないし生理学的には何ら意味を有しないのであるが——客体はやはり正面に見える。

また視覚上の距離も、投射理論の結果とは合致しない。ミュラーの環を使って垂直に絲を垂れ、このようにして出来た円柱を視線を水平にして眺めると、平面にみえる。われわれは凝視点の像（「核点」）を見るだけでなく、同一の（「対応する」）部位に映る諸点の総体（「核面」）を一定の距離を隔ててわれわれの眼前にある平面として見るのである。この事実やその他これに類する諸事実は、投射理論によっては全然理解できない。ヘーリングは空間視を簡単な原理に還元した。同一の（「対応する」）網膜部位は同一の高さと幅の値を有する。これに反して、対称的な網膜部位は同一の奥行値を有する。この奥行値は網膜の外側から内側に向かうにつれて増大する。左右の単眼像が――それぞれ、色彩、形態、位置が似ているために――融合して一つの両眼像を生ずると、この両眼像は両単眼像の奥行値の平均値をもつ。このような両単眼像の平均値がそもそも基準《マースゲーベント》を与える役割を演ずるのであって、視方向に関してもそうである。ヘーリングの内容豊富で多岐にわたる個々の業績（原註7）については、それが本章の安全確実な基礎となっているのであるが、ここで立入ることは出来ない。以上の示唆で満足すべきであろう。唯、今一つ注意を喚起しておきたいのは、ヘーリングによれば、両眼は単一の器官として把握さるべきであり、その連繋運動は――すでにヨハネス・ミュラーが指摘している（原註8）ことであるが――生得的・解剖学的な基盤を有するということである。

生物学的研究と心理学的研究とが相俱に、空間直観に関しては、生得説的《ナチイヴィスティッシュ》な見解を堅持できるという確信に導く。孵ったばかりの雛は、すでに空間内で定位している様子を示し、注意を惹くありとあらゆる対象をいち早く啄く。人間の初生児に関しても、せいぜい成熟度の低さが認められる位で、それ以外には何ら本質的に異った事情は認められない。この点についてはすでにパヌムが指摘している。空間直観は生誕時に具わっているという次第である。このことを、ヘルムホルツが試みたようなやり方で、すなわち、進化史つまり種の歴史によって解明できるかどうかは別問題である。

この問題に対して、系統発生的進化、或る動物種から別の種への移行に際しての――ミュラーが研究している(原註9)――網膜の対応の変異が手掛りを与えるかもしれない。もう一つ見込がありそうなのは、斜視における病的異常や、この際にみられる適応現象の追究である(原註10)。

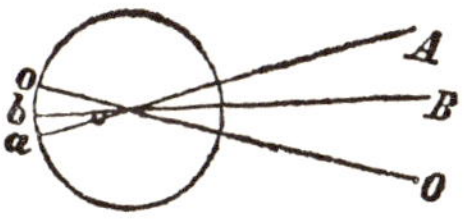

第15図

2

空間感覚が運動性の過程と聯関していることは、かなり以前から、もはや争論の余地がなくなっている。見解が分かれるのは、この聯関をどう把握すべきかをめぐってである。

色の違う合同な二つの形像が順次に同じ網膜部位に映ずると、雑作なく同じ図形だと認知される。それゆえ、われわれは、異った空間感覚は異った網膜部位と結びついていると、さしあたり考えることができる。しかし、この空間感覚は特定の網膜部位と一定不変な結びつきをもっているわけではない。このことは眼を自由に随意的に動かしても、網膜上の像はずれるにも拘わらず、客体はその位置や形を変えないということから判る。

客体Oを凝視しながら真直ぐに前方をみつめると、網膜上のa――、最明視の部位oより低い一定点――に映る客体Aが、或る高さに見える。Bを凝視しながら視線を上げても、Aは以前の高さのままである。もしも、網膜上の像の位置、ないし、弧oaのみが空間感覚を規定しているとすれば、Aは前よりも低く見える筈である。視線をAまで高め、さらにはもっと高めても、この関係は変らない。それゆえ、視線を随意的に上げる運動を規定している生理学的過程は、高さの感覚を全面的にないしは部分的に代償でき、これと等質的である。簡単に言ってしまえば、代数的にこれと加算できる。眼球を指先で軽く押上げると、弧oaの縮小に対応して客体Aは実際に前より低く見える。これと同様なことが、他の無意識的ないし不随意的な過程によって(例えば、眼球痙攣によって)眼球が上方に廻転する場合に起こる。数十年前から眼科医たちに知られている経験事実であるが、外直筋が麻痺している患者は、右側に在るものを摑もうとする時、はるかに右の方を摑んでしまう。こういう患者は右側に在るものを凝視するためには健康な人よりも強い意志刺戟を必要とするのであるから、右を視ようとする意志が視覚的空間感覚「右」を規定しているという考えが浮んでくる。私はかつてこの経験を誰でもすぐできる実験の形にしてみた。(原註11)眼球を出来るだけ左に廻しておいて、眼球の右側を二個のかなりしっかりした大きなパテー塊で押しつける。こうしておいて急に右を見ようとすると、眼球がいびつになっているために、甚だ不完全にしか右を向けないのであるが、客体は過度に右にふれる。それゆえ、特定網膜部位の網膜像に対して、右を視ようとする単なる意志が、簡略〈のため〉にそう言いたいのだが、より大きな右方値を与えるのである。この実験は初めは意外の感を与えるが、やがて、次の二つの簡単な経験事実、つまり眼を随意的に右に向けても客体は位置を変じないということ、無理矢理に不随意的に眼を左にむけると客体が右にふれるということ、これら両面の事実は相俟ってまったく同一事を教えていることに気付く。右に向けようと思ってもそうすることの出来ない眼は、随意的に〈一旦〉右に向けたのに、外的な力によって無理矢理にねじ戻された眼になぞらえて考えることができる。W・ジェームズ教授(原註12)は、上述の実験がうまくいかないと仰言る。しかし、私は何度も繰返してみていつもそれが確かなことを見出した。事実は不動である。が、だからといって、この事実の把えかたが正しいかどうかはそのことだけではまだ決定されない。

3

注視運動を遂行しようとする意志ないしは神経興発《インネルヴァチオン》(訳註2)(?)が空間感覚そのものである。先の考察から自然とこういう結論(原註13)になる。皮膚の或る個所に瘙痒とか刺痛とかを感じ、それによって充分注意が惹きつけられると、われわ

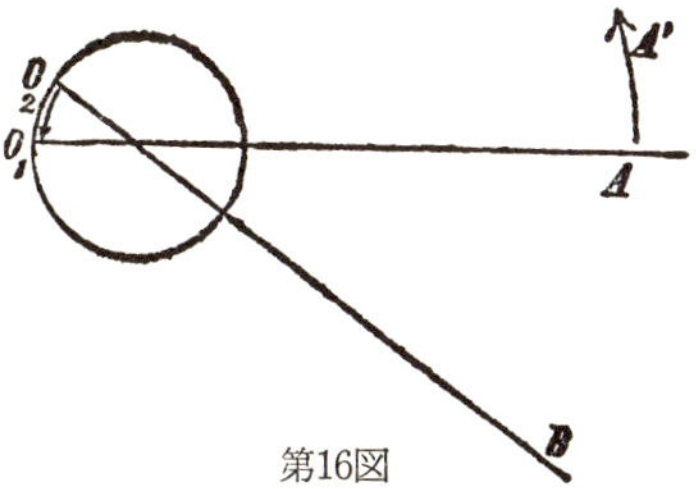

第16図

れは直ちにしかるべき運動によってそれを把えようとする。同様にまた、網膜像が充分われわれを刺戟し、それに気がつくや否やわれわれはしかるべく眼をそれに向ける。器官の構造と永年の陶冶とのおかげで、われわれは網膜の或る部位に映じている客体を凝視するのに過不足なき神経興発を当てる。眼を右に向けていて、もっと右にあるもの、或いは、左にある別のものを見ようとする時には、新しい同質の神経興発が既存のそれに代数的に附加される。随意的に商量されていた神経興発に、異質の、不随意的な、すなわち外的な運動力が加わる場合に、はじめて攪乱が生ずるのである。

4

数年前、今ここで扱っている問題に専心していた折、私は或る特異な現象に気付いた。私の知る限り、この現象を記載した文献は見あたらない。暗室内でまず光点Aを見てから、すばやく視線をさげて下方にある光点Bを注視する。すると、光点Aは上方に向って尾線AA′を描く。（もっとも、この尾線はすぐ消失する）。第16図では簡略のため割愛してあるが、光点Bも無論同様である。この尾線は言うまでもなく残像である。これは注視運動を終える時ないしは終える直前になってはじめて意識にのぼるのであるが、注目すべきことには新しい眼の位置や神経興発にではなく、以前の眼の位置や神経興発に照応する位置値《オールツヴェールト》を伴っている。類似の現象がホルツの電気器具を用いた実験の際にもしばしば見受けられる。下方への注視運動中に火花が散らされると、火花は往々電極よりも上方に見える。火花が持続的な残像を生ずると、残像は無論電極の下方に見える。この事象は天文学者のいわゆる個人差に対応する。ただ天文学者の場合にはそれが視覚の領域に限られていないだけのことである。このような事態《フェアヘルストニス》が器官のいかなる配備によって規制されているのかは未決問題であるが、それはおそらく眼球運動における定位障碍《デスオリエンテイールング》を防遏するのに一定の有効性《ヴェールト》をもっているものと思われる。(原註14)（補遺九参照）。

5

以上では簡便のため、眼球だけが動き、頭（もっと一般的にいえば身体）は静止しているものと考えた。ところで、視覚対象物をことさらに見つめずに全く任意に頭をまわしてみても、対象物は静止したままである。が、この時の眼球の動きを第三者が観察すると、それはまるで摩擦のない慣性質量のように、頭をまわす運動によっては左右されないことが判る。このことは、能動的であれ受動的であれ、鉛直軸のまわりに続けさまに回転する場合には、もっとはっきりする。今、上から見れば時計の針の廻る向きに廻っているとしよう。この際には、ブロイエルが観察した通り、眼を開けていても閉じていても、眼球は身体が一回転する毎に十回ほど時計と逆の向きに一様な回転運動をおこない、かつ同回数逆の向きにも回転する。第17図はその経過を示したものである。横軸OTで時間が表わしてある。縦座標としての上下方向に、それぞれ、時計の針と同じ向きの回転角および逆向きの回転角が表わしてある。線OAは身体の回転に対応し、OBBは眼球の相対的回転、OCCはその絶対的回転に対応する。繰返し観察してみると、事の次第は、身体の回転によって耳迷路から反射的に解発される自動的（無意識的）な眼球運動に係わっているのだという確信を誰しも余儀なくされるであろう。この眼球運動は身体の（受動的な）回転がもはや感受されなくなるや否や消失する。この運動がどのようにして生ずるのかが当然研究さるべき課題として残されている。二つの拮抗する神経興発器官があって、身

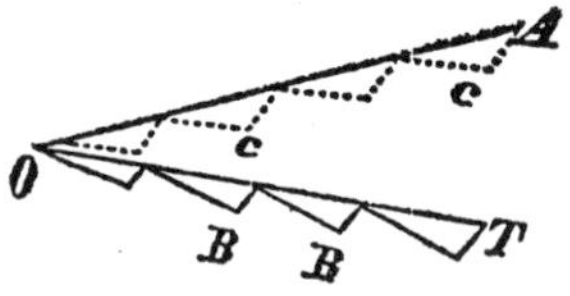

第17図

体が回転する際神経興発器官に一様に流れ込む刺戟が、一方の器官によっては再び一様な神経興発流によって応答されるのに、他方の器官は一杯になると突然くつがえる雨量計のように、一定の時間を経て間歇的に神経興発衝撃を発する、というのが、最も簡単な考え方の一つであろう。が差当っては、この自動的無意識的な代償的眼球運動が実際に存在することを知ればわれわれにとっては十分である。

頭を左右に傾けると眼球が代償的に輪転することはよく知られている。ナーゲル(原註15)はこの輪転が頭を傾けた角度の十分の一から六分の一に達することを証明した。最近、ブロイエルとクライドルも廻転器を用いて同様な実験をおこない、次のような事実を発見した。

「プルキンエやマッハが主張していた通り、われわれ人間は質量加速度〔重力〕の方向を感覚する。この方向が身体に側方から作用する水平方向の加速度の加重によって変ずると、眼球の輪転が生ずる。この輪転はかの作用が持続しているあいだは維持されており、偏角の半分から六割に達する。それゆえ、視空間の回転、および、このような事情のもとで知覚される鉛直線の傾きは、無意識的ではあるが実際に生ずる眼球の回転に基づいている」。

私はここで、代償的眼球運動を扱ったクラム・ブラウン(原註16)の二つの論文に言及しておかねばならない。

6

比較的緩慢な無意識的な代償的眼球運動（この逆向きの運動は何ら視覚的印象を留めない）こそが、頭を廻転しても客体がその位置を変じないようにみえること――これは方位決定にとって非常に重要なことだが――の原因である。ところで、凝視対象物を次々に変えながら、随意的に眼を頭ごと同じ向きに回転させると、随意的な神経興発によって自動的・不随意的な神経興発を過分に代償してしまうに違いない。この際には回転角全体が眼だけに負うている場合と同じ神経興発を必要とするであろう。このことによって、われわれがぐるぐる廻る時、なぜ視空間全体が連続体として現われて視野の集合体としては現われないのか、またこの際、視覚対象物はなぜ固定したままにみえるのか、ということも明らかになる。〈また、一見眼に対しては相対的に静止しているかの様に思える〉ぐるぐる廻っている身体が、なぜ視覚上動いて見えるのか、これも明らかである。

こうして、われわれは、固定した空間中でわれわれの身体が動くのだ、という実用的な価値に富む考えを懐くようになる。街なかや建物のなかで何度も廻ったり向きを変えたり、また車や船室のなかに閉じ込められて受動的に廻されたりしても、(たとえ暗闇のなかでさえ)、方位を失わないことの説明がつく。たしかに、出立した時の原座標はしらずしらずのうちに次第にぼけてしまう。そしてまもなくわれわれは眼前の客体を元にして新しい座標系を築き上げる。夜中に突然眼が醒めて、方角が判らず、とまどって窓や机を探すあの珍奇な定位障碍は、おそらく覚醒直前の運動性の夢に起因するのであろう。

回転運動以外の身体の運動に際しても身体を回転した場合と類似な事情がみられる。頭なり全身なりを側方に動かしても凝視している客体を見失いはしない。遠方にある客体は身体の運動と同一方向に、近くにある客体は逆方向に視差のずれを生ずるが、凝視している客体は静止したままに見える。通常の視差のずれは気付かれはするが混乱を惹き起こすことなく適正に解釈される。しかし、プラトーの金網を用いる単眼回転の場合には、方向および程度のうえで、異常な視差運動が直ちに注意を惹くのであって、客体の廻転が錯視される。(原註17)

7

自分の頭を廻すとき、頭の見える部分が廻ったのを見るだけではなく——このことは以上述べたことから直ちに理解できよう——頭が廻ったことを感じもする。これは、触覚の領域においても視覚の領域とまったく(原註18)類似の事情があることに基づく。客体を掴むと触覚が或る神経興発と複合する。客体を見る場合には触感覚に光感覚がとって代る。皮膚感覚は客体に触れなくとも常に見出されるものであるから、皮膚感覚に注意を向けさえすれば、それは代替する神経興発と複合して、——視覚的な経路で獲得された表象と完全に合致するところの、動いている身体の表象をも与える。

能動的運動の場合には、こうして、手短かにいえば、皮膚感覚が転位されるのである。受動的な身体運動の場合には、反射的に解発される無意識的な代償的神経興発と代償的運動とが生ずる。例えば右に廻ると、皮膚感覚は、かつて右廻転に際して客体の触知と結びついていた神経興発と複合する。私は自分が右に廻ったことを感じる。受動的に右に廻わされると、廻転を代償しようとする傾向が反射的に生ずる。私は実際にじっとしていてしかも静止していると感ずるか、左向きの廻転を抑制するか、そのいずれかである。しかしそのためには、能動的な右廻転にとって必要なのと同じ随意的な神経興発を要し、この結果また同じ感覚を生ずるのである。

8

私は運動感覚論を執筆した当時、全然気が付かなかったわけではないが、ここに述べた簡単な関係を見逃していた。その結果、一部はブロイエルによって、一部は私によって観察されていた現象の若干が、納得できないままになっていた。が、この現象は今や難なく説明できる。以下簡単にこれに触れておきたい。箱のなかにとじ込められた観察者の受動的右回転の場合、相対的回転を判断する拠りどころが全く欠けているにも拘らず、観察者の眼には箱が廻っているように見える。彼の眼が左方への不随意的代償運動をおこなえば、網膜像のずれを生じ、その結果右方への運動が見える。しかるに箱を凝視していると、不随意的運動を随意的に代償せねばならず、今また右方への運動が見えるのである。ここから、眼性眩暈の仮現運動に関するブロイエルの説明が正しいということ、および随意的な凝視によってはこの運動を消尽できないということがはっきりする。私が上述の論文中で言及しておいた眼性眩暈のその他の症例も同様にして片がつく。(原註19)

身体を動かす際、つまり、例えば前に進んだりぐるぐる廻ったりする場合、われわれは身体の各部分のその時々の位置を感得するだけでなく、前進運動や回転運動の、もっと単純な、感覚をも有する。実際、われわれは前進運動の表象を個々の下肢振動の表象から合成するのではない。少くともそうする必要はない。それどころか、前進運動の感覚がはっきり現前しているのに、下肢運動の感覚は全く欠けているような場合さえあるのである。例えば汽車旅行の際だとか、単に旅行を想い泛かべている場合ですら、そういったことが起こる。それとなく遠方を回想する場合などにもそうである。この種の事実に対する唯一可能な説明は、前進や回転の運動——これから四肢の運動性興奮が生じ、この興奮が特殊な神経興発によって更に変様されうるのであるが——をしようとする意志の性質が比較的単純だということである。ここには、たとえ一層複雑だとしても、ヘーリングが洞観している眼球運動の場合と似たような事情が存在する。この点についてはやがて立戻って論ずることにしよう。

耳迷路から興発される比較的単純な運動感覚が運動しようとする意志と緊密に聯関している。このように仮定しても大過あるまい。(原註20)この運動感覚は、リールによって要請された——といって悪ければ彼の探求している(原註21)——方向感覚にあたるかもしれない。盲人も目あきと同様、この運動感覚を有する。この運動感覚は、恐らく触空間の理解にとって重要な基礎をなすものである。

私は視覚ならびに運動感覚に関する一連の観察をかつて次のように総括しておいた。「視空間は恰度固定している第二の空間のなかで回転するかのようにみえる。尤も、第二の空間は全然見えはしないのであるが」。実際、運動感覚を元にして形成された空間の方が根源的な空間であるように思う。(原註22)

物理学的思考様式にとらわれて、私は前進加速度の感覚と角加速度の感覚とは全く類似の事情にあるものと考えがちであった。実際、この研究対象を取り扱う物理学者にとっては、物体の回転運動の三方程式と物体の前進運動の三方程式とが直ちに念頭にうかぶ。そのうえ、私は特殊エネルギーの原理に対応して、特別な頭位感覚を推定しても差支えないと信じていた。ブロイエルのその後の研究によって(原註23)、前進加速度の感覚は角加速度の感覚よりもはるかに早急に消失すること、そして、少くとも人間においては前者の器官が萎縮していることがほぼ確かになった。ブロイエルは、そのうえ、半規官Bのほかに、耳石器官O――これは半規官面に対応した滑走面を具えている――こそが前進加速度と位置とを同時に告知するということを見出した。三つの滑走面に向かう重力の三成分が頭の布置を特徴づけ〈それを報らせる契機とな〉る。布置の変化はこの成分を変え、同時に半規官を瞬間的に機能せしめる。前進加速度もこれらの成分を変えるが、半規官を必要としない。従って、ブロイエルによれば、三つの組合せ、すなわち、O単独、OとB、B単独、この三つでもってあらゆる場合を区別するのに充分だということになる。この見解が正しければ、右にみる通り、事態が著しく簡単になるであろう。

私が今日もし実験できる境遇にあれば、運動感覚そのものをもう一度根本的に研究してみるのだが、残念ながらこれは果たせない。現在の私は、角加速度の感覚と前進加速度の感覚との挙措が異るということは(原註24)、重大なことであると考える。回転加速度は、加速度が零になった後々までも、――漸減する、定量的に追究できる強度で――暫く持続する感覚を解発する。前進加速度は鉛直方向に加速された――落下または上昇の――場合に限って純粋に感覚される。加速度が消失すると感覚も速やかに消え去る。身体に対して一定の方向を保つ恒常的加速度を作り出す一番簡単な手段は、一様な回転運動である。一様な回転運動はやがて感じられなくなる。しかるに、恒常的遠心加速度もその方向に飛出すかのような錯覚を惹き起こさず、位置変化の感覚をよびさます。この感覚は遠心加速度が消失すると同時に自らも消失する。とすれば、恒常的前進加速度は刺戟としては作用しなくなるのであろうか、それとも刺戟が恒常的になると感覚がその性格を変ずるのであろうか？　もしそうだとすれば、これにあっては二つの要素を推定しなければなるまい。

　等速運動は感知されず、感知されるのは加速度だけである。運動感覚が対応するのは、前進速度の変化や角速度の変化の諸要素なのである。これらのうち少くとも後者は、その強度を漸減せしめつつ存続し、しかも前者と同様代数的に加算できるのであって、速度変化の総和に照応し、従って到達された速度Vに照応するところの感覚ρが、（普通には速度零の状態から）短時間内に生じた運動に対応づけられる。[原註25] ところで過ぎ去った視覚印象と触覚印象の総和はρ及び時間tと共に増大する。それゆえ、ρそれ自身はいうまでもなく空間的尺度概念と無関係であるにも拘らず、経験に教えられてρを速度として、$\rho \cdot t$を進んだ距離として概念的に解釈するとしても一向に不思議ではないのである。一八七五年当時まだ私の運動感覚論にとって躓きとなり、他の人びとにとっても躓きとなっていた[原註26]パラドックスの残渣がこれで解消するように思う。

9

　以下の実験と考察は――以前、報告したことがらに接続するものであるが、[原註27] この現象の正当な把握を促すであろう。橋の上に立って下を流れている水を眺めると、普通には自分は静止していて水の方が流れているように感じる。しかし、しばらくのあいだ水面を視つめていると、周知の通り、必ずといってよいくらい橋がわれわれ観察者とそ

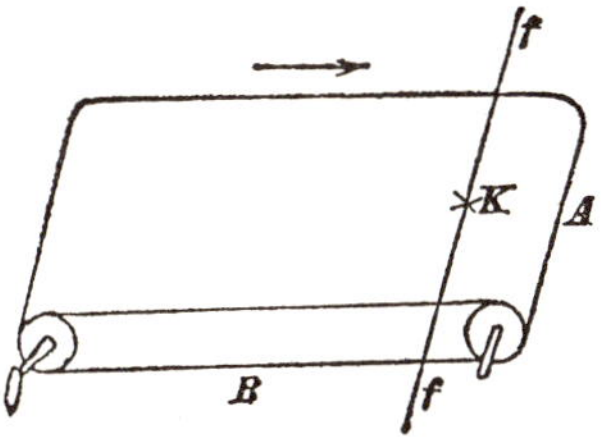

第18図

の周囲もろとも水に対してとつぜん動き出し、逆に水の方が静止しているかのように見えはじめる。(原註28)これら二つの場合、客体の相対運動は同じである。それゆえ、或る時には一方が動くように感ぜられ、或る時には他方が動くように感ぜられるのは何故か、これにはしかるべき生理学的根拠がある筈である。これを研究する便を図って、私は第18図にみられるような簡単な装置を作ってみた。長さ二メートルのローラーを三メートル隔てて固定し、それの上に簡単な紋様を描いたレザーの毛氈を張り、クランクで等速に動かす。毛氈の上約三十センチの高さに絲ffが張ってある。この絲にはAの側に立っている観察者の眼に対して静止点として役立つように、結び目Kをつけてある。観察者が矢印の方向に動いている毛氈の紋様を目で追っている時には、毛氈が動いていて自分とその周囲とは静止しているように見える。ところが、結び目を凝視すると、即座に、観察者は自分が部屋ごと矢印とは反対の方向に動き出し、毛氈が静止しているかのように感ずる。この光景の交替は、その時の気分如何で所要時間に長短はあるが、普通数秒で起こる。一旦秘訣が判ってしまうと、かなり速やかにしかも随意にこれら二つの印象を交替できるようになる。毛氈を目で追っていると観察者が止っているようにみえ、Kを凝視するか或は毛氈を見ないようにすれば——このとき紋様は朦朧となる——観察者の方が動きはじめるのである。上記の諸条件のもとでおこなったこの実験の結果に関して、尊敬措く能わざる二人の研究者が私に対して不同意を表明しておられる。その一人はウィリアム・ジェームズ(原註29)であり、もう一人はクラム・ブラウン(原註30)である。私は繰返し実験して恒に同一の結果を得ている。私は目下実験できるような境遇にないので、あらためて吟味してみることは断念せざるをえない。(因みにこの吟味のためにはブラウンが記載している残像法が推奨に値すると思う)。実験〈結果〉の理論的解釈をめぐる見解の相違については、ここではとりあえず不問に附しておこう。

10

この現象は、絮言するまでもなく、有名なプラトー・オッペル氏現象とは全く別種のものである。後者は局所網膜現象である。上述の実験においては、明視されている周囲全体が動く。これに反して、プラトー・オッペル氏現象にあっては可動被膜が静止している客体の上を動く。なお、副次的に現われる立体鏡的現象――例えば結び目つきの絲が宛かも透明な毛氈の下に張ってあるかのように見えるといった現象――はここでは問題とするに及ばない。プラトー・オッペル氏現象の根柢には、他の運動感覚とは無縁な、或る特別な過程があるということを私は『運動感覚論綱要』の六三頁で確証しておいた。曰く。「網膜像の運動に伴って静止時には存在しない或る特別な過程が興発される。そして拮抗的運動の場合には、類似の器官中に類似の過程が興発され、この過程は、一方が現われれば他方が消失し、一方が消失すれば他方が現われるという具合に、互いに打消しあう。われわれとしてはこのように考えざるをえない」。S・エクスネルやフィーヤオルトは――その後、この同じ問題に関して類似の見解を表明しているのだが――これを看過しているように見受けられる。

11

実験（第18図）の解明に取掛かる前に、この実験を変形しておきたい。〈第18図において〉Bの側に立っている観察者は、上記の諸条件のもとでは、自分の周囲もろとも左の方向に飛んでいるように感ずる。次に、毛氈の上方に水平面に対して四十五度傾けて鏡SSをとりつける。（第19図）。鼻の上に被布nnをつけて、直接にはTTが眼Oに見えな

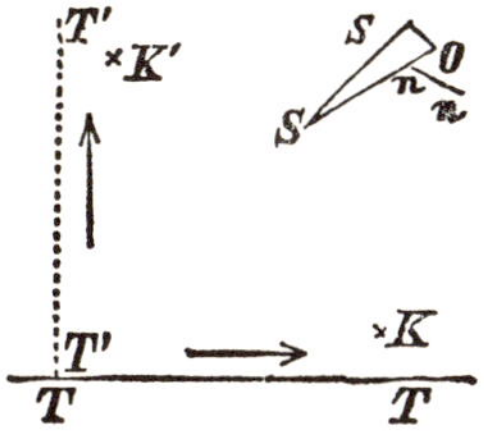

第19図

いようにしておいてから、鏡SSを介して鏡像T'T'を観察する。Kの鏡像K'を凝視しながらTTを矢印の方向に動かしてみると、われわれは部屋ごと沈下していくように感じ、TTが逆向きに動く時には気球にでも乗って上昇しているかのように感ずる。(原註31) 最後に、『綱要』に書いておいた煉煙紙筒を用いた実験(原註32)も同種のものであって、これにも次の立論が適用できる。これら諸現象はいずれも純粋に視覚的な現象ではなく、全身の・打消しがたい運動感覚を伴っている。

12

以上述べてきた諸事実を最も簡単な仕方で記述するためには、われわれは一体どのように考えを整理すべきであろうか？ 周知の通り、動体は眼に対して特別な運動刺戟を及ぼし、注意を惹きつけ、注視運動を惹き起こす。客体を実際に目で追うと、客体が動くようにみえる。われわれは以上述べて来たすべての点から推してこう想定しなければならない。客体が動いていても暫く眼をじっと静止したままにしておくと、この客体から発せられる恒常的な運動刺戟は、眼の運動装置に流入する恒常的な神経興発流によって代償されるので、宛かも静止している凝視点の方が、客体と反対方向にそれと同じ速さで動いているかのようにみえ、あたかもこの凝視点を目で追っているかのように感じるのである。しかるに、このような事態が現出すると、凝視されている不動体のすべてが動いているようにみえる。この神経興発流は随意的凝視が発現するのと同じ中枢から発出し同じ経路を辿りさえすれば、必ずしも意識された意図によって導かれる必要はない。

上述の諸現象を観察するためには何ら特別な手立てを必要としない。寧ろわれわれは常にこの種の現象にとりまかれているのである。一寸意志を働らかせて前進したとしよう。足は動くが別段それに気付かない。眼は、目標に固定されていて、足を踏み出すごとに網膜像が動くからといって別段ふらつきはしない。これら一切が単一の意志行為によって招来されるのである。この意志行為そのものが前進運動の感覚なのである。一群の動いている客体から来る刺戟に眼を一定時間抗らわせておくと、これと同じ過程、或は少くともその一部分が、きっと現出する筈である。こういう次第で、先に述べた実験における運動感覚が生ずるのである。

汽車に乗っている子供を観察すると、子供の眼は殆んど断え間なく搐搦的に動いていて車外の客体を追っている。子供の眼には車外のものが走っているように見える。大人でも気張らずに印象に身を委ねている場合には、同様な感覚を持つ。車に乗って進んでいる時には、自明の理由からして、左手の空間全体が遠くにある鉛直軸のまわりを時計の針の向きに廻り、右手の空間は逆向に廻わる。客体を追おうとする傾動に抗らう時はじめて前進運動の感覚が現出する。

13

周知の通り、運動感覚に関する私の見解は、重ね重ね論難を被った。その際論駁の鉾先はいつでもきまって、私自身は何ら特別な価値を認めていない件の仮説に向けられている。私は明らかになった諸事実に則って自説を修正するに吝かではない。まさしく本書がその一証左となろう。どこまで私が正しかったかの裁量は安んじて未来に委ねよう。が他方、私やブロイエルやブラウンの見解にとって有利な観察事実がその後いろいろと明らかになっていること、これは銘記しておきたいのである。このような観察事実としてまず第一に挙げられるのは、アムステルダムのホイ博士によって蒐集された経験〔事実〕である。〔「メニエール氏眩暈について」。一八七二年アムステルダムにおける医科学会定例国際会議耳科部での報告)。ホイは中耳疾患者の、鼓室内に空気を吹込む際に生ずる頭の反射的回転を観察し、また、流体を注入する際に感じられる回転の方向と回数とを正確に報告できる一患者を見付けた。クラム・ブラウン教授は「不消化性眩暈の一症例」(一八八一〜二年、エジンバラ王立協会会報)において、御自身で診察された病的眩暈の興味ある一症例を記載しておられる。この眩暈は、総括的にいえば、回転後に生ずる感覚の強度と持続——回転数がふえるに従って強度が大になり持続時間が長くなる如き——によって説明できる。ところで最も注目すべきものは、ウィリアム・ジェームズの観察である。(「聾唖者の眩暈感」、『米国耳科雑誌』、第四巻、一八八二、十月)。ジェームズは、聾唖者は回転眩暈に対して著しく鈍感であること、聾唖者は目を閉じて歩くときしばしば歩行がきわめて不安定であること、水中に潜るとき多くの場合意外なほど定位障碍がみられること、この際上下に関する不安とまったくの不安定が現われること、を発見した。これらの観察事実は次のことを雄弁に物語っている。すなわち、私の見解からすれば当然予期される通り、聾唖者にあっては本来の平衡感覚が非常に退化しており、それだけに益々、視覚および筋肉感覚という他の二つの方向定位感覚が必要になってくるのである。(因みに、筋肉感覚は水中に潜ると体重が失われるので拠りどころが全然なくなってしまう)。

われわれが平衡や運動を知るのは専ら半規官だけによってであるという見解は維持され難い。それどころか、半規官に相当する器官が全く欠けている下等動物でさえも、運動感覚をもっているということは先ずもって確かである。私は今までこの方面の実験を試みることができなかったが、ルボックがその著『蟻、蜂、胡蜂』(一八八五、二二〇頁)で報告している実験は、運動感覚を仮定すると私にはずっと理解しやすくなる。この種の実験に興味をもたれる方々も或いは在るかもしれないので、私が以前簡略に記載しておいた装置について此処で言及しておくのもあながち無駄ではあるまい。(ウィーンアカデミー会報、一八七六年、十二月三十日、参照)。その後これと同巧の装置がゴヴイヤエーヴァルトによって作製された。これらは後に「チクロスタート」と呼ばれるようになった。(補遺十一参照)。

この装置は、早い速度で回転している際の、動物の挙動を観察するのに役立つ。回転によって像がぼけるので、動物の能動的な運動だけを続けて観察できるよう、受動的な回転は視覚上消去しなければならない。〈先ず原理だけを記しておけば〉、反射三稜鏡を回転盤の上方にとりつけ、歯車を使ってこの反射鏡が回転盤と同じ方向に半分の角速度で回るようにする。こうすることによって、回転は視覚上簡単に消去できる。

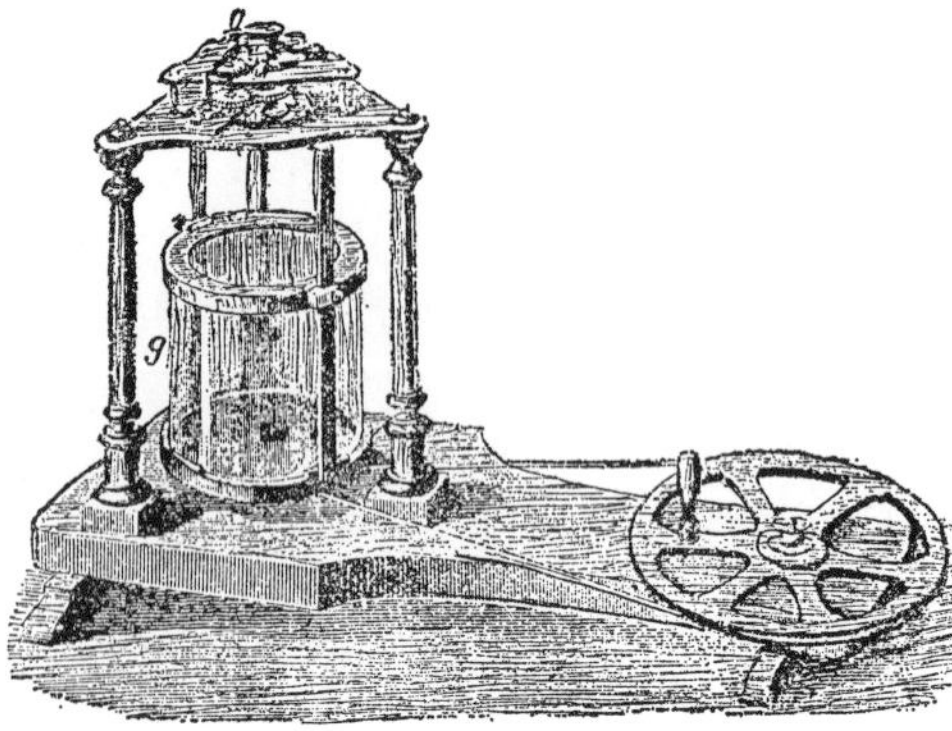

第20図

第20図は装置の外観である。回転器の盤上にガラス容器gがあり、このなかに観察すべき動物をとじ込める。歯車を使って、接眼鏡oはgと同じ方向に半分の角速度で回るようにする。第21図は特に歯車を描いたものである。接眼鏡OOと容器ggとは、噛合った一対の歯車がBBのまわりを廻るにつれて、軸AAのまわりを廻る。ggに固定されている歯車の半径aaをrとすれば、bb、cc、ddの半径はそれぞれ、r、$\frac{2}{3}r$、$\frac{4}{3}r$である。これによってOOとggとの間の必要な速度比が得られる。

装置のピントを合わせるために、調節ネジ付きの鏡Sを容器の底に置き、回転させた際鏡に映る像が静止するように調整する。こうすると反射鏡は装置の回転軸に対して直角になっている。小孔Lの空いた第二の小さな鏡S′を像が映る面を下にして中空の接眼筒に備えつけ、孔を通してみえる・Sに映る・S′の鏡像が回転時に静止したままにみえるようにする。そうするとS′は接眼筒軸に対して直角になっている。

そこで、二三度やっているうちに容易に成功することだが、回転させても位置を変えないような点Pを絵筆を使って鏡S上に描き、また反射鏡S′の孔がこれまた回転させても位置を変じないようにする。このようにして両回転軸の中心点が得られる。ここでネジを廻して、S上の点PとSに映ずるLの鏡像とが（厳密にいえばPおよびSの沢山の像同志が）、S′の孔を通して重なってみえるように接眼鏡を調整する。そうすると両軸は単に平行ではなく、全く合致する。

最も簡単な様式では、接眼鏡として面が回転軸を含むような平面鏡を使用することもできよう。実際私は最初の試作品ではそうしてみた。しかし、これでは視野の半分が失われてしまう。それゆえ、全反射プリズム鏡の方がずっと好都合である。第22図のABCは全反射接眼プリズム鏡の、斜面および底面に垂直な断面を表わしている。この断面は同時に、ABと平行な回転軸ONPQをも含んでいる。軸の方向QPを進む光線はプリズムにおける屈折と反射の結果、再び軸の方向NOを進み、軸上におかれた眼Oに入る筈である。これらの諸条件が充たされると、回転しても軸の中心点は振れず、装置のピントが合うという次第である。今問題の光線は、入射角（訳註3）四十五度でクラウンガラスに当るのであるから、約十六度四十分でABの中点Mに投射する。従って、OPは軸からABの長さの約一割一分五厘隔っていなければならない。この比率はgg内の客体が回転時に動揺しなくなるよう接眼プリズムを調整することによって、非常にうまく経験的に確定される。

第22図は、同時に、Oにある眼の視野をも表わしている。ACに垂直に入射する光線OAは、ABで反射されて、ACの方向にSに向かう。しかるに光線ORはBに当たりこれを突きぬけてTの方向に向かう。

私がこれまで実験して来たところでは、此の装置はあらゆる点で充分である。印刷した紙をggに差込んで、像がみえなくなる位早く回転させても、接眼鏡を通して見ると文字がきれいに読める。反映による顛倒は、回転する接

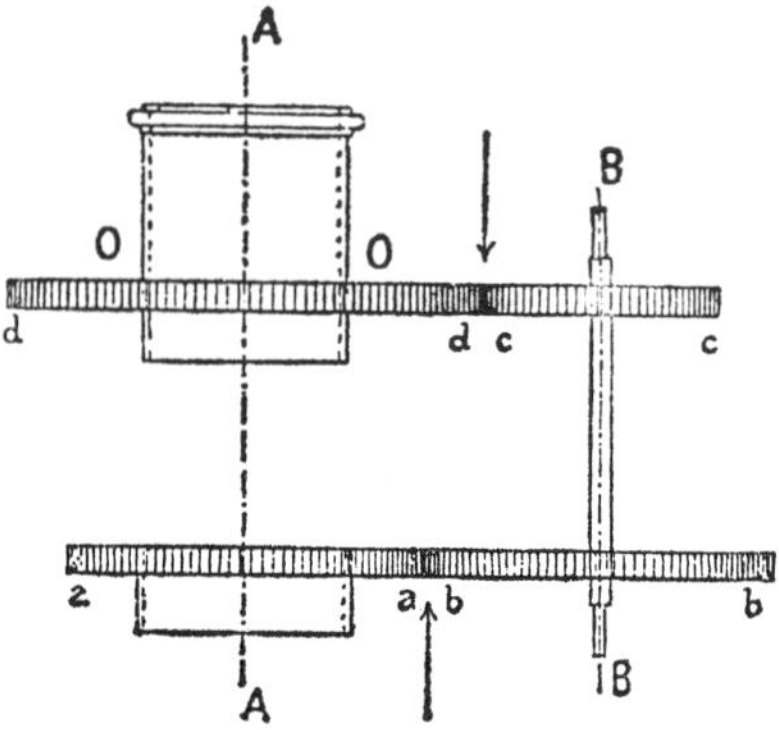

第21図

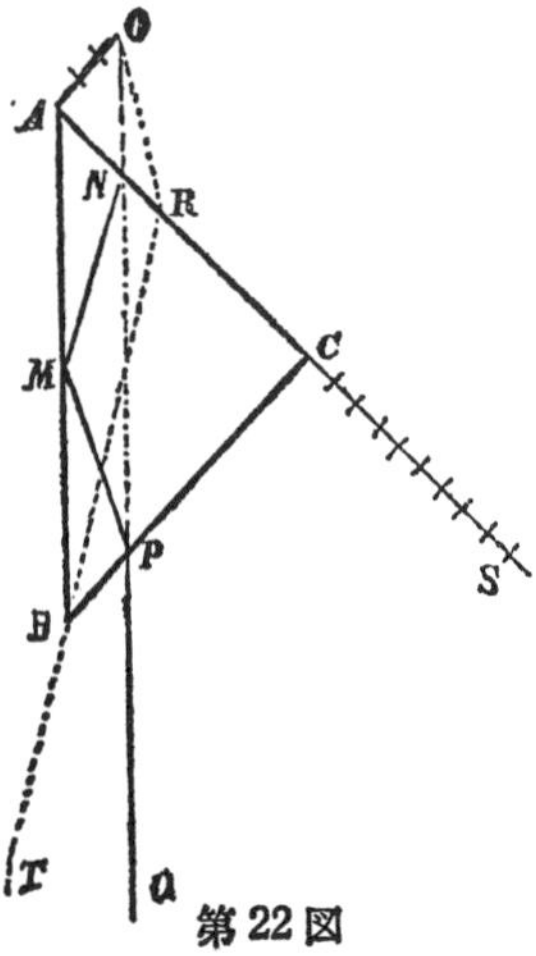

第22図

眼プリズム鏡の上に第二の反射プリズム鏡をとりつければ除去できる。しかしこういう面倒は必要ないと思う。

幾つかの物理学的実験を別にすれば、私はこれまで、専ら色色な小脊椎動物（鳥、魚）を用いて回転実験をやってきた。そして、『運動感覚論綱要』で述べた事実が一から十まで確証されることを見出した。が、昆虫やその他特に下等動物（海棲動物）で同様な実験をおこなってみることが望ましい。

その後、教唆に富むこの類の実験がシェーファー（自然科学週報、第二五号、一八九一年）、ロエプ（『動物の趨日性』、一八九〇、一一七頁）、などの手で実行された。方向感覚について当面語ろうと思えば語りうる爾余の事柄は、拙稿「方位感覚について」（ウィーン自然科学知識普及会誌、一八九七、および、『通俗科学講義』三版、一九〇三）に記してある。が、とりわけ耳石器に関するブロイエルの研究、ポーラックとクライドルによる聾唖者の実験、クライドルの甲殻類の実験、何は措いても、エーヴァルトの原論的著作『第八神経の終末器官について』（一八九二）は挙げておきたい。ナーゲルの『人体生理学便覧』第三巻（一九〇五）には、「位置感覚、運動感覚、抵抗感覚」論の周到な叙述がみられる。ところで、ここ数年来、私はこの方面での実験の業績を詳しく調べることが出来ない状況にあるので、ヨーゼフ・ポーラック教授を煩わせて、本書の読者が興味を抱かれるであろう如き業績を、輓近の諸労作から摘録していただくことにした。次節以下第十九節までは、このお願いに応えて、教授がお寄せ下すったものである。

14

ここ十年間におこなわれた耳迷路（蝸牛殻、半規官、耳石器）に関する形態学的、比較・実験生理学的研究は、殆んど例外なくマッハ・ブロイエルの仮説にとって有利な証言になっている。

聴覚器官としてみなされるべきものはもっぱら蝸牛殻だけであること、また、前庭器は何ら聴覚機能を有しないということは今日では確証されたものと見なしうる。この点に関する完璧な証明をビール[原註33]が遂行した。彼は、羊に、蝸牛殻神経を痛めないようにして聴神経幹の前庭神経枝を頭蓋内で切断する手術を施した。この羊は平衡障碍は来たすが聴覚は保持するということの観察に彼は成功したのである。

半規官を以って頭（および、間接に身体）の回転を知覚する感覚器官だとみる迷路の平衡機能論の部分も——とりわけ、この仮説が壷腹部の有毛細胞に関する解剖学的研究に基づいてブロイエルによってかなり重要な修正[原註34]を受けて以降——確固たる基礎づけを与えられるに至っており、殆んど異論を挿む余地がない。

ここに謂う仮説は次の如くである。

「一様な速度で持続する回転は、たとえ非常に速くとも、感知されない。しかし、初めと終り、つまり、回転の加速と減速とは感知される。壷腹部に働らきかけるのは持続的な角速度ではなく専ら正負の角加速度なのである。この角加速度が内淋巴輪およびコルチー氏器蓋膜の瞬間的な移動をひきおこす。（コルチー氏器蓋膜は有毛細胞を一定の姿態に保つ固い塊りである)。これに伴って、有毛細胞の緊張と当該櫛の一側の神経終末装置の興奮がひきおこされる。これらは、それが持続する限り回転の感覚を解発し、回転の停止に際して負の加速度によって反衝をうけるまでは、或いは、緊張状態にもたらされた組織体制の弾性が効果を漸減しつつ再び正常状態に復するまでは、回転の感覚が持続するのである。[原註35]」(ブロイエル)。

尚、半規官系統は、他の感覚器官と同様、単に感覚のみならず反射をも解発するという性質を具えている。(ブロイエル、デラーゲ、ナーゲル)。反応器官として第一に挙げらるべきは、身体の回転に当って眼に回転を与える眼筋である。

15

前進的加速運動は、しかし、半規官内の淋巴液に何ら影響を及ぼすことができないということ、この加速度を覚知し頭の位置を感知する特別な器官が迷路内に存在する筈だということをマッハはすでに以前から暗示的に語っていた。

ブロイエルは、この機能が耳石装置に帰属すること——少くともそうであるらしいということ——を示すことに成功した。彼は、耳石はその重みによってその下にある有毛細胞に或る一定の圧力を及ぼすものと想定した。頭を傾ける毎に、小嚢の布置が変じ、それによって感覚上皮の布置が変ずる筈である。ブロイエルは、頭の位置の変化に応じてその都度、耳石の「滑走方向」が占める布置を確定してみせ、そのことによって、両小嚢の協働をまってはじめて頭の布置について一義的な告知が可能となることを示した。「各頭位に対して、四つの聴班内の耳石の重力の大きさの、唯一特定の組合わせが対応している。耳石の重力が感知されるものと想定すれば、この感知の或る特定の組合せによって各々の頭位が特徴づけられる」。直線方向に加速度が加わると耳石塊はその慣性のため運動衝撃によって反対方向に相対加速度を生ぜしめられる。この相対加速度が相殺的な感覚刺戟をもたらすのである。

仮説のこの部分は発見的原理として大いに実を挙げて来た。それは耳石しか具えていない下等動物の研究の基礎となるに至っており、高等動物の場合にも諸機能を個々別々にとり出して実験的に検討する途を拓いたからである。

近年下等動物に関して種々の事実が発見されたが、そのうち重要なものだけを二三挙げておこう。耳石除去の結果として生ずる現象、回転時における動物の行動や代償運動が研究された。特に興味深いのは、プレンティス[原註36]の実験である。彼は先ずクライドルの有名な実験を反復した。すなわち、殻を脱ぎつつある甲殻類に「鉄製の」耳石を挿入して、磁石に対するそれの振舞いが理論上予期される通りであることを確証した。しかのみならず、彼は幸運にも、脱皮後には耳石造出の能力を喪失するウミザリガニの游泳幼生について観察し、耳石を切除した手長エビにおけると同じ現象がみられること、つまり、それは〈左右の平衡を失って〉くるくるまわり、腹を上にして泳ぎ、正常な幼生に較べて容易に背を下にできること、盲目にされると平衡の喪失はもっと著しくなることなどを確かめることができた。プレンティスは、もともと平衡胞を欠いている甲殻類の一種（Virbius zostericula）の行動に関しても次のように記している。「この動物は自由游泳型ではなく、重力に関わりのない姿勢で、草にへばりついている。無理矢理泳がせると、甚だ心もとない流儀で泳ぐが、大抵は背を上にしている。手をくだせば容易に仰向けにできる。この姿勢から極くゆっくりとしか、正常な姿勢にもどることができない。その心もとない泳ぎ方は、耳石嚢に破損手術を施した他種の甲殻類を髣髴たらしめる。油煙で眼かくしすると、游泳する際の定位が一切失われてしまう」。

プレンティスの実験は、K・L・シェーファー[原註37]のそれを髣髴たらしめる。彼はおたまじゃくしの回転実験を試み、回転眩暈が初めて現われる時期は、半規官が完成される時点と一致することを発見した。

(原註38)アッハによる蛙の研究は重要である。彼は、耳石が左右交錯した側の眼瞼反射と結びついていることを発見し、耳石を切除した蛙においては、水平方向の急激な運動に際しても鉛直方向のそれに際しても眼瞼反射が消失するという事実から推して、耳石は空間内における身体の直線的移動を感覚する器官として役立っている筈だという結論を下した。

16

他方、頭の布置が継続的に変化する際の眼球の輪転や、回転に際しての、或いはまた、ガルヴァニー電流を頭に側頭経に通じた際の眼球の震盪運動などは、旧くから知られており、充分分析されている。典型的な頭の運動や——引続き頭を回転させたりガルヴァニー電流を頭に通じたりした際に、一定の時間間隔で規則的に反復〔再現〕し、瞼を閉じていても容易に感ぜられる——搐搦的眼運動は眩暈の確実にして客観的な徴表である。

耳迷路のない動物では、眼球震盪も頭震盪も全然生じない。このことは、エーヴァルトが鳩を用いて示し、ブロイエルが第八神経を両側とも切断した猫を用いて示した通りである。ブロイエルとクライドルとは、メリーゴーラウンドに乗ったり汽車に乗って曲率の大きいカーヴを相当なスピードで通過する際に生ずる視覚上の鉛直線の歪みは、実際に生ずる眼球輪転に基づいていることを証明した。さらにはまた、われわれは以下の証明をブロイエル(前掲引用個所)に負うている。すなわち、個々の壺腹部は、単独にすら、ガルヴァニー電流によって刺戟されうる。この時には、当該導水管を含む平面内における、頭部運動が解発される。他方、汎発性刺戟の結果として生ずるのが、ブロイエルの謂う向電流性反応、つまり陽極の方に頭が傾く反応である。

以上を前置きとして、ジェームズ(原註39)、クライドル(原註40)、ポーラック(原註41)、が聾唖者において観察した諸現象——回転眩暈ならびにガルヴァニー電流を通じた際の眩暈に伴って生ずる現象——はマッハ・ブロイエル説によって難なく説明できる。ミギント(原註42)によれば、聾唖者を剖検した百十八例中、五十六パーセントには前庭器の病変がみられた。クライドルが検診した聾唖者のうち、五十ないし五十八パーセントは回転眩暈を全然感じなかった。その二十一パーセントは——クライドルがマッハの実験と同一の条件を保って回転運動実験を試みたところ——正常人にとっては不可避な鉛直線の捻視という錯覚に陥らなかった。彼等は例外なく、回転時に、何ら眼の反射運動を示さなかった。後者のパーセンテージが相対的に低いという事情は、半規官の方が前庭器よりも罹患率が高いというミギントの統計の示す事実によって説明できる。

ポーラックは、彼が検診した聾唖者の三十パーセントがガルヴァニー電流による眩暈を感じないということ、および、聾唖者のうちには回転盤やメリーゴーラウンドに乗せても何ら眼運動を生ぜず、鉛直線に関する錯覚を生じないものも存在するが、この種の聾唖者は大概ガルヴァニー電流性眩暈特有のかの徴候をも示さぬという事実を発見した。この事実は、シュトレール、クライドル、アレキサンダー、ハムマーシュラークの一歩前進した研究によって確証された。彼等は、その上、聾唖者を生来の聾唖者と後天聾によるものとに分かつとき、前者の圧倒的大多数(すなわち、クライドルとアレキサンダーによれば八十四パーセント、ハムマーシュラークによれば九十五パーセント)が正常なガルヴァニー反応を示すこと、しかるに後者では、ガルヴァニー電流に対して正常な反応を示す者は僅々二十九パーセントにすぎないということを発見した。

先天性(すなわち遺伝的に変質せる)聾唖者は、この点で、日本産舞踊ネズミ〔こまネズミ〕と同様な挙措を示す。その生理学的挙措は、クライドルおよびアレキサンダー(原註43)の示した通り、解剖学的構造によって説明される。

全然耳の聞こえないこの動物は、がに股でびっこをひきながら歩く。一見したところでは、このネズミは平衡能力を具えているかのようにみえるが、狭い通路を歩かせてみると、平衡能力に非常な欠陥のあることが一目瞭然となる。このネズミは、回転眩暈は感じないが、その頭にガルヴァニー電流を通すと、普通の動物と同様な挙動を示す。解剖学的研究の結果次のことが明らかになっている。すなわち、蝸牛殻神経乳頭の破壊、第八神経下枝の高度の稀薄、蝸牛殻螺旋神経節の高度の消失、球状嚢斑の破壊、第八神経上中枝の枝部及び根部の中等度の稀薄、両前庭神経節の中等度の縮小。

17

最近の比較生理学的研究のうち、ドライフス(原註44)の実験が注目に値するように思われる。彼は正常なモルモットと耳迷路のない(つまり片側または両側とも手術を施した)モルモットとを回転盤にのせ、その挙動を観察した。彼はその際、特に眼球および頭の代償運動を研究した。彼は、手術を施したモルモットの挙動と正常なモルモットの挙動との――回転時における――瞠目すべき差異を確かめた。耳迷路を両方とも手術したモルモットは、回転の際その場にじっとしており、脊椎軸の移動、頭震盪、眼球震盪を全然示さない。斯様なモルモットには回転が意識されないのである。このことは以下の如きドライフスの食餌実験によって証明される。四匹のモルモット――一匹は正常、一匹は右側の耳迷路だけに手術を施し、一匹は左側だけ、残る一匹は両側とも手術を施してある――を回転盤に乗せ、全部が食べ始めるのを待つ。正常なモルモットは回転時には食餌をやめる。右側を手術したモルモットは右廻りの時には食べ続けるが、左廻りの時にはやめる。左側を手術したモルモットは左廻りの時には食べ続けるが右廻りの時にはやめる。耳迷路が両方ともないモルモットはどちらに廻わしても食べつづける。ブロイエルとクライドルとは、正常な猫と聴神経を切断した猫とを比較実験して、同様な結果を得ている。

18

形態学的に、しかも目的論的な見地から考察するとき、生まれつき聴覚器官に欠陥のある動物、モグラ（学名 Talpa europaea）や盲目ネズミ（学名 Spalax typhlus）の平衡器官や、聴覚器官に関するアレキサンダーの論文（原註45）は興味深い。

周知の通り、下等動物に較べて、高等動物や人間においては前庭装置の発達が不完全である。空中或いは水中で運動できる凡ゆる動物は、三つの耳石を具えた神経末端部を有する。これに反して、高等哺乳動物には、それが二つしかない。後者に関してはマッハやブロイエルも繰返し次のように強調して来た。「耳迷路だけが〈単独で〉平衡保持に必要な感覚を供するのだとは考えていない。平衡を保持するには、耳迷路は視覚と協働し、圧覚や筋覚とも協働しているのだと考えている。次のことは、かつて否定したことがないどころか、全く確実である。耳迷路感覚の欠如や喪失は、他の感官知覚、（視覚、圧覚、筋覚）によって大いに補完されるのであって、――就中、エーヴァルトが示した通り――歩行とか起立とかいった比較的大雑把な平衡を保持する機能は、耳迷路機能を喪失したり生来欠陥があったりしても、充分発揮されるのである。手術を施した動物におけると同様、しかるべき根拠から半規官系に損傷ありと見做される聾唖者においても、是が見られる。」（ブロイエル）。現に、ジェームズやクライルは、眩暈を感じないような聾唖者は、一寸デリケートな平衡課題をやらせてみると甚だ稚拙であることを明らかにしている。

ところで、モグラは地上を歩くこともあるが、大抵は地中を動き廻るのであり、さなきだに、ほぼ完全に視覚による定位を欠いている。アレキサンダーによれば、上段に述べた聾の場合とは反対に、モグラにおいては定位機能が卓抜な平衡機能によって大いに代償されている。モグラにおいては、神経終末細胞が異常に大きいこと、若干の感覚細胞が相対的に増加していること、とりわけ、他の哺乳動物にはなく、鳥や爬虫類を除けば、或る下等哺乳動物（針もぐら）にしかみられない看過班が下楕円嚢窩内に存在すること、これら解剖学的事実によって、上述のことが表白されている。

針もぐらは、その平衡神経終末細胞の構造に徴して、従来知られていなかった哺乳類から鳥類への過渡を示している。これを証明したことはアレキサンダーの一功績である。針もぐらは、コルチー氏器官――その組織学的構造は哺乳類のそれと合致している――を有する。しかるに、その他の神経終末細胞部位の個数では、鳥類の耳迷路と一致している。すなわち、それは三つの班状神経末端部（楕円状嚢班、球状嚢班、盲嚢班）のほかに、一つのレッツ氏看過班をもっている。

19

これら諸研究の成果を――といっても以上ではほんの一部だけを選び出したにすぎないのだが――次のように要約できよう。視野を保持すべく頭の運動を代償するあらゆる眼球運動（これは眼を閉じていても、また盲人によっても遂行される）。多くの聾啞者にあってはこれが欠けていること。持続的回転に際して生ずる眼球震盪。遠心力によって身体内部の質量加速度が変ずると眼球が輪転すること。回転眩暈とその法則。多くの聾啞者にはこれが欠如していること。最後に、ガルヴァニー電流を通じた際の眩暈（これは人間においても、動物におけると同様である）。これらの点から、よしんば多くの問題が未解決のままであることは否めないにしても、マッハ・ブロイエル理論に対する充分な確証が得られる。この理論は、ともかく他の仮説（エーヴァルト、チオン）に対して次の長所をもっている。すなわち、マッハ・ブロイエル理論を採って、適応刺戟に応ずる特殊な素因は壺腹部と耳石器だと考えた方が、――他のいかなる感覚器官をそれだと見做す場合よりも――一番簡明に理解できるということ、ならびに、耳迷路内の両感覚器官は特殊エネルギーの原理にもうまく適合するということ（ナーゲル）である。何はともあれ運動感覚は徹頭徹尾固有な感覚領域であることが明らかになった。

20

ポーラック教授の御高論は以上である。

以上の紹介にあった諸々の観察は、私が『運動感覚論綱要』に記載しておいた諸事実を枉げることなく、それの把え方を以下のように修正しうる可能性を示唆している。その大綱を綴ってみよう。頭のなかに或る器官があって、――これを終末器官（EO）と呼ぶことにしたいのだが――それが加速度に反応し、それの媒介によって運動が識られるのだということは、旧説通り、ほぼ確かである。私自身には、運動感覚が存在し、しかもそれが感官感覚であることは疑うべくもないように思われる。件の実験を自分で実際に繰返した人が運動感覚を否定できようなどとはおよそ考えられない。しかし、終末器官が特別な運動感覚を興発すると考える代りに――すなわち、感覚器官から感覚が出立するのと同じ具合に、この終末器官から特別な運動感覚が出立すると考える代りに――この終末器官は単に反射的に神経興発を解発するだけだ、と想定することも出来よう。神経興発は、随意的かつ意識的であることも、不随意的かつ無意識的であることもありうる。これら二種類の神経興発がそこから出立する器官をそれぞれWIとUIとで表わすことにしよう。両神経興発は、動眼器（OM）及び移動器（LM）に移行できる。

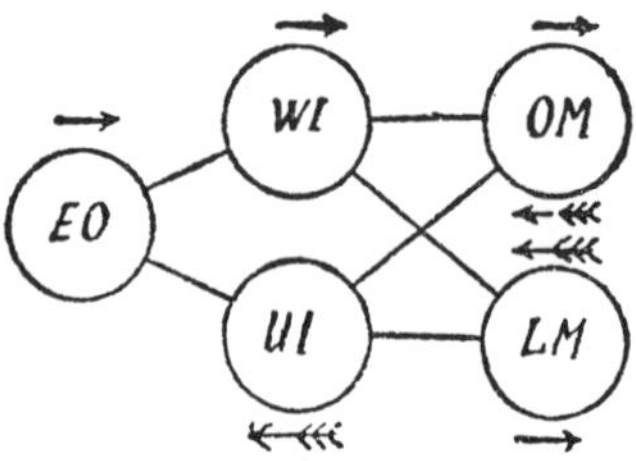

第23図

さて、第23図を御覧願いたい。われわれは羽根のない矢の方向に、随意的な——それゆえWIから発する——能動的な運動を導入する。この運動は羽根のない矢の方向に伝ってOMとLMに到る。これに対応する神経興発は、われわれはその前件なり後件なりを直接的に感覚する。それゆえ、これとは別の特別な運動感覚はこの場合不必要であろう。ところで、羽根のない矢の方向の運動が受動的な（不意に襲う）運動である場合には、通例EOからUIへと反射運動が発出し、この反射が羽根つきの矢で示されている代償運動を喚起する。WIの参与なしに代償が成就される場合には、運動も、運動感覚の必要もない。しかるに、WIからの代償運動が（意図的に）抑制される場合には、能動的な運動の際に必要なのと同じ神経興発が必要となるのであって、この神経興発が能動運動の場合と同じ運動感覚を生みだすのである。

終末器官EOは、与えられた運動刺戟が、WIとUIとに拮抗的な神経興発を併発するような仕方で、WI、UIと整調されている。しかし、EOのWIとUIに対する関係に関して、次のような差異をも注意しておかねばならない。導入される運動が受動的なものであれ能動的なものであれ、EOにとっては、運動刺戟は無論同じものである。能動的運動の場合にも、随意的な神経興発と共にWIからEOまたはUIに向って抑制作用が同時に出立するのでなければ、WIから出立した神経興発は、EOおよびUIによって結局止められてしまうであろう。EOがWIに及ぼす影響はUIに及ぼす影響に比べてはるかに微弱だとみなすべきである。WI、UI、EO、を三匹の動物になぞらえて、WIは専ら攻撃運動をおこない、UIは専ら防禦または逃走の運動をおこない、EOは見張番の役を務めるように分業しているものと考え、ここで今度は三者が一体となって新しい一生体を成しており、その際WIが支配的な地位を占めているものと考えれば、これは上述の関係に照応するイメージを与えるであろう。色々な点から推して高等動物をこういう具合にとらえてもよさそうである(原註46)。

私は決して右の立言でもって完全な、どの側面からみても剴切な像が与えられたと云うつもりはない。寧ろ私は自分の論述の欠陥を自覚している心算である。しかし、先に展開した根本原則（五五頁）に見合う努力、つまり、視覚および触覚の領域において――場所の移動の際や、場所の移動を想起したり、遠方を想い遣っただけでも影のように立現われる――一切の空間感覚と運動感覚とを単一の感覚質に還元しようとする試みが正当であることは明らかになったかと思う。この感覚質が、空間的場所や空間的運動に関係する限りでの意志であるという想定、或いは〈この感覚質が〉神経興発〈であるという想定〉は、断じて将来の研究を予断するものではなく、今までにすでに知られている諸事実を祖述するものにすぎないのである(原註47)。

21

対称と相似とに関する前章での説明から、われわれは直ちに以下の結論をひきだすことができる。眼の運動性装置の対称関係に鑑みて、そもそもの初めからほぼ予期されることであるが、目に見える直線の同じ方向には同種の神経興発が、正中面に関して対称な直線には非常によく似た神経興発が対応しており、上方の注視と下方の注視、遠方視と近傍視とにはそれぞれ甚だ異った神経興発が対応している。これだけでもっても、従来殆んど顧慮されなかった、一連の、特有な生理学的・視覚的現象が解明される。今や私は、少なくとも物理学的にみて、きわめて重要な点〈を展開できる地歩〉に達したのである。

幾何学者の空間は、知的な技巧的操作に基づいて発展した三次元多様体の表象像《フォルシュテルングスゲビルデ》である。視覚的空間

（ヘーリングの視空間《ゼーラウム》）は、幾何学的空間に対してかなり複雑な幾何学的親近関係にある。視覚的空間は幾何学的（ユークリッド的）空間を一種の浮出し遠近法で模写するといえば――このことは目的論的にも説明できるのだが、――周知の表現を用いて事態を最もうまくいい表わしたことになろう。ともあれ、視覚的空間も三次元の多様体である。幾何学の空間はどの点においても、またどの方向に即しても、同一の性質を示すが、こうしたことは生理学的空間には全然妥当しない。しかし、幾何学には生理学的空間の影響がいろいろと認められるのであって、凸曲と凹曲とを区別することなどはその一例である。幾何学者は本来的には、縦座標の中点からのずれしか知らない筈である。

22

十二本の眼筋が個々別々に神経興発をうけると考えているうちは、視空間が三次元の多様体として現われるという根本的事実を到底理解することができない。私は久しくこの苦渋を味わい、物理的なものと心理的なものとの平行の原理に則って究明すべき方向を識ったのであった。が、この方面での経験〔知識〕に乏しいので、解決そのものはまだ私の知る所ではなかった。それだけに一層、この解決を見出したヘーリングの功を心から讃えるものである。彼の説明によれば〔『両眼視論』、一八六八〕、視空間の三座標、つまり、高さ、幅、奥行きの感覚〔『心理学への寄与』、一八六一〜五〕には唯一つの〈だが〉三様の〔三つの次元にわたる〕神経興発が対応している。すなわち、眼を上げ下げし、左右に廻わし、輻輳する神経興発が対応している。私にとっては、この点に最も重要な本質的な解明が存する(原註48)。ところで、神経興発そのものを空間感覚だと見做すか、それとも神経興発の前件または後件として空間感覚を考えるか、これをにわかに決定することは容易でもなければ必要でもあるまい。が、いずれにせよ、ヘーリングの説明は視覚過程という心理の深淵に、豊かな光を投ずるものである。対称と相似とに関して私が先に挙げた

諸現象も、このヘーリングの見解と非常によくマッチする。この点についてはこれ以上喋々するには及ぶまい。（原註49）

(1) 私の知る限り、前章で扱った素材は、（私自身の手になる三篇の小論文とその後に現われたJ・L・ソレの論文とを除けば）未だかつて何人によっても論議されていない。本章での立論は、私にとっては、前章でのそれに基づいている。私は本章において、他の人びとがこの方面で収めた業績、とりわけヘーリングの理論に含まれている事柄に、何ら異を唱えることなく、私自身どのようにして空間感覚についての不明を匡すに到ったか、その次第を提示しておく。私はこのテーマを扱った広汎な文献を極めて不完全にしか知らないので、各方面から精密に引証することはできない。ともあれヘーリングの理論のうち最も重要だと思われる論点については特に強調することになろう。

(2) Joh. Müller : Vergleichende Psychologie des Gesichtssinnes. 1826.
Handbuch der Physiologie. Bd. 2, 1840.

(3) L'Ottica di Claudio Tolomeo pubblicata da G. Govi, Torino, 1885.

(4) Wheatstone : Contributions to the theory of vision Phil. Transact. 1838. 1852.

(5) Panum : Untersuchungen über das Sehen mit zwei Augen. 1858.

(6) Hering : Beiträge zur Physiologie. 1861—1865. Archiv für Anatomie und Physiologie. 1864. 1865. Der Raumsinn und die Bewegungen des Auges. in Hermanns Handbuch der Physiologie. Bd. Ⅲ. I 1879.

(7) ヘーリングの諸研究と聯接している若い研究者達の労作のうち、とりわけF・ヒルデブラントのそれが心理学にとって有益である。

(8) Stumpf : Der psychologische Ursprung der Raumvorstellungen. 1873.

(9) J. Müller : Vergleichende Physiologie des Gesichtsinnes. S. 106. u. f.

(10) Tschermak : Über anomale Sehrichtungsgemeinschaft der Netzhäute bei Schielenden. Graefes Archiv XLⅦ. 3. S. 508.
Tschermak : Über physiologische und pathologische Anpassung des Auges. Leipzig 1900.
Schlodtmann : Studien über anomale Sehrichtungsgemeinschaft bei Schielenden. Graefes Archiv. L I. 2. 1900.

(11) 『運動感覚論綱要』（一八七五）を書き終えて間もなく。

(12) W. James : The principles of Psychology. Ⅱ. 509.

(13) 私は差当り、この（一八七五年に）直感的に泛んできた表現を固持しておく。尤も、一層突込んだ研究を予め遮断してしまおうというのではない。私は以下暫く、神経興発が空間感覚の結果なのか、それともその逆なのか、これを決裁しないでおく。両者が緊密に結びついていることはたしかである。

(14) リップスはこの問題について別な見解を展開している。Zeitschr. f. Psychologie u. Physiologie der Sinnesorgane. Bd. I. S. 60.

(15) Nagel : Über kompensatorische Raddrehungen der Augen. Zeitschr. f. Psychol. u. Physiol. der Sinnesorgane Bd. 12. S. 338.

Breuer u. Kreidl : Über scheinbare Drehung des Gesichtsfeldes während der Einwirkung einer Zentrifugalkraft. Pflügers Archiv. Bd. 70. S. 494.

(16) Crum Brown : Note on normal nystagmus. Proceedings of the Royal Society of Edimburgh February. 4. 1895.

: The relation between the movements of the eyes and the movements of the head. Robert Boyle lecture. May 13. 1895.

(17) 拙稿、「単眼立体視についての観察」(ウィーンアカデミー会報、一八六八、第五八巻)、参照。

(18) 視覚と触覚とは、いわば同じ空間感覚を共通な構成分として含んでいるという見解が、ロックによって提出され、バークレーによって論駁された。ディドロも(Lettres sur les aveugles〔盲人に関する手紙〕一七四九)盲人の空間感覚はめあきのそれと全然異っているという考えである。この問題については、Thレーウイの明敏な立論を参照されたい。(Common sensibles. Die Gemein-Ideen des Gesichts- und Tastsinnes nach Locke und Berkeley. Leipzig 1884.)。尤も、私は彼の結論に賛成することはできない。生来の盲人に開眼手術を施した後、モリニューが行った実験は、ロックに対する反証になるものではなく、バークレーやディドロに対する傍証になるものでもない。その実験事実というのは、被験者は今まで触覚によって知っていた立方体と、これまたよく知っていた球とを、視覚によっては区別することができなかったということである。目あきであっても、色々と練習をつまなければ、簡単な顛倒図形を〈それが同じ図形だということを〉認知できない。目があいたばかりの時には、目にみえるものを知的に活用すべき、視覚に係わる聯想が全く欠けているというわけである。その上、幼児期に視覚的刺戟がずっと欠けている場合には、視覚中枢部位の発育が遅滞しており、恐らくや退行すら生じている。このことは、シュナーベルの素晴らしい観察(Beiträge zur Lehre von der Schlechtigkeit durch Nichtgebrauch der Augen Berichte des naturw. med. Vereins in Innsbruck. XI. S. 32.)や、生まれたばかりの仔犬を用いてのムンクの実験(Berliner klin. Wochenschr. 1877. Nr. 35.)からして明らかである。盲人でない人の場合においてさえ、視覚中枢部位は本来さして発育していないのであって、特別な訓育を施すことによってのみ、ようやく視感覚を活用できるようになる。ウィーン盲人研究所長、S・ヘラー氏が報告しておられる少年は、(Wiener klin. Wochenschr. v. 25. April. 1901.)まずは間違いなく、そういう病的な(視覚)低能の一症例である。かような次第であるから、手術によって開眼した人の挙措からは、もっと慎重に結論が引き出さるべきである。チェセルデンは、彼が開眼手術を施した盲人が、目があいた当初、見えるものはすべて眼に触れているのだと思った旨報告しているが、この報告から、奥行きの知覚は視覚以外の経験に基づくものであるという誤った結論を引きだすとしたら、これなどは早計な結論の一例であろう。或る思いがけない体験が、私にとって、この現象を理解する機縁となった。或る時、見知らぬ地方で、暗闇のなかを歩いていた折、その間じゅう何かしら大きな黒い物体につきあたりそうでびくびくしていた。それは何杆も先の山であった。開眼したばかりの人の場合にもやはりそうだと思うのだが、凝視したり視覚を調整したりできないので、こういう現象を生じたのである。自分の立体視によって奥行きも視覚的に与えられるのだという確信を抱かない人は、手足のない人、エヴァ・ラウクやコペルコッフの経験(G. Hirth: Energetische Epigenesis. 1898. S. 165)によっても教えられるところがないであろう。

〈視空間、触空間、等〉あらゆる空間感覚体系は、それらがいかに相異っていようとも、共通な聯合的紐帯によって、運動——空間感覚がこれの嚮導に役立つ——と結びついている。もしロックが間違っているとしたら、かの盲人のサウンデルスンは、一体どのようにして目あきにも理解できる幾何学を書くことが出来たのであろう! 視空間感覚と触空間感覚との間に類似があることは確かである。私は、先に九九頁でJ・L・ソレの労作に言及した際、この問題について若干述べておいた。すでに、アリストテレス学派の人びとはこれらの現象の多くを語っていた。『心理学小論集』には、人差し指と中指とを交叉させて小さな球をはさむと、二重に感じられるという実験が記されている。球の代りに手ごろな棒をはさんでこすってみたところ、それはもっと著しく感じられた。今度は逆に二本の棒の間に指をはさんで、指の方を動かしてみたところ、棒は一本に感じられた。単一なものの二重視、および、二重のものの単一視との類比が、ここでは完璧である。しかし、相違も非常に大きいので、目あきが盲人の空間視象を我がものとして感ずることは極めて困難である。けだし目あきは自分の視覚表象を解釈的に混入するからである。ディドロのような明晰な頭脳でも、盲人は空間の想像像をもつことが出来ないといった珍奇な迷論に時として陥ることもある。ロェプの触空間についての論文、(本書九六頁をみよ)、および、ヘラーの „Studien zur Blinden-Psychologie" (Leipzig. 1895)、参照。尚、本書、第九章及び補遺十を参照のこと。

(19) 拙著『運動感覚論綱要』ライプチッヒ、一八七五、八三頁。

(20) 同上、一二四頁。

(21) Riehl : Der philosophische Kritizismus. Bd. 2. S. 143.

(22) 『運動感覚論綱要』二六頁。

(23) Breuer : Über die Funktion des Otholithen-Apparates. Pflügers Archiv. Bd. XLVI. S. 195.

(24) 『運動感覚論綱要』九六頁、実験二。

(25) 同上、一一六頁以降。

(26) 同上、一二二頁。

(27) 同上、八五頁。

(28) 停っている汽車と動いている汽車とがすれちがう時、誰しも実にさまざまな形で、この種の印象を受けたことがあると思う。蒸汽船でエルベ河を遊覧した折のことであるが、私は上陸する直前、船の方が停っていて陸地の方が船の方に向って動いて来るような驚くべき印象を受けた。これは以下の論考によって容易に理解できることである。

(29) W. James : Principles of psychology. II. 512. ff.

(30) Crum Brown : On normal Nystagmus. 尚、本書の、一一一頁を参照されたい。

(31) この類の現象は、わざわざそうしなくても時として全くひとりでに立現われる。或る冬の一日、風がないで雪が降りしきっていた時のことだが、窓辺に立っていた私の小さな娘が、家ごと昇っていくといって叫んだことがあった。

(32) 『運動感覚論綱要』八五頁、A・v・シリーの新しい実験については、,,Bewegungsnachbild und Bewegungskontras" Zeitschr. f. Psychol. u. Physiol, d. Sinnesorgane. 1905. Bd. 38. S. 81.

(33) Karl Biehl : Über die intrakranielle Durchtrennung des Nervus vestibularis und deren Folgen. Sitzungsberichte. d. K. Akad. d. W. in Wien. 1900.

(34) J. Breuer : Studien über den Vestibularapparat. Sitzungsberichte d. K. Akad. d. W. in Wien. Bd. CXII. 1903.

(35) 同上。

(36) The otocyst of Decapod Crustacea, its structure, development and functions. Bulletin of the Mus. of compar. Zool. at Harvard College. 1900/01. (Zitiert nach Kreidl)

(37) K. L. Schaefer: Funktion und Funktionsentwicklung der Bogengänge Zeitschr. f. Psych. u. Phys. d. Sinnesorgane. 1894.

(38) Ach : Über die Otolithenfunktion uud Labyrinthtonus. Pflügers Archiv. Bd. LXXXVI. 1900.

(39) James : American Journal of Otology. 1887.

(40) A Kreidl : Beiträge zur Physiologie des Ohrlabyrin-

ths auf Grund von Versuchen bei Taubstummen. Pflügers Archiv. Bd. LI.

(41) J. Pollak : Über den galvanischen Schwindel bei Taubstummen etc. Pflügers Archiv. Bd. LIV.

(42) H. Mygind : Über die pathologisch-anatomischen Veränderungen der Gehörorgane Taubstummer. A. f. O., Bd. XXV.

(43) Alexander und Kreidl : Zur Physiologie des Labyrinthes der Tanzmaus. Pflügers Archiv. I. Ⅱ. Ⅲ. Bd. LXXXⅡ. LXXXVⅢ.

(44) Dreyfuss : Experim. Beiträge z. d. Lehre von der nichtakust. Funktion des Ohrlabyrinthes. Pflügers Archiv. Bd. LXXXI.

(45) G. Alexander : Zur Frage der phylogenetischen Ausbildung der Sinnesorgane. Zeitschr. f. Psych. u. Phys. des Sinnesorgane. Bd. XXXVⅢ.

(46) 私が小鳥を手でつかまえようとすると、私の手に対する小鳥の挙措は、まるで、人間が巨大な鳥賊かなんぞに襲われるときに示すであろう挙措と同じような具合である。動作がまだ陶冶され熟慮に基づけられていない小さな子供達の集まりを見守っていると、とりわけ彼らの手や眼は、水すましを髣髴たらしめる。勿論、こういう印象は何ら科学的な問題の解決にはならないが、時折こういう印象をよく考えてみることは大いに刺戟となりうるであろう。

(47) ヘーリングの見解（ヘルマンの生理学教本、第三巻、第一部、五四七頁）を参照されたい。

私は、今日では、第八章で紹介した、ジェームズ、ミュンスターベルク、ヘーリング、の見解の方が優れていると思うのであるが、私がどのような途を辿って自分の見方に到ったのか、その次第をかくそうとは思わない。

(48) これが先に本章註(1)および本文一一四頁で予告しておいた論点である。

(49) これによって、私が一八七一年当時には未だ感じていた難点も消失する。私はこの難点を、『対称』（プラーグ、一八七二）において次のように述べたのであった。「生来片目に生まれついた人が或る種の対称感をもっているとすれば、それはたしかに謎である。対称感は当初眼によって獲得されたにしても、勿論、眼だけに局限されたままではありえない。何千年、何万年もの間、人類が積んできた練習を通じて、対称感は生体の他の諸部分にも転置されている筈であり、従って片眼をなくしたからといって直ちに消失しうるものではない。（『通俗科学講義』、第三版、一〇九頁に再録）。

実際、一眼が失われても、対称的神経興奮装置は残留するのである。

第八章　意　志

1

　これまで「意志」という表現を何度も用いてきたが、私はこの言葉で周知の心理現象を表わしただけである。私は意志という用語で特別な心理〔霊魂〕《プシヒッシュ》的ないし形而上学的な動因を表わしているわけではない。また特別な心理的原因性《カウザリテート》を想定しているわけでもない。私はむしろ大多数の生理学者や現代の心理学者達と同様——簡潔にしかも誰にも判るように言えば——意志現象はもっぱら有機的・物理的諸力からのみ把握さるべきだ、と確信している。これを自明の理とせず、ことさらに強調しておくのは、多くの批判者達の言辞によってその必要を訓えられたからにほかならない。

　さて、下等動物の運動やそれに劣らず新生児の最初の運動は、刺戟によって直接に解発され、全く機械的に進捗する。それは反射運動である。こういう反射運動は高等動物の成長後の生活段階にもみられる。例えば、腱反射といった反射運動を、自分の身体において初めて目撃した折には、周囲の世界に起こる意想外な事件に劣らず、誰しもそれに驚くものである。先に述べた子雀の行動は反射運動に基づいている。子供は目につくものは何でも摑もうとするが、そして他方では、不快なものに触れると知性の協働を俟たずに〈反射的に〉手足をひっこめるが、それと同様、雛はまったく機械的に、見えるものは何でも啄いてみる。まさしく、生体の保存を規制する有機的機構《アインリヒトウング》が存立しているのである。生体はその内部の相拮抗する過程を平衡に達せしめようと志向しているというヘーリングの見解に従えば、われわれはこうした保存の傾向（ないし実際の安定性）をば、すでに生体の諸要素に帰属させねばならない。

感性的刺戟は、記憶心像によって、一部なり全部なりを代替されうる。神経組織内に残留している記憶痕跡の全部が、感官感覚と協働して、反射を解発したり、促進したり、抑制したり、変容したりする。こうして、随意運動、つまり、記憶によって変容された反射運動として——細目の理解という点ではまだ欠けるにせよ、少くとも原理的には——把握できるような運動が生ずる。火にさわって一度ヤケドしたことのある子供は、二度と火をつかまない。それというのも、苦痛の記憶が解発する拮抗的な逃避反射によって攻撃反射が抑制されるからである。雛は初めのうちは何でも啄こうとするが、やがて、抑制したり促進したりする味覚記憶に影響されて、選択するようになる。反射運動から随意運動への漸次的移行は、先に述べた子雀（六四頁）に即してうまくトレースできる。反省する主観にとって、随意行動（反射運動とは区別された）の特徴は、行為を予料する自分の表象のうちに、行為を規定する《ダス・ベシュティメンデ》ものを認識しているという点にある。（八五頁）。

2

W・ジェームズやH・ミュンスターベルク（原註1）は、随意行動、随意運動に伴う心理過程の素晴らしい分析をおこなった。表象どうしが聯合するのと同様、実際の運動が表象された運動と聯合するという見解は簡単で自然であるように思う。しかし、運動の遂行に結びついている——運動の種類、程度、緊張の——感覚に関しては、二つの意見が対立している。その一つ、すなわち、パイン、ヴント、ヘルムホルツなどの見解では、筋肉に流入する神経興発そのものが感覚されるものと想定されている。もう一つの見解はジェームズやミュンスターベルクのそれであって、彼等は一切の運動感覚的な・運動に随伴する・感覚は皮膚や筋肉や関節の可感部によって末梢的に興発されるものと見做している。

　運動感覚的な感覚が中枢に起源をもつ感覚だと見做す見解に対して、とりわけ知覚麻痺者の観察[原註2]が反証を与える。彼らは感官感覚が遮断されると、——視覚を手引きにして手足を動かすことが出来るにも拘わらず——手足の受動的運動を告知することができない。われわれは感応電気を通じられた筋肉の緊張を、随意的に興発された筋肉のそれと同じように感ずる。[原註3] この現象を説明するためには、特別な神経興発感覚なるものを想定する必要はない。それゆえ、倹約〔思惟経済〕の原理に則ってそのような想定は避けるべきである。最後に、そういった神経興発感覚は直接には観察されないのである。或る種の視覚現象が特別な難題をなしている。話をこれに戻そう。

　聯合の法則は、意識にのぼる過程（表象）を結合するばかりでなく、種々の有機的過程をも結合する。困惑するとすぐに赤面したり、手に汗をかいたりする人びとは、この過程を想い出すや否や、ただそれだけで、大抵の場合、赤くなったり汗ばんだりしてしまう。ニュートン[原註4]は研究のため太陽を視て眩像を作ったが、この眩像は一旦消えたものの、数ヶ月間というものは、何日も暗い所にとじこもっていても、そのときのことを想い出しただけで、実際の感覚と見紛うばかりの強さで繰返し繰返し再現した由、彼は永い間苦労してようやくこの煩らわしい現象から免れることができたとのことである。これに似た観察事実をボイルがその色彩を論じた著作のなかで報告している。これらの事実を考え合わせれば、運動過程と表象との聯合は訝しむに足りないように思う。

3

私は一八九八年に、全然意識の混濁を伴わない卒中を起こした。その折の経験によって私は今ここで考察している事実の一斑に精通している。私はその時汽車に乗っていたのだが、どこといって具合が悪くもないのに、突然、右手右足が完全に麻痺していることに気がついた。それは間歇的な麻痺であって、時折見掛け上は完く正常に動かすことができるという具合であった。数時間後にはずっと麻痺状態のままになり、右顔面の麻痺も加わった。そのため声が低くなり話すのも幾分困難になった。完全に麻痺していた時期の自分の状態を私は唯次のようにしかいえない。すなわち、手足を動かそうと目論んでも全然緊張を感じなかった、動かそうとする意志をどうしても奮い起《アウフブリンゲン》こすことができなかった、と。これに反して、麻痺が不完全な段階や恢復期には、手足がとてつもなく重く感じられ、持上げるの(原註5)に大変な努力を要した。これは麻痺した手足の筋肉に隣接している別の筋肉群の活潑な神経興発に起因するものだと考えてまず間違いないと思う。脚の一ヶ所を除けば、麻痺した側の手足の感受性は完全に保持されていた。そのおかげで、位置や受動的運動も判った。麻痺した手足の反射興奮性が異常に昂進していることが判った。このことは、就中、ほんの一寸した刺戟をうけただけで激しく搐搦するという形で現われた。視覚的ならびに触覚的な運動心像が記憶に残っていた。日に何回となく右手で何かしようと図って、そうできないことを悟らなければならない始末だった。ピアノを弾いたりものを書いたりしている生々とした夢が、何と復たうまくいっているんだろうという驚きを伴い、目ざめては苦い失望に終るのだが、これは上述のものと同じ源泉に帰すべきものであろう。運動性幻覚すら現われた。私はしばしば麻痺した手の開閉を感覚しているように思った。まるで、がばがばではあるが固い手袋をはめて、開いたり、閉じたりしているような感じだった。が、見てみさえすれば、全然動いていないことが判った。右手の屈筋はほんの僅かながら動かせたが、伸筋ときたら皆目思い通りにならなかった。手の感受性は保持されておりながら、随意運動が欠けている。それゆえ、私は新しい理論によっても、運動錯覚がうまく説明できないことを識っている。意志によって左右されなくなった筋肉は、今や、さまざまな刺戟に反応して、開いたり閉じたりする。色々な性質のかなり強い味覚刺戟は、麻痺した手の筋肉にそれぞれ異った作用を及ぼすらしかった。例えばにがい硫酸マグネシュウム溶液は拇指、人差指、中指の不随意運動を興発した。

4

ジェームズやミュンスターベルクの見解は、私の信ずるところでは、これらの諸事実にしっくり適っている。従って、彼等の見解は本質的には正しいとみて差支えあるまい。神経興発〈そのもの〉が感覚されるのではなく、神経興発の結果が、運動の遂行をもたらす新しい末梢的感性刺戟を措定するのである。とはいえ、この見解は起源からいって私のものでもあるが(原註6)、それでもって、事態が完全に見透されるとは思わない。そう信ずるのをはばむ二三の難点があるのである。

単なる運動表象を規制する中枢過程は、実際の運動をも解発する過程とはやはり何らかの点で違っている筈である。過程の強度、拮抗的行程の欠如、神経興発中枢の充填、これらが共々に規定する因子として参与していることは確かかもしれない。しかし、もっと突込んだ解明が必要だということには異論の余地があるまい。とりわけ、眼筋の挙措と他の随意的に興発できる筋肉のそれとの差異は、もっと詳しく研究されねばならない。大抵の筋肉は幾つかの異った働らき《ヴァリアブレ》をするようにできている。この働らき《ペトフーク》の全体を大まかに知っておくことは、われわれにとって実際上重要である。これに反して、眼筋がおこなう働らき〈の種類〉はほんの僅かであって、常に必ず眼の位置の変化と結びついている。視覚にとって重要なのは眼の位置の変化だけであって、眼筋の働らきそのものは重要でない。それだけに、手足の筋肉においては、運動感覚的感覚があれほど重要な役割を演じているのであろう。

5

ヘーリング(原註7)は、眼筋から発する感覚がいかに些小な意義しかもっていないかを明らかにした。われわれは普段自分の眼の運動を殆んど気にかけない。そして空間中における客体の布置は、この運動によっては影響されず、もとのままである。網膜で被われた二つの球面があって、網膜が滑り動いても球面の方は空間に固定したままだと御想像願いたい。皮相に考えると、この場合、視ている対象物の空間値はもっぱら、固定球面上における両映像の位置によって決定されるかのように思える。しかし一〇七頁で述べた事実からして、空間値は二つの成分に分けねばならない。その一つは網膜上の結像点の座標に依属し、他の一つは注視点の座標に依属する。しかも両成分は注視点を随意的に変える際、お互いに代償的な変化をみせる(原註8)。さて、神経興奮の感覚なるものを想定せず、しかも末梢的に興発される眼筋の運動感覚的感覚に意義を認めないとすれば、成程ヘーリングに与みして、注意の位置(注視点)は或る一定の精神物理的過程――この過程は同時に、対応する眼筋の神経興奮を解発する如き物理的契機でもある――によって規制されていると見做す以外には途が残されていない(原註9)。しかし、この過程はやはり中枢性の過程であり、「注意」は「視ようとする意志」と大同小異である。従って、一〇九頁での表現を基本的にはそのまま維持することを許されるであろう。というのは、中枢から興発されて発進する過程のどの系列が感覚へ流入するのかは、差当り未決定のままにしておけるからである。

6

先に一三四頁で試みた説明においては、前節での所説に従って、相拮抗する二つの神経興発〈という語〉を、二つの相拮抗する注意過程〈という表現〉によって置き換えることも出来たであろう。すなわち、感性的〔末梢〕刺戟に由る注意過程と中枢性興発過程〈という拮抗する二つの注意過程〉で置き換えることもできたであろう。眼筋麻痺の際にみられる諸現象に関するジェームズの説明[原註10]——これは少くとも形式上は「無意識推理」という疑わしい航路に楫をとっているように見える——には賛同しがたい。この場合問題なのは、おそらく感覚に関してなのであって、考察の結果に関してではないのである。

眼筋はもっぱら空間的定位に貢献し、手足の筋肉は主として機械的作業にたずさわる。というわけで、これらは両極端のケースをなしている。これら両極端のあいだには、さまざまの中間的なケースも存在することであろう。生まれたばかりのヒヨコがあやまたずものを啄くという事実から推せば、ヒヨコの頭や頸の筋肉は或る程度眼筋と同様空間定位装置としてはたらくのであろう。歩行している鳥の搐搦的頭部運動は、回転に際しての眼球震盪的頭位運動と同様、方向定位のためにおこなわれるのであろう。手足の筋肉にも眼筋と似た点が全然ないわけでもあるまい。さもなければ、盲人の触空間表象は説明がつかないことになろう。視空間生得説を持出したところで、これを経験論的〔後天説的な〕触空間理論と統一するのは何といってもやはり困難である。[原註11]（補遺十二参照）。

（1） James：Principles of Psychology Ⅱ. 486. ff.
Münsterberg：Die Willenshadlung. 1888.

（2） James：上掲書、Ⅱ、四八九頁。

（3） James：上掲書、Ⅱ、五〇二頁。

（4） Kings Life of Locke. 1830. Vol. I. p. 404.
Brewster：Memoirs of Newton. 1855. Vol. I. p. 236.

（5） James：上掲書、Ⅱ、五〇三頁。

（6） 私が眼筋麻痺現象を知る以前、つまり、一八六三年以前。

(7) Hering in Hermanns Handbuch der Physiologie. Ⅲ. i. 547. Vgl. auch Hillebrand : Verhältnis der Akkommodation und Konvergenzzur Tiefenlokalisation. Zeitschr. f. Psych. u. Phys. d. Sinnesorgane Ⅶ. S. 97ff.

(8) 本書九六頁。ヘーリング上掲書、五三三、五三四頁参照。

空間値の変化が、注意の交替とともに直ちに成就されるという見解が、果たして一〇七頁にのべた事実と調停されうるかどうか、私はこの点について、今ここで判定することはできない。

(9) Hering. 上掲書五四七、五四八頁。

(10) James. 上掲書Ⅱ、五〇六頁。

(11) 前章註(18)及び本文一一五頁参照。

第九章　空間に関する生物学的・目的論的考察（原註1）

1

われわれの空間感覚の体系——もしそういう云い方が許されるならば生理学的空間の体系——が、幾何学的空間（ユークリッド空間）といかに甚しい相違をもっているか、繰返し述べてきた。これは、視空間に関してのみならず盲人の触空間に関しても妥当する。幾何学的空間はどの点をとってもどの方向をとっても均等にできており、（リーマンの語義で）無際限でかつ無限である。視空間には際限があり、有限であり、それどころか、扁円形の「天蓋」を一瞥してみれば判る通り、方向によって延長を異にする。物体は遠ざかると収縮し近づくと膨脹する。こういう点に鑑みれば、視空間はユークリッド空間によりも寧ろ超幾何学者たちの色々な形象のほうにはるかに似ている。触空間も視空間と同様、「上」「下」の差異、「前」「後」の差異をもっており、厳密にいえば「左」「右」の差異をももっている。幾何学的空間にはこういった差異は存在しない。人間や人間と類似の身体構造をもった動物にとっては、生理学的空間の幾何学的空間に対する関係は、恰度、三軸晶形の等軸晶形に対する関係に類する。この比喩は、人間や動物が運動したり方向を定位したりする自由をもたないと想定する限りでのみ妥当する。〈ところが実際には、人間や動物は運動や方向定位の自由をもっている。この〉可動性によって、生理学的空間はユークリッド空間に近づくが、その性質の単純性という点では、ユークリッド空間に完全には到達しない。三次元性と連続性とは、生理学的空間と幾何学的空間とに共通である。幾何学的空間内の一点Aの連続的な運動に、生理学的空間内の一点A′の連続的な運動が対応する。生理学的空間表象によって幾何学的空間表象が惑乱されることがある。これを示すためには、対掌体の理論が克服せねばならなかったあの困難を引合いに出せば足るであろう。抽象幾何学ですら、純粋に計量的な概念を用いているのではなく、方向、方角、左右、といった生理学的表象を依然として利用している。

生理学的なものと幾何学的なものとをきっぱりと分離するためには、空間感覚は先にＡＢＣ……で表わした諸要素とわれわれの身体の要素ＫＬＭ……との依属関係によって規定されていること、しかるに幾何学的概念は物体の空間的比較——ＡＢＣ……相互間の関聯——を通じて形成されたものであること、この点を勘考しなければならない。

2

空間感覚を、孤立した現象として考察するのではなく、その生物学的聯関、その生物学的機能に即して考察すると、少くとも目的論的には、判り易くなる。生体の一器官なりその一組織なりが刺戟されるとすぐ、反射的に、大むね目的に適った反応運動が現われる。この運動は、刺戟の種類に応じて、防禦運動のこともあれば攻撃運動のこともある。例えば、酸の雫をたらして、蛙の皮膚の色々な個所を次々に刺戟したとしよう。蛙は刺戟された個所に応ずる特別な防禦運動で刺戟に反応する。網膜部位を刺戟するとこれまた特別な蹈躍反射が解発される。すなわち、さまざまな経路を通って生体内に入り込んでくる変化は、再び外に向ってさまざまな経路を辿って動物の環境へと伝播するのである。ところで複雑な生活条件のもとにおけるこの類の反応が、自発的にも、換言すれば一寸したきっかけで、記憶《エアインネルング》〔想起〕によってひきおこされ、変様されうるとすれば、刺戟の種類と刺戟される器官に応じた痕跡が記憶《ゲデヒトネス》に残る筈である。自分自身に即して観察してみれば判る通り、われわれはどこをやけどしようとも焼灼刺戟の性質の同一性を認知するだけでなく、刺戟をうけた個所をも同時に弁別する。だから、こう想定して差支えあるまい。すなわち、同一性質の感覚に、刺戟される要素的器官(訳註1)の特殊な性質、刺戟される部位、すなわちヘーリング流にいえば注意の位置に依存する異った構成分が附属している。こうして、どの感覚領域も、それ特有の空間的秩序を伴ったそれ特有の記憶を獲得する。まさしく空間知覚においては、多数の聯関しあっている要素的器官どうしの緊密な生物学的適応が殊にはっきりと現われる。

3

われわれは唯一種類の意識要素を想定する。感覚がそれである。われわれの見解では、空間的に知覚している限り、この空間知覚は感覚に基づいている。この感覚がどういう種類のものであるか、また、この際どの器官がはたらくのかということは不問に附しておかねばならない。われわれは、胎生学的にみて共通の起源を有する要素的諸器官から組成されている組織は、当然、近接している要素的器官が個体発生論的にみて最大の近親性を示し、遠ざかるにつれて近親性を減ずるような具合に配備されていると考える。もっぱら器官の個性に依存し、近親性の度とパラレルに変化する器官感覚(訳註2)が空間感覚に相当する。われわれは、この器官感覚と、刺戟の質に依存する感官感覚として(訳註3)の感覚とを区別する。器官感覚と感官感覚とは必ず相伴って現われる。(原註2)しかし、さまざまに変る感官感覚に対して変らない器官感覚は、やがて前者を分類記載した固定的な登記簿となる。われわれはここで要素的器官に関して、同じ血筋の出ではあるが近親の度を異にする諸個体に関して当然見出されるであろうのと同様な〔つまり、続柄が近いほど似ているという〕予想を立てるにとどめる。

4

空間知覚は生物学的必要から生ずるものであり、現にこの見地からみるときに最もよく理解できる。空間感覚の無限な体系といったものは、生体にとって目的にそぐわないばかりでなく、物理学的・生理学的にも不可能である。身体に即して定位されていない空間感覚も無価値である。視空間は、近くにある、生物学的にみてより重要な対象に対しては感覚指標が高められており、他方遠くの余り重要でない対象に対しては限りある指標の備蓄が節約されているが、これも生体にとって有利である。また、これこそが物理学的にも唯一可能な関係である。

以下の考察によって視器の運動性機構が明らかになるであろう。脊椎動物の或る網膜部位がより大きな判明性とより繊細な弁別力を具えているのは経済的な配備である。それゆえ注意の交代に伴って眼が動くのは有利であるが、この随意的眼球運動が静止している対象物によって解発される空間感覚に〔惑わすような〕影響を及ぼすの〈であればそれ〉は不利でもある。しかし眼が静止している際に〈も〉対象の運動を知るために、静止している網膜上における像の移動が、やはり生物学的にみて必要である。ただし、生体にとって、意識的でない事情（例えば外的な機械的な力、筋肉の搐搦といった不随意的な事情）によって眼が動かされる極くまれな場合にまで、対象物が静止しているという知覚を殊更に保証する必要はない。以上の諸要求は、随意的眼球運動に際して、これに照応する網膜像の移動が、その空間値に関して随意的運動によって丁度相殺されること、唯これによってのみ解決される。しかるに、ここから次のことが帰結する。すなわち、眼が動かないように固定されている場合には、眼を動かそうとする単なる志向によって、静止している客体が視空間内で動く〈ように見える〉ということがそれである。一一三頁に記した実験によって、相殺しあう両成分の第二成分も直接に証明されている。特別な事情のもとでは、静止している眼に対して静止している客体が動いているように見える。すなわち、流動的な空間値を伴って見える。また、動いている物体が、われわれの身体に対して相対的位置を変えず、遠ざかりも近づきもしないのに〈動いているのが〉見えることもある。これらは上にのべた生体の機構に基因するものである。しかし特別な事情のもとでは謎めいてみえるこういうことも、自発的な場所の移動という普通の事情のもとでは、生体にとって重要な意義をもっている。

触空間の諸関係は、ある種の特有性をもってはいるが、視空間の諸関係と非常によく似ている。触覚は、対象を遠近法的に拡大・縮小して映し出す遠感覚ではない。しかしこれ以外の点では視覚の場合と類似の現象がみられる。指先が黄斑に相当する。われわれは、静止している対象を指先が撫でているのか、それとも静止している指先を対象が動いているのか、これを識別できる。ここでも、回転眩暈に際して視覚に現われるのと同様な謎めいた現象が現われる。プルキンエは既にこの現象を知っていた。

5

一般生物学的考察は、視空間と触空間との一元的な把握を使嗾してやまない。生まれたばかりのヒヨコは小さな対象物に気付くとすぐその方を視て啄く。刺戟によって感官器官および中枢器官の一定の領域が興発され、これによって全く自動的に眼筋の注視運動と頭や頸の筋肉の啄ばみ運動が解発されるのである。物理的刺戟の幾何学的位置によって規定される神経領野の興発がとりもなおさず空間感覚の基礎をなすものと見做さるべきである。輝いているものに気付き、これを視て摑もうとする子供の場合にも、ヒヨコの場合とほぼ同断である。視覚的刺戟だけではなく、ほかの刺戟、例えば聴覚的、温熱的、嗅覚的刺戟も、従って当然盲人の場合にあっても、捕摑運動や防禦運動を解発できる。同じ運動には、恐らく同じ刺戟部位と同じ空間感覚とが対応している。盲人を興発する刺戟は、一般に常人よりも狭い範囲に局限されており、部位の限定も常人ほど精密ではない。従って盲人にあっては空間感覚の体系も幾分貧弱で不明瞭であり、特別な教育を施さなければそのままである。自分の周りをぶんぶん飛び廻っている蜂から身を禦いでいる盲人を想ってみるがよい。

客体による刺戟に応じてこれに目を向ける場合とこれを摑む場合とでは、たとえ隣接しているにせよ、部分的には異った中枢器官の領域がはたらく筈である。注視と捕摑との両方が起こる場合には、中枢器官の領域も当然広くなる。別々の感覚領域に属する同一ではないにしても類似の空間感覚は、随伴して起こる、自己保存に適う運動を紐帯として、聯合的に融合し、相依り相資ける。生物学的な根拠からわれわれはこう予期するが、実際にそうなのである。

われわれが取扱っている現象領域は以上で論じつくされたわけではない。ヒヨコは、対象を視てそれを啄くどころか、刺戟に規定されて、そっちに向かい、そっちに走っていくことすらある。目標に向って這っていき、時到るや立上って目標に走り寄る子供にあっても、事情は同様である。われわれは漸次に進捗していくこれらの諸ケース全体を一元的な仕方で把握しなければならない。恐らく、比較的単純な仕方で刺戟され、一方では空間感覚を規定し、他方では甚だ複雑な自動的運動を解発することもあるような、或る脳髄部位が常に存在するのであろう。視覚的、温熱的、聴覚的、化学的、電気的刺戟は、実にさまざまな、場所の移動や方向の転換をひきおこすことができる。盲目の動物——もともと眼のなかった動物であれ、退化の結果そうなったものであれ——においても場所の移動や方向転換がおこなわれうる所以である。

6

一齊に足を動かして匍い廻っている百足《むかで》をみると、どれか或る器官から齊一な刺戟流が発出し、次々に連っている体節の運動器官が、それに応えてリズミカルな自動的運動を起すのだ、という考えがおのずと泛んでくる。前方の体節に対する後方の体節の位相の違いによって縦波が生じ、この縦波が機械のように規則正しく百足の足を伝播するようにみえる。もっと高度に体制化された動物においてもこれに類する過程が欠けていよう筈がなく、現に欠けていないのである。迷路刺戟の際にみられる現象、例えば、能動的にせよ受動的にせよ、回転に際して解発される周知の眼球震盪運動を指摘すれば足るであろう。ところで、百足の場合のように、それに単純な刺戟をあたえると、複雑な一定様式の場所的移動の運動が惹き起こされるような器官が存在するものとすれば、この単純な刺戟が意識されている時には、この刺戟を以って場所を移動しようとする意志だと見做すことができよう。ないしは、この場所の移動を自ずと随伴するような場所の移動への注意だと見做すことができよう。併せて、場所的移動の効果を、それ相応の単純な仕方で感受することが、生体にとって必要だということも判る。実際、移動が始まると、視覚対象および触覚対象は、固定的な空間値の代りに、変易的・流動的な空間値を伴って現われる。視覚と触覚とを出来るだけ除去してみても、加速度感覚が残存し、この加速度感覚がかつてそれと結合していた変易的空間値を聯想的に喚起する。過程の初項と終項との間には、動かされる手足の感覚が介在している。尤も、この感覚が完全に意識にのぼるのは、一般に、過程の変更を余儀なくするような障碍が現われる場合だけである。

全体として静止している人の空間感覚は、有限であり、局所的に特性化しており、自分の身体に関して定位されている。しかるに、移動したり向きを変えたりする際に現われる空間感覚は一様性および無尽性という性格を具えている。ありとあらゆるこういう経験を基にして、はじめてユークリッド空間に類する空間表象が形成されるのである。が、この空間表象は〈場所や方向の〉一致や差異しか識別せず、大きさ、計量的規定を識らないという点を措いても、ユークリッド空間の絶対的齊一性に完全に到達することはない。けだし、人間は、引続き鉛直方向を向いていたり鉛直方向に動いたりすることが充分にはできないからである。

7

動物にとっては、何はさておいても、自分の身体の各部分相互間の関係が、一番重要である。外部にあるものは、身体の部分と関わりをもつことによってのみはじめて価値をもつ。最も下等な動物にとっては、原始的な生活条件に適応するための感覚——空間感覚もこれに含まれる——で間に合う。ところがこの生活条件が複雑になると、知能の発達を余儀なくされる。そして、かの要素（感覚）の函数的複合体の相互関聯、すなわちわれわれが物体と呼んでいるところのものが間接的な関心の的となる。物体相互の空間的比較から幾何学が発現する。

幾何学の発展を理解するためには、直接的な関心が、空間的な諸性質にだけではなく、慾求の充足にとって大切な物質的な諸性質の恒常的な複合体全体に向けられているという事実に着目する必要がある。しかし、物体の形態、位置、距離、延長、は慾求充足の様式や度合を規定する。単なる知覚（見積り、目測、記憶）では、コントロールしがたい生理学的諸条件に影響されすぎていて、物体相互間の空間的関係についての精確な判断が懸案になっているような場合には、単なる知覚だけに恃むわけにはいかないことがはっきりしてくる。従って、もっと頼りになる指標を、物体そのものに求めることがどうしても必要になってくる。

われわれは日頃の経験によって物体の恒常性を教えられる。この恒常性は、普通の情況のもとでは、色彩、形態、延長、等々、個々の性質の恒常性にまで及んでいる。われわれは剛体になじんでいる。つまり、空間中を動くにも拘らず、自分の身体と一定の関係にもたらされるや否や、視たり触ったりしてみるといつもきまって同じ空間感覚を解発するような物体になじんでいる。これらの物体は空間的実体性を示し（原註3）、空間的に恒常同一でありつづける。剛体Aともう一つの剛体Bないしその部分とを直接になり間接になり空間的に相覆わせることができれば、この関係は何時何処においても成り立つ。こういう場合、物体Bは物体Aによって測られたという。物体どうしのこういう比較に際しては、空間感覚の種類はもはや問うところではなく、同一条件下における物体どうしの同一性の判定、しかも極めて精密かつ確実に行われる判定だけが問題である。実際、並列的ないし継起的に与えられた物体について直接に判定する場合の偏差に比べて、測定結果の偏差の方がずっと小さい。この点にこそ、この測定という手続の長所があり、また合理的な根拠が存するのである。人びとは、各自、目立った空間的変化が感じられない手足を〈暗黙の物差として〉持廻っているのであるが、この個々人の手足の代りに、やがて誰の手にも届くような尺度が選ばれる。この尺度は不易性という条件を高度に充足しており、これとともに高度な精密性の時代が始まる。

8

測量《ゲオメトリッシュ》の課題は全て、等しい既知の物体によって所求の空間的大きさを算定することに帰着する。最古の度量《マース》基準は、液体用の枡、または、ほぼ均等な物体のぎっしりつまった集まり〔例えば粒状物のやま〕を量るための枡ではなかったかと思われる。視たり摑んだりする際に本能的に表象される物体の容積（物質的に充たされている場所の嵩）が、慾求を充足せしめる物質的性質の量として考察にのぼり、それ自身が討究の対象《シュトライトオブエクト》となる。平面の測定は、もとはといえば、平面を覆う、同じ密度でしきつめた物体群の嵩を量ることにほかならなかった。長さの測定、すなわち同一の紐または鎖の部分を用いる算定は、唯一通りの仕方でのみ二点（非常に小さな二物体）の間に挿入されうる最小《ミニマム》量《ヴォリューム》を決定する。この際、物差として用いられる物体の一つか二つの次元を無視するか、或いは、この物差はどこでも一定であるが、いくらでも、任意に小さくとれるものと考えるとき、理想化された測量《ゲオメトリー》〔幾何学〕の表象に到達する。

9

空間直観は、物体に実地にあたってみることによって豊富になる。それというのも、単なる空間直観だけでは得られない計測の経験が、物体と結びつくからである。こうして、われわれは、直線、平面、円、等々、旧知の諸形態の計測的諸性質と昵懇になるのである。歴史の証言によれば、或る種の幾何学的命題の知識へと最初に導き、或る物体の一定の測度がその物体の別の測度と共々に規定されていることを明らかにしたものは、これまた経験である。学問的な幾何学は測度相互間の依属関係を探し索め、余計な測定を省き、他の事実がそれの論理的帰結として与えられるような最も単純な幾何学的事実を探し出すという経済的な課題を担っている。われわれは頭のなかで、自然物ではなしに、もっぱらわれわれ自身の、単純な論理的形象だけを操るから、幾何学的根源的経験はこうした目的のために概念的に理想化されねばならなかった。今や〔一旦これが確立してしまえば〕かの理想化された経験と結びつけて考覈される直観的表象のうちを進みつつ、思考実験において幾何学的命題を再発見することは何ら妨げられない。われわれは幾何学においても他の自然諸科学におけると同様に振舞うわけである。幾何学の根本的経験は、ともすれば看過されてしまうほど、極小に還元される。われわれは物体がその影ないし亡霊にすっぽり重なって行くかのように表象し、この際もし実際に測定したとしても測定値は変わらないということを思想中で保持する。物理的物体は、〈幾何学的〉前提を満足する範囲内で〈幾何学的〉帰結と一致する。

というわけで、直観と物理的経験と概念的理想化は学問的幾何学において協働している三つの契機である。これら三つの契機のどれか一つを過大に評価したり過小に評価したりすることから、幾何学の本性に関する学者たちの見解に甚しい懸隔が生ずるのである。幾何学の構築における各契機の持分《アンタイル》を精密に分別することによってのみ、正当な把え方が基礎づけられる。われわれの身体の運動性機構は敏速な移動に資すべく対称的にできているが、このため、例えば、対称的な空間形象の両半はわれわれの直観には等価にみえるのである。しかし、この両半は重ね合わせることが出来ないが故に、物理学的・幾何学的見地からすれば、決して等価ではないのである。これらが物理学的には等価でないのは、反対方向の運動や向きの反対な回転が等価でないのと同断である。これに関するカントのパラドックスは、今考察している諸契機を充全に分離しないところから生ずるのである。（補遺十三参照）。

（1） ここでは、このテーマについて詳細に解明することはできない。“The Monist” に連載した論文を参照して頂きたい。それは、一九〇一年四月、一九〇二年七月、一九〇三年十月の各号に分載されている。

本章で概述した生理学的諸考察は、部分的には、ウラサックのそれと類似している（彼の素晴らしい報告。„Über die statischen Funktionen des Ohrlabyrinthes,“ “vierteljahrsschrift für wissenschaftliche Philosophie XVII, I. S. 28.)。唯、私は当該刺戟に対して一つではなく二つの反応を想定するという点でウラサックと異る。ヘーリングの先に引用した条り、および、ジェームズの心理学第二巻一三四頁以下をも参照されたい。尚、『認識と誤謬』（一九〇五）三三一―四一四頁、四二六―四四〇頁、をも参照のこと。

（2） 同様に内的諸器官も、平衡状態が紊されるときに、はじめて感じられかつその位置が定位される。

（3） 無数の幾何学者達がひそかにこの考えを抱いていることは間違いない。ユークリッド幾何学の構築全体に、それがはっきりと現われている。ライプニッツ、殊に彼の「幾何学的記号法」には、それがもっとはっきり現われている。しかし、それについて公けに論じたのは、ヘルムホルツが最初である。

第十章　視感覚の相互間ならびに他の心理的諸要素との関聯

1

正常な心理生活においては、視感覚は孤立的に現われるのではなく、他の感官の感覚と結びついている。われわれは視空間内に視覚像をみるのではなく、さまざまな感性的性質をもった四囲の物体を知覚するのである。意図的な分析を施してみてはじめて、これらの複合体から視感覚が脱け出してくる。ところが、知覚は、思想、欲求、衝動とも結びついており、これらと一体になって現われるのが常である。感官感覚は生活条件に照応する適応運動を解発する。この生活条件が単純で、僅かにゆっくりとしか変化しなければ、感官による直接的な解発で充分である。高度な知的発達は不必要である。生活条件が多岐多様で移ろい変わる場合には話は別になる。こういう生活条件のもとでは、そういう単純な適応機構が形成される筈もないし、単純な適応機構では所求の目標に到達することは望めない。

下等動物は、自分の近くにやって来てしかるべき刺戟を与えるものは、何でも呑み込んでしまう。もっと進化した動物になると、危険を賭して食物を探し、見付けた食物をうまく摑んだり、狡く立廻って捕えたりしなければならず、予め気をつけて吟味してみなければならない。さまざまな記憶の全系列が頭をかすめなければならない。そここではじめて、或る記憶がこれと拮抗する他の記憶を抑えて、それに照応する運動を解発するのである。それゆえ、ここでは、適応運動と共々に規定《ミットベシュティメント》されている記憶（ないし経験）の総和が、感官感覚と雙関的に存立《ゲーゲンユーバーシュテレン》していなければならない。茲に知性が存するのである。

複雑な生活条件をもった高等動物においては、適応運動を解発する感官感覚の複合体は、幼少期にはしばしば非常に錯雑である。幼い哺乳動物の吸乳や六三〜六頁に記した子雀の行動は、その恰好な例である。知能が発達するにつれて、適応運動の解発に必要なこの複合体の部分は段々小さくて済むようになる。感官感覚は知性によって段段と補完され、補全されていく。これは子供や成長期の動物に徴して日毎に確かめることができる。

私は一八八六年版の註のなかで、当時まだ広くおこなわれていた下等動物の知能の過大評価に対して警告を発しておいた。私の見解は甲虫の機械的な運動や蛾の趨光飛翔、等々に関する折にふれての観察にもっぱら基づいたものであった。その後、確固たる実験に基づいてこの見解を確立したJ・ロェプの重要な論文が現われた。

現在、下等動物心理学は、またもや異説紛々たる分野になっている。一方ではA・ベーテ（原註1）が蟻や蜂に関する含蓄に富む興味深い実験に基づいて、極端な反射説を唱えている。此の説によれば、蟻や蜂はデカルト的な動物機械であるように思われる。ところが、他方では、E・ヴァスマン（原註2）、H・ブッテル・レーペン（原註3）、A・フォレル（原註4）、等々、細心な批判的観察者たちは、蟻や蜂に非常に高度な精神的《プシヒッシ》発達を認めている。高等動物心理学も、今日あらためて、一般の関心を集めている。主として一般向きに書かれているTh・ツェルの著作は、幾多の優れた観察や目撃譚を含んでおり、動物の過大評価と過小評価から同時に慎重に遠ざかっているように思う。

生理学にたずさわったことのある人なら、否、F・ゴルツの論文を拳々しただけの人でも、万物の霊長たる人間をも含めてあらゆる動物の生命の保持のために、反射がいかに重大な意義を有するかを知っている。もっとつっこんだ観察を試み、個体の体験を登録している記憶による生物学的反応の影響が、生体の組織機構が簡略化するにつれていかに著しく減少する(原註5)かを観察する人は、単純な組織機構をもった動物の行動が、果たしてまたどの程度まで、単なる反射によって理解できるか、これを探求してみようという考えを自然と抱くようになるであろう。全然記憶をもたず、絶対に変容できないような反射をもった動物が存在するなどということは到底ありそうにない(原註6)。というのは、種が獲得したものと個体が獲得したものとの間に截然たる境界線を引くことは所詮できそうにもないからである。とはいうものの、そういう実験は非常に有意義だと思う。ともあれ実験結果を批判的に醇化してみることはなおさら有意義だと思う。

われわれは将来、幼児からはもとより「弟分」たる動物からも、成人心理学に資すべきもっと多くの事柄を学ぶであろう。私はそう希望する。しかし、最も知能の優れた動物に比べてさえ、人間が精神上こうも優れているのは何故であるかを理解するには、数千年にわたる社会的文化という雰囲気のなかで種と個とが獲得してきたものを考慮にのぼせれば充分であろう。(補遺十四参照)。

2

感官感覚が不完全である限り、表象はこれを補全《エルゼッツェン》し(訳註1)、当初感官感覚だけに規制されていた過程を伸長しなければならない。しかし正常な生活においては、そうしていても別段生体にとって非常な危険が生ずるわけでもない場合には、感官感覚が現前している限り、表象が一から十まで引続き感官感覚を抑圧するには及ばない。実際正常な心理生活においては、これら二種類の心理的要素は非常にはっきりと弁別されている。目の前の黒板を見ているとしよう。この黒板の上に、白線で画かれた六角形だとか、色付きの図形だとかを非常に生き生きと表象することが出来る。しかし、病的な場合を別にすれば、見ているもの、表象しているものを常に知っている。表象に移行する際、注意を眼から転じてどこか別の方に向けるのを感ずる。黒板上に見る斑点とその場所に表象する斑点とは、まるで第四の座標によって区別されでもするかのように、この注意によってはっきりと弁別される。想像されている《ダス・アインゲビル》ものは《デーテ》見られているもの《ダス・ゲゼーエネ》の上に——恰度、ガラス板に映っている映像がこれを通してみえる物体と重なっているような具合に——重なっているのだといってみたところで、事態を完全にはいい尽くせない。私には寧ろ反対に、表《ダス・》象されているもの《フォールゲシュテールテ》は、質的に異った拮抗的な感性的刺戟によって抑圧され、時としては逆に、後者が前者を抑圧するのではないかと思われる。これは、差当り一個の心理学的事実であって、後日、必ずやその生理学的説明が見出されるであろう。

表象においては、これに照応する感覚において物理的刺戟によって規制されていたのと部分的には同一な生体的《オルガーニッシェ》過程が、中枢神経系の諸器官の交互作用によって甦生する。当然このように想定することができる。正常な場合には表象はその強度が低いこと、とりわけそのはかなさによって感覚から弁別される。幾何学的図形を表象のうちで画いてみると、注意を別の線に向けるやいなや、もとの線は画いてすぐ消したかのように、ぼやけてしまう。もう一度その線をみようとしても、それはもはや現前しないのであって、新たに頭の中で画いてみなければならない。単に表象されただけの図形に比べて実際に画かれた幾何学的図形の方が優れており便利であるのは、主としてこういう事情によるのである。少数個の線、例えば、同一の弧に対する中心角と円周角——その辺の一組が重なっていようと交叉していようと——を表象中に把持することは容易である。ところで、ここでもう一本、円周角の頂点を通る直径を引くと、表象中で、次々に図を更新し補完することなしに、角の定比を導出することですら既に相当困難である。尤も、この再補全は、訓練によって意外なほど淀みなく迅速におこなわれるようになる。私は、シュタイネルやフォン・シュタウトの幾何学を勉強していた当時には、現在よりもはるかにそうすることができた。

知能が高度に発達しているところでは——これは人間の複雑な生活情況によって規制されているのだが——時として表象が全注意を惹きつけ、熟考に耽っている人には、自分の周囲に起っている事柄が見れども見えず、自分に向けられた質問が聞けども聞こえずといった結果になることがある。こういった没頭を体験したことのない人びとはこれを「放心」と呼ぶが、「集中」と呼んだ方がはるかに当っていよう。ところで、こういう情況にある人が攪乱されると、注意が転換する際に、今まで自分が没頭していた仕事を非常にはっきりと感得するものである。(訳註2)

3

表象と感官感覚とのこういう区別を考慮することは、感覚現象を心理学的に説明する際の不注意を防ぐのに甚だ好適である。もしこういう事態をもっと考慮していたならば、有名な「無意識推理」説があのように展開されることはなかったであろう。

それの状態が表象を規定する器官は、差当り次のようなものと考えられる。すなわち、それは感覚器官および運動器官のあらゆる特殊エネルギーに応ずる資質を(僅かながら)もっており、注意の階調に応じてあれこれの器官の特殊エネルギーがそれに入り込んで働くことができるような器官である。こういう器官はとりわけ異種のエネルギー間の生理学的関聯を仲介するのに好適であろう。除脳動物の実験から判る通り、「表象器官」以外にも、恐らくもっと多くのこれに類する別の仲介器官——大脳とそれほど密接に聯関しておらず、従ってその過程が意識にのぼらないような——が存在する。

われわれが内省的に見出すような豊富な表象生活は、疑いもなく人間においてのみ初めて現われるものである。

しかし、この生の発現にはもっぱら生体のありとあらゆる部分の相互関聯が現出しているにすぎず、この生の発現の端初が動物の進化系列のずっと下方にまで及んでいるということも、これまた確かである。しかも、一器官の諸部分は、相互間の緊張〔適応？〕を通じて、生体の各部分が相互にとり結んでいる関聯と類似の関聯をもつようになっている筈である。光覚に順ずる調節装置や遮光装置を具えている両網膜は、そうした関係の明瞭で手近かな一例である。生理学的実験と簡単な内省とによって、こういう器官は、それ独自の目的に適った生活習慣、それ特有の記憶、——敢てそういっても構わないと思うのだが——それ独自の知能をもっているということがわかる。

4

『幻視現象について』（コブレンツ、一八二六）というヨハネス・ミュラーの立派な著作のうちに右の問題に関する極めて教唆に富む観察が、纒められている。ミュラーその他が覚醒状態において観察した幻視は、意志や省察の影響を完全に免れている。それは自立的な、基本的には感覚器官と結びついた現象であって、どうみても客観的にみられ《ダス・オブエクティーフ・ゲゼ》た《ーエネ》ものの性格を具えている。それは真の感官の幻想現象、感官の記憶現象である。ミュラーは幻想の自由奔放な自己活動を、生体の生の営みの一部だとみなし、しかも、いわゆる聯想律——彼はこれに対して甚だ否定的な言辞をもらしたのだが——では律しきれないと考えている。私には、ミュラーが述べている、幻想の須臾も止まぬ転変は、聯想律への反証にはならないのではないかと思われる。この過程はむしろ視像のゆるやかなパースペクティヴな変化の回想として把えることができる。通常の表象聯合過程における突飛さは、あれこれの感覚領域が〈突然〉混入しはじめることにもっぱら起因する。（第十一章参照）。

普通には網膜興発の結果として「視覚基体」（ミュラー）内で進行し、見る働らきを規制している過程が、例外的には、網膜興発なしに自発的にも視覚基体内に生じ、幻想または幻覚の源泉となることがある。われわれは、幻想《ファンタスマ》がその性格からみて、かつて見たものと緊密に繋っている場合には感官記憶《ジンネンゲデヒトニス》を云々し、幻想がもっと自由放縦でしかもより直接的に現われる場合には幻覚《ハルチナチオン》を云々する。がしかし、両者の截然たる区画は固持しがたい。

　私は自分自身の体験から、ずい分と沢山の種類の幻視を識っている。ぼんやりと見えているものに幻想が混入し、前者が後者によって一部置き換えられるといったことは頻々と生ずる。私の場合、夜汽車に乗って疲れた時には、この現象が特に生々と現われる。そういう折には岩や樹などが奇々怪々な姿をとって現われる。以前、脈波曲線や脈搏図に熱中していた頃、夕方や、日中でも薄暗いところでは、まったく生々としかも客観的に、黒地に淡白い曲線がしばしば眼前に現われたものである。私はその後も物理学方面の色々な仕事に没頭している際、これと同様な「感官記憶」現象をみた。それほど頻繁にではないが、以前には見たことのない像が日中眼前に現われることもあった。だいぶ昔の話であるが、読んでいる本や書きものをしている紙の上に、真赤な（いわゆる迷路網のような）毛細血管網が何日も続けてくっきりと泛んだことがあった。因みに私はそういう形をしたものを研究したことはなかった。未だ若かった頃のことであるが、極彩色のさまざまに移ろい変わる毛氈模様が、寝入りばなに非常にしばしば泛んだものである。これは今でも注意を向けさえすれば現われる。私の子供も寝入りばなに「花が見える」とのことである。たまには、寝つく前、色々な人物の姿がみえることもある。がこの姿形は、私が全然意志を働らかせないのに、変ってしまう。唯一度だけ、人の顔を頭蓋骨に変えようと努めてうまくいったことがある。しかし、この一度かぎりの例は、単なる僥倖かもしれない。暗い部屋で目を醒ました際、つい今しがた見ていた夢の像が鮮やかに、生々とした色で、そのまま現前するようなこともある。私はこの数年来、次に述べるような一風変った現象にたびたび遭遇している。ねむりからさめて、眼を閉じたままじっと横になっている。眼の前に掛け布団があってその皺もくっきりと見える。この布団の上に出ている両の手は細部に至るまで静止しており変らない。ところが眼を開けてみると、真暗であろうと明るかろうと、布団も手も、今までみえていたのと全然違った様子をしている。これは、他の情況の下ではみたためしのない、特に安定的かつ持続的な幻想である。この像においては、客観的にみている場合には周知の理由からして不可能な或る仕方で、あらゆる部分が――互いに相隔った部分ですら――同時にはっきりと現われるということが看て取れるように思う。

私は若い時分、眼を醒ました直後、非常に生き生きとした幻聴、とりわけ音楽的なそれを、よく聞いたものである。ところが、音楽に対する興味が薄れてしまってからというものは、非常に稀になり、しかも貧弱になった。が恐らく、音楽に対する興味は〈これ自身原因というよりは〉二次的なもの、規定されたものなのであろう。

網膜を外部的刺戟の影響から免れしめ、注意をもっぱら視野だけに向けてみると、幻想の形跡が殆んど常に見出される。そうまでしなくても、外部的な刺戟が弱く不定である時、薄暗がりにいる時、ぼやけた斑点のある平面だとか雲だとか灰色の壁だとかを見ている時、もうそれだけで幻想の形跡がみられる。こういう折に見ているような気がする形像は、それがはっきり見えている斑点の（注意による）単なる選択や総括に基づいているのではない限り、ともかく表象された形像ではなく、少くとも部分的には自発的な――一時的かつ部分的にではあるが、網膜刺戟がそれに道をゆずるべき――幻想像である。こういう場合、期待によって幻想の出現が助長されるように思われる。干渉帯に関する実験をやっていた折のことであるが、干渉の最初の徴候がはっきりと視野に現われる。ところが実験をつづけているうちに幻覚だったことがはっきりする、といったことが一再ならずあった。また、ゴム管から噴出するのを予期していた水の噴射を、薄暗がりで、繰返しはっきりとみてとり、指でさわってみてはじめて自分の錯誤に気がつく、といったこともあった。こういう虚弱な幻想像は、強烈で鮮明な幻想像が仲々知性の影響に屈しないのにひきかえ、易々と知性の影響に屈してしまうものらしい。前者はむしろ表象に近く、後者は感官感覚により近い。

感官感覚によって超克されたり、感官感覚と均衡したり、感官感覚にとって代ったりするこの弱い幻想は、幻想の強度を感覚のそれと比較できることを示唆している。スクリプチュアーは、実際には現前していない十字線が見えているものと思い込んでいる観察者の視野の内に、思いがけない方向から本物の線を導き入れ、観察者がこれに気付き、幻想と同じ強度だと判定するまで、強度を零から次第に高めていくことによって、この着想を実行に移したのであった。(原註7) この方法によって、感覚から表象に至るあらゆる移行が証明される。われわれは、疑いもなく同時に物理的客体としても見なさなければならない感覚と全然異質な心理的要素には、どこにおいても出会わないわけである。とはいえ、表象の(聯想的)聯関は、たしかに感覚のそれとは別な聯関である。

5

レオナルド・ダ・ヴィンチは、前掲書のなかで(五六頁)、幻想の視象への混入を次のように述べている。

「私はこの指示《フォルシュリフテン》書きのうちに、新しく発見された一種の直観《シャウエン》について記載する労を惜しまないことにしよう。それは一見些末で一笑に附すべきものにみえるかもしれないが、にも拘らず、精神をしてさまざまな発見に覚醒させるためには、大いに活用できる代物である。さまざまな形のシミが一面についている壁だとか、色々なものが混って出来ている岩石だとかに目をとめる。そうするとそれが君に生ずる。君が発見できるような状況にあれば、山川草木、岩石、大平原、色々な山や谷からなる風景のようなものを、そこに看て取ることができる。また、色々な会戦、珍妙な人物の生々とした姿、表情、服装、その他君が完全で立派な形にもたらしうる無数のものごとをそこに看ることができる。こういう壁や混成岩にあっては、それを聞いた時、君が想像するありとあらゆる名前や言葉を聞きとることのできる鐘の音の場合と類似のこと《ダス・エーンリッヒエ》が現われる」。

「私は君に奨める。時々立停って、壁のシミだとか、灰だとか、雲だとか、泥だとかをみてみること、これを煩らわしがらないように、と。うまく眺めると、すばらしい発見をするだろう、と。こういう卑見を貶しめないでほしい。というのは、（それによって）画家の精神が（こういう）新発見へと鼓舞されるからである。それが、君に名声をもたらすべき戦争画、動物や人物のコンポジションにおいてであれ、風景や、悪魔等の怪物のコンポジションにとってであれ。つまり、精神は混沌とした不定なものによって、新発見にめざめるのである。しかし、予め心したまえ。君が表象しようとするものの四肢を——動物の四肢も、風景の四肢、つまり石や木などを——よくのみ込むように」。

網膜を通ずる興発がないのに幻想が強く自立的に現われるのは、——夢や半覚醒状態はともかくとして——その生物学的非合目的性の故に、病的とみなすべきである。また、幻想が異常なまでに意志に従属しているのも、これまた病的とみなすべきであろう。自分のことを非常に強大だ、神様だ、等々と思い込んでいる狂人の場合には、恐らくや、こういった状態にあるものと思われる。しかし、単に抑制的聯想が欠如しているだけであっても、やはり誇大妄想が生ずることがある。因みに、夢のなかでは、矛盾を摘発する聯想が出現しないので、大問題を解いたかのように信じ込むことがあるのである。

6

以上を前置きとして、今や幾つかの生理・光学的現象を考察することにしよう。この現象は、完璧な解明というには程遠いが、しかしともあれ、感覚器官の自立的な営みの発現として把えるときわめて判りやすい。

われわれは普通、両眼でものを見る。しかも生活に役立つ一定の目的のために、色や形ではなくして、空間中の物体を見るのである。複合体の各要素ではなくして、生理・光学的複合体の全体が重要なのである。もし特別な事情の結果、それの現われかたが不完全であろうものなら、眼はこの複合体を、その生活条件のもとで獲得した習慣（或るいは遺伝した習慣）に則って補完しようと努める。片眼でものを見る場合や、両眼で遠くのものを見る場合、つまり両眼の隔たりに関わる双眼鏡的差異が消失する場合には、こういったことがとかく起こりやすい。

われわれは普通、光と影とを知覚するのではなく、空間的な客体を知覚するのである。普段、物体の陰影には殆んど気がつかない。明るさの差異は、奥行きの感覚を解発し、実体鏡〔双眼鏡〕的差異ではもはや間に合わない場合、物体の立体化を助ける。このことは、遠くの山々を見る場合などにはっきりする。

写真の感光板に写っている映像をみてみるとこの点が非常によく判る。ここでは明暗の差が著しいのにびっくりさせられること屡々である。こういう明暗は、一切を一平面内に見るよう余儀なくされない限り、物体においては全然気付かれないものである。今でもはっきり憶えているが、私は子供のころ絵に陰影をつけるのは不当で事実を枉げる行為だと思った。輪郭画の方がずっとましだと思った。どの民族も、例えば支那人のように、進んだ絵画技術をもっているにも拘らず、全然影をつけなかったり、ほんの一寸しか影をつけないという事実は、これまた周知の通りである。

次の実験は私がずっと以前におこなったものであるが[原註8]、この実験によって、先に述べた明暗の感覚と奥行きの感覚との関係が非常にはっきりする。折曲げた名刺を机の上に立て、出っ張った稜beをこっちに向けておく。（第24図）。左側から光を当てると、左半面abdeの方がずっと明かるく、右半面bcefの方がずっと暗い。しかし、別段気に留めずに眺めている時には、そのことに殆んど気付かない。片方の眼を閉じてみよう。すると空間感覚の一部分が消失する。でも依然として折れ曲った名刺は空間的に見え、明暗に関してはこれといった目立った点はみられない。ところが、出っぱっている稜ｂｅが、凹んでいるかのように見えだすと、そのとたんに、まるで塗りわけたかのように、明暗がくっきりと現われる。たやすく説明のつく此の名刺の遠近法上の錯視は、暫く度外視することにしたい。因みに、こういう「反転」が起るのは、単眼視像によっては奥行きが規定されないからである。第25図１において、Ｏは眼を表わすものとし、ａｂｃは折曲げた紙の横断面、矢印は光の方向を表わすものとする。従ってここではａｂの方がｂｃよりも明かるい。第25図２においても、やはりａｂの方がｂｃよりも明かるい。お察しの通り、奥行き感覚の勾配と見ている面要素の明るさとを混淆する習慣が眼にできている筈である。左から光をあてると（左の図）、明るさが減ずるに従って、勾配と奥行きとは右にいくほど小さくなる。右から光をあてると、逆になる。網膜が埋設されている眼球被膜は半透明であるから、左右いずれから光をあてるかは網膜上の光の分布にとって無関係ではない。従って、判断の関与を全然俟つことなく、明暗と奥行きとを一定の仕方で結びつける強固な習慣が眼にはできているらしい。ところで、網膜の一部が先の実験の場合のように、別の習慣の所為で、初めの習慣と矛盾するようになると、これ〔明暗〕が著しい感覚となって顕われる。（原註9）

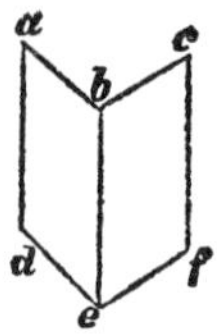

第24図

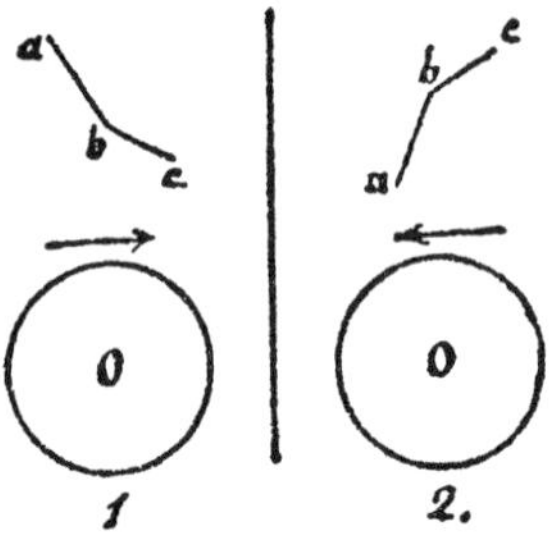

第25図

眼球被膜を通して射し込む光線がいかに重大な効果をもたらしうるかは、フェヒネルが行った或る実験からして明らかである。これに属する観察の一例を挙げておこう。私の机の下には、くすんだ緑色の敷物が敷いてある。ものを書いている時その一部分が見える。さて、左から射してくる明るい日ざしの下で、偶然にせよ故意にせよ、敷物のこの部分の二重像ができると、強く照射されている左の眼に写る像は、コントラストによって鮮かな緑色であり、右側の像は全くくすんでいる。眼球照射の強さを変えたり色を換えたりして、この実験をやってみると面白いであろう。また反転実験に際してそうしてみるのも一興であろう。

以上の議論では、現象の性格を提示し、生理学的解明を（心理学的思弁を排除して）どの方向に求めたらよいかを示唆したに止まる。なお、注意しておきたいのは、相互に関聯し合っている感覚質に関して、エネルギー保存の法則に類似した或る原理が支配しているように思われるということである。明暗の差異は一部分奥行きの差異に転成し、この際自らは弱まる。逆に奥行きの差異を代償にして明暗の差異が大きくなることもある。あとで別の機会に、これに類する所見を披露する心算である。

第26図

7

物体を観る習慣、すなわち、かなり大きな、空間的に聯関し合っている光覚の塊まりに注意を向ける習慣の結果、特有な幾分意想外な現象が生ずる。例えば、二色塗りの絵や図案は、どちらの色を地とみるかによって全然違ったものにみえるのが常である。明かるい空を客体〔図柄〕とみなし暗い木の方を地だとみなすと、樹幹の間に妖怪めいた姿が現われ出でるあの判じ絵のことはよく知られている。地と客体とが同じ形をしているのは例外的な場合に限られる。こういった場合には頻繁に用いられる装飾的趣向がみられる。このことは、例えば先に言及した『装飾の文法』一五頁から転載した前頁の第26図や、同書第四五表20図、22図、第四三表13図から看取できる。

8

遠近法で画かれた図像を片眼でみる場合とか、結局は同じことに帰着するが、客体を片眼でみる場合などに現われる空間視の現象は、殆んど自明のこととして軽視されるのが常である。しかし私の考えでは、この現象については色々と研究すべきである。遠近法で画かれた一個同一の図像によって、多種多様な客体を描出することができる。従って、空間感覚は一個同一の図像によって一義的に規定されるのではなく、部分的にしか規定されない。当の図像で表わされていると考えることのできる物体は非常な多数にのぼるにも拘らず、実際にはほんの少数の物体だけが完全な客観性という性格を帯びて、看取されるに止まる以上、これにはしかるべき生理学的基礎がある筈である。それは、副次的規定を附け足して考えることに基づくのでもなければ、念頭に泛かぶ意識された記憶に基づくのでもない。それは視覚の特定の生活習慣に根差しているのである。

視覚の働らき具合は——それが種および個体の生活条件のもとで獲得した——習慣に則っているのだとすれば、差当り次のように想定することができる。すなわち、視覚は確率の原理に則って進む、換言すれば、従来きわめて屡々一緒に解発されてきた諸機能はその一つだけが興発された時にも一緒に現われる、という想定が是である。例えば、遠近法で画かれた或る図像に、最も頻々と結びついていた奥行感覚は、この感覚が共に規定されていなくとも、その図像が現われれば容易に再生される。遠近法で画かれた図像をみる際には、これに加えて節約の原理がものをいうのではないかと思われる。すなわち、視覚は刺戟によって規定される以上の努力を進んで引請けるようなことはしないのである。以下にみる通り、これら二つの原理はその結果においては帰一する。

9

右に述べた事柄を稍々立入って説明しておきたい。遠近法で画かれた図像中の直線は、客体としての無限に多様な平面曲線に対応することができる。にも拘らず図像中の直線は常に空間中の直線にみえる。曲線を含む平面が片方の眼の結像点を截る特別な場合に限ってのみ、片方の網膜に映るこの曲線の像が直線(なしい最大円)になる。曲線が両眼に対して直線として映ずるのは、曲線を含む平面が両眼の結像点を截るというもっと特殊な場合に限ってである。こういうわけであるから、平面曲線が直線に見える確率は極めて小さいのである。これに反して、空間中の直線は、両方の網膜に対して、常に直線として映ずる。という次第で、遠近法で画かれた直線に対応する客体のうち、最大の確率を有するのは空間中の直線である。

直線は多種多様な幾何学的性質を具えているが、これら幾何学的諸性質、例えば二点間の最短距離を表わすような周知の性質は、生理学的には重要でない。正中面内にある直線や正中面に垂直な直線は、生理学的にみて自分自身に関して対称になっているが、こういったことの方が既にして生理学的には遙かに重要である。正中面内にある鉛直線は、そのうえ、奥行き感覚の一様性が最大であること、および、重力の方向と合致しているという点で、生理学的に擢んでている。どの鉛直線も容易かつ速やかに正中面内にもたらすことができる。従って苟も鉛直線であれば上に述べたような生理学的優越を分有している。空間中の直線一般はしかし、もっとほかの徴表によって生理学的に擢んでている筈である。どの点をとっても方向が同じだということは先に挙げておいたが、空間中の直線の各点には、そのうえ、近傍点の奥行き感覚の平均値が対応している。従って、空間中の直線は、直線上の各点が近傍点の同質的空間値の平均値を供するのと同様、奥行き感覚の平均値からのずれの最小値を供するのである。こういうわけで、直線をみるためには最小の努力で済む、という想定が自ずと泛んでくる。このような次第で、視覚は好んで直線に見立てようとするが、その際視覚は節約の原理に則っているのであり、また同時に確率の原理にも従っているのである。

尚、私はウィーン・アカデミー会報五四巻（一八六六）の中で、「文明人は到る処つねに直線によって囲まれているのであるから、苟も直線として網膜に映じうるものは、——何千回何万回となく、ありとあらゆる様式で——空間中の直線だとみなされて来た、と考えてよかろう。それゆえ、眼が直線像の解釈に長じているのは、けだし訝むに足りない」と記したのであった。私はすでに当時においてさえ、この条りを書くのに気乗りがしなかった（因みに、この条りは、私が当の論文で支持を表明したダーウィン流のものの観方に反している）。ましてや今日では、当時にもまして、私は次のように信じて疑わないのである。上述の才覚《フェーイッヒカイト》は決して個体の訓練のたまものではない。それどころか、そもそも人類が訓練によって習得したものでもない。それは動物にも具っているものであって、少くとも部分的には、遺伝的に相続されたものである、と。

10

或る感覚が近傍感覚の平均から偏倚していると、この偏倚は目立つのが常であり、感覚器官に対して特別な努力を要求する。曲線の彎曲や平面の凹凸は、いずれも、周囲の平均からの——つまり注意が向けられている場面の平均からの——空間感覚の偏倚を意味する。平面は次の点で生理学的に擢んでている。それは、平均からの偏倚が最小だということ、ないしは、殊にどの点においても偏倚が零だということである。斑点のあるものの表面を雙眼鏡でのぞいたとしよう。その部分像は未だ両眼像に合一していないものとする。ここで突然、この斑点が視野一杯に拡がって平面にみえる時、或る特に心地よい印象を生ずる。円や球が美的な印象を与えるのは、根本的には平均からの偏倚があらゆる点で等しいということに基づいているように思われる。

11

私はずっと以前に発表した論文のなかで、周囲の平均からの偏倚が明暗の感覚との関係において或る役割を演ずるということを証明しておいた。(原註10) 紙テープAABBを、第27図のように白黒紋様に塗り分け、ABが軸と平行になるようにシリンダーに捲きつける。このシリンダーを速やかに廻転させると、BからAに向って段々と明かるくなっている灰色の場《フェルト》がみえるが、そこには明かるい縞（$\alpha\alpha$）と暗い縞（$\beta\beta$）とが現われる。物理学的には、屈曲点αに相当する個所が周囲より明るいわけではない。しかし〈眼に対する〉この位置の明るさの度《リヒトインテンジテート》は、至近周辺の明るさの度の平均を凌駕しており、他方βにおけるそれは、逆に周辺の平均度以下である。(原註11) それゆえ、平均からの偏倚が、はっきりと感受されるのであり、従ってそれは、視覚器官に特別な労働を課するのである。これに反して、明かるさの連続的な変化は、明かるさがどの点においても近傍の平均に照応している限り、殆んど気付かれない。私はずっと以前に（前掲ウィーン・アカデミー会報、一八六五年十月および一八六八年一月）この事実が、客体を顕揚したり局限したりすることに対して、どういう目的論的な意義を有するかを指摘しておいた。網膜は些細な差異を抹消し、かなり大きな差異は不釣合いに顕揚する。網膜は図式化し略画化する。輪郭が視覚作用に対して有する意義は、つとにパヌムの注目するところとなっている。

実にさまざまな実験を通じて――第27図で表わしたものはその最も簡単な一例であるが――私は次の見解を抱く

第27図

に至った。それは、網膜部位の照射《ベロイヒトウング》は、近傍部位の照射の平均からの偏倚に比例して感受されるという見解である。尚、この際、かの平均値を有する網膜部位の重要性は、この部位が当該部位から距たるに応じて、急速に減少するものと考えられる。これはいうまでもなく網膜要素間の有機的相互作用ということによってのみ説明できる。座標系（XY）に関する網膜部位の照射度を $i=f(x,y)$ で表わすと、任意の部位に対して基準となる平均値は、$i+\frac{m}{2}\left(\frac{d^2i}{dx^2}+\frac{d^2i}{dy^2}\right)$ という式で近似的（象徴的）に表わされる。ただし、面 $f(x,y)$ の曲率半径はすべて当該網膜部位がそれと知られるほどの影響を受ける距離に対して充分大きくとるものとし、m は定数とする。さて、当該網膜部位は、$\left(\frac{d^2i}{dx^2}+\frac{d^2i}{dy^2}\right)$ の正負に応じて、――自分の近傍が一様な照射をうけている場合に比べて――暗く感じたり明かるく感じたりする。面 $f(x,y)$ に突起があったり屈曲があったりすると、$\left(\frac{d^2i}{dx^2}+\frac{d^2i}{dy^2}\right)$ が無限大になってしまい、前掲の公式は使えなくなる。尤もこういった場合、屈曲に対してたしかに強い明暗化が対応してはいるが、しかし無限大にはならない。明るくなったり暗くなったりするとはいっても、はっきりとした一線が引けるわけではない。平均値からの偏倚に基づいて予期さるべき通り、ぼんやりと拡がっている。けだし、網膜は感受性をもった点から成っているのではなく、有限個の・一定の拡がりをもった・可感的要素から成っているのである。こういう特別な場合の現象を精確に規定するためには、網膜の可感的要素相互間の交互作用の法則を詳しく識ることが必要であろうが、われわれは只今のところ未だそういう詳しい知識を持ち合わせていない。

光の客観的分布を主観的な印象に随って判断しようとすると、とかく錯誤に陥り易い。それゆえ、上述のコントラストの法則を識っておくことは、純粋に物理学的な研究にとっても大切である。グリマルディはすでにしてこの類いの現象に欺かれている。われわれは、陰影や吸収スペクトルの観察、その他無数の場合に、こういう現象に逢着する。或る事情のお陰で私の報告は殆んど人びとに知られなかった。で、私がすでに報告しておいた当の事実が、三十年以上も経ってから、二度も発見されるといった始末である。(原註12)

明るさの感覚に対して、i のほかにその二次微分商も影響を及ぼすのに、一次微分商 $\frac{di}{dx}$、$\frac{di}{dy}$ が影響を及ぼさないらしいということは、奇異に思われるかもしれない。面の照射度が一定の方向——例えば x 軸の方向——に、一様にかつ連続的に高まっていると、われわれは殆んどそのことに気がつかない。敢てこれを確認するためには特別な趣向を要する。これに反して、この一次微分商は視ている面の立体化《モデリールング》、造形化《プラステイク》に影響を及ぼす。水平方向を x、照射面上の点の奥行きを τ で表わすことにすれば $\frac{di}{dx}$ と $\frac{d^2\tau}{dy^2}$ とはパラレルに変化する。この表現は、無論、これまた単に象徴的に理解さるべきであるが、次のような円筒面——、鉛直な母線と水平面内に含まれる準動線 $\tau=f(x)$ をもち、しかも準動線の二次微分商 $\frac{d^2\tau}{dx^2}$（曲率）が照射度の一次微分商（勾配）とパラレルに変ずるような円筒面——を想い泛かべることを意味する。曲率の符号は、一七一～二頁に記した副次的諸条件によって決定される。

12

単眼視像によって解発される奥行き感覚に関して、われわれは以下の実験から多くの事柄を学び取ることが出来る。第28図は四角形に対角線を引いたものである。この図を片眼でみると、確率の原理および節約の原理に則って、平面的に見えがちである。平面的でない客体は、先ず大抵の場合、眼に奥行き視を強要する。こういう強制を欠いている場合には、平面的な客体こそが、最も蓋然的でかつ同時に視覚器官にとって最も好適である。

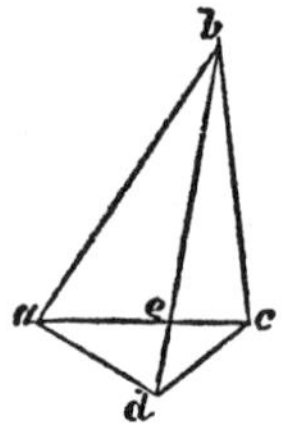

第 28 図

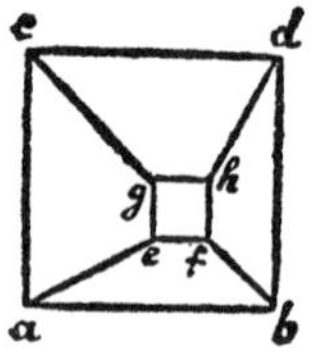

第 29 図

この第28図は片眼でみると四面体〔三角錐〕に見えることもある。この三角錐の稜bdはacよりも手前にあるように見えることもあるし、bdの方がacの向こう側にあるように見えることもある。視覚過程に対する表象や意志の影響は非常に限られたものである。それは注意を嚮導すること、および、慣れ親んでいる沢山のケースのうちどれか一つに見合う視覚器官の調子を選び出すこととの二つに帰着する。とはいえ、どれか一つのケースが選び出されると、機械のように正確かつ確実に、それが立現われる。点eに目をとめてbdをacより近いと表象するか遠いと表象するかに応じて、視覚上可能な二つの四面体を、実際随意的に転換することができる。或る物体が別の物体によって一部分覆われているのをわれわれはしばしば目撃しているので、視覚器官はどちらのケースにも習熟している。

ロェプ(原註13)は、第31図を目に近づけると、近くをみるための調整作用が解発され、よってもって凝視している稜beが手前に突き出て見えるようになると云っている。しかし、私は、図を近づけたり遠ざけたりすると把握の交替が生じ易く(原註14)なることは認めるけれども、ロェプがいうほど決定的な実験結果をうることは出来なかった。また理論的にもそれに対する充分な根拠は見出せない。

最後に、第28図は交錯点eが平面abcdの手前にあると表象したり向う側にあると表象したりすると、四角錐にみえる。尤もbedとaecとが二本の完全な直線である場合には、仲々四角錐にはみえない。というのは直線を誣いずに屈折していると見立てることは、視覚器官の習慣に拮抗するからである。屈折線にみたてることができ、従って四角錐にみたてることができるのは、唯、点eが特別な地位を占めているからである。ところが点eのところでほんの一寸でも曲っていれば、四角錐に見立てようとする試みは何ら困難に逢着しない。

遠近法を知らない人に対しても、――片目で見さえすれば誰しも容易にそうできることだが――苟も彼が図の画かれている平面を捨象できる限り、遠近法理論に通じている人の場合と同様、遠近法で画かれた線画の効果は確実に現われる。見ている対象についての熟考や回想は――私はそう信じて疑わないのだが――この効果と殆んど無関係ないしは全然無関係である。図のなかの直線が空間中の直線にみえる理由は既に説明しておいた。何本かの直線が図面内の一点に収斂するように見える場合には、確率の原理と節約の原理とに則って、収斂ないしは漸近する直線の終端部は、同一ないしは同一に近い奥行きに転置される。これによって消尽点の効果が与えられる。そういう線は平行になっているかのように見えることもあるが、そういう印象を生ずべき必然性はない。第29図を目の高さに据えると、廊下の奥を覗き込んでいるように感ぜられることもある。終端ghefは同じ遠さに転置される。この際距離が大きければ、線ae、bf、cg、dh、は水平にみえる。図を目よりも高く持ち上げると、終端efghが持ち上がり、床abefは上り坂のようにみえる。図を目よりも低く持ち下げると、逆の現象が現われる。図を左右に押しやってみると、同様な変化が観察される。こういった事実のうちに、遠近法の効果の諸要素が簡単明瞭に現出している。

平面画は、直線だけで描かれており、しかもこれらの直線が直角でしか交っていない場合には、先ずもって平面的にしかみえない。ところが、斜交や曲線が現われると、例えば第30図――誰しも労せずして曲った紙として見立てるであろう――がそれを示している通り、線は容易に平面から脱け出る。第30図の如き輪郭線が、予め一定の空間的形態を表わすものとして受納されており、しかもそれが或る面の境界だと見做される場合には、この面は、手短かにいえば、出来るだけ平坦に――それ故ここでもまた奥行き感覚の平均からの偏倚が最小になるように(原註15)――見えるのである。

13

図面内（ないしは網膜上）で斜交している線相互間の特有な交互作用——これのおかげで斜交線は図面（ないし視線に垂直な平面）からお互いに押出し合うのであるが——かかる交互作用を私は上述の実験（一七二頁、折曲げた名刺を片目で見る際に起こる反転現象の実験）の折に初めて観察したのであった。第31図のように手前に突き出た稜beが鉛直になっている紙は、beが凹んでいるように見立てることに成功すれば、丁度開いた書物を机上に横たえたようになり、bの方がeよりも遠くにみえる。一旦この現象に馴染むと、殆んどあらゆる客体において反転が成就されるようになり、しかもその際常に、形の変化（裏返し）と同時に、かの注目すべき客体の定位（位置）の変化をみてとることができる。客体が透明である場合には、殊に驚くべき相を呈する。第32図において、ａｂｃｄを机ｔｔ上にあるガラスで出来た立方体の断面とし、ｏを眼としよう。単眼視反転に際しては、〈視覚上〉頂点ａはａ′へ、ｂは〈ａ′よりは目に〉近い点ｂ′へ、ｃはｃ′へ、ｄはｄ′へ移る。こうして、この立方体はｃ′を支点として机ｔ′ｔ′上に傾いた姿勢で立っているかのようにみえる。事態を見易くするために、第32図では二つの視像が引離して画いてある。〔実際には空間図形ａｂｃｄと空間図形ａ′ｂ′ｃ′ｄ′とは空間的に分離してはおらず重なっているが、第32図では便宜上両者を空間的に引離して画いておいた。けだし、この図においては本質的なことはｂｃよりも眼に近い点ａがｂｃよりも遠くに見え、ｂｃよりも遠い点ｄが近くに見えるという反転である。〕この立方体の代りに、色のついた液体で途中まで充たしたコップをもってきても、無論このコップは液面共々傾いて見える。

第30図

第31図

充分の注意を払えば、これと同じ現象がどんな線画においてもみられる。第31図が描かれている本書の前頁を鉛直に立てて片目でみると、beが凸であればbが〈e及びその他の点に比べて一番〉自分に近く見え、beが凹であればeが浮出てきて、bが遠のいて見える。(原註16) ロエプはこの種の反転に際して点a、eは図が画かれている平面内に留まると述べている。実際、これによって定位の変化が理解できる。点線を引き（第32a図）点線で画かれた三角形の外部が消失したものと考えると、凸三角錐ないし凹三角錐の像が残留するが、その底面は図が画かれている平面内にある。反転は最早なんら謎めいた定位変化を生じない。こうして、われわれの見受けるところ、片眼でみられた各点は奥行き感覚の平均値からの偏倚が最小になるように努め、かつ見られた客体全体は、ヘーリングの核面からの隔たりが——所与実験条件下において可能な——最小になるように努める。

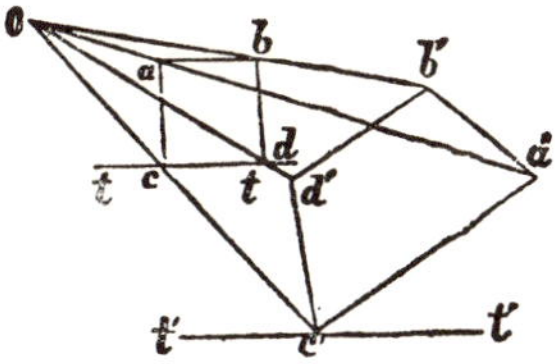

第 32 図

第 32*a* 図

平面的直線図形を単眼でみて空間的に見立てる際に起こる変形を考慮に入れると、この変形は質的には次の命題に還元することができる。すなわち、鋭角を挟む辺は図が画かれている平面（ないし視線に垂直な平面）から反対側に押出し合い、鈍角を挟む辺は同じ側に押出し合うというのがそれである。この際、鋭角は大きくなり、鈍角は小さくなる。あらゆる角は直角になろうとする傾向をもっている。（補遺十五）。

14

前節末尾の命題は、先に述べた現象がツェルネルのプソイドスコピーやそれに類する数多くの現象と関聯のあることを暗示している。ここでも一切は鋭角の見掛上の拡大と

第33図

鈍角の見掛上の縮小とに帰着するのであって、相違といえば図が平面的にみえるという点だけである。しかし、単眼視によって図が空間的にみえる時には、プソイドスコピーが消失して上述の諸現象が現われる。時に、このプソイドスコピーは色々と研究されてはいるが、現在のところ全面的に満足できるような説明は存在しない。研究を紛糾させようとか、早計に打切ろうとかいうのであれば話は別だが、そうでない限り、われわれは特に直角を見慣れているのだといった軽佻な説明に甘んじることは許されない道理である。われわれは客体が傾いているのを頻々と見かける。にも拘らず——例えば先の実験のように敢えて技巧をこらさなければ——静止している液面が傾いたままに見えるといったことは断じてないのである。しかるに、眼は傾いている物体に比べれば、まだしも傾いている液面の方を好むようである。

この過程に現われる要素的〔原基的〕な力は、私の考えでは、視覚器官の遙かに単純な習慣に根差すものである。しかもこの習慣は人間の文化生活を俟って初めて成立したものとは思えない。私はかつてこの現象を、色のコントラストと類似な、方向のコントラストということによって説明しようと試みたが、満足すべき成果は得られなかった。とはいえ、曲線のコントラストに関するロェプ(原註17)、ハイマンス(原註18)、等の近時の研究や、ヘフラー(原註19)の観察は、コントラスト説に有利な証言を与えている。また、少くとも極く最近では純粋に生理学的に説明しようとする傾向が決定的に強まって来た(原註20)。

ツェルネルのプソイドスコピーに関しては節約の原理も効果的でないことが私にははっきりしてきた。確率の原理は節約の原理よりは見込みがありそうである。網膜を完全な球と考え、空間中の角aの辺を凝視しているものと考えよう。眼の結像点と角の辺とを含み、後者を網膜上に投影する平面が網膜を截って出来る線は二角をもった球面弧になる。(第33図)。この角の大きさAは単視像の角を表わす。客観的な角の辺が上述の投影面内の任意の位置をとりうるということを考えてみれば肯ける通り、任意の同じAに対して零度から百八十度にわたるaの無数の値が対応することができる。それゆえ、見えている角Aの一定値に対して、——三角形の二辺bとcとが挟む角を零度から百八十度までの間で変えるときに生ずる——客観的な角aのあらゆる値が対応し得る。ところで、或る一定の仕方で計算してみると、実際、見えている鋭角には最も確率の大きな客体としてそれよりも大きな角が対応しており、見えている鈍角にはそれよりも小さな角が対応している。とはいうものの、人びとが幾何学的に同じ確率をもっていると考えがちな各ケースが、生理学的にも果たして同じ確率で現われるとみなしてよいものかどうか、この本質的で重大な問題については私は論決できなかった。そのうえ、以上の考察は、全体として余りにも技巧的にすぎるように思う。

15

A・シュテェールが全く新しい観点から上述の現象を解明しようと試みたことにここで是非とも言及しておくべきであろう。私はシュテェールが導きの糸にしている一般的考察に対しては満腔の共感と賛同を禁じえない。が、他方、シュテェールの仮説には事実によって証明できる基盤が対応しているかどうかという点については、私は今日に至るまで確たる判断をくだしかねている。なお前提されている関係が甚だ複雑なので、当該領域そのものを抜本的に実験しなおしてみないことには、個々の点について裁断することは困難である。従って、シュテェールの見解があらゆる点で十分な説明を果たして与えるものかどうか、私には判らない。彼が以前に書いた著作では(原註21)、網膜の前方にある屈折光学的像には、奥行きに応じて浮出《レリーフ》しを有する網膜中の反射光学的像が対応しているものと想定されている。網膜中における奥行きが、視空間内の感覚される奥行きを規定するものであり、調節を統制するものでもあるとされていた。実のところ、調節変化の向きが何によって規定されるのか、私自身かねてから問題にしてきた。というのは、調節の変化は単なる散光圏の大きさによって規定されるのではなく、光の収束と調節との関係も弛いものにすぎず、一眼だけでも調節されうるからである。他方、調節作用と奥行きの感覚とは無関係だということを示す数々の観察結果がこの見解に対立している。とはいえ、昆虫の眼の網膜が大層分厚いという事実(原註22)は、浮出し知覚に際してそれの果す機能について一考してみることを促している。

その後二つの著作(原註23)で彼はこの見解を増補している。これらのうち第二の著作ではシェフラーの見解を彼は一層生理学的な形にもたらしている。シュテェールは——照応する部位から多かれ少なかれずれている部位の像が融合して単一の印象になるという——支配的な見解が怪しいことを発見した。「通常のそれとは別様に転轍するというにとどまらず、二つの刺戟が中枢器官内で合一しうるように、目的に適った仕方で一対の異常な伝導経路を、転轍する転轍手が一体どこにいるのか?」。両眼の網膜は光刺戟を最小化しようとする努力に支配されて、不等な像の同一化を志向するものと想定される。神経要素は睫毛筋を、全く均等な規則正しい仕方においてのみではなく、必要とあれば甚だ不均等にも興発する。睫毛筋の規則的な収縮は、かなり大きな水晶体膨隆と僅かな網膜収縮とを惹き起こす。この際、網膜要素がその位置値を伴っているものとすれば、同一の網膜像が拡大されてみえるわけである。シュテェールによれば、このような次第でパヌムの比例円体系(半径の比が四対五までの)が、両眼相互の適応によって、同じ網膜部位において単一かつ平均の大きさに見られる、ということが理解できる。円体系の融合は一方の像の抑圧によって生ずるのではない。シュテェールはこのことを次のようにして証明した。すなわち、彼は円体系の一方を赤い点で、他方を間歇的に緑の点でしつらえて、両眼視における統合像中に赤い点が緑の点の間に現われるようにしたのである。睫毛筋の不規則な収縮は、多段的な効果を生ずる由である。それは先ず水晶体の不規則な歪みを惹き起こす。――これは光束の屈折端の多岐多様な偏倚を伴う――これによって屈折光学的像の浮出しならびに反射光学的像の浮出しに変化が生ずる。さらに睫毛筋の不規則な収縮は、網膜にさまざまな一寸した歪みを惹き起こす。シュテェールは、細かい計算によって彼のように把握できることを確証できると考えており、水晶体のない眼をもった動物の研究によって彼の前提が事実に適っていることを証明できるものと信じている。ともあれ彼の理論は、例えば直線の立体鏡的屈曲といった驚くべき〈観察事実をもたらした〉実験へと赴かしめたのであって、この一事で以っても彼の理論は一顧に値する。しかし、私は、眼およびその諸部分を生ける有機体組織《オルガニスメン》として把える彼の考え方には共感を覚えるけれども、彼の仮定が空間視の複雑な諸ケースの説明にとって、あらゆる点で充分だとは思えない。(原註24)

シュテェールは生理光学の伝統から隔絶している。しかしこのこと自体は彼の理論を精確に吟味しなくてもよいという理由にはならない。S・エクスネルやTh・ベーア(原註25)の――立派な、注目に値すべき成果に富んだ――比較生理学的研究が、物理学者がアプリオリには夢想だに出来ないような、眼の複雑な生体機構について教えて以来というものは、なおさらそうである。シュテェールの考えは恐らく人間の眼にはあてはまらないであろうが、他の視覚器官にはあてはまるであろう。(補遺十六)。

色々な現象から推してそう思えるのだが、ものを見ている際には、もっと探求さるべきさまざまな変化が眼に生じている。左右の差異が大きい双眼鏡を長時間覗いていると、像の融合がとっくに完了しているように思えても、浮出しの異常な増大が継起的に現われる。細く滑らかな平行線系において波状屈曲や膨縮が観察される。人びとはこの現象を多分に特異な仕方で、網膜のモザイクはそういう繊細な直線を呈示するには不充全なのだということに帰している。ところが、私の経験では、そんなに細くないはっきり見える直線系であっても、じっと見つめていると、必ずこの現象が認められるのである。それ故この現象が網膜モザイクと無関係なことは確かである。私としてはむしろ、シュテェール(原註26)がいう意味での僅かな偏倚とでもいったものによる緊張によって、空間値が一寸した混乱に陥るのではないかと思う。

16

平面図形のプソイドスコピー視からそれの単眼的空間視への移行が容易だという事実から、前者に関するより立入った解明が与えられるであろう。この推測が次の諸事実によって強められる。平面上に画かれた線画は、片眼でみると普通平面的にみえるが、しかし角度を変えたり動かしたりすると、直ちに奥行きをもつようにみえて来る。以前別の機会に述べておいた通り(原註27)、こういう折には、普通、剛体(訳註3)が回転しているようにみえる。有名なリサジュー氏の震動図――これは位相差が変わる際回転している円筒面上にあるかのようにみえる――はこの過程の恰好な一例である。

剛体に係わるのがわれわれの慣いだということを更めて指摘することもできよう。実際、回転したり向きをかえたりする剛体に、われわれは四六時中とりまかれている。いやそれどころか、われわれがそのなかで動いている物質界全体が或る意味では一個の剛体なのである。もしも剛体の援けがなかったら、われわれはそもそも幾何学的空間の表象を懐くには至らなかったであろう。われわれは普通、物体の個々の点の空間中の布置に気を配ることなく、何となしに物体の諸次元を把えている。このゆえにこそ、練習していない者にとっては、遠近法画を描くことが困難なのである。物体を普段その原寸で見慣れている子供達は、遠近法で画かれた縮尺図では満足できず、むしろ簡単な略図だとか側面図だとかの方をはるかによしとする。私は〈子供の頃の〉こういう精神状態をありありと想い出すことができるし、そのお蔭で古代エジプト人の絵を理解できる。古代エジプトの絵は被写体のあらゆる部分を出来るだけ原寸で表わそうとしており、それゆえ、いわば植物を腊葉《おしば》にするような具合に、物体を無理矢理画面内に押込んでである。ポンペイ壁画では遠近法に対する感覚がすでにはっきりでているにも拘わらず、やはり縮尺に対する躊躇が著しい。これに反して古代イタリア人は、事柄を識り尽くしているという感情にかられてか、往々にして過度な、場合によっては醜くさえあるほどの、眼に相当な努力を強いる縮尺を愉んでいる。

17

わざわざ分析してみてはじめてえられる奥行きの分離《アウスソンデルン》に比べて、際立っている点どうしの隔たりが一定の剛体を見ることの方が、われわれにとって遥かに手馴れたものだということはそれゆえ問題にならない。従って、連続的な移行と共通な色彩性格とのお蔭で、融合して統一体になっている感覚の塊りが、空間的な変化をみせるところでは、いつどこでも、この変化は好んで剛体の運動とみなされるという期待をいだくことはできる。しかし、私はこういう把え方では余り満足できないということを白状しなければならない。私としては、むしろ、ここでもまた、視覚器官の要素的習慣(訳註4)が根底にあるのではないかと思う。ここにいう要素的な習慣とは、個々人の自覚的な経験を通じてはじめて成立するといったものではなく、反対に剛体の運動の把握がそれによって容易になった当のものなのである。例えば、注意をむける視覚的感覚の塊りの幅の縮小はそれに対応した奥行きの拡大を伴う傾きをもっており、逆もまたいえるものと想定してみれば、この過程は先に（一六四頁）、エネルギーの保存になぞらえた過程とまったく類似のものとなろう。この考えの方がはるかに簡単であり、それでいて充分に説明がつく。また、そういう要素的習慣がどのようにして形成されたのか、それが生体組織のうちにどのように現われているか、この習慣に対する情調がどのようにして遺伝されうるのか、こういった点についても一層容易に理解することができる。

視覚器官によって呈示される剛体の回転の片割れとして、ここでもう一つの観察事実を挙げておこう。卵（つやのない一様な表面を有する回転楕円体であれば卵でなくともよい）を机の上で転がしたとする。もっとも本当に回転軸のまわりを回るように転がすのではなく、かたかたゆれるように動かしてみる。これを両眼でみてみると、大きなふるえている雫が眼の前にあるような感じがする。卵の長軸を水平にして鉛直軸のまわりをかなりのスピードで回転させると、この現象はもっと著しくなる。ところが卵の表面に、その運動を追跡できるような斑点をつけると、この印象は直ちに消失してしまい、回転している剛体が見える。

本章での説明は、完全というにはたしかに程遠い。しかし私の叙述は当該の諸現象に関するより厳密でより詳細な研究への刺戟となり、それへの途を拓くものとなることはできるのではないかと思う。

(1) A. Bethe : Dürfen wir der Ameisen und Bienen psychische Qualitäten zuschreiben? Pflügers Archiv, Bd. 70, S. 17. : Noch einmal über die psychischen Qualitäten der Ameisen. Ebendaselbst, Bd. 79 S. 39.

Beer, Bethe u. Uexküll. : Vorschläge zu einer objektivierenden Nomenklatur in der Physiologie des Nervensystms. Centralbl. f. Physiologie, 1899, Bd. 13 No. 6.

H. E. Hering : Inwiefern ist es möglich die Physiologie von der Psychologie sprachlich zu trennen? Monatsschrift „Deutsche Arbeit“ I. Jahrg., Heft 12.

(2) E. Wasmann : Die psychischen Fähigkeiten der Ameisen. Stuttgart 1899, Zoologica, Heft 26. : Vergleichende Studien über das Seelenleben der Ameisen und der höheren Tiere, 2. Aufl., Freiburg i. Br. 1900.

(3) H. v. Buttel-Reepen : Sind die Bienen Reflexmaschinen ? Leipzig 1900.

(4) A. Forel : Psychische Fähigkeiten der Ameisen. Verhandl. des 5. internat. Zoologenkongresses, Jena. 1902. Expériences et remarques critiques sur les sensations des Insectes, I—5 partie. Rivista di scienze biologiche. Como, 1900—1901.

(5) 『通俗科学講義』所収「偶然的諸要因の影響について、云々」ライプチッヒ、一九〇三、第三版、二九四—二九五頁。『熱学の諸原理』ライプチッヒ、一九〇〇、用語と概念に関する章を見よ。

(6) 本書第四版、一五三頁参照。

(7) Scripture : The new Psychology, London 1897, p, 484.

(8) 拙稿「空間的に分布されたる光刺戟の生理学的作用について」ウィーン・アカデミー会報、第五四巻、第三論文、一八六六、十月。

(9) Fechner : Über den seitlichen Fenster-und Kerzen versuch. Berichte der Leipziger Ges. der Wissenschaften 1860.

(10) 拙稿「光刺戟の空間的分布の網膜に対する作用について」ウィーン・アカデミー会報（一八六五）第五二巻。この研究の続編。同会報（一八六六）第五四巻。同会報（一八六八）第五七巻。精神病理学四季報、ノイウィード・ライプチッヒ、一八六八（網膜部位相互間の依属性について）。

(11) 光覚とポテンシャル函数との類比に関する所見は、拙稿「ゲープハルト氏の等ポテンシャル曲線の所説について」ヴィーデマンの年報一八八二、第十七巻、八六四頁、および『熱学の諸原理』第二版、一九〇〇、一一八頁。

(12) H. Seeliger. Die scheinbare Vergrößerung des Erdschattens bei Mondfinsternissen. Abhandl. d. Münchener Akademie, 1896.

H. Haga und C. H. Wind : Beugung der Röntgenstrahlen. Wiedemanns Annalen, Bd. 68, 1899. S. 866.

C. H. Wind : Zur Demonstration einer von E. Mach entdeckten optischen Täuschung. Physik. zeitschr. v. Riecke und Simon I. No. 10.

A. v. Obermayer : Über die Säume um die Bilden dunkler Gegenstände auf hellem Hintergrunde. (Eders Jahrbuch für Photographie. 1900.)。この本は本文中で私の述べたコントラストの法則の解明に資する一群の新事実を公けにしている。しかし、オーベルマイヤーは、私の四篇の論文のうち最初のものだけしか知らなかった。従って、コントラストの法則を欠陥の多い最初の定式の形で伝えている。

(13) Loeb : Über optische Invertion. Pflügers Archiv. Bd. 40. 1887. S. 247.

(14) Hillebrand Verhältnis von Akkommodation und Konvergenz zur Tiefenlokalisation Zeitschr. f. Psych. u. Phys. d. Sinnesorgane. Ⅷ. S. 97. この論文は、調節作用が奥行視に対してさしたる意味をもっていないことを証明した。

(15) 奥行き感覚はここでもまた、空間中のポテンシャル函数——但し、空間の境界において規定されているところの——と類似している。この出来るだけ平らな平面は、視える空間的枠組みを針金で作り、石鹸水にひたしてプラトー液膜を張った場合等に得られる最小平面とは合致しない。

(16) Loeb : a. a. O.

(17) Loeb : Pflügers Archiv. 1895. S. 509.

(18) Heymans : Zeitschrift f. Psychol. u. Physiol. d. Sinnesorgane XIV. 101.

(19) Höfler : Zeitschr. f. Psychol. u. Physiol. d. Sinnesorgane. Ⅻ. i.

(20) Witasek : Zeitschr. f. Psychol. u. Physiol. d. Sinnesorgane. ⅪⅩ. i.

(21) Stöhr : Zur nativistischen Behandlung des Tiefensehens. Wien 1892.

(22) Exner : Die Physiologie der facettierten Augen. Wien 1891. S. 188.

(23) Stöhr : Zur Erklärung der Zöllnerschen Pseudoskopie. Wien 1898. : Binoculare Figurmischung und Pseudoskopie. Wien 1900.

(24) その後、次の書物が公けにされた。この本のなかで、今扱っている問題が一層詳しく論じられている。

A. Stöhr : Grundfragen der psycho-physiologischen Optik. Leipzig u. Wien, 1904.

(25) Th. Beer : Die Akkommodation des Fischauges. (Pflüges Archiv. Bd. 58. S. 523.) : Akkommodation des Auges in der Tierreihe. (Wiener klinische Wochenschrift. 1898. No. 42.) Über primitive Sehorgane. (Ebendaselbst. 1901, No. 11. 12. 13.)

(26) 拙稿「空間的に分布されたる光刺戟の生理学的作用について」、ウィーン・アカデミー会報第二部、一八六六年一〇月、別刷、七、一〇頁。

(27) 拙稿「単眼立体視についての観察」、ウィーン・アカデミー会報、一八六八、第五八巻。

第十一章　感覚、記憶、聯想

1

以上の討究から明らかな通り、単なる感覚でもっては、われわれのそれと遠縁にあたる類似の心理生活をすら基礎づけることが出来ない。感覚が消失したとたんに忘却されてしまうのであれば、最も下等な動物やひどい白痴の場合にはそう想定しなければならないように、心理状態のバラバラなモザイクや継起しか生じえないであろう。この段階では、激しい運動刺戟――例えば苦痛の感覚――としては働かないような感覚は、殆んど注意を惹かないであろう。例えば、鮮かに色づいた球状の物体を一瞥しても、もしこの物体が香や味、一言でいえば果物の諸性質の記憶、この果物に関わる経験の記憶によって補完されないならば、それは理解されないままに留まり、「精神盲」の状態においてみられるように何ら興味を惹かないであろう。記憶の把持、記憶の聯関、記憶が互いに機縁となって他を再生できること、要するに記憶と聯想とが、発達した心理生活の根本条件である。

2

ところで、記憶とは何か？　心理的体験は、心理的な痕跡を留めるが、物理的な痕跡をも留める。ヤケドをしたり蜂にさされたりしたことのある子供は、そういう経験のない子供とは物理的にも全然別な振舞いかたをする。けだし、心理的なものと物理的なものとは、そもそも考察様式の差異に過ぎないからである。とはいえ、無機的なも《ダス・ウンオルガーニ》の《ッシェ》（訳註1）の物理現象において、記憶に類するような特性を発見することは全く困難である。

無機物の物理学においては、一見、その瞬間の状態によって一切が規定されており、過去は全然影響力をもたないかのようにみえる。物体の加速度はその瞬間の力によって与えられる。振子は、それが最初の一振れであろうとも千回も振れたあとであろうと、同じ振れかたをする。水素は、それが以前臭素と化合していたにせよ沃素と化合していたにせよ、ともかく同じ仕方で塩素と化合する。とはいえ、物理学の領域においても、過去がはっきりとその影響を表わす場合がないわけではない。地球はわれわれにその地質学的前史を物語っている。月も同様である。私はE・スエスの所で、岩に割目の系列がついているのを見せて貰ったことがある。この割目は全く特異なもので、きれいに層をなしていたが、彼はいみじくもそれを前史的な地震図として解釈してみせた。

針金は、自分が被った捻れを、いうなれば永い間銘記している。放電火花は各々個性をもっており、以前の放電によって影響される。ライデンビンの絶縁層は、それまでにおこなわれた充電の歴史を保持している。

物理学においては、考察されているケースを極端に理想化し、図式化してしまい、最も単純な状態を前提するのが常であるということを省みれば、見かけ上の矛盾が解消する。純粋に数学的な〔絶対確実な〕振子を想定すれば、たしかに千回目の振れは最初のそれと同じであり、何ら過去の痕跡は存在しない。というのはまさしくそれをこそ捨象しているからである。しかし、現実の振子は、刃が磨滅し、内外の摩擦のために緩慢になるのであって、厳密にいえば一振れ毎に異る。針金を二度、三度と捻る場合には、以前に捻ったことのない場合に比べると、幾分違った結果になる。もし心理学においても〈物理学におけると〉同様に図式化できるならば、個々人の体験の影響が全然認められず、完全に同一な振舞いをする人間が得られるであろう。

実際には、いかなる心理過程も、物理過程と同様、消し難い痕跡を留める。エントロピーが増大しようと、覆水盆に返ろうと、物心いずれの領域にも可逆過程なるものは存在しない。現実の過程はすべて、少くとも不可逆的な成分を含んでいるのである。

3

過去の痕跡は、それだけでは、まだ記憶とは云えない。実際、記憶との類似性が相当大きくなるのは、以前に存在した過程が、一寸したきっかけで更めて生起することを俟ってである。弾き慣らした旧いヴァイオリンだとか、モーゼルの翳像だとか、蓄音器だとかは、幾分ましな例である。尤も、ヴァイオリンや蓄音器は外力を俟たねばならないが、人間は自力でわれとわが記憶をかなでる。生体はつまり硬直した物質系ではなく、本質的には、動力学的な――「質量」と「エネルギー」との流れの――平衡形式である。ところで、この流れの、動力学的平衡状態からの偏倚形式は、それが一たん生ずると、常に同一形式で反復再現する。無機物理学は、こういった動力学的な平衡形式の変位を、これまでのところまだ殆んど研究していない。偶発的な事情によって河の流れが変じ、変ったままの河筋で流れつづけるといったことは、極めて粗雑ながら〈無機物理学的動力学的平衡の〉一例であろう。水が一条しか出ないように水栓をかたく締めておいて、蛇口に衝撃を加えると、不安定な平衡が紊されて、水滴が持続的かつリズミカルに滴下するようになる。とぐろに巻いてある鎖の一端を引出して、小高い滑車ごしに掛けると、鎖は滑車を伝ってひとりでにずり落ちる。鎖が非常に長くしかも落差が非常に大きいと、速度が非常に大きくなり、しかも初めに与えられた曲り具合で自由に空中に懸り、この形を保ったまま流れ下る。これらの例は、いずれも甚だ不充全ではあるが、過程および過程系列の反復に対して、生体がもっている可塑性《プラスティチテート》の類比《アナロギエン》である。

以上の考察は、記憶の物理学的な解明が達成できないものではないということ、しかし、われわれはまだそれから程遠いということ、これを示そうと図ったものである。いうまでもなく、こういう課題に堪えうるためには、物理学は予め生体の研究によってその視野を拡大しておかなければならない。たしかに、記憶の豊富さは、(訳註2)諸器官の交互作用、相互聯関に基づくものではあるが、記憶の萌芽は、要素的諸器官《エレメンタル・オルガニスメン》(訳註3)にも帰さなければならない。とすれば、いずれの化学的過程も、同一過程の再現に都合のよいような痕跡を器官内に残留せしめる、ということに思いを致さざるをえない。(原註1)

4

周知の通り、心理学では、聯想律に卓抜な意義が認められている。聯想律は、同時に現われたことのある二つの意識内容ABのうち、一方が現われると、他方も喚起される、という単一の法則に帰着する。実際、心理生活は、常に繰り返し現われる此の根本的特徴《グルントツーク》を識ることによって、大いに理解しやすくなる。体験したことの単なる追想、真摯な熟考、放縦な空想や白昼夢、これらにおける思惟過程の差異は、附随的な諸要因に徴して容易に把えることができる。(原註2)とはいえ、あらゆる(一六六頁)心理過程を、個体がその生活期間を通じて獲得した聯合に還元してしまおうとするのは、悖理であろう。心はどんな相においても「白紙《タブラ・ラサ》」ではない。少くとも獲得された聯合と並んで、生得的な聯合をも想定しなければならない。生物学者は生得的な衝動を、(原註3)生得的な有機的結合、とりわけ生得的な神経結合に還元するが、この生得的衝動たるや、内省的自閉的な心理学の目からみれば、生得的な聯合に思える筈である。それゆえ、個体が後天的に獲得したものをも含めてあらゆる聯合が、(原註4)生得的な、ないしは使用によって強化された〈神経〉結合に基づくものではないのか、ということは探求に値する。高度に分化した生体においては、独特の回路《バーン》が形成されており、これを介して過程《フォルゲンゲ》の結合が生じているが、これらの過程こそ第一次的なものであって、すでに下等な生物にも存在しており、そうした過程の反復的併発によってかの回路が形成されたのではないか、ともかくこのように問題を立ててみるべきであろう。(原註5) 苟くも合理的な心理学は、一時的な聯合だけでは満足できないことは確かであって、既成の結合回路も存立することを顧慮しなければならない。それにまた、自発的な、つまり聯合によって惹き起こされるのではない心理過程の可能性をも認めなければならない。この自発的な過程たるや、神経系の近接部分を興発し、激しい場合には全神経にすら拡がるものである。片や幻覚と片や反射運動とは、感性的かつ運動的な領域から採った例であるが、多分これらに照応する類比的なものが他の領域にも存在するであろう。

5

中枢神経系の各部分相互間の交互作用に関する理説は、ロエプ(原註6)が彼自身の業績ならびにゴルツやエーヴァルトのそれに立脚して説いている通り、重大な変更を受容れるべきであるように思われる。ロエプの考えによれば、動物の趨向性は植物のそれと本質的な相違はないのであって、前者において神経が与える優越点は刺戟の伝達がより速やかだということにすぎない。神経系の営みは環節的反射に、運動の整序は交互的に起こる興奮と刺戟伝達とに、本能は連鎖反射に、それぞれ還元される。例えば、蛙のパクリと喰いつく反射は、嚥下反射を解発する。体制化された複雑な中枢が想定されるのではなく、脳髄そのものが環節の一配備とみなされるのである。こうした考えの根底には、私の判断し得る限りでは、適切で有意義な努力、すなわち、形而上学の混入した不必要に錯雑な仮定から脱却しようとする努力がみられる。しかし、次の一点では、私はロエプに賛成しかねる。それは、彼が本能に関するダーウィンの系統発生学的研究を不当に一面的だとみなしている点である。ロェプは、これを取り除いて物理化学的研究で置き換えるべきだと考えている。たしかに、ダーウィンには物理化学的研究が欠けている。しかし、ダーウィンは、まさにそのお蔭で、物理学者としての物理学者が誰一人としてなしえなかった彼固有の大発見の方に、自由なまなざしを向けることができたのである。成程、われわれは、そうできるところではいつどこでも、物理学的な洞察を志向する。直接的な（「因果的」）聯関の認知に努める。しかし、これがいつどこでも達成されうるというには、余りにも程遠いのが現状である。で、そういう場合に、暫定的と見做されるにもせよ、実り多い別の観点を放擲してしまうのは、何といっても、これまた今一つの甚だ由々しい一面的な挙措というものであろう。ロェプのいう通り、蒸気機関はもっぱら物理学的にしか理解できない。現存する個々の蒸気機関はたしかにそうである！しかし、現存する蒸気機関の諸形態を理解しようという段になると、物理学的考察では不充分であって、技術的文化、社会的文化の全歴史や地質学的諸前提が斟酌されねばならない。なるほどこれらの契機の一つ一つが、いずれも、終局的には物理学的に解明されるかもしれない。しかし、そうした段階に至る遥か（原註7）以前にこれらの契機がわれわれの蒙を啓いてくれるのである。

私が感覚している期間中、自分自身なり他人なりが、私の脳をありとあらゆる物理的化学的な手段で観察できるものと想定しよう。そうできれば、一定種類の感覚が生体のどの過程と結合しているかを確定できようというものである。この際には、感覚は生物界のどの範囲にまで及んでいるのか、果たして最も下等な動物でさえ感覚をもっているのか、植物はどうなのか、といったしばしば提出される問題もまた、少くとも類推によって解決に近づくことができよう。この問題が、唯一つの特殊ケースについてすら未解決である以上、問題の結着は覚束ない。時として、(無機的な)「物質」は感覚するか、という問いが立てられることもある。物質こそが直接的かつ不可疑的に与えられている実在であって、無機的なものも有機的なものも、すべてこの物質から構築されているという人口に膾炙している物理学的な考えから出発すれば、そうした問いは自然である。こういう考えを採れば、確かに、感覚はこの構築物のうちで何らかの仕方で突然に生ずるか、さもなければ初めからその礎石中に存在していたか、そのいずれかでなければならない。しかし、われわれの立場からすれば、この設問は悖理である。われわれにとっては物質は第一次的な所与ではない。第一次的な所与は、むしろ諸要素(つまり一定の関聯において感覚と呼ばれるところのもの)である。人間にとって苟くも意味のある学問上の課題は、いずれも、要素相互間の依属関係の探求に係わっている。日常生活においてわれわれが物質と呼んでいるものも、実は一種の要素聯関なのである。それゆえ、物質は感覚するかという問いは、とりも直さず、一種の要素聯関(つまり、或る関聯の下では常に感覚であるところのもの)は感覚するか? ということになる。この形にひきなおしてみれば、よもや先の問いを立てようとする人はあるまい。(原註8) われわれにとって興味の的となりうるものは、一般的な課題を追究していく際に立現われるものでなければならない。感性的に観察される動物の行動がそれによって理解され易くなる場合には、われわれは動物の感覚について問いを発する。結晶の感覚について問うことには、何らの実用的な意味もなければ学問的な意味もない。けだし結晶の感覚なるものは、感性的に完全に規定されている結晶の挙措について、一層進んだ解明を何ら与えてはくれないからである。

(1) オストヴァルトは、接触反応に関する自説に基づいて、記憶を化学的に説明しようとする興味ぶかい試みを敢行している。彼の『自然哲学講義』一九〇二、三六九頁以下にそれが見出される。

（2） 拙著『認識と誤謬』、一九〇五、二九頁以下。

（3） そのうち最も著しいのは、精神上の発育を遂げ、観察能力が充分ついてから現われる、性衝動の最初の表出である。或る完全に信の置ける、真理を愛する男から聞いた話であるが、彼は純潔で未経験だった十六歳の時、襟の開いた着物を着ている婦人を見たとたんに羞恥の情を覚え身体に突然目立った変化がみられた由であって、てっきり病気だと思って仲間に相談したとのことである。ここに突如として現われた彼にとってまったく新しい感覚と感情の複合体は、驚愕を伴ったのである。

（4） H. E. Ziegler : Theoretisches zur Tierphysiologie und vergleichenden Neurophysiologie. (Biol. Zentralblatt, Leipzig 1900, Bd. 20. Nr. 1.)

（5） 生体の生命の営み（organisches Leben）を幾つもの化学的成分状相（chemische Komponenten-Phasen）の平衡状態と考え、しかもこの平衡状態においては一成分の攪乱は一般に爾余の成分をも攪乱するものと考えれば、記憶のみならず、聯合をも化学的に把える望みが展ける。前々註および、本文、八五頁参照。

（6） Loeb : Vergleichende Physiologie des Gehirns. Leipzig 1899.

（7） Loeb. a. a. O. S. 130.

（8） 拙著『通俗科学講義』第三版、一九〇三、二四三頁参照。

第十二章　時間感覚(原註1)

1

時間感覚の研究は空間感覚の研究よりもはるかに困難である。感覚のうちには明瞭な空間感覚を伴って現われるものもあるし、そうでないものもある。ところが時間感覚の方は、ありとあらゆるほかの感覚に伴っており、どれからも全く分離してしまうことは出来ない。それゆえ、時間感覚の研究に際しては、時間感覚の諸変様《ヴァリアチオーネン》を顧慮しなければならない。この心理学上の困難に加えてほかの困難もある。それは、時間感覚が依繋している生理学的過程が、他の感覚に対応する過程に比べて、より僅かしか知られていないし、より奥深く隠されているということである。従って時間感覚の分析は――他の感官領域では或る程度可能な、物理的分析に立入ることなく――特に心理学的な側面に局限されざるをえない。

要素の時間的秩序がわれわれの心理生活において演じている重要な役割は殊更に強調するまでもあるまい。時間的秩序は空間的秩序よりも一層大切だといってよいほどである。時間的秩序の顚倒の方が、空間形象の上下顚倒よりも、はるかに事を枉げてしまう。時間的秩序を顚倒すると、全然別個の新しい体験になってしまう。だから説話や詩歌の言葉は、体験された順序でしか再生されないのであって、顚倒した順序では再生されない。顚倒すると、一般に意味が全く変ってしまうか、全然無意味になってしまう。逆さまに発音したり、蓄音器を逆さまに廻したりして、音韻序列を顚倒すると、話を構成している単語が判らなくなってしまう。専ら単語の一定の発音序列に一定の記憶が結びついているのであって、この記憶が語順に照応して一定の秩序で喚起される場合にのみ、寄り集って一定の意味をなすのである。(原註2)〈言語的意味をおびていない〉音列や単なるメロディーにおいてさえ——これらにあっては習慣や聯想は殆んど取るに足らぬ役割しか演じていないのであるが——やはり時間的順序の顚倒によって判ら《ウンケン》なく《トリッヒ》なってしまう。非常に原基的な表象や感覚にさえ時間的序列が、記憶像として共属している。

時間を感覚として把握すれば、ＡＢＣＤＥと続く系列中の一項、例えばＣが、後続する項の記憶は喚び起こすけれども、先行する項は喚起しないという事実は、さして訝しむには足りないであろう。また、建物の記憶心像は屋根を逆さにした像としては泛ばない。ともあれ、器官Ａのあとで器官Ｂが興発されるのか、それとも逆の順序なのかということは、どうでもいい《アイナーライ》ことではなさそうである。ここには生理学的な問題がありそうである。それが解けたら、そこで、はじめて、再生系列の経過が一定方向を辿るという基本的な心理学的事実を完全に理解できるようになるであろう。(原註3)この事実は、刺戟が生体に入り込む出発点に応じて、全く別々の経路を辿って伝播するということ——物理的な例に即して八〇頁で第１ｂ図によって説明したのと同じような具合に伝播するということ——と聯関しているかもしれない。全く均質的な媒質において、相隔たった二つの点から興奮が一様に伝播する場合でさえ、これら二つの興発は遅れて興発された点により近い個所で出会う。それゆえ、興発の順序ということは、きわめて単純な場合にあってさえ、どうでもいいことではないのである。

音Ｃに音Ｄが続くものとしよう。そのとき受ける印象は、ＤにＣが続く場合とは全然違った印象である。これはなかんずく、音そのもの〈および〉音の交互作用に負うところが大きい。というのは、音と音との間に充分間合い《まあ》をおくと、もはやこれら二つの場合を恐らく区別できなくなるからである。色の継起や、一般にどの感官領域の感覚の継起の場合にも、同様なことがみられる。ところが音Aに色ないし香Bが継起する場合には、必ずBがAに継起したのだということが判るのであって、この際には、AB間の休止〈時間〉の見積りは、ABの質によってはこれといった影響をうけない。従って、感覚の質の変化によっては影響されず、これとは全然無関係な、しかもそれによって時間が見積られるような、過程が併存する筈である。現に全く異質的な諸感覚、音、色、触覚印象、等々の継起からなる一種のリズムを創り出すことができる。

2

特殊《シュペツィフィッシェ》な時間感覚なるものが存在する（訳註1）ということは、以上からして疑問の余地がないと思う。音列は全然違うがリズムは同じである二つの拍子が隣接して聞こえてくる場合、同じリズムだということは直接的に認知される。これは悟性や熟慮のなせるわざではなく、感覚の所業である。色を異にする物体が同じ空間形態を呈する場合があるのと同様、ここでは音韻上色合いを異にする音声形象が同じ時間形態を有するというわけである。前者において同じ空間感覚成分が直接的に感受されるのと同様、後者においては同じ時間感覚成分ないしリズムの同一性《グライヒハイト》が感知されるのである。

私が直接的時間感覚を主張するのは、いうまでもなく短い時間に関してだけである。相当長い時間に関しては判断が下されるのであって、それはその時間内に起った事件の回想によって、それゆえ、かつて直接的に感覚した細かい部分に分割することによって見積られるのである。

3

音響学上まったく同じな鐘の音を何回か聞く場合、一番目、二番目、三番目、等々を聞き分ける。鐘の音と結びついている附随的な思考内容だとか偶然的な感覚だとかが、この聞き分けの徴表になるのであろうか？　大真面目でこういう見解を執ろうとする人は、よもやあるまいと思う。もしそういう見解が正しいとしたら、われわれの時間尺度は、何と疑わしく何と信の置けないものになってしまうことか！　かの偶然的な思考内容や感覚という背景が記憶から消えさった暁には、一体どういうことになるというのか？

考えごとに没頭しているとき、時計が鳴っても、それを気に留めない。時計が鳴ってしまったあとで、何回鳴ったのか知りたいと思うこともある。そして実際、一、二、三、四回、〈そうだ四回〉鳴ったのだという回想が鮮かに泛んでくる。この回想に注意を向けている間は、時計が鳴った当時考えていた内容は、一瞬、すっかり脳裡から消えてしまう。こうして一見かの背景でありそうに思えるもの——つまり鐘の音がそれに結びつけられる背景——は今や存在しないのである。それでは一体、何によって、最初の音と二番目の音とを弁別するのであろうか？　何故同じ鐘の音全部を一つの音とは感じないのであろうか？　それは鐘の音それぞれに、それと同時に意識にのぼる特別な時間感覚が結びついているからである。同時にまた、記憶心像と幻想の所産とは、特殊な時間感覚——現在の瞬間のそれではないところの——によって識別されるのである。

4

時間感覚は、意識がある間じゅういつも現前しているのであるから、時間感覚が、意識と必然的に結びついている生体の燃耗《コンズムチオン》と聯関しているということ、注意の働らきが時間として感受されるということはありそうなことである。注意を張りつめていると時間を長く感じ、のんびりやっている時には短く感じる。四囲に気を配らずぼんやりしていると、速やかに時間が流れ去る。注意が消尽されてしまうと眠りに陥る。夢をみないでぐっすり寝込んでいる時には、時間の感覚も欠けている。熟睡によって隔てられている場合、昨日という日と今日という日とは、両者に一貫している共通な情緒を措けば、もっぱら知的な紐帯によって結びつけられているだけである。

私は以前別の機会に、同種の動物であっても、身体の大きさが異るに応じて、異った時間尺度をもっているらしい、ということを指摘しておいた。(原註4) が、時間尺度は、年齢に応じても変るようである。若い時分に比べると、この頃では一日が何と短く感ぜられることだろう！　私は若いころ天文時計が秒を刻むのを見たことがあるが、今想い出してみると、秒を刻む音が著しく早くなっているように思う。私は自分の生理学的時間単位が間伸びしたという印象を払拭できない。

眼を覚ましている間じゅう、意識器官は段々疲労していき、注意の働らきも引続き増大していく。より大きな注意の働らきと結びついている感覚は、よりあとで起ったもののように思える。

正常な心理現象も異常な心理現象も、ともに、この考えとうまく合致しているように思う。注意を、相異る二つの感覚器官に対して同時に向けることはできないので、二つの感覚器官の感覚が、絶対的に相等しい注意の働らきを伴って、同時に生ずるということは不可能である。従って、一方が他方よりもあとに現われる。こういう、いわゆる天文学者の個人差に類比《アナロゴン》できる事柄が、類似の根拠からして、一個同一の感官領域においても生ずるのである。周知の通り、物理的にはあとで生じた視覚の印象が、事情如何では、先に現われることもある。外科医は刺絡の際先ず血が流れるのを見て、それから、刺絡器が刺さるのを見る。(原註5) 一例を挙げればこういったことが起こるのである。

ドボロジャック(原註6)は、数年前、私の懇請に基づいておこなった一連の実験で、この関係は随意的に創り出せることを示した。彼は、注意をそれに向けて凝視している対象物は、(実際には$1/8$秒ないし$1/6$秒遅くてさえ)間接的に見ている対象物よりも、早く現われるということを示したのである。外科医が経験する先に述べた周知の事実は、これに拠ってうまく説明できる。注意の向けどころを転ずるために、注意が必要とする時間は、私がおこなった以下の如き実験(原註7)で明らかになる。一辺二センチの真赤に塗った正方形を黒地をバックにして八センチ隔てておき、直接目には見えない電気火花を使って真暗闇のなかで照射する。直接眼を向けている正方形は赤く見え、間接に見ている方は緑色、しかも非常に濃い緑色に見える〈第34図参照〉。それゆえ、遅延した注意は、プルキンエ氏陽性残像の局面で正方形を見出しているわけである。少々離れた二つの個所が赤く輝くガイスラー氏管も、その一方の放電を見ていると、同じ現象を呈する(原註8)。

詳細に関しては、ドボロジャックの論文を参照願いたい。不同時相印象の立体鏡的(両眼視的)組合わせに関するドボロジャック(原註9)の実験は特に興味深い。サンドフォード(原註10)やミュンスターベルク(原註11)がこれに類する新たな実験をおこなっている。(補遺十八参照)。

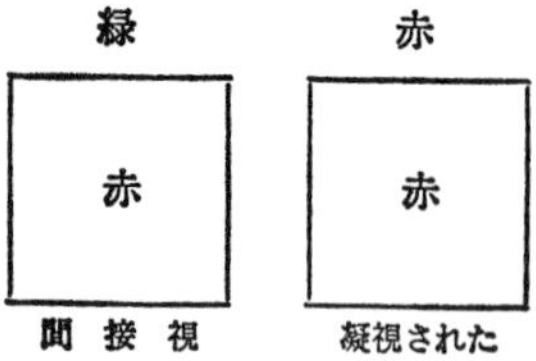

第34図

5

私はこの種類の興味深い現象をこれまでたびたび観察してきた。仕事に没頭して自分の部屋に座っている。隣の部屋では爆発実験がおこなわれている。先ずびっくりして縮みあがり、次いで初めて爆発音が聞こえる。こういったことが規則的に起ったものである。夢では、ことのほか注意が散漫であるから、奇態な時間倒錯が現われる。誰しもそういう夢を体験したことがあろう。例えば、誰かが自分に突き当った夢をみて、ふと眼を醒ます。そして物が落ちかかったためにこういう夢をみたのだということに気がつく。さて、音響刺戟がさまざまな神経経路に同時に入り込み、ここで放縦な顚倒した順序で注意されるのだ——上に記した観察の場合、先ず全般的な興発、次で爆発音に気がつくような具合に——と想定しても何ら理に悖ることはないのである。無論、多くの場合、既に存在していた夢像に感官感覚が織り込まれるのだと想定しただけで充分説明がつくであろうが。

6

燃耗あるいは疲労素の累積とでもいったものが直接的に感受されるとすれば、夢のなかでは時間が背進するものと予期しなければならなくなってしまう。(訳註2) この難点は、燃耗と回生とを、パウリの意味でのヘトロドロームな過程(五九頁参照)だとみなせば解消する。夢の特異性は、ほぼ全面的に、次の事実に還元することができよう。それは、感覚や表象のうちには、全然意識にのぼらないものもあるし、意識にのぼりにくかったり、ずっとあとになってから意識にのぼるものもある、ということである。聯合が散漫なことは、夢の根本的特質の一つである。知性は往々一部分だけしか眠らない。われわれは夢のなかで、とっくの昔に死んでいる人と仲々筋の通った話をするが、彼が死んだということは想い出さない。われわれは第三の人物について友人と話をする。しかもこの友人たるや話題にしている当の人物である。われわれは夢のなかで、夢について反省し、その特異性に徴してそれが夢だということを識ることもあるが、直きその特異性を気にしなくなる。私は水車についての生き生きとした夢をみたことがある。傾いた水路を通って、水車から水が流れ下っていた。そのすぐそばには前者と同じような水路があって、こっちでは水が水車の方へ流れ上っている。私はこの矛盾した光景を全然気にかけなかった。空間問題に没頭していた頃、森のなかを散歩している夢をみたことがある。ふと樹々の遠近法的移動がおかしいことに気付き、それで夢だということが判った。しかし直ちに、おかしかった移動がきちんとなった。私は自分の実験室内に水を充たしたフラスコがあって、そのなかに蠟燭がともっている夢をみた。「蠟燭は一体どこから酸素を得ているのだろう?」と考えた。「水中に酸素が含まれているのだ」。「燃焼によって生ずるガスはどこへ行くのだろう?」現に水中で焔から泡が昇っていた。で、私は安心した。W・ロベルト（原註12）は、日中には攪乱のため結末までもっていけなかった知覚や思想があって、主としてこれが夢のなかで紡ぎ継がれるのだという出色な観察を行なっている。実際、往々にして、夢の要素はその日の体験中にあったことである。現に水中の蠟燭の夢は、水中での電気炭素光の講義実験に、水車の夢は一一七頁第18図の装置を使っての実験に、それぞれ安んじて帰着せしめることができたのである（原註13）。私の夢においては、幻視が主役を演じている。音韻性の夢をみることはずっと稀であるが、ともあれ、夢のなかでの会話や、鐘の音や、音楽や（原註14）らがはっきり聞きとれる。どの感覚も夢のなかに現われるのであって、極く稀だとはいえ、味覚でさえ、夢に現われる。夢では、反射興発性が非常に高まっており、他方では聯合が散漫であるため良識が甚だ弱くなっている。そのため、夢のなかではありとあらゆる犯罪を犯すことができ、眼を醒ましてから呵責にさいなまれるといったことが起こるのである。こういう体験をしている当人は、不幸を第二の不幸で償うというこのわれとわが身を裁くやりかたが不当だとは思うのだが、意に叛いて、分別くさく、なさけ容赦なく、かつは厳として、呵責の念が累加されるのである。私はここで是非とも、M・デ・マナセイン（原註15）のすぐれた著作を推奨しておきたい。先に（一六五、一九六、一九七頁）精神生活を説明するためには、一時的聯合では不充分だということについて述べておいたが、このことは夢にもあてはまる。そのうえ、夢においては、覚醒時の意識にとってはとっくの昔に忘れ去られている一寸した痕跡だとか、日中の喧噪を前にして背後に退いていた健康や感情生活の一寸した紊れだとかが、前面に立現われるのである。デユ・プレルは、『神秘主義の哲学』（一八八五）のなかで、いみじくもまた詩的に、この過程を、淡い光を投げている星空が日没後見えて来ることになぞらえている。この『神秘主義の哲学』という本は、総じて注目に値すべき幾多の深遠な洞察を含んでいる。デュ・プレルは、冒険的なこと、不可思議なこと、異様なことを好む性向をもっているが、これに惑わされなければ、当面探求できることがらにその批判的感覚《シン》を向ける自然科学者は、この書物を読んで面白いと思うだけではなく得るところもあろう。

7

時間感覚が、次第に増大する生体の燃耗、ないしは、これまた引続き増大していく注意の働らきと結びついているとすれば、なぜ生理学的時間が物理学的時間と同様、不可逆的であって、一方向にしか流れないのかということが判る。眼を醒ましている間じゅう、燃耗や注意の働らきは、つのっていくばかりで、減少することは出来ない。図の如き、眼や悟性に対して対称的になっている二つの拍子は、時間感覚に関しては、何らの対称性をも与えない。リズムや時間の領域には、そもそも対称性が存在しないのである。

8

次のように考えることは、たとえ未だ不完全だとしても、明瞭でかつ自然な表象であろう。すなわち、「意識器官」は軽度に〈ではあるが〉あらゆる特殊エネルギーに適応できる。感官器官の方は、これら特殊エネルギーのうちの一つか二つだけを挙示できるにすぎない。このゆえに、表象は感官感覚にくらべて漠としており且つはかないのであり、後者は前者によって不断に生気を与えられ、清新されねばならないのである。また、このゆえに、意識器官はありとあらゆる感覚と記憶とのかけはしとしての役割を演ずることができるのである。意識器官の特殊エネルギーの各々には、もう一つの特別なエネルギーつまり時間感覚が結びついていると考えなければなるまい。それで、時間感覚なしには、意識器官の特殊エネルギーは、どれ一つとして興発されることができないのである。もしこの特別なエネルギーというのが、生理学的には無意味な、勝手に捏造された代物であるかのように思えるならば、われわれはこの特別なエネルギーに重要な生理的機能を振り当てることもできる。脳の働いている部分に栄養を供給する血流を、保持し、所定の個所に導き、統制するのは、この特別なエネルギーなのだ、と考えては如何なものであろう？　注意と時間感覚とに関するわれわれの考えは、右のように考えることによって、実質的《マテリエール》な基盤を獲得する。一つの感官に対する部分的注意は、必ず全体的注意から流出するものであり、しかもこれによって制約されているのであるから、唯一つの脈絡ある時間しか存在しないということが理解できようというものである。

血液充盈計を用いておこなわれたモッソーの研究や、脳内の血液循環(原註16)に関する彼の観察は、こうした考え方への正しさ〉を示唆している。ジェームズ(原註17)は、上に述べた推測に対して控え目な賛意を表明している。彼はこの推測をもっと規定された詳細な形で表わすことが望ましいといっているが、私は只今のところ、残念ながらそれを果たすことができない。

9

同じ鐘の音を何回か聞く場合、回数が余り多くない限り、個々の音を回想のなかで聞き分け、回想のなかで数えることができる。しかし回数が多いと、あとの方のものは聞き分けることが出来るが、はじめの方のものはもはや聞き分けることができなくなる。回数が多い場合には、間違えまいとすれば鳴っている時に数えなければならない。つまり、一つ一つの音を序数と随意的に結びつけなければならない。この現象は空間感覚の領域で観察したのとまったく類似の現象であり、また同じ原理に則って説明することが出来るであろう。前進するとき、われわれは出発点から遠ざかっているという感覚はもつけれども、この隔たりの生理学的尺度は、幾何学的尺度と比例しはしない。これと同様、過ぎ去った生理学的時間は遠近法的に収縮し、その個々の要素は段々弁別できなくなる。(原註18)

10

時間感覚という特別な感覚が存在するとすれば、二つのリズムの同一性が直接的に認知されうるのは当り前である。しかし、同じ物理学的空間形態がその布置に応じてさまざまな生理学的空間形態に照応できるのと同様、同じ物理学的リズムが、生理学的には甚だ異った相貌を呈する場合もあることを看過してはならない。例えば、上の譜で標記されるリズムは、太線のところで区切って拍子をとるか、細線のところ、或いは、点線のところでそうするかに応じて、聞こえかたが全然ちがったものになる。一見して明らかな通り、これはアクセントのおきどころに応じて注意が1のところ、2のところ、または3のところに固定されるということ、すなわち相続く音に対応する時間感覚が、相異る初発感覚と比較されるということに聯関している。

リズムの所要時間を延長または短縮すると相似なリズムが生ずる。但し、相似なリズムとして感覚されうるのは、延長ないし短縮が一定限度――つまり、まさしく直接的な時間感覚によって画される限度を超えない限りにおいてである。

次掲の譜で表わされるリズムは、生理学的には前掲のものと相似に聞こえる。但し、両方とも同じ記号のところで区切って歌う場合に限る。従って、注意を位相合同な時間点に固定する場合に限ってそうなのである。二つの物理学的時間像は、一方の像の部分相互の関係が、他方の位相合同な部分相互間の関係と、逐一同じである場合に相似と呼ぶことができる。しかし生理学的相似性は上述の条件をも充たした場合にはじめて現われる。そのうえ、私の判断しうる限りでは、二つのリズムの時間比が同じだと認知されるのは、その時間比が簡単な整数比になっている場合に限ってである。こういうわけで、われわれが直接的に認知するのは、元来、二つの時間の相等性または不等性だけなのである。そして、時間の長さが等しくない場合、その比率は、一方の一部分で他方が簡単に割り切れるということによってのみ認知されるのである。このことによって、拍子をとる時なぜ時間が全く等しい部分に分かたれるのかが明らかになる。(原註19)

こういうわけで、時間の感覚は、周期的ないし律動的に反復する過程と緊密に聯関しているのではないか、という推測が泛んで来る。しかし、往々試みられているように、一般的時間尺度が呼吸や脈搏に基づくということは証明しがたい。この種の問題はいずれにせよそれほど簡単なものではない。いうまでもなく動物の身体においても、律動的に継起する過程が数多くあるわけであるが、動物にこれといった時間の感受性、リズムや、拍子の感受性を帰するには及ばない。家のそばを二頭立ての馬車が通りすぎるとき、長い間ずっと、両者の蹄の音の相合や交替が規則正しい周期で聞こえて来る。とすれば、馬はめいめい自分の拍子は固持するが、相棒の拍子は気にかけないし、相棒と歩調を合わせようとはしないわけである。これが人間の相棒どうしであれば、こういった不揃いは到底耐えがたく感ぜられることであろう。ワラシェックは、馬には拍子感が欠けているということ、従ってサー

カス演技に際して、タイムリーに登場させるのがむずかしいということを述べている。拍子感の直接的な基礎をなすものは無粋な身体的過程ではあるまい。それはむしろ高次の心理的感受性に帰すべきものであろう。この感受性のおかげで、一寸した心理状態が注意を限定し、さもなければ無関心のまま過ごしてしまうような過程に留意せしめるのであろう。しかし、拍子に合った過程を注意深く観察していると——これは常に軽い共働ないし模倣であるが——心理的機能および遂には無粋な身体的機能すら拍子にのってくる。(原註20)

或るとき、R・ウラサック博士から次のような話を承ったことがある。以下お言葉通りに再録しておこう。

「感覚が活潑な感情高調と結びついている場合には、必ず時間値が著しく昂進する。この事実は時間感覚が生体の燃耗に依属しているという仮説に吻合する。上に述べた事実は非常に愉快な感覚に充たされている時期にも不愉快な感覚に充たされている時期にも齊しく妥当する。これに反して感情高調の無関心値内にある感覚は、比較的不明瞭な時間感覚と結びついている。これらの事実は、時間感覚に附属する神経過程と感情に附属する神経過程とが或る近親性《アナロギエン》をもっていることを示している。

現に、マイネルトやアヴェナリュウスの感情論がその一例であるが、生理学的感情論を試みている人びとは、いずれも感情を燃耗と関聯づけている。」

(1) 私がここでとっている立場は、拙稿「耳の時間感覚」(ウィーン・アカデミー会報、第五一巻、一八六五)のそれと大同小異である。私が既に一八六〇年に着手したこれら旧い実験の細目にはここでは更めて立入らないことにする。また、モイマン、ミュンスターベルク、シューマン、ニコラス、ヘルマン、等々、の労作からひき出される豊富な素材も、ここでは討究しない。
尚 Scripture: The new Psychology. London 1897. p. 170. を参照されたい。また、『認識と誤謬』一九〇五、四一五頁以下における補足説明をみられたい。

(2) R. Wallaschek: Psychologie und Pathologie der Vorstellung. Leipzig 1905. 就中、「全体とその部分」と

いう章（一五頁以下）参照。

（3） 神経要素は、多分、恒常的な生得的極性定位を賦与されているだけではなく、一時的後天的極性をも持ちうるのであろう。前者は、腸や蛇動筋の下方へ下っていく波動や電気走行性現象から推して確からしく思われる。後者は記憶において時間的順序が厳に保たれていることや、習練などに表われている。次の二著を参照のこと。

Loeb und Maxwell : Zur Theorie des Garvanotropismus. Pflügers Archiv. Bd. 63. S. 121.

Loeb : Vergleichende Gehirnphysiologie. S. 108 u. ff.

（4） 拙稿「耳の時間感覚」、一七頁。

（5） Vgl. Fechner : Psychophysik. Leipzig 1860. Bd. 2. S. 433.

（6） Dvořák : Über Analoga der persönlichen Differenz zwischen beiden Augen und den Netzhautstellen desselben Auges. Sitzungsberichte der königl. böhm. Gesellschaft der Wissenschaften (math-naturw. Klasse) vom 8. März 1872.

（7） Dvořák : a. a. O. mittgeteilt.

（8） G・ハイマンス教授は、当初このような実験結果は得られないとのことであったが、その後管見が正しいことを納得された。

（9） Dvořák : a. a. O. S. 2.

（10） Sandford:American Journal of Psychology. 1894. Vol. Ⅵ. p. 576.

（11） Münsterberg : Psychological Review. 1894. Vol. Ⅰ. p. 576.

（12） W. Robert : Über den Traum. Hamburg 1886.

（13） 『熱学の諸原理』、第二版、一九〇〇、四四四頁。

（14） Wallaschek : Das muskalische Gedächtnis. Vierteljahrsschift f. Musikwissenschaft. 1882. S. 204.

（15） M. de Manacéine:Sleep. its Physiology etc. London. 1897.

（16） Mosso : Kreislauf des Blutes im Gehirn. Leipzig 1881. Vgl. auch.

Kornfeld : Über die Beziehung von Atmung und Kreislauf zur geistigen Arbeit. Brünn 1896.

（17） James:Psychology Ⅰ. 635.

（18） 本書、一一二頁参照。

（19） 空間形態の相似性は、これから推せば、リズムの相似性よりも遥かに直接的に感知されるのであろう。

（20） Wallascheck : Anfänge der Tonkunst, Leipzig 1903. S. 270. S. 271.

ワラシェック氏のこの著作は英語原版（Primitive Music. London 1903.）を増補改訂して独逸語に移されたものであるが、本章および次章で扱っている諸問題に対して非常に有意義な観察を数多く含んでいる。

第十三章　音響感覚（原註1）

1

われわれは、音響感覚についても、主として心理学的な分析に局限しなければならない。ここでも、提示できるのは研究の端初だけである。

われわれにとって最も重要な音響感覚のうちには——快苦の表出や、思想の言語的伝達のために、あるいはまた意志等々の表現として、——人間の発声器官によって発せられるものがある。発声器官と聴覚器官とは、いうまでもなく緊密に関聯し合っている。音響感覚の注目に値する諸性質が、一番簡単明瞭に顕われるのは音楽である。意志、感情、音声表出、音声感覚、これらは疑いもなく緊密な生理学的聯関のうちにある。ショペンハウエル（原註2）が音楽は意志を表現すると語ったり、俗に音楽は感情の言葉だといったりするとき、真理が相当にいい当てられてはいるが、これでもって真理全体が言いつくされているわけではない。

2

H・ベルク（原註3）は、手短かにいえば、ダーウィンの先蹤に倣って、音楽を猿の求愛の呼声から導来しようと試みている。

ダーウィンやベルクの功労ある啓発的な論説を黙過しようとするならば、それは盲目というものであろう。今日でも、音楽は依然として性愛の琴線に触れうるのであって、現に求愛の具に用いられている。だがしかし、ベルクは、音楽の快適さが一体どこに存するのかという問題に対しては満足すべき回答を与えていない。しかも彼は、音楽理論のうえでは純正律からの逸脱を忌避するヘルムホルツ流の立場を採っており、不愉快の度が一番低い吼え方をする雄が優越を占めるのだと考えている。それゆえ、われわれとしては、一体なぜ最も賢明な動物は全くの沈黙を守らないのか、という反問を許されるわけである。

与えられた生物学的現象と種族保存との関聯を発見し、しかもそれを系統発生学的に辿ることは、非常に有効である。しかし、それでもってその現象に係わる問題が万事解決したのだと信じ込むわけにはいかない。種族保存との聯関を証明することによって、特殊な性感の快適さを説明しようとする人はあるまい。人びとはむしろ逆に性感が快適であるからこそ種が保存されるのだ、ということを進んで認めるであろう。成程、音楽はわが生体に祖先の求愛を想起せしめるかもしれない。ところで、音楽が求愛に用いられたとすれば、それは、もともとすでに積極的な快適さ——この快適さは現在祖先の求愛を想起することによってたしかに強められうる——をもっていた筈である。個人の生活から類似な一例をとれば、私はオイルランプが消える時の匂いを嗅ぐと、先ず大抵の場合、子供の頃不思議に思った魔法のランプのことを想い出して愉快な気分になる。しかし、だからといってランプの匂いそのものが厭でなくなるわけではない。バラの匂いを嗅いで快適な体験を想い出す人は、だからといって、バラの匂いそのものは元々は快適でなかったのだ、などとは思わないであろう。これはもっぱら聯想によって得たものである。(原註4)ベルク流の把握によってはそもそも音楽の快適さということからして充分に説明できない以上、そうした考えは、例えば、何故しかじかの場合第四音程度の方が第五音程度よりも快適に聞こえるのか、というような特殊問題の回答に対してはいよいよ役に立たないであろう。

3

音響感覚に対して一面的な判断に陥らないためには、われわれは言語や音楽の領域以外をも顧慮しなければならない。音響感覚は、伝達、快苦の表出、老幼男女の声の識別を媒介するだけではない。音響感覚は話したり叫んだりしている人の緊張や激情の標識となるという域にもとどまらない。われわれは音響感覚によって、音をたてている物体が大きいか小さいか、足音をたてている動物が大きいか小さいか、こういったことをも識別する。人間が肉声では発することのできないような非常に高い音も、音のやってくる方向を判定するためには甚だ重要であるらしい。(原註5) 音響感覚のこの機能は、動物の世界では、その群居生活において初めて一定の役割を演ずるようになる機能よりも、一層旧いものと思われる。耳のそばで厚紙を傾けてみるとはっきりすることだが、ガス焔、汽罐、落水といった非常に高い音は厚紙の布置如何で反射による変様をうけるが、低い音は全然影響されない。してみれば両方の耳殻が方向指示器としての役割を演じうるのは、もっぱら高音に対する働らきによるのである。(原註6)

4

ソーブール、ラモー、R・スミス、ヤング、オーム、等々の重要な予備作業(原註7)を継承して、ヘルムホルツ(原註8)は聴感覚の分析を決定的に前進せしめた。誰しもこのことを認めるに吝かではあるまい。われわれはヘルムホルツとともに噪音は——その数、高さ、強さが時間と共に変化する——純音の組合わせだと認める。われわれは一般に、調音中には原音nと共に、上音ないし分音2n、3n、4n、等々、それぞれ簡単な振子振動に相当するものをも聞く。原音の振動数がn、mである二つの調音が、メロディー的ないしハーモニー的に結合されていれば、nとmとが或る特定の比率になっている場合には(原註9)、分音の部分的合致を生じうる。この合致によって、メロディー的結合の場合には調音の近親性が明白になり、ハーモニー的結合の場合には唸りの減少が生ずる。以上のことは、たとえこれで以って万事が論じつくされてはいないにせよ、ともあれ異論の余地なきものである。

われわれはヘルムホルツの生理学的聴覚理論にも、これまた同意できる。いくつかの純音を同時にたてて観察してみると、振動数の系列に一系列の神経終末器官が対応しており、相異る振動数に対しては相異る終末器官が存在し、その各々は或る少数の相隣接する振動数に対してだけ応ずるようになっているということはまず間違いないことが判る。これに反して、耳迷路の機能に関するヘルムホルツの物理学的表象が維持されがたいということが今日では明らかになっている。この点については後にもう一度論ずることにしよう。

5

いかなる噪音であっても必ず、さまざまな持続時間をもった純音感覚に解析できるというヘルムホルツの想定にくみする者にとっては、噪音に対する特別な聴覚器官を探り出そうとすることは初めから無用だとおもわれる。現にヘルムホルツもこの不整合から間もなく身を退いたのであった。私は以前(一八七二—三年冬)噪音(殊に爆鳴音)と純音との関係の問題を研究し、両者間のありとあらゆる移行《ユーバーゲング》が証明できることを発見した。ゆっくり回転している大きな盤の小孔を通して一二八回全振動の純音を聞くと、持続時間が二〜三振動分の期間内では、高さが甚だ不明瞭な短く素っ気ない鳴音(ないし弱い爆鳴音)に縮まって聞こえる。ところが持続時間が四〜五振動分になると、高さが明瞭になる。他方、充分注意して聞けば、爆鳴音を耳にする際、それが非周期的なもの(例えば火花の音や爆発している爆鳴ガス嚢）であっても、音の高さを――確然たる高さではないにせよ――聞きとるものである。ピアノの弱音ペダルをはずしておくと、爆発している大きな爆鳴ガス嚢は主として低音部の琴線を共振せしめ、小さなそれは高音部の琴線を共振せしめる、ということが容易に確かめられる。以上によって、同一器官が純音感覚と噪音感覚との双方に役立ち得ることが証明されたものと思う。

われわれは次のように考えるべきであろう。すなわち、比較的弱い、持続時間の短かい、非周期的空気振動は、終末器官全部を興発するが、とりわけ興発されやすいのは小さな終末器官である。比較的強い、より長時間持続する空気振動は、かなり大きい鈍重な終末器官をも興発し、減衰の度が低ければ、かなり長時間振動しつづけて気付かれるのである。比較的弱い、周期的な空気振動の場合であっても、終末器官の系列の特定の項に効果が集中することによって刺戟《ライツング》（原註10）が起こる。低音であれ高音であれ、爆鳴音が興発する感覚は、低音部にせよ高音部にせよ、とにかくピアノの相隣接している多数の鍵盤を同時に押す際に耳にする感覚と質的には同じものであって、ただ前者の方がより強烈で持続時間が短いだけである。なお、爆鳴音による一回的刺戟の際には、周期的間歇的な刺戟と結びついている唸りは生じない。

6

ヘルムホルツの労作は、それが世に現われた当初には汎く驚嘆の念をもって迎えられたのであったが、その後さまざまな批判的攻撃をうけるようになり、今日では当初の過大評価が過小評価に転じてしまったかの観がある。物理学者、生理学者、心理学者達はこの四十年近くものあいだ、ヘルムホルツの理論がもっているこれら三つの側面をそれぞれ検討して来たのである。従って、もし彼らが弱点を察知しなかったとしたら、それこそ不思議というものであろう。周到には論考できないことを予め承知のうえで、批判的考究のうちいくつかの主要な論点をとりあげてみよう。先ず物理学的側面から向けられたものと生理学的側面から向けられたものとを一括して述べ、その後で心理学者達によって向けられたものを論考することにしたい。

ヘルムホルツは、心理学的ならびに物理学的観点から、内耳は共鳴系から成っており、これが与えられた振動形に照応するフーリエ級数の項を分音として聞き分けるのだ、と想定している。この考えに基づけば、分音振動の位相関係は、感覚に何らの影響をも及ぼすことができない。功労ある音響学者ケーニヒ(原註11)はこれに反対して、振子状部分振動の単なる位相のずれによって感性的印象(音色)が変ることを証明しようと試みた。しかし、L・ヘルマン(原註12)は、蓄音器盤を逆向きに廻わしても音色には何ら変化を生じないことの証明に成功したのである。なお、ヘルマンによれば、ケーニヒの波状サイレンの個々の正弦形線条は単音を作らないのであって、彼の推論は不当な前提(原註13)に基づいているということである。従ってこの難点は除去されたものと見做せよう。

結合音の諸現象をヘルムホルツの立場から解明することはそれほど容易ではない。ヤングは、充分速やかな唸りは音としてさえ聞こえる——言い換えれば結合音に聞こえるものと想定していた。しかし、共鳴器は唸りのテンポに合わせてあっても、唸りによっては鳴らせることが出来ない。それは純音によってしか鳴動しないのである。それゆえ、共鳴説を採れば結合音は聞こえないということになる筈である。そこで、ヘルムホルツは、結合音は、運動方程式の線型性からのずれに基づく強音によって客観的に説明されるか、それとも、内耳の共鳴部の非対称的ないし非線型の振動条件によって主観的に説明さるべきか、そのいずれかだと前提した。ところで、ケーニヒ(原註14)は客観的な結合音の存在を証明できなかったどころか、遠く隔たっている純音と純音との間にさえ唸りがあって、それが充分速やかに継起する場合には、きまって特別な純音に聞こえるということを見出した。ヘルマン(原註15)は、純音がはなはだ微弱にしか協働していないので、ヘルムホルツの説ではそれを客観的にも主観的にも凡そ説明できそうにもないような条件のもとで、結合音を聞き取ったのである。それゆえ、この点ではケーニヒに与みしているヘルマンの見解によれば、耳は正弦振動に反応するだけではなく、あらゆる種類の周期性〔振動〕に反応し、周期の持続時間によって規定される〔音響〕感覚を感ずるのである。

物理学的共鳴説は、少くとも元のままの形では、維持されがたいように思われる。しかし、ヘルマン(原註16)はそれを生理学的共鳴説によって置換えることができると信じている。この生理学的共鳴説やエーヴァルトの新しい物理学的共鳴説については、後に立帰って論ずることにしよう。

7

さて今度は、ヘルムホルツに対する異論のうち、主として心理学的見地から持出されているものに論及しておこう。協和音の説明に際してポジティヴな契機が欠けていることがかなり一般に物足りなく思われている。というのも、単なる唸りの欠如(原註17)をもってハーモニーの充全な徴表とすることには、誰しも不満を覚えるからである。A・v・エッティンゲンも、各音程を特徴づけるポジティヴな要素が挙げられていないことを惜しみ(Harmoniesystem in dualer Entwicklung. S. 30)、音程の値を上音における音響内容の物理学的偶有性に依存させまいとしている。彼は、当のポジティヴな要素は、共通な基音(トニカ)——音程の音はしばしばこれの分音として現われる——の回想(a. a. O. S. 40. 47.)ないしは、両者に共通な上音(フォニカ)の回想に求めることができると確信している。ヘルムホルツを批判する否定的な部分については、私はエッティンゲンに全く賛成である。しかし、「回想」は理論の要求するところを充たさない。協和音、不協和音ということは、表象〈作用〉の係わることではなく感覚のそれだからである。従って、エッティンゲンの考えは生理学的には不適切だと考える。しかし、二元性の原理（和音における基音と上音との近親性）(原註18)の主張や、不協和音を多義的な和音として把える彼の考えには、価値に富んだ積極的なものがあると思う。

8

シュトゥンプは、色々な著作のなかで、(原註19)ヘルムホルツの教説を徹底的に批判している。彼はまず、ヘルムホルツが協和音について与えた二つの相異る定義、すなわち、唸りの欠如による定義と分音の合致による定義とを、俎上にのぼせる。前者は、メロディー的継起の場合には妥当せず、それを特徴づけるものではない。後者は、ハーモニー的結合には妥当せず、それを特徴づけるものではない。唸りの性質に応じて間歇的に響いてくる三和音は決して不協和音ではない。他方、唸りが認められず、それでいて強く不協和な、遠く相隔たった音の複音——こういった例を挙げることもできる。両耳に二つの音叉の音を振り当てると、確かに唸りは退潮するのだが、協和音と不協和音との区別は一向に減退しない。例えば耳鳴りといった主観的な音であっても、その場合にはもちろん唸りは聞こえないが、不協和音として耳に響くことがある。最後に、表象されただけの音も協和音、不協和音として泛かぶが、このさい唸りの表象が何かしら決定的な役割を演じているわけではないと思う。上音が存在しない場合には、結局分音の合致ということもなくなるわけだが、だからといって協和音と不協和音との区別がなくなるわけではない。無意識的な計算ということによる協和音の説明——これを支持するような人は殆んどあるまい——に対するシュトゥンプの駁論は、等閑に附したい。(原註20)愉快さという属性は協和音を充分に特徴づけるものではない。これまた人びとが進んで認めるところであろう。事情如何では、不協和音も協和音に劣らず愉快さを伴うことがある。

シュトゥンプ自身は、二つの音の複音が、その程度はまちまちだが、ともかく或る一つの純音の印象に近づくということのうちに、協和音の特徴を見出している。彼は協和音を「融合」によって定義している。いうなれば、古代の考え方に彼は戻ったのである。因みにシュトゥンプは、この古代の考えについて周到な歴史叙述をおこなっている。（原註21）ヘルムホルツもこの見解を知らなかったわけではない。彼はそれを論じているが、但し自分こそが音の融合を初めて正しく説明したのだと思っている。

シュトゥンプは、統計学的実験によって、協和音にあっては音の融合が起こることを示した。音楽になれていない人は、うまく協和すればするほど、同時に聞こえる音を一つの音だと思い込む。シュトゥンプは、融合をもっと立入って説明する必要のあることを否まない。類似によって音の融合がひきおこされるのであれば、この類似性は純音の系列がそれに基づいている類のものとは別物の筈である。というのは、後者は音が隔たるにつれて段々減少するからである。しかし、シュトゥンプの目には、そういう第二の類似関係は全く仮説的なものに思えたので、彼は別な種類の生理学的説明を考えた方がよいとしている。彼の考えでは、二つの音を同時的に感受する際の脳髄過程は、振動数の比が簡単な場合の方が複雑な場合よりも、一層緊密に関聯（特殊な共働）しあっている。（原註22）次々に継起する純音も融合することができる。歴史的には単旋律の音楽の方が重旋律の音楽よりも旧いが、それでもシュトゥンプは、前者に対する音階の選択もやはり音を同時に聞く経験によって導かれたらしい、と考えている。われわれは、基本的な点では、全面にわたってシュトゥンプのヘルムホルツ批判に賛同せざるをえないのである。

9

私自身は、すでに一八六三年に発表した（原註23）論文で、またその後にも、（原註24）ヘルムホルツの理論に対する若干の批判的発言を試みてきた。一八六六年には、エッティンゲンの論文に僅かに先駆けたさる小さな論文のなかで[原註25]、より完全な理論であればそれが当然充足すべき幾つかの要求点をはっきりと挙示し、さらには本書の初版（一八八六）でそれを敷衍しておいた。

次のような考えから出立することにしよう。すなわち、物理学的ないしは生理学的に整調された一系列の終末器官があって、振動数が増大するにつれてこの終末器官系列の各項が順次最大の反応を示すものとする。しかも、終末器官の各々にはそれぞれに特有な（特殊）エネルギーが帰属しているものとしよう。そうすれば、終末器官と同数の特殊エネルギーが存在し、かつ、それと同数の、聴覚によって識別できる振動数が存在するわけである。

しかし、われわれは純音を識別するだけではなく、それを一系列に秩序づける。高さが違う三つの純音のうち、どれが中位のものであるかは聞けばすぐ判る。われわれは、どれとどの振動数が近いか、どれとどれが遠いかを直接に感じとる。この事実は、隣接している音についてはかなりうまく説明できる。何となれば、一定の純音に帰属する振幅を第35図の曲線abcの縦軸で図示し、この曲線が矢印の方向に次第に移動するものと考えれば、常にいくつかの器官が同時にはたらくので、隣接している音にはたとえ微弱でも共通な刺戟が帰属するからである。しかし相隔たっている純音と純音との間にもこれに類する関係があり、最高音と最低音との間にさえやはりそれが認められる。それゆえわれわれはかの探究の原則に則って[訳註1]、あらゆる音響感覚に共通な構成分を想定しなければならない。従って、われわれとしては、弁別できる純音と同数の特殊エネルギーが存在するという想定を立てるわけにはいかないのである[訳註2]。差当りここで考察している諸事実を理解するためには、唯二つのエネルギーを想定するだけで充分である。但し、これら二つのエネルギーは、振動数を異にするにつれて様々な割合で解発されるものとする。しかし、この事実は音響感覚のもっと複雑な聯結を卻けるものではない。後述の現象から推せばそういった聯結が大いにありそうである。

純音系列を注意深く心理学的に分析してみると、ただちに右の見解に導かれる。尤も、まず終末器官の各々に特殊エネルギーが帰属していると仮定し、これら特殊エネルギーが類似しており、従って共通な構成分を含んでいる筈だというふうに考えても、同じ見地に到るのである。それ故、決定的なイメージを泛べるために、次のように想定することにしよう。音響感覚は、振動数が最小のものから最大なものへと移り行く際、色彩感覚が、純粋な赤から次第に黄を混じ純粋な黄に移行していくのと同様な変りかたをするのだ、と。この場合、識別可能な振動数の一つ一つに対して特別な終末器官が存在するという考えは、各終末器官によってそれぞれ全く違ったエネルギーが解発されるのではなく、同じ二つのエネルギーがさまざまな割合で解発されるのだ(原註26)、という限りにおいてのみ維持することが出来る。

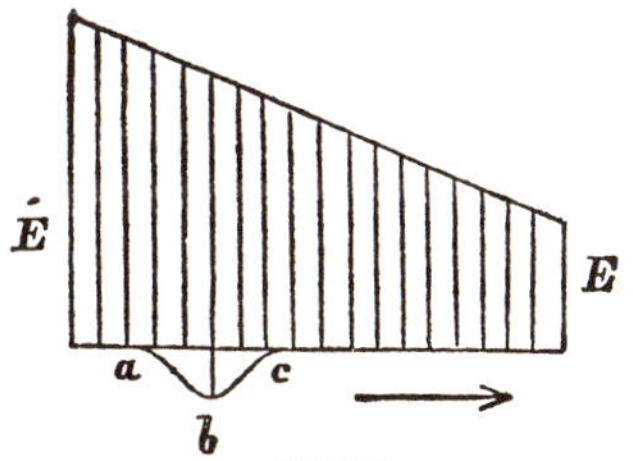

第35図

同時に響いてくる沢山の音が識別されるのは、一体どうしてなのか? どうして一つの感覚に融合してしまわないのか? 高さを異にする音がどうして中位の高さの混合音にならないのか? このようなことが実際には起こらないという事実によって、われわれの構案すべき見解が一層限定される。恐らく、音の場合にも――識別され、単一の印象に合流してしまわない――空間中の相異る場所に現われる赤と黄との混合色の系列の場合と類似の事情にあるものと思われる。実際、或る音から別の音へ注意を移す際には、視空間内における凝視点の転換の場合と類似の感覚が生ずる。純音系列は、両側が限界を画された、例えば正中面に垂直に右から左へと伸びている直線のような対称性を呈せぬ一次元の空間と類比的である。それは、鉛直線や、正中面内でこちらから向うへ伸びている直線とは、より一層よく似ている。しかし、色は空間点と結びついておらず、空間内を動きまわるので、われわれは空間感覚と色彩感覚とを容易に分離するのであるが、音響感覚にあっては事情が異る。一定の音響感覚は上述の一次元の空間の特定の部位にしか現われることができないのであって、当該音響感覚が明晰に現われる場合には上にいう部位が必ず確定している。ところで、相異る音響感覚は音感基体の相異る部分に現われるのだと表象したり、或いはまた、かの二つのエネルギーのほかに第三のものがある——詳しくいえば、高低音の色合いがそれの割合によって制約されているかの二つのエネルギーのほかに、音に注意を固定する（訳註3）際に現われる、神経興奮に類する第三のものがある——と考えることもできる。あるいは、これら双方が同時に生ずるのかも知れない。この点について裁定することは目下のところ不可能でもあり、不必要でもある。

音響感覚の領域が空間——それも対称的でない空間——とのアナロギーを供するということは、無意識のうちに言語にも現われている。楽器がヒントになって左の音、右の音といった表現が生まれてもよさそうなものだが、われわれは音の高低は云々するけれども、音の左右を云々しはしないのである。

11

私は初期の著作の一つ（原註27）で、音に対する注意の集中《フィクスィーレン》は鼓膜張筋の可変的な緊張と聯関しているという見解を表明しておいた。しかし、その後自分自身でおこなった観察と実験に鑑みて、今日ではこの見解を執ることは出来ない。とはいえ、これによって空間とのアナロギーが倒壊するのではなく、新規蒔直しに当該の生理学的要素を発見すべきだというのみである。一八六三年の論文では、喉頭での過程が（歌を唱う際）純音列の形成に与かるという想定をも述べておいたが、これまた維持できないことが判った。歌を唱うことの聴覚作用に対する結びつきは、余りにも外的でありかつ偶然的である。われわれは自分の声域よりもはるかに広い範囲の音を、聞いたり表象したりすることができる。オーケストラ演奏――その全部の音――を聞いたり幻聴したりできるのであるから、全音声複合体の理解が、全然練習したことのない自分の一つの喉頭によって仲介されている、と考えるわけにはいかない。音楽を聞いているとき、はっきりと喉頭に感覚を覚えることがあるが、私はこの感覚は副次的なものだと思う。それは、私がもっと音楽をやっていたころ、聞いているピアノやオルガンの音に伴って、さっと指先をかすめた触覚と同断である。音楽を表象するとき、私はいつもはっきりと音を聞く。演奏に随伴する運動感覚だけでは音楽にならない。それは、オーケストラ演奏者の運動を見ている聾人に音楽が聞こえないのと同断である。だから、この点で私はシュトリッカーの見解に与みすることが出来ない。（シュトリッカー『言語と音楽について』、パリ、一八八五、参照）。

私は、言語に関するシュトリッカーの見解に対しては、〈音楽の場合とは〉態度を異にする。（シュトリッカー『言語表象』、ウィーン、一八八〇参照）。考えている言葉がはっきりと耳に聞こえて来る。また、呼び鈴の音だとか汽車の音だとかによって考えが直接に興発されうるということ、小さな子供や犬でさえも自分では復誦できない言葉が判るということも疑いない。とはいえ、われわれが言語を理解する際、通常的でかつ手近かにしているやり方は、たとえそれが唯一可能な途だというわけではないにせよ、運動性のそれだということ、これが失われると大いに困憊するということを私はシュトリッカーの説によって得心するに至った。私は自分自身の経験からこの見解への傍証を与えることもできる。私はしばしば、私の話を聴いている他人の唇が軽く動くのをみかける。誰かに住所を聞いたとき、その所番地の復誦を怠ると、私はきまってその住所を忘れてしまう。ところが復誦しておけば忘れない。つ

い先ごろ、別段理由があるわけではないがただ綴りが厄介で憶えられないから、インドの劇『ウルヴァシ』は読みたくない、と或る友人が云っていた。シュトリッカーが説明している聾啞者の夢は、彼の見解を採らなければ理解できない。落ちついて考えてみれば、一見謎めいてみえるこの事態も、何らあやしむには足りない。一旦習得した慣い性となっている途を通って考えがめぐるということは、頓智がひきおこす驚嘆をみてみれば判る。もしわれわれの考えが特にわだちのついた回路をめぐるのでなかったとしたら気の利いた頓智はそれほど珍らしくはあるまい。言葉の副義が全然泛ばない人びとも決して少くはない。現に、シュミート（鍛冶屋）、シュースター（靴屋）、シュナイダー（仕立屋）といった言葉を人名として用いる際、当該の職業を考える人があろうか？ 別な領域からこれに准ずる例を挙げようとなれば、九四頁で述べたことを想起願いたい。すなわち文字とその鏡影文字とが並んでいるのを見ると、それらが対称的に合同であることは見たとたんに判るが、直接後者を読むことはできない。それというのも文字を右手で運動的に習ったからである。私は音楽に関してはシュトリッカーの意見に不賛成なのであるが、その理由は上の例に即することとによって一番手際よく説明することが出来る。音楽の言語に対する関係は装飾の文字に対する関係に類する。

12

私は、空間点の凝視《フィクスイーレン》と音に注意を集中《フィクスイーレン》することとの類比をいくつかの実験に拠って繰り返し説明して来た。もう一度当の実験を挙げておこう。二つの音のうちどちらに注意を向けているかに

したがって、二つの音の同じ結合が違った聞こえ方をする。前頁の譜に掲げた結合〈音〉1、2、は注意を高音に向けるか低音に向けるかにしたがって、はっきりと相異った性格を示す。注意を意のままに向けることの出来ない人は、一方の音を遅らす（3、4）とよい。こうすれば後の方の音が注意を惹く。一寸練習すれば、例えば5のような和声をその構成分に分かち、それも例えば6のように聞き分けることができるようになる。この実験や次の実験はピアノでよりもフィスハルモニ（訳註4）カでやった方が音が持続するのでうまく運ぶし、納得がいきやすい。

注意を向けている和声中の音を止める際に現われる現象は特に驚異的である。この時にはそれに隣接している音へと注意が移行し、この隣接音はまるで実際に奏でられたかのようにはっきりと耳に響いてくる。この時に受ける印象は、恰度、仕事に没頭していて、ふと我にかえり、今まで意識から全く消えていた時計の規則正しい音が突然耳に響いて来る時にうける印象と実によく似ている。後者では全音域が意識閾を出入りするが、これにひきかえ、前者では一部が高揚される。例えば、7の高音に注意を向けておき、上から下へ順次一音ずつ止めていくと、ほぼ8のような印象を受ける。9の最低音に注意を向けておき、今度は下から上へと順次一音ずつ止めていけば、10の印象を受ける。また、同じ和声音列であってもどの音に注意を向けているかによって全然違った聞こえ方をする。例えば、次頁の譜の11や12において、上音に注意を向けると音色だけが変るように感ぜられる。ところが、11の低音に注意を向けると音全体が低くなるように感ぜられる。これに反して12の音の上昇的進行ミ―ファに注意していると音全体が高まるように感ぜられる。これによって、アコルト（Akkord）がクラング（Klang）の代役を演じうるということが明白である。この観察は装

飾において注視点を変ずるに従って生ずる印象の交替を髣髴たらしめる。

なおここで、和声を数分間一様に鳴らしつづける際に現われる注意の不随意的移動——この際、次第次第に上音全部が自ずからはっきりと浮かびあがって来る(原註28)——を想起しておきたい。この出来事は、長いあいだ意を留めていた音に対する注意の消盡を暗示しているように思われる。この消盡は、私が別の個所で詳しく記載して(原註29)おいた実験によって、ほぼ確かめられる。

音響感覚の領域にみられる以上の関係は、例えば次の第36図によって説明できよう。われわれの両眼が単一的な運動しか出来ないものとし、しかも正中面内にある水平な直線上の点を対称的輻輳位を変ずることによって追うことしか出来ないものとする。なお、この水平線上の一番手前の凝視点は純粋の赤であり、両視線が平行になる遠点は純粋の黄であって、その間には赤黄間のありとあらゆる中間色があるものと仮定する。こうすれば、此の視感覚の体系は音響感覚の関係を非常に判然と模したものになっていよう。

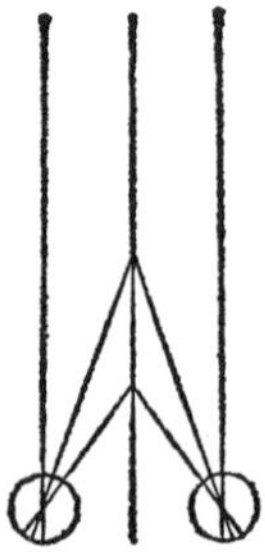

第36図

13

以上の見方では、以下に考察すべき重大な諸事実が——完全な理論にとってはこの事実の解明が無条件に要求されるのであるが——まだ究明されないままになっている。二つの音列が相異なる二音で始まり同じ振動数比を保って進む時、われわれは、これら両者において同一のメロディーを——幾何学的に相似で且つ相似の位置にある図型において相等な形姿を認めるのかと同様――感覚によって直接に認める。ラーゲ（Lage）を異にする等しいメロディーは、等しい音形の音響形態、ないしは、相似な音響形態と呼ぶことができる。この認識は、平常用いられている音程やしばしば用いられている簡単な振動数比にしかあてはまらないものではなく、それを離れても妥当するということは容易に確証できる。ヴァイオリンや一般に多弦楽器の開放弦を任意の非和声的な調子に整えておき、緊弦板上に全く任意に錯雑な比率に分けた紙片を〈目印として〉固定しておくと、同じ分点を任意の順序で、一弦ずつ次々に弾いたり、二本以上を滑奏したりすることが出来る。この際出る音は全然音楽的な意味をもたないけれども、どの弦においても同一のメロディーが再認される。無理数比に分割して実験しようとしたところで、実験が一層確証的になるわけではない。これはその実、近似的にしかやれないのである。音楽家は、依然として、既知の音楽的音程に近い、か、または、その中間にある音程を聞くのだ、と主張することが出来よう。馴らされていない鳴禽が音楽的音程で囀るのは例外的である。

たった二つの音が継起する場合でさえ、振動数の比の相等性が直接に認知される。ドーファ、レーソ、ミーラ、等々、同じ振動数の比（三対四）をもった音の継起は、すべて直接に、同じ音程（第四度音程）として認知される。これは最も簡単な形での事実である。音程の認知や再認は、音楽の徒がその領域に精通しようとすれば、わがものとすべき最初のものである。

E・クルケは、一読に値する一小著で[原註30]、この点に関する報告をおこなっている。それはP・コルネリュウスの独創的な教授法に関する報告であるが、私は口頭で伺った報告によってそれを補っておきたい。コルネリュウスによれば、音程を容易に認知するためにはその音程で始まっている音節や民謡等を憶えておくと便利である。例えば、タンホイザー序曲は第四度音程で始まっている。第四度音程を聞いたとたんにこの音はタンホイザー序曲の初めかもしれないと思い、それで音程を識るわけである。同様に、フィデリオ序曲第一は、第三度音程の代表として利用できる、等々。この立派な手段は――私自身音響学の講義の折にためしてみて非常に有効なことが判ったのだが――一見手がこんでいるように思われる。メロディーよりも音程の方が認知しやすい筈だ、と思われる向きもあろう。がしかし、丁度、顔の特定の一角や鼻よりも、個人の顔全体の方が認めやすく名前と結びつきやすいのと同様、メロディーの方が記憶に対してより多くの手掛りを供するものである。尤も、レオナルド・ダ・ヴィンチは鼻を〈系統的に分類し〉体系にまとめている。

14

音列の音程はいずれも特異な仕方で気付かれるが、ハーモニー的結合の場合もやはりそうである。第三度音程、第四度音程、短音階三和音、長音階三和音、これらはいずれも、それぞれ特有の色合いをもっており、原音の高さやそれと共に急速に増大する唸りの回数とは無関係に、その色合いに徴して認知される。

一方の耳のそばにかざされた音叉の音は、殆んどその耳だけで聞かれる。稍々調子の違う、反衡して唸っている二本の音叉を、一方の耳のそばにおくと、唸りが非常にはっきりと聞こえる。ところがこれら二本の音叉を一本ずつ左右の耳のそばにおくと、唸りは非常に弱くなる。相調和する音程にある二本の音叉は、片方の耳のそばに両方ともおいておくと、必ずいくぶんあれぎみに聞こえる。ところが左右の耳のそばに一本ずつおくとハーモニーの性格は保持されつづける。(原註31) 〈相調和しない音程にある二本の音叉を使って〉この実験をやってみると終始不協和音も非常にはっきりと聞きとれる。しかし、協和音や不協和音は決して唸りだけで規定されているのではない。

メロディー的結合においてもハーモニー的結合においても、その振動数が簡単な比率をなしている音は、⑴心地よさ、と、⑵各比率に特徴的な感覚とによって際立っている。この心地よさについていえば、その一斑が次のことによって説明されるということには異論の余地がない。それは、分音の合致ということと、ハーモニー的結合の場合にはさらに分音の合致と結びついている――振動数が一定の比率をなしている際の――唸りの減退ということである。しかしながら、音楽に通じており、しかも偏見に捉われていない人びとは、以上の説明では満足しないであろう。彼らにとっては、偶然的な音の色合いに過重な役割が帰せられていることが躇きである。彼らは、音が色と同様、或る積極的な対照関係に立っていること、色の場合にはそれほど明確な心地よい関係が指摘できないだけだということに気付いている。

15

　音どうしが現に一種のコントラストをなすということには否応なく気がつく。起伏のない恒常的な音は、四界を包んでいる一様な色と同様、甚だ不愉快であり、艶消しである。第二の音、第二の色を俟ってはじめて、生々とした効果が生み出される。サイレンの実験の場合のように、音を徐々に高めていく場合にも、やはりコントラストは全然あらわれない。これに反して、相隔たった〈高さ、種類等の〉音の間では、コントラストが成立する。しかも次の例から明らかになるように、コントラストは単に直接に継起する二音の間でだけ成立するのではない。2はそれだけ聞いた場合と1のあとで聞いたのとでは全然別様に聞こえる。3は2とは違った聞こえかたをする。5も3の直後に4を聞いたのとは聞こえかたが変わる。

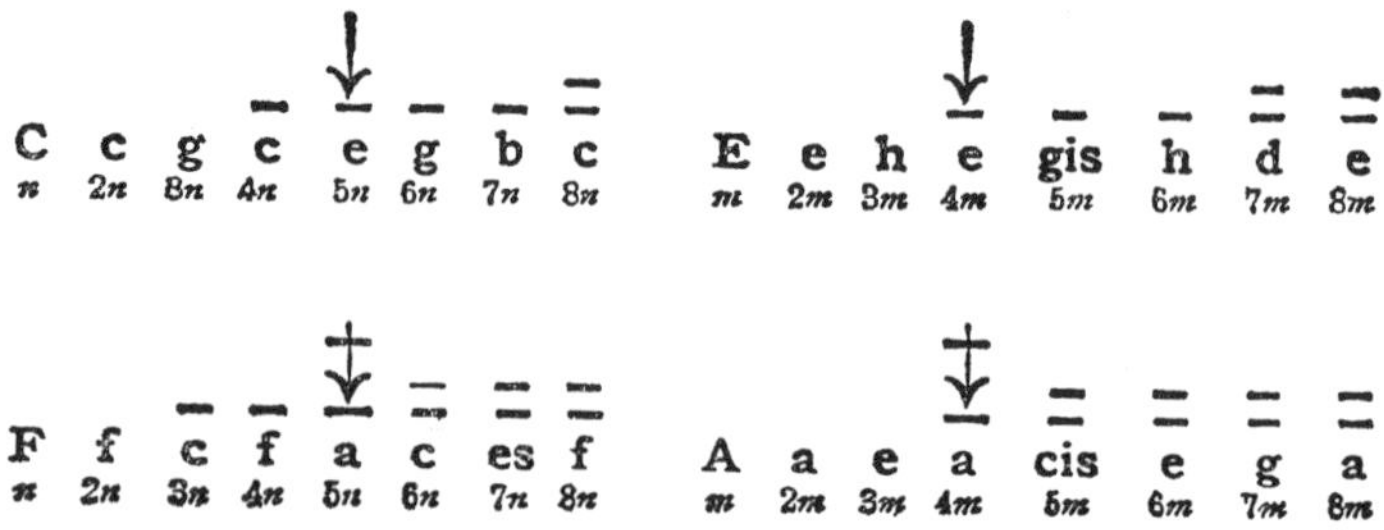

16

さて、第二の論点、すなわち、各音程に照応するそれに特徴的な感覚（前節冒頭(2)参照）に主題を転じ、従前の理論によってそれを説明できるかどうかを問い返そう。原音nが、その第三度音程mとメロディー的ないしはハーモニー的に結合される場合には、第一音の第五分音（5n）は第二音の第四分音（4m）と合致する。これは、ヘルムホルツの理論によると、第三度音程結合の全部にあてはまる共通事項である。ドとミ、またはファとラとを結合し、上の図標でその分音を表わすことにすれば、実際、上段では↓印下段では┼↓印で示した分音は合致し、いずれの場合にも、低い音の第五分音は高い音の第四分音と合致する。しかしこの共通事項は、物理学的に分析をおこなう悟性に対してだけ存立するにすぎず、感覚とは無縁である。感覚にとっては、第一の場合には|ミが、第二の場合には|ラが、それゆえ全然別な音が合致するのである。弁別可能な振動数の各々に対してそれぞれに属する特殊エネルギーを仮定するのであれば、われわれはそのとき、次のように問わねばならない。各三度音程結合に共通な感覚構成分は一体どこに存するのか？　と。

私のこうした区別を衒学的で微を穿つものだとは考えないで欲しい。図形の生理学的相似性——幾何学的相似性とは別個の——は一体どこに存するのかという設問が、決して駄問ではないのと同様、これまた私が四十年ほど前に一緒に提出しておいた先の設問も、無用のものではない筈である。もし、第三度音程の物理学的ないし数学的徴表をもって第三度音程感覚の徴表と見做そうとするのであれば、オイラー(原註32)に従って、四振動と五振動との合致ということでわれわれは自足するであろう。神経内においても音響は依然として周期的な運動を続けるのだと信じうるならば、その限りでは——因みに、A・ゼーベックはこれが可能だと考えているのだが(原註33)——オイラー流の考えは決してそう悪くない。ヘルムホルツのいう5nと4mとの合致は、この点に関してはそれに劣らず記号的であり、啓発的であるということにかけても劣るものではない。

17

私はこれまで、本質的な点では一歩も退く必要がないという確信をもって、自説を開陳してきた。これにひきかえ、以下の仮説を展開するに当っては——これは基本的な点ではずっと以前に提出しておいたものなのであるが——従前ほどの確信はもてない。とはいえ、これは少くとも次のことには役立つと思う。すなわち、苟もより完全な音響感覚論であればそれが当然充たすべき要求を、積極的な側面から明るみに出し、かつそれを説明するためには役立つと思うのである。先ず、本書の初版通りの形で私見を披瀝しておこう。

身体構造が簡単な動物にとっては、自分がその中にいる媒質の一寸した周期的運動を知覚することは、重要な生活要件である。注意の交替が（器官が粗大すぎて速やかな変化がそのなかで生じないために）緩慢すぎ、振動周期が短かすぎ、振幅が小さすぎて、このため、刺戟の個々の位相は意識にのぼることが出来ないにしても、やはり、集積された振動性刺戟の感覚効果《エンピンドゥングスエフェクテ》を知覚することは、不可能ではあるまい。聴覚器官の方が触覚器官に先んずるであろう(原註34)。振動可能な終末器官（聴毛）は、その物理学的特性上、あらゆる振動数に無差別に反応するのではない。とはいえ、唯一つの振動数だけに反応するのではなく、通常相隔たったいくつかの振動数に反応する。[原註35] それゆえ、一定範囲の振動数の全連続帯が動物にとって重要になるや否や、少数の終末器官では不充分になり、調子に高低の位階があるそういう器官の全系列が必要になる。ヘルムホルツは、このような組織として、先ずコルチー氏器、次いで基礎膜を考えたのであった。

ところで、この組織の各項がそれぞれ唯一つの振動数に対してしか反応しないとは考えがたい。むしろ、それは、微弱にではあっても、（多分、節で区分された）段階的に逓減する強度で、2n、3n、4n、等々の振動数に対しても反応し、同様にまた、$\frac{n}{2}$、$\frac{n}{3}$、$\frac{n}{4}$、等々の振動数に対しても反応するものと予期すべきである。振動数の各々に対して特殊エネルギーを想定する考えは、維持しがたいことが明らかになったのであるから、われわれは上述したところに従って、差当り唯二つの感覚エネルギー、陰（D）と陽（H）とが解発されるものと考える。当該の感覚を（混色の場合にそうしたように）記号的に $pD+qH$、また、$p+q=1$ とし、かつ、q を振動数の函数 $f(n)$ とみなして、$[1-f(n)]D+f(n)H$ で表わすことにしたい。[原註36] 刺戟が終末器官のどの項を襲おうとも、現われる感覚は、振動性刺戟の振動数に必ず対応する。先の立論は、このことによって別段本質的な変更をうけない。というのは、項 Rn は n に対して最も強く反応し、2n、3n、や、$\frac{n}{2}$、$\frac{n}{3}$ に対してははるかに弱くしか反応しないので、また、Rn は非周期的衝撃に対しても n と選択的に共振《アウスシュヴィンゲン》するので、感覚 $[1-f(n)]D+f(n)H$ は、やはり卓越的に項 Rn と結びついたままだからである。

精密に査定されている重複聴の症例から（シュトゥンプ、『音韻心理学』、第一巻、二六六頁以下参照）D と H との解発比率は、終末器官に依属するのであって振動数に依属するのではないと考える必要が生ずるかもしれないが、それはわれわれの見解に変更を迫るほどのものではあるまい。

こうして、項Rnは、nに強く反応し、弱くではあるが2n、3n、……$\frac{n}{2}$、$\frac{n}{3}$……にも反応し、これら振動数に対応する感覚をもたらすのである。しかし、Rnがnに反応しようと$R\frac{n}{2}$がnに反応しようと、感覚は完く同じだというわけでは断じてなさそうである。むしろ、器官の一項が分音に反応するとき、感覚はいつも弱い附帯的色合いを帯びると考えた方がはるかにあたっていそうである。(この附帯的色合いを、原音に対してはZ_1、上音に対してはZ_2、Z_3……下音に対しては$Z_{\frac{1}{2}}$、$Z_{\frac{1}{3}}$……で記号的に表わすことにしたい)。そうだとすれば、音響感覚は、公式〔1−f(n)〕D + f(n) H に対応するそれよりも、実際には幾分豊かに合成されているわけである。終末器官の系列が原音に刺戟されて与える感覚は、附帯的色合いZ_1を伴った領域を形づくる。この終末器官系列の第一上音による刺戟は、附帯的色合いZ_2を伴った特別な感覚領域を形づくる、等々。ところで、Zは不変の構成分であるか、それともそれ自身再び二つの構成分UとVとからなり〔1−f(n)〕U + f(n) V で表わされうる系列をなすかの、二通りが考えられるが、この点について決定することは当面重要な問題ではない。

たしかに、何はともあれ生理的要素Z_1、Z_2……を見出さなければならないが、これを探求すべきだという洞察だけでもすでにして重要だと思う。Z_1、Z_2……をすでに与えられたものと想定した場合、音響感覚の領域がどうなるかを討究してみよう。

メロディー的ないしハーモニー的な第三度音程結合音を例にとって考察しよう。第三度音程であるから、振動数は、n=4p、m=5p 最低共通上音は 5n=4m=20p 最高共通下音はpである。このとき、次頁の一覧表ができる。第三度音程結合にあっては、こうして、たとえ和音が全然上音を含んでいなくとも、第三度に特性的な附帯感覚Z_4、Z_5、や$Z_{\frac{1}{4}}$、$Z_{\frac{1}{5}}$が現われるのであって、空中ないし耳中で和音に上音が現われる場合には、前者(Z_4、Z_5)が一層強められるのである。次頁の図式は、どの音程に関しても一般化できる。(原註37)

	終末器官の右記の項が：	R_p	R_{4p}	R_{5p}	R_{20p}
和音$4p$と$5p$が上音をもたない場合には，	右記の振動数に応え，	4_p，5_p	4_p	5_p	$4_p=\frac{20_p}{5}$ $5_p=\frac{20_p}{4}$
	右記の附帯感覚を伴う。	Z_4，Z_5	Z_1	Z_1	$Z_{\frac{1}{5}}$，$Z_{\frac{1}{4}}$
上音をもつ場合には，	そのうえ，右記の振動数にも応え，		$20_p=5(4_p)$	$20_p=4(5_p)$	
	右記の附帯感覚をも伴う。		Z_5	Z_4	

単独音の場合や滑奏の場合には殆んど気付かれないけれども、一定の振動数比をもった音の結合の場合には、附帯的色合いがはっきりと現われる。それは、着色度が弱く殆んど白色光に近い光線の対照が、それの配合《コンビナチオン》の場合には、生彩を帯びてくるのと同様である。しかも、音の高さ如何にかかわらず、同一の振動数比には同一の対照色が対応する。

こうして、他の音とハーモニー的に結合したり、メロディー的に結合したりすることによって、音がいかにさまざまな——個々の音には欠けている——色合いを帯びうるかが判る。

要素Z_1、Z_2、……は、その数が一定不変だと考えてはならない。むしろ、気付かれうるZの数は、器官組織、耳の訓練、注意等に依属すると考えるべきである。この考えからすれば、振動数の比は、聴覚によって直接に識られるのではなく、専らこの振動数の比によって規定される附帯的な色合いによって識られるのである。〔1−f(n)〕D＋f(n)H で記号的に表わされる音列は無限ではなくて有限である。というのは f(n)の値は0と1との間を動くので、DとH、つまり、最低音と最高音とに対応する感覚が、終末項をなすのである。振動数が、上限項の原音のそれに比べて著しく大きかったり、下限項のそれに比べて著しく小さかったりする場合には、軽微な反応が生ずるのみで、もはや感覚質の変化は生じない。音程の感覚も聴取限界の両端近くでは消失するに違いない。というのも、先ず第一に、そもそも音響感覚の識別がなくなるからであり、次で第二には、上限においては下音によって刺戟されうる項が欠け、下限においては上音に反応する項が欠けるからである。

以上の見解をもう一度ふりかえってみると、ヘルムホルツの労作によって確立されたものの殆んどすべてを支持できることが判る。噪音や調音は純音に分解できる。識別可能な振動数の各々に、特別な神経終末器官が対応している。もっとも、われわれとしては、多数の特殊エネルギーに代えて、ただ二つのエネルギーを立てる。このエネルギーこそがあらゆる音響感覚の近親性をわれわれに理解させ、また注意に帰せらるべき働らきによって、同時に聞こえてくる多くの音をきき分けて把持させるのである。終末器官系列の項が多段的に鳴響し、「附帯的色合い」を生ずるという仮説によって、偶然的な音色の意義が減退する。そして、音程の積極的な徴表をなかんずく音楽上の事実に基づいて、一層立入って討究する途が拓ける。最後に、この見解によってエッティンゲンの二元性の原理は――恐らく彼自身にとっても「回想」よりは気に染むであろうような――基礎づけを与えられる。と同時に、他方では、二元性は何故完全な対称性たりえないのかということもはっきりするのである。

18

終末器官系列が多段的に鳴響するという仮説は、附帯的色合いの仮説もそうであるが、あくまで仮説にすぎない。仮説にすぎないことを明記したうえで、しかも、私は、心理学的分析を通じて生ずる要請の意味を説明し、他の人びとがもっとましな攻究をおこなうのを促がすという目的のためにのみ、この仮説を用いたのであった。それゆえ、この試論が直ちに賛同をえられなくとも、一向に不思議はないというものである。しかし、この仮説が無用の長物でありその目的に副うものではないという立論は、(シュトゥンプがいう如く)(原註38)、私には合点がいかない。附帯的色合いZ_4、Z_5、や、$Z_{\frac{1}{4}}$、$Z_{\frac{1}{5}}$、が一本の神経の中で会合するということは、物理学的事態であるにとどまらず、精神物理学的事態でもある。唯一つの要素による混色の感覚、これは無下に棄てておけるものではあるまい。それどころか、私が求めている音程の一定の色合いの説明も、シュトゥンプが求めている融合の説明も、ともに、私の仮定する――高音がなくても生ずる――部分的一致ということによって、実際に解明されるであろう。シュトゥンプは、さらに、ヘルムホルツにとっては上音を伴う和音の場合、同じ音程の類似性の理解には何らの困難もないと云っているが、この立論は私がヘルムホルツに向けた批判に対する誤解に基づいている。二つの第三度音程においては同じ強さの上音が会合するといったとしても、これでは誰も満足しはしないであろう。問題になっているのは感覚の質的類似性だからである。もし、メロディー的第三度音程の再認が直接的に説明できるのであれば、誰もハーモニー的第三度音程結合の認知に関する特別な説明を求めたりはしまい。ところが、当のシュトゥンプ自身、メロディー的進行はハーモニー的結合によって特徴づけられるものと考えているのである。それゆえ、彼の見解は循環論法に陥っているといわざるをえない。私の所説からしても、一定の振動数の比をもったメロディー的選択とハーモニー的選択という二つの事実は、同一の問題に帰着する。私の仮説は共鳴説に傾いており、シュトゥンプによれば、まさしくこのゆえに、私の仮説は卻けらるべきものである。この点をめぐってはもう少し立入って論じておくべきかと考える。

19

聴取に際しての物理的過程や中耳部の機能については、すでに色々と論議されている。にも拘らず物理学的聴覚理論を私心なく再検討してみることが是非とも必要であるように思える。聴小骨全体が振動するのか、それとも音波がこれを通過するのか、という問題が提起されている。E・H・ウェーバーは前者を執っている。この聴小骨全体が振動するのだという見解は、ポリッツェルによって実験的に確証され、私によって初めて理論的に基礎づけられたのであった。[原註39] すなわち、聴小骨の物的な大きさが、問題の音波の波長に比べて、〔現にそうである通り〕甚だ小さいとすれば、聴小骨の全般に亘ってほぼ同一の運動位相が現われるということ、従って聴小骨の全体が動く筈だということには疑問の余地がない。ところで、聴小骨の運動が迷路液に伝わるのだと考える向きもあった。しかし、迷路さえ正常であれば、聴小骨や鼓膜の協力なしにも、はっきりと聞こえることが、病例の研究から判った。聴小骨や鼓膜が重要性をもつのは、極く軽微な空気の振動の耳迷路への伝播が問題である場合に限るらしい。この場合には、鼓膜の表面全体にかかる圧力の、小さな鐙骨板への還元が必要であるらしい。それ以外の場合には、音波は頭蓋骨を通じても迷路に伝播されうる。音を立てている物体（音叉）を頭の色々な個所においてみることによって、音波が迷路に入り込む方向は別段重要な役割を演じないということが確かめられる。音響感受器官の大きさはどの次元〔縦、横、高さ〕をとってみても可聴音波に比べて甚だ小さく、また、骨や迷路液中での音波の速度は甚だ大きいので、一瞬時には迷路全体を同じ音波位相が占めることしかできない。以上から運動と運動方向ではなく、迷路内にほぼ同時に生ずる圧力の変化こそが、感覚を興発する決定的な刺戟だとみなさるべきだという推論が導かれる。

　とはいうものの、鐙骨板の運動によって迷路内で導来されうる運動についても若干考察しておきたい。差当り、軟部は全部切除されているものとし、かつ、骨壁で画された空間は液だけで充たされているものと考えよう。ここで生じうる運動は、卵円窓から正円窓への、ならびにまた、その逆の周期的流動である。この運動の形式は、音波の速度に比べて摂動の速度が無視できる場合には、周期とは殆んど無関係であろう。両窓の表面を陰陽の電極と考え、液が良導体だと考えれば、電流線と周期的流動線とは合致する。軟部の比重と液の比重とが大同小異であれば、軟部が液中にあっても、以上の立論にはこれといった変更を要しない。主役を演ずるのは液の質量である。液があっても個々の組織が音の高さに応じて特別な局所的振動状態をとりうるということについては敢えていうまでもあるまい。ここでは、量の関係は空中の弦や膜の場合とは全然異る。

このゆえに、エーヴァルトの新しい聴覚説(原註40)は、ヘルムホルツのコルチー氏繊維ないし基礎膜の選択的振動の理論と同様、維持されがたいように思われる。エーヴァルトの実験において、油被膜が油で厚く被っただけでもう明瞭な分節を示さなかったのであれば、液中に浸した際にもやはりそうであろうし、ましてやその大きさが鼓膜に相応するくらい小さければいよいよそうであろう。しかし、エーヴァルトの説はその他の点では適切であり、多くの利点を提供するであろうということは、強調されなければならない。この膜は、例えば、ハーモニー的音程の場合には上音がなくても結節線の一致を示すのであって、彼の説は一見上述の要請の一斑を充たすかのようにみえる。しかし残念なことには、――彼の説でもやはり解決できない他の難点があるということは措いても――彼の説は物理学の上からみて容認できないのである。無論、私は丹精のこもった立派な業績をほんの数語で片付けるような僭上を敢て犯そうなどとは思わない。とはいえ、やはり、疑念を表明せずにはおれないのである。

本書の第四版が出て間もなく、すなわち私が右の条りで液中膜振動に関する疑念を表明して間もなく、エーヴァルト(原註41)は、彼が「音聴箱」(camera acustica)を用いておこなった実験を公表した。彼は、基礎膜とほぼ同じ大きさの軟膜を水に浸し、音響的に〔音を能因として〕――音の高さに対応するはっきりとした結節区画をもった――定常振動をおこなわせることに成功した。これによって私の推測が間違っていたことがはっきりした。そこで、私はどこで間違ったのかその根拠を考えてみた。私は自分自身かつて液体膜で得た（原註42）微小結節区画のことをふと思い出した。また、フリーザッハ（原註43）が弦を水中に浸しておこなった実験のことも想い出した。液に浸すことは弦の質量の増加と同じ効果をもたらすということがフリーザッハの実験から明らかになった。というのも、液は、弦の近傍においてのみ、極めて短い経路を流振しつつ、この〔弦の〕振動に随伴するからである。従って、迷路液全体が流振するということ、および、それにも拘らず、迷路液中では膜内でのはるかに小さな伝播速度が膜の定常振動という形をとって現われるということは大いに考えられることである。一旦、こういった膜振動の存在が証明されると、エーヴァルトの理論的考案は大いなる価値をうるのである。なお、私はここでA・シュテール（原註44）の二つの報告を挙げておきたい。これにはもっと展開できる着想の萌芽が含まれているように思う。（補遺十七参照）。

20

共鳴説を物理学的に基礎づけることが如何に困難であるかは、程度の差こそあれ、それに従事したことのある人びとが均しく痛感するところである。この説の創始者〔ヘルムホルツ〕もこれを感ずることにおいて人後に落ちぬものがあったと思われる。しかし他面では同時に、共鳴説を放擲すると、音響分析の理解や音響感覚論の透徹性を規制するモチーフが失われてしまう。これまた人びとの識るところであり、このゆえに、共鳴説を保持しようとする強烈な努力が続けられているわけである。L・ヘルマン（原註45）は、何らかの共鳴説なしには済ませないが、さりとてそれは必ずしも物理学的共鳴説たるを要せず、生理学的共鳴説であってもよい、と述べているが、これは当を得た言葉だと思う。われわれはヘルマンに与みして、神経終末器官そのものが一定周期の刺戟に対して特に敏感である（原註46）という尤もな想定を下すことができる。器官を平衡状態に戻すものは必ずしも弾力でなければならないというわけではない。電気的、化学的、等々の平衡状態を考えることも出来るのであって、この平衡からの偏倚が正負の如き関係にあるものと考えることも許される筈である。そのうえ、こういった器官の間には、それによって一器官が他の器官を興発できるような結合がなりたっているということも、ありえないことではない。斯様にして、物理学的共鳴説の欠損を補う理にかなった展望がひらけてくる。ここでヘルマンの所説を完全かつ精緻に祖述することは断念せざるをえない。私は彼の論文を挙げることで満足しなければならない。

しかし一点だけもう少し考察しておきたい。振動数n、n′を有する二つの正弦（振子状）振動が協働する際には、唸りが生ずる。それは、毎秒n、n′回振動する音の〈波が重なって出来る〉n′－n回の山と谷だと考えることができる。しかし、空気の運動は、そのうちに正弦振動、即ちn′－n音が含まれているような運動であるとは断じて考えられない。物理学的共鳴器は、振動数n′－nに整調しておいても、そういった唸りによっては決して鳴響しない。唸りのテンポが早くても遅くても同断である。唸りの過程を表象するか図示するかしてみると、共鳴器振動（n′－n）の期間内に、数と強さが等しい正負の衝撃が生ずるということは見易いところである。この期間の前半における衝撃は、後半におけるそれと同数でかつ同じ方向である。従って有効加算は問題にならない。有効加算が可能なのは、共鳴器を或る種の衝撃に対しては他種のそれに対してよりも感度が高くなるようにしつらえることができ、しかもその振動期間の一半においては他半よりも感度が高くなるようにしつらえることができるというような、実際にはおそらく不可能な場合に限ってであろう。以上の考察から、ヤングが企てた急速な唸りによる結合音の説明は放棄するの外ないということ、また他面では共鳴説を把持するときそれがヘルムホルツの結合音の理論へと導くということが判る。しかし、ヘルムホルツが想定せざるをえなかった物理学的関係は、結合音が聞こえる際の状況においては、成り立たないように思う。とはいえ、神経器官が相拮抗する衝撃に対して等しくない感受性をもっており、かつまた、その興奮の段階を異にするに応じて感受性が異るということは、考えられないことではない。というのは、神経器官は単に作用力に随うのではなく、エネルギーの蓄積——作用力はこれを解発するだけである——を保有しているからである。してみれば、ヤングの誤謬と、これを改善しようとするヘルムホルツの失敗に終っているかに思える試みが、新しい重要な観点へと導くに至っているようにも思える。

21

ヘルムホルツの音響感覚論は、それが世に現われた当時、立派な、完璧な、模範的な仕事であるように見えた。ところが、思いのほか、その根本的主張は批判の前におのれを持することができなくなった。しかも、さしむけられた批判は決して得手勝手なものではなかった。このことは批判者達の所論が、それぞれ個人的特徴をもっているとはいえ、同一の論点に向けられており、しかも同一の方向を指向しているという事実からして明瞭である。批判を通じて、主要問題はほとんどヘルムホルツ以前の地歩に押し戻されたかの観がある。この事実を一個人の立場から眺めることを許されるならば、嗟歎の念を禁じ得ない。

ヘルムホルツの業績は、しかし、批判の矢が向けられるべき側面があるとはいえ、過小に評価することは出来ない。われわれが彼の仕事に負うている許多の実証的知識の獲得という点は姑く措くとしても、〈振動〉運動が問題にされるようになり、彼の仕事が研究者達に別の実験を促し、数々の新しい研究の刺戟となり、新しい展望が拓け、生じかねなかった数々の誤道がはっきりと永久に閉されるようになったのである。新しい実験や批判が、実に、楽楽と、すでに〔彼によって〕与えられていた実証的な業績に結合したのである。

ヘルムホルツは、心理学者、生理学者、物理学者に多くの仕事を課するこの課題を、主として物理学的な観点から打開すべきものと考えていた。彼はこの点でたしかに間違っていた。とはいえ、前世紀中葉彼と共に物理学的生理学の基礎を据えた彼の親しい同時代人達も、われわれが熟知している無機物理学の対象という断片が、決して世界の全体であるわけではないということを、識るべきであった。〔つまり、ヘルムホルツの物理学主義は当時の風潮だったのであるから、彼だけを責めるわけにはいかないのである〕。『音響感覚論』は天才的な想案であり、芸術家的直覚の表現である。それは、象徴的であるにせよ、物理学的アナロギーによって、ビルトによって、立入って研究すべき方途を示してくれる。それゆえ、われわれは除去さるべき欠陥と一緒に価値ある財までを放擲してしまわないよう留意しなければならない。ヘルムホルツが一体どういうわけで批判にあれほど耳をかさなかったのか、私には判らない。しかし、彼が『音響感覚論』のテキストを彼の死後改訂しないようにと遺言した措置は正当だと思う。

22

ものごとを進化論的な見地から考察するのが慣いとなっている人びとの目には、現代音楽の高度な発達や、音楽にかけての天才が自然発生的にしかも突然に出現するといったことは、はなはだ奇異で謎めいた現象に映ずる。こういう聴力の進歩が一体種の維持とどういう関係にあるのか？　それは必要なもの、ないしは、高々役に立つものという域を出すぎてはいないか？　音の高さの繊細な識別がどうだというのだ？　音程の感覚やオーケストラの音色の感覚が、一体何の役に立つのか？　（補遺十八参照）。

実のところ、どの芸術に関しても、それがどの感官領域にその素材を仰いでいるかに係わりなく、同一の問いを提出することが出来る。この問いは、一見必要の度をはるかに超えているニュートンやオイラーというような人びとの知性に関してもなりたつ。唯、全然実用的な要求を充たすことなく、大抵の場合何事をも叙示しない音楽の場合には、この問いが一番はっきりするというだけの話である。尤も、この点では、装飾術は音楽と非常に似通っている。見ようとする者は線の方向を識別できなければならない。繊細に識別できる人にとっては、線の組合わせの愉快さに対する感情が、或る程度教養の副産物として生じうる。色を識別する能力が発達した後に生ずる色のハーモニーに対するセンスの場合にも同様であり、音楽の場合にも同様である。

英才とか天才とか呼ばれているものは、それがもたらす結果はすこぶる偉大であっても、天賦の才としては常人と大同小異であるということを銘記しなければならない。英才とは或る一領域での、幾らか常人よりも大きい精神的な力に還元できる。若年期をすぎるまでずっと保持されつづける適応能力、常軌を逸する自由奔放さの保持によって、英才が天才になる。子供の天真爛漫さはわれわれを恍惚たらしめ(訳註5)、殆ど常に天才の印象を与える。しかし大抵の場合、この印象はやがて消えてしまい、大人の場合には自由に帰するのを常としている当の表出が、子供の場合には固定した性格の欠如に由来するものだということに気付く。

ヴァイスマンがいみじくも言っている通り(原註47)、英才や天才というものは、決して世代を重ねているうちに次第にゆっくりと現われて来るものではない。それは蓄積された祖先達の練習の所産ではありえない。英才や天才は自然発生的に突然現われるのである。以上述べてきたことを総括し、子孫は直属祖先と精確に同じではなく、両親の特性や場合によっては遠い祖先や親族の特性やらを幾分変形しつつ、強めたり弱めたりして示すのだということに思いを致すとき、英才や天才が自然発生的に突然出現するということも理解できよう。同じ両親から生まれた幾人かの子供達を比べてみると、その点がはっきりする。血筋が精神的素質に及ぼす影響を否もうとするのは、狭量または悪意からそうしている当代の人種熱狂者流に、一切を血統に還元しようとするのと同様、不合理であろう。何と云おうと、精神的獲得物が、文化的環境やとうに死んでしまった遠い祖先や、また同時代人達の影響に如何に負うものであるかは、(原註48)誰しも自分の経験から先刻承知している。発育因子は、断じて胎生後の生活において突然無効になるものではない。

（1） 細かい点の詳説ということを措けば、私はすでに一八六五年ごろから、ここで述べた立場を採っている。シュトゥンプが私の労作を色々な面で顧慮してくれていることに対して、私はここで感謝の意を表明しなければならないのであるが、このシュトゥンプの著作、Tonpsychologie, Leipzig 1883. Bd.I. には、私の共感を惹く多くの細目が含まれている。しかし、彼が一一九頁で述べている見解は、私の研究原理、つまり平行の原理と相容れない。もっとも、彼がリップスに向けた覚書（Beiträge zur Akustik, Bd. I. S. 47. Fussnote）は、再び私のそれと近い見方になっている。拙稿「音響感覚の分析のために」ウィーン・アカデミー会報第九二巻、第二部、一二八二頁、一八九五年、参照。

（2） Schopenhauer : Die Welt als Wille und Vorstellung.

（3） H. Berg : Die Lust an der Musik. Berlin 1879.

（4） 美学に対する聯想の意義は特にフェヒナーによって指摘されている。

（5） 拙稿「耳の筋肉の機能についての覚書」(Tröltschs Archiv für Ohrenheilkunde. N. F. Bd. 3.S.72). 尚、フィッシャーとの合作、「音響の反射と屈折」、(Pogg. Ann. Bd. 149. S. 221) A. Steinhauser : Theorie des binaurealen Hörens. Wien 1877. 参照。

（6） 私は、低い大きな噪音には全然感じないモルモットが麦わらを擦ったり紙を引裂いたりして高い噪音を立てるとたんに驚いて、あわてふためいて奥にかくれるのを目撃したことがある。産後数ケ月の赤ん坊も、そういう音に対しては非常に敏感である。

（7） Helmholtz : Die Lehre von den Tonempfindungen I. Aufl. Braunschweig 1863.

（8） 『通俗科学講義』所収、「音響学の歴史のために」参照。

（9） p, q を整数とし、$pn=qm$. 従って、$m=\frac{p}{q}n$ であるとすれば、このとき、n の第p分音は m の第q分音と合致する。

（10） 私は『ロトス』一八七三年八月号のなかで、私の実験の一部分、つまり刺戟変化の残像に関するドヴォルジャックの実験の継承について報告しておいた。爆鳴音によってピアノが鳴響することに関する実験については、全然言及しなかった。これについて此処で記しておくのは無用ではあるまい。その後、プァウンドラー、S・エクスナー、オーエルバッハ、ブリュッケ、W・コールラウシュ、アブラハム、ブリュール、等々が、しかもさまざまな観点からこの同じ問題を詳しく取扱っている。

（11） R. König : Quelques expériences d'acoustique. paris 1882.

（12） Hermann : Zur Lehre von der Klangwahrnehmung. Pflügers Archiv, Bd. 56. 1894. S. 467.

（13） 私はすでに一八六七年に、ケーニヒの装置と非常によく似たサイレンを用いて実験をおこなった。シリンダーの外輪に対になった互いに転位できる同じ正弦曲線の刻みをつけて当該分音の強さと位相とを任意に変えることが出来るようにしつらえておいた。ところがこの実験では、正弦曲線の縦座標と平行な隙き間から吹込んだとき、正弦型刻みは決して単音を与えないことが判った。私の装置はまだかなり不完全であり、任意の強さ及び位相をもった分音から一つの音を合成するという目的にはそぐわなかったので、私はこの実験に関して今迄公表しなかったのである。

（14） König. a. a. O. 非常に強い音叉音を用いたケーニッヒの実験結果の報告を読んだとき、私は彼が観察している唸りが生ずるにあたって、上音がさまざまな仕方ではたらいているのではないかという推測を禁じえなかった。そういう上音が協働しているということを現にシュトゥンプが証明するに至った。（Wiedemanns Annalen, N. F. Bd. 57, S.660.）。それ故、ヘルムホルツの理論はこの側面に即しては安全確実である。しかし、客観的な複合音は存在しない（ケーニヒ、ヘルマン）のであって、主観的な複合音が、ヘルムホルツの理論とは合致しない諸条件のもとで成立する（ヘルマン）ということは、一応考えられるのである。

Vgl. auch M. Meyer : Zur Theorie der Differenztöne und der Gehörsempfindungen überhaupt (Zeitschr. f. Psychologie. Bd. 16, S. 1.)

（15） Hermann : Zur Theorie der Kombinationstöne. Pflügers Archiv. Bd. 49 (1891), S. 499.

（16） Hermann : Pflügers Archiv, Bd. 56, S. 493.

（17） A. v. Oettingen : Harmoniesystem in Entwicklung. Dorpat 1866.

（18） 私は、小稿、「液体の形態」および「対称」（いずれも後に拙著『通俗科学講義』に収録）において既にオイラー（Tentamen novae theoriae musicae p. 103）、ダランベール（Elément de musique. Lyon 1766）：ハウプトマン（Die Natur der Harmonik und Metrik, Leipzig 1853.）が予感していた二元性の原理を通俗的に論述しておいた。

音楽の領域においては、もちろん、視覚の領域に見出されるような完全な対称は考えられない。というのも、音響感覚そのものが対称体系をなしていないからである。

（19） われわれは、ここではとりわけシュトゥンプの考え（Beiträge zur Akustia und Musikwissenschaft, Heft. I, Leipzig 1898.）を固持する。

（20） ライプニッツやオイラー、新しくはオッペル、リップス（Psychologische Studien 1885.）および、A. J. ポーラックの一群の文献（Über Zeiteinheit in bezug auf Konsonanz, Harmonie und Tonalität, Leipzig. 1900. Über Tonrhithmik und Stimmführung, Leipzig, 1902. Die Harmonisierung indischer, türkischer und japanischer Melodien, Leipzig 1905.）において、そのような説明が試みられている。

(21) C. Stumpf : Geschichte des Konsonanzbegriffes, I. Teil. Abhandl. der Akademie. phil-hist. Kl., 1897.

(22) C. Stumpf : Beiträge zur Akustik, Heft I. S. 50.

(23) 拙稿、「聴覚器官論のために」、一八六三。

(24) 拙稿、「空間視論覚書」、（『通俗科学講義』に収録）。

(25) 拙著、『ヘルムホルツ音楽理論入門』グラーツ、一八六六。序文および二三頁以下、附図四六、八八、を見よ。

(26) 相異る終末器官が相異る振動数に反応するという見解は、近接音の唸りや、ヘルムホルツが強調している他の諸事実によってうまく裏うちされており、諸々の現象を理解するために極めて有効であって、放擲しようにも出来ないほどである。ここにのべた見解は色彩感覚の分析に際して（とりわけヘーリングによって）得られた観察事実を善用している。

(27) 拙稿、「聴覚器官論のために」、一八六三。私は、ケッセルと共働しておこなった「耳の調節作用について」の実験によって、（ウィーン・アカデミー会報、第六六巻、第三分冊、一八七二、十月）――すなわち、聴器の標本（死体の耳）に導管を通じて音響振動を導入し、これの衝程を顕微鏡で観察することによって――聴器が色々な純音に対して変調したり共鳴したり出来ることの証明に成功した。しかし生体の耳におけるこの類の自発的変調の証明には、導管の導入や先の実験用に作った顕微鏡観察によっては成功しなかった。私はその後、私共が観察したかの強力な振動が果たしてこの問題に対して決定的なものであるかどうかを疑うようになった。というのはその振動はもしそれをそのまま耳迷路に通したらきっと耳器を損うほど強いものだったからである。従って、普通にもの音を聞く場合の生体の耳における振動を観察することに成功しない限り、この問題は最終的に決裁することはできない。光線干渉法を用いれば所期の目標に到達できるかもしれないが、生体の耳の困難な諸条件のもとで活用できるためには、それは特に単純な形のものでなければならないであろう。

(28) 拙著、『ヘルムホルツ音楽理論入門』二九頁参照。

(29) 拙著、『運動感覚論綱要』、五八頁参照。

(30) E. Kulke : Über Umbildung der Melodie. Ein Beitrag zur Entwicklungslehre. Prag 1884.

(31) Vgl. Fechner : Über einige Verhältnisse des binokularen Sehens. Leipzig 1860. S, 536. 私自身そういう実験を色々やってみた。

(32) Euler : Tentamen novae theoriae musicae. Petropoli 1739. S. 36.

(33) 私は今日においても人びとが依然として衝撃の時間的一

致説を執るのが判らない。私はかつてA・ゼーベックの実験を、もっとましな遣り方で――と自分では思うのだが――置きかえた。(拙稿「生理学的聴覚論に属する若干の現象について」、ウィーン・アカデミー会報一八六四年六月二六日)。しかし、感覚と結びついている神経過程中に周期性を認めることは出来なかった。主観的な音と近接している客観的な上音との間や、二つの主観的な音の間には決して唸りが聞こえないということは当時知られていなかったが、今日ではもはや疑問の余地がない。シュトゥンプの興味深い報告、„Beobachtungen über subjektive Töne und über Doppelhören" (Zeitschr. f. Psychol. u. Physiol. d. Sinnesorgane Bd. 21, S. 100—121.)。私の耳に現われる主観的な音は、それで実験するのには持続時間が余りにも短かすぎる。私は最近(一九〇六年)非常に明瞭で且つ恒常的な $\overline{\overline{\text{cis}}}$ 音をピアノに生じさせ、それより一歩み低い $\overline{\overline{\text{cis}}}$ 音をピアノに生じさせた際、唸りを指摘できないということを確証するのに成功した。この証明は私にとっては無用の長物である。というのは、その反対を想定することは生理学的に許容されがたいと思うからである。しかし、主観的な唸りのない音の協和や不協和に関するシュトゥンプの観察は極めて重要である。

(34) それゆえ、時間尺度が非常に小さいので、それの随意運動がわれわれ人間の耳にとっては純音に聞こえるような音をたてる動物が、果して普通の意味でもの音を聞くのか、それとも、動物がもの音を聴取しているという印象を与えるところのものは、実際にはむしろ触知なのではないか、ということは問題の余地がある。例えば、V・グラベルの素晴らしい実験と観察を参照されたい。(Die chordotonalen Organe. Arch. f. mikrosk. Anat. Bd. 20, S. 506). 尚、拙著、『運動感覚論綱要』、一二三頁、参照。この推測はその後色々な面で確証されるようになった。『通俗科学講義』、第三版、四〇一頁参照。

(35) 例えば、V・ヘンゼルが観察したように。

(36) 極めて簡潔に叙示せよということであれば

$f(n)=k\cdot \log n$

(37) ここに記したことは、もっと簡潔で多少違った叙述形式においてではあるが、拙稿「音響感覚の分析のために」のなかで述べておいた。(ウィーン・アカデミー会報・数学・自然科学部門、第二部、一八八五、十二月)。この論文では――もっと決定的に分析が進んでいるところの――色彩感覚の分析とのアナロギーに基づいて、音響感覚の分析が試みられている。どの振動数の光も、振動数に依属する比率で若干の特殊エネルギーを解発する。このエネルギーの興発性は一様ではなく、網膜部位に応じて相異る。しかるべき補正を必要とはするが、ほぼ同様な事情が音響感覚の場合にも認められる。色彩の場合にも音響の場合にも、当初一見したところ、無限に多様な物理的刺戟に対して、無限に多様な感覚が対応しているようにみえる。しかしこれらいずれの場合にも心理学的に分析してみると次のような結論に導かれる。すなわち、もっと少数の感覚を想定すべきなのであって、しかもこれらの感覚は平行の原理に則って直接に複雑な物理的刺戟に依属していると考えるべきではなく、同様に単純な精神物理的過程に直接に依属していると考えるべきだということである。

(38) Stumpf : Beiträge zur Akustik und Musikwissenschaft. Heft I, S. 17, 18.

(39) 拙稿、「聴覚器官論のために」、(ウィーン・アカデミー会報、第五八巻、一八六三、七月)。更には、Helmholtz : Die Mechanik der Gehörknöchelchen. 1869.

(40) Ewald : Eine neue Hörtheorie, Bonn. 1899.

(41) Ewald : Pflügers Archiv. 1903. Bd. 93, S. 485.

(42) 拙著、『視聴覚実験』、プラーグ、一八七二、九三頁。

(43) Friesach : Berichte. d. Wiener Akademie 1867. Bd. 56. 2. Abt. , S. 316.

(44) Stöhr : Über Unterbrechungstöne. Deutsche Revue juli 1904. 聴覚の問題を非対称という観点から攻究する必要性については、すでに私とケッセルとの共同執筆論文中に指摘されている。(「鼓室の機能」ウィーン・アカデミー会報、第六六巻、第三部、一八七二)。

Stöhr : Klangfarbe oder Tonfarbe, Süddeutsche Monatshefte. München und Leipzig, Juli 1904.

シュテールはこの論文において、別の途をとってではあるが、私のそれに近い目標を追及している。

(45) Hermann : Pflügers Archiv. Bd. 56, S. 494. 495 ff., 1894.

(46) 完全な物理学的共鳴理論の基礎づけに成功したとしても、この想定は恐らく依然として有効であろう。

(47) Weismann : Über die Vererbung. Jena 1883. S. 43.

(48) R・ワラシェックの穏当な見解を参照されたい。

R. Wallaschek : Anfänge der Tonkunst. Leipzig 1903. S. 291—298.

第十四章　以上の諸研究が物理学の考えかた（訳註1）に及ぼす影響（原註1）

1

以上の諸研究から物理学は何事を贏うるか？　先ず第一に、広汎に流布している或る偏見が覆えりそれに伴って或る障壁が倒壊する。心理的なものと物理的なものとの間には何らの溝渠も存在しない。内なるものと外なるもの〈という対立〉は存在しない。感覚ならざる外物が対応しているところの感覚などというものは存在しない。ただ一種類の要素が存在するのみであって、いわゆる内なるものと外なるものはこの要素からなりたっている。この要素が、その都度の考察に応じて、内なるものであったり外なるものであったりするだけである。

感性界は同時に物理学の領域にも心理学の領域にも属している。ガスの振舞いを研究する際、われわれは温度の変化を度外視することによってマリオットの法則を得、温度の変化に注目することによってゲイリュサックの法則を得たのであるが、研究対象はあくまで終始同じものである。丁度これと同様、われわれの身体を度外視して感性界の聯関を研究している限り、われわれは語の最広義における物理学をやっているのであり、これに反して、われわれの身体および殊にわれわれの神経系統に眼目を向けている限り、われわれは心理学ないし感官生理学をやっているのである。われわれの身体は、他の物体同様、感性界の一部なのであって、物理的なものと心理的なものとの限界は、実用的かつ便宜的なものにすぎない。高次の学問上の目的のために、そういう限界は存在しないものと見做し、一切の聯関が等価だと見做したとしても、新しい研究の途を拓くことに支障はない筈である。

物理学者たちが物理学旧来の知的手段を畏敬しなくなったことも儲物の一つとして挙げなければならない。通常「物質」と呼ばれているものからして識らず知らずのうちに感性的要素の相対的に安定的な複合体に対して生じた甚だ自然な思想記号にすぎないと見做しうる以上、ましてや物理学や化学での技巧的仮説的な原子や分子に関してもそう考えることが出来る筈である。物理学旧来の知的手段は、その特殊な局限された目的に対しては、依然として価値を失わない。それらは依然、物理・化学的経験の経済的記号化である。しかし、われわれは代数学の記号に対すると同様これらの記号に対しても、われわれが予め投げ入れた以上のものを今後は期待しないであろう。言い換えれば、経験そのものに期待する以上の解明や啓示を期待しはしないであろう。われわれは物理学そのものの領域においてすら、記号の過大評価に警戒するようになっている。いよいよもって、心理過程の説明に原子を用いようとするような途轍もない考えにとらわれることはできない。原子はやはり何といっても、狭隘な物理学や化学の領域に現われる、かの特有な感性的要素複合体の記号たるにすぎないのである。(訳註2)

2

われわれ人間の根本的なものの観方は、広狭の経験領域や思想領域への適応を通じて自然に形成される。物理学者たちは恐らくいまだに剛体という思想——すなわちその唯一の変化が運動つまり場所の変化であるような硬直した物質という考えに満足している。生理学者や心理学者は、こういった代物ではどうしようもない。諸学を一総体にまとめあげようと思うものは、しかし、すべての領域で齊しく保持できるような表象を求めなければならない。

ところで、物質界全体を同時に精神界の要素——普通には感覚と呼ばれている——でもあるところの要素に分解するとき、そして、このあらゆる領域に同種的な要素の、結合、聯関、相互依属、の探求をもって学問の唯一の課題だとみなすとき、われわれはこの表象にもとづいて一個の統一的・一元論的な構築物を打ち建て、人心を惑わす忌むべき二元論を駆除できるのではないかという根拠ある期待をいだくことができる。人びとは実際、物質を絶対的に恒常的で不易なものとみなすところから、何と物理学と心理学との聯関を毀損してしまうのである。

認識批判的考察は、もちろん何人にも危害を加えるものではないが、といって特殊研究者、例えば物理学者が、こうした考察に過度に煩らわさるべきいわれはない。鋭敏な観察と幸運な本能こそが物理学者にとって非常に確実な道案内なのである。物理学者の概念は、それが不充分だということが判った場合、事実によってこそ最善かつ迅速に訂正される。しかし、それぞれ特有な、相異る閲歴をもった近接領域の結合が問題である場合には、狭隘な一つの特殊領域の、局限された概念を用いて、当の結合を遂行することはできない。こういう場合には、より一般的な考察を通じて、一層広汎な領域に妥当するような概念が創出されなければならない。物理学者が誰も彼も認識批判者であるわけではない。そうでなければならないというわけではないし、またそれはもともとできない相談なのである。特殊研究〔或る部門の専門的研究〕は、その人に全精力を要求する。しかるに、認識論もまたやはりその筈である。

本書の初版が出て間もなく、或る物理学者が、私が自己の課題を設定するにあたって如何に不手際を仕出かしているかを教えてくれた。彼の考えでは、脳中での原子の回路を熟知するに先立って感覚を分析することは不可能だというのである。原子の回路が判りさえすれば、そのとき、一切が自ずと明らかになろうというのである。この言葉は、ラプラスの時代の青年に向けられたのであれば、多分沃土に根づき「隠れた運動」に基づいた心理学理論へと成長発展したでもあろうが、いうまでもなく私の改善にはもはや役立つことができなかった。尤も彼の言葉は、私が当時まで非常な誤りだと考えていた「イグノラビムス」（知らざるべし）(訳註3)を奉ずるデュボア・レーモンに対してひそやかに私を陳謝せしめる効験をもつことになった。デュボアが彼の問題が解決不能だということを認識したのは、何といっても、決定的な進歩であった。この認識は多くの人びとにとって解放であった。そう考えなければ、彼の言葉があれほど世に受けた理由が判らなくなってしまう。(原註2)——もちろん彼は、原理上解けないことがはっきりしている問題はそもそも理にもとる問題提起に基づいている筈だという洞察、この重大な一歩を踏み出したわけではない。どうしてそういう仕儀に終ったかといえば、彼も、他の無数の人びとと同様、一特殊科学の道具立てを本物の世界と取り違えたからである。

3

学問は、それが取扱う素材によっても区別できるし、またこの素材の取扱い方によっても区別できる。しかし、どの学問も、実用的な目的のためであれ知的な不快を片づけるためであれ、事実を思想の中に叙示する(訳註4)ことを目指している。第一章で用いた記号と結びつけていえば、αβγ……でその他の要素の聯関が模写されることによって学問が成立つ。例えば、最広義の物理学は、ＡＢＣ……の相互関聯の模写によって、感官生理学ないし感官心理学は、ＫＬＭ……に対するＡＢＣ……の関聯の模写によって、生理学はＫＬＭ……の相互間ならびにＡＢＣ……に対する関聯の模写によって、それぞれ成り立つのである。αβγ……を他のαβγ……で模写することによって本来の心理学的諸学問が成立する。

ところで、例えば物理学に関して、それは、原子、力、法則、といったいわば感性的諸事実の核をなすものにこそ係わるのであって、感性的諸事実の叙述は、たいした問題ではないと考えられる向きもあろうかと思う。しかし、虚心に熟考してみると、われわれの思想が感性的事実を完全に模写できれば、どんな実用的な要求も知的な要求も、直ちに満たされるということが判る。それゆえ、模写こそが物理学の目標・目的なのであって、原子や力や法則は模写を容易ならしめる手段たるにすぎない。原子、力、法則、等々は、それが模写の援けとなる限りにおいて、しかもその範囲においてのみ、価値を有するにすぎないのである。

4

われわれの思想が事実の代用品とみなされうるほどに、事実そのものが熟知のものとして立現われ、事実によって吃驚させられないほどにまで、われわれの思想が聯関し合っている感性的諸事実の総体を眼前に泛べる場合には、われわれは自然現象、例えば地震について、もうそれ以上望めないほど完璧に通じているわけである。頭のなかで地下の咆哮を聞き、振動を感じ、地面が上下にゆれる際の感覚、壁のきしみ、壁土の剝げ落ちる音、家具や絵の振動、時計の停止、窓のがたつく音やゆれ、戸の歪みや軋み、等々等々がありありと泛かび、また、麦畑を伝わるそよぎのように森を伝わっては枝を折る木波や砂煙に覆われた街並が心眼に見え、鐘楼の鐘が鳴り響くのが聞こえ、のみならずまた、それまで知られていなかった地下の出来事が感性的にありありと眼に泛ぶので、遠くの馬車のように地震がやって来るのが判り、ついには震動が足下に感じとれるようになるとき、われわれはもうそれ以上の洞察はできない。なるほど、数学的補助表象や幾何学的構成なしには、われわれは部分的諸事実を正しく組合わせることができないかもしれない。しかし数学的補助表象や幾何学的構成は、われわれの思想が一気にはやれないことを段々とやれるようにするだけの話である。これら補助表象は、もしそれを用いても感性的諸事実の叙述へと前進できないならば、無価値であろう。

プリズムに入射する白色光束が、前もって指摘できる一定の角度で、扇状の有色光線となって拡がる有様がくっきりと頭に泛かび、レンズを置いた時スクリーン上に出来るスペクトル実像がみえ、しかもこの像の予知された個所にフラウンホーフェル線がみえる場合、そのうえ、スペクトル帯がプリズムを廻したり、プリズム物質を換えたり、プリズムに取付けてある温度計の示度が変ったりすると、どう位置を変ずるかが心眼にみえるとき、こういう場合には、望み得る一切のことが知られているわけである。補助表象、法則、公式等は、感性的表象の量的規制者たるにすぎない。感性的表象こそが目標であり前者は手段なのである。

5

事実に対する思想の適応、これこそがあらゆる自然科学の目標である。自然科学は、この点、日常生活のうちで識らず知らずのうちに、自然に遂行されていることを、意図的かつ意識的に継行しているだけである。われわれは自己省察が出来るようになったときには、はやくも自分の思想がすでに多岐にわたって事実に適応しているのを見出す。思想は、感性的事実を模したそれと似たグループのかたちで、要素をわれわれ〈の意識〉にもたらす。しかし有限な思想の蓄えは、たえず成長する経験には及ばない。新事実からの結果として、判断の過程に現われる適応の継続〔すなわち、新しい適応〕が殆んど例外なく生ずるのである。

このことは子供を観察してみると非常によく判る。生まれて初めて街から田舎の牧場などにやって来た子供は、あたりを見廻して、「ボクたちは球のなかにいる。世界は青い球だ」(原註3)と驚いたようすで口走る。ここには二つの判断が含まれている。これら二つの判断がおこなわれる際、一体何ごとが生じているのであろうか？　既存の感性的表象「ボクたち」(同伴している仲間)が、これまた既存の球という表象によって補完されて一個の像になる。同じく第二の判断においても、「世界」(つまり、四囲の対象物全体)の像が第一の判断と同様、取り囲んでいる青い球によって補完される。(青い球の表象も前もって存在していた。さもなければ青い球という名辞を欠いていた筈である)。斯様に、判断というものは常に、感性的事実をより一層完全に叙述するためにおこなわれる感性的表象の補完《エルゲンツング》である。判断が言葉で表現できる場合、それは、言葉によって聞き手に呼び起こされるところの、予め存在していた記憶心像を素材としておこなわれる新しい表象の合成である。

判断の過程は、こうして、感性的諸表象を感性的事実の嚮導のもとに他の感性的表象によって豊富化、拡張、補完することに存する。この過程が過去のものとなり、像が熟知のものとなり、この像が出来あがった表象として意識に現われるようになった場合には、われわれは判断にではなく、単なる回想に係わっているのである。(原註4) 自然科学の発達や数学の発達は、大いに、こういう直覚的認識(ロックの命名を踏めば)の形成に基づいている。次のような命題を考えてみよう。1、樹木は根を有する。2、蛙は爪を有しない。3、蛹から蝶になる。4、稀硫酸は錫を溶かす。5、摩擦はガラスを帯電させる。6、電流は磁針を偏向させる。7、立方体は六つの面と八つの頂点と十二の稜を有する。命題1は樹木の表象の空間的拡張を含み、2は習慣によって粗忽に出来あがった表象の修正、3 4 5 6は時間的に拡張された表象を含んでいる。7は幾何学的直覚的認識の一例である。

6

この種の直覚的認識は、記憶に痕跡を残し、与えられた感性的事実を補完する回想としてひとりでに立現われる。事実は完く相等しいわけではないが、色々な場合に共通な感性的表象の構成分が強化され、そのことによって、可及的普遍化の原理ないし連続性の原理が、回想の中に入って来る。他面において、回想はそれが事実の多様性を正当に扱い、有用たるべく、充足分化の原理に適っている筈である。動物でさえ、鮮やかな赤や黄に色づいた（難なく樹上に見出せる）軟かい果実を見れば、甘い味を想い出すであろうし、緑色の（見えにくい）固い果実を見ればすっぱい味を想い出すことであろう。昆虫を捕って喰う猿は、ぶんぶん飛び廻るものは何でもつかまえようとするが、黄と黒の斑のある蝿や、黄蜂には手出ししない。これらの例のうちに、記憶の可及的普遍化と連続性への傾向、ならびにまた、記憶の実用的充足分化への傾向が、はっきりと表われている。しかもこれら二つの傾向は、同一の手段、すなわち、感性的表象のうち、経験に適応していく思想の途ゆきに対して基準を与えるような、構成分の選別と顕揚によって達成される。物理学者が、普遍化しつつ「あらゆる透明な剛体は空中から入射する光線を屈折する」といい、「但し、等軸晶と無定形体とは単屈折し、それ以外のものは複屈折する」と分化しつつ付け加えるとき、彼はこれと全く同様なやりかたをしているのである。

7

思想適応の大部分は、無意識的かつ不随意的に感性的事実の嚮導のもとに、おこなわれる。この適応が、出現する数多くの事実に応ずるに足るほどになったところで、今度は慣い性となっている思想の途ゆきと強く矛盾するような事実に直面し、しかも新しい分化へと導く基準になる契機がすぐにはつかみとれないとき、問題が生ずる。新奇なもの、不慣れなもの、不思議なものが注意を惹きつける刺戟としてはたらく。実用的な理由や時によっては単なる知的な不快が、矛盾を除去し、新しい思想適応を成就させようとする意志を創り出すこともある。こうして意図的な思想適応、すなわち探求が生ずる。

例えば、槓杆や輪軸で、大きな錘りを小さな錘りで持上げているのを眺めると、それがわれわれの習慣と真向から対立するのを感ずる。われわれは、感性的事実が直接的には供することの出来ないような分化の契機を探し求める。さまざまな類似の諸事実を比較し、錘りと槓杆の柄とが及ぼす影響に気がつき、回転能や仕事という抽象概念にまで自発的に上昇したとき、初めて問題が解けるのである。回転能や仕事は分化の契機である。回転能や仕事を考慮に入れるのが思考の習慣になってしまうと、問題はもはや存在しなくなる。

8

抽象に際してわれわれは一体何事を遂行するのか？　抽象とは何か？　概念とは何か？　概念には感性的表象像が対応しているか？　一般的人間なるものを表象することは出来ない。高々、特殊な人間、恐らく色々な人びとの、排除し合わないような、偶有的諸特性を合一した一人の人間、精々これを表象できるにすぎない。一般的三角形――直角三角形でかつ同時に正三角形でもあるような一般的三角形なるもの――は、表象不能である。しかし、こういった概念の称呼に伴って泛かび、概念的操作に随伴する心像が概念なのではない。多くの個別的表象を指示する必要から言葉をもちいざるをえないが、そもそもこの言葉は、とうてい概念を覆うものではない。初めて黒犬を見てそれが犬と呼ばれるのを聞いた子供は、その当座、例えば、そこらを這っている大きな黒い甲虫のこともやはり「犬」と呼ぶし、その後しばらくは、豚や羊のことをも犬と呼ぶのである。[原註5] かつてそれの名を口にしたことのある表象を想い出させる何らかの類似性が、自然同じ称呼の使用へと至らしめるのである。類似点は、次々と引続き同じものである必要はないのであって、例えば、或る折には色、別の折には運動、また別の折には形、外装、等々といった具合である。それゆえ、〈言葉の使用は概念と直接に相即するものではなく、ここでは〉概念は問題外である。こういうわけであるから、子供は、鳥の羽毛を毛と呼んだり、牛の角を触角と呼んだり、髯チック、父親の髯、蒲公花の種を無差別に「髯チック」と呼んだりすることが（原註6）ある。言葉を使用するにあたって、大抵の人びとはこうした子供と大同小異である。語彙が豊富なのでそれほど目立たないだけである。普通の人は、長方形を「四角」と呼び、時には立方体をも（直角で囲まれたかたちになっているので）「四角」と呼ぶ。言語学や二三の歴史的に確証されている例から、どの民族もこれと大同小異に振舞っていることが（原註7）判る。

概念はそもそも出来あがっている《フェルチイゲ》表象ではない。或る概念を指示するために言葉を用いる際、この言葉には、熟知の感性的活動を促す単なる衝動が含まれているだけであって、この活動の成果として感性的要素（概念の徴表）が生ずるのである。例えば七角形という概念を考える際、眼前の図形や泛んでいる表象の角を数え上げる。この際七に至ると、与えられた表象は七角形の概念に下属する。因みに数えあげるにあたっては、声、数字、指、等が数の感性的徴表の役を演じうる。平方数について語るとき、私は現前する数を5×5、6×6、等々、その感性的徴表（つまり掛け合わせる両方の数の相等性）が明白であるような操作によって作ろうとする。これはどの概念についてもあてはまる。言葉によって解発される活動は、多くの操作からなりたっていることもあり、その或るものが他のものに含まれている場合もありうる。がこの操作がもたらす成果は、常に、以前には現前していなかった感性的要素である。

七角形を見たり表象したりする場合、七という角の数が〈意識に〉現前しているには及ばない。それは数えることによって初めて立現われる。往々にして新しい感性的要素は——例えば、三角形の場合などがそうであるが——非常に明白なので、数える操作は不必要であるかのように思われることもある。しかしそれは特殊ケースなのである。まさしくこういう特殊ケースが、概念の本性についての誤った考えのもとになる。円錐曲線（楕円、双曲線、拋物線）が同じ概念に帰一するということは、見ることはできないのであって、円錐を截る操作やその方程式を立てみることによってはじめて、それを知ることが出来るのである。

以上から明らかなように、抽象概念を事実に適用するとき、事実は、新たな感性的要素を供与し、その後の思想の途ゆきを事実に合わせて規定すべき、感性的活動への単なる衝動《インプルス》として働らくにすぎない。われわれは自分の活動によって、われわれにとって余りにも貧弱な事実を豊富化し拡張する。化学者は無色の溶液に一定の操作を加えて、彼の思想の途ゆきを分化しうるような黄色や褐色の沈澱物を作り出すが、それと同様なことをわれわれはおこなうのである。物理学者の概念は、新しい感性的要素で事実を豊富化する反応活動である。（補遺十九参照）。

概念の形成には甚だ鈍感な感性や低度の知的可動性で間に合う。このことはエルザレム（原註8）がその興味深い小著で伝えている盲目で聾唖のラウラ・ブリッジマンの発育史から判る。ラウラには嗅覚すら殆んど完全に欠けていたが、それにもかかわらず彼女は足の裏や指先によって物の振動や音の振動を知覚し、それにもとづいて、つまり一言でいえば皮膚を頼りにして、簡単な概念を獲得できたのである。彼女は、歩き廻ったり手を動かしたりすることによって、戸や机やナイフ等々の触覚徴表（クラスの特質）を見出したのであった。たしかに抽象はさして高まらなかった。彼女が得た最も抽象的な概念は数であったろう。当然のことながら彼女の思考は全体として、特殊表象に纒われたままであった。その証拠は彼女用に作られた教科書の算術の問題についての彼女のとらえかた（上掲書二五頁）や天（彼岸）とは学校であるといったたぐいの彼女の考え（同、三〇頁）である。

9

先の例を承けて槓杆に即していえば、われわれはそれをみているうちに、臂の長さを測り、錘りを量り、臂の目盛りと錘りの目方とを掛け合わせるようになる。両者の積に同一の感性的数記号が対応すれば、平衡が予期される。初め単なる事実のうちには与えられていなかったが今ではわれわれの思想の道筋を分化するところの、新しい感性的要素が得られたわけである。概念的思考なるものは陶冶さるべき反応活動だということを銘記すれば、数学や物理学やその他どの自然科学も、実習ぬきの単なる講義だけではマスターできないという周知の事実が理解できよう。理解は、ここでは徹頭徹尾、行為に基づく。恐らくどの分野においても、個別的な事柄に全然たずさわらずに、高度の抽象に達するということは不可能であろう。

概念的取扱いを通じて、事実が拡張され、豊富化され、ついには再び単純化される。というのは、基準となる新しい感性的要素（例えば槓杆の回転能の目盛り）が見出されると、主としてこの要素に注意が向けられるようになり、多様な諸事実が、その要素だけによって等しいとされたり異るとされたりするようになるからである。直覚的認識の場合と同様、ここでも、一切は基準となる感性的要素の、発見、顕揚、選別、ということに帰着する。直覚的認識が直接的に供与するところのものを、ここでは廻り途をして探知するだけである。

試薬を手にしている化学者も、物差しや秤りや電流計を手にしている物理学者も、数学者も、本来的には全く同じ仕方で事実に対処している。数学者は、事実を拡張するにあたって、要素$\alpha\beta\gamma$……や、KLM……を超え出る必要が一番少いというだけの話である。数学者はその補助手段をいつも手許にもっている。研究者はその思考全体もろとも、他の事物と同様、自然の一断片にすぎない。この断片とかの断片とのあいだには、何ら特別な溝渠は存在しない。あらゆる要素は等価値である。

右に述べたところからすれば、抽象とはネガティヴな注意だと（カントに与みして）いったのでは、その本質をつくせない。抽象に際しては、多くの感性的要素から注意がそらされはするが、しかしその代りに別の新しい感性的要素に注意が向けられるのであって、この新しい感性的要素こそがまさに本質的なのである。どんな抽象も、必ず特定の感性的要素の顕在化《ダス・ヘルフォールトレーテン》に基づいている。

10

以上の論述は一八八六年の初版のままにしてあるので、その後の著作での敷衍に言及しておきたい。（原註9）それは『熱学の諸原理』であるが、その第二版（一九〇〇）では、一八九七年以降に現われたH・ゴンペルツやリボーの労作にも言及してある。彼らの労作には色々な点で私のそれに近い研究成果が含まれている。両人とも、科学的概念を研究範囲から除外して、もっぱら、日常会話の用語のうちに定着している日常的概念を扱っている。これに反して、私は、概念の本性は、意識的に形成され意識的に適用される科学的概念に即した方が、日常的概念に即するよりも、はるかに明白になるという考えである。日常的概念は茫漠としているので本来的概念のうちには算入できない。日常用語は手なれた思考習慣を興発する手なれた徴表たるにすぎない。日常用語の概念的内包は、リボーもその統計的研究によって明らかにしている通り、苟もはっきりした形では、殆んど意識にのぼらない。もしゴンペルツやリボーが科学的概念をも研究範囲に収めていたならば、私は彼らに今以上に賛成できたろうと思う。

われわれは以上、概念の簡単な例として、静的な契機を選んだ。複雑な概念は複雑な反応体系を必要とする。この反応は中枢神経系の多かれ少なかれ大きな部門を要求し、それに応じて複雑な・その概念に特性的な・感性的要素の・体系をあかるみに出す。この見方をとれば、J・v・クリースが挙げている難点は、（原註10）克服できないものではあるまい。（六〇～六一頁参照）。

11

感性的諸事実こそが、こうして、物理学者のありとあらゆる思想適応の出発点であり、また目標でもある。感性的諸事実に直接に随う思想は、最も馴染ぶかい、最も強い、最も直観的な思想である。新しい事実に直ちに随うことができない場合には、その事実により豊富でより明確な形を与えるべく、最も強力で最も馴染深い思想が押し迫ってくる。科学上の仮説や思弁は、いずれもこれに基づく。仮説や思弁の権利づけは、(訳註5)それが要求し、結局は実現するところの思想適合のうちにある。こういう次第で、われわれは新しい事実が、思考の補助手段として用いた旧くからの事実と同様に、ついには手なれた直観的なものとなるまで、遊星を抛物体として考えたり、帯電体を遠隔作用を及ぼす液体に覆われたものであるかのように表象したり、熱を一方の物体から他方の物体へと流動する一種の物《シュトッフ》として考えたりするのである。しかし直接的な直観性が問題にならないところでも、物理学者の思想は、連続性の原理と充足分化の原理とを出来るだけ保持しつつ、経済的に秩序づけられた・少くとも直観性に最短経路で通ずる概念反応の・体系を作り上げようとする。一切の計算や構成等々は、直接的には直観性に到達できない場合に、一歩ずつ、しかも感性的知覚を支えにして、この直観性を成就するための媒介手段たるにすぎない。

12

さて、思想適応の成果《エルゲブニッセ》を考察しておこう。思想はそもそも事実における恒常的なものにしか適応できない。しかも経済的な利得を与えうるのは、恒常的なものの模写だけである。思想の連続性への努力、すなわち、出来る限り恒常性を保持しようとする努力の究局的根拠はまさしくここに存するのであり、またこれによって、適応の成果も理解できるのである。(原註11) 連続性、経済、および恒常性は互いに制約しあっている。本来、これらは健全な思考の一個同一の性質の諸側面たるにすぎない。(補遺二十参照)。

13

無条件に恒常的なものを実体と呼ぶ。物体に目を向けるとそれ〔物体〕が見える。触わらずに見ることも出来るし、見ずに触わることもできる。複合体の要素がどう立現われるかは、このように、その時々の諸条件に依繫しているが、われわれはともあれこれら諸条件を自家薬籠中のものとしており、どの条件を特に重く見、考慮に入れるかを自分で決めることができる。それが現に感覚に与えられていようと与えられていまいと、物体、要素複合体、この複合体の核、これが常に既在しているものとみなす。われわれはこの複合体の思想ないしその象徴、核の思想を常に具えているので、予見の利を贏け、驚駭の不利を免れる。無条件的に恒常的に思える化学的元素の場合にも同断である。ここでは、当該複合体を感性的事実たらしめるためには自分の単なる意志では不充分であるにしても、また、外的手段（例えば自分の体外にある物体）が必要であるにしても、当該複合体が一旦馴染深いものになってしまうと、この手段を度外視して、化学的元素を単純に恒常的なものと見做す。原子を信じている人びとは、原子をこういう仕方で扱っているのである。

思想適応のより高次の段階においても、事実の全領域を、物体に相当する要素複合体の場合と同様な仕方で処理することができる。電気、磁性、光、熱、等について語るとき、別段特別な物《シュトッフ》だと考えるわけではないのだが、例によってそれが出現する際のお馴染の諸条件を捨象しつつ、これらの事実領域に恒常性を帰し、常に模写的思想を帯同し、こうして物体の場合と同様な利得を収めるのである。或る物体が「電気的」であるというとき、それは、個々の場合に現われる牽引を思いうかべる場合などよりも、はるかに沢山の記憶心像をよびさまし、はるかに限定された事実群を期待せしめる。が、しかし実体化《ヒポスタジールング》は不利益を伴うこともある。先ず第一に、われわれはそうしている限り、いつも同じ歴史的経路を遍歴するが、次のような事柄を認識しておくことが大切なこともある。それは、特に電気的事実なるものは全然存在せず、そういう事実はいずれも力学的、化学的、温熱的等々の事実としても見なすこともできるということ、それどころかあらゆる物理学的事実は、窮極的には同じ感性的諸要素(色、圧、空間、時間)から成り立っており、われわれは「電気的」という表現によって、その事実を初めて知った際の特別な形を想い起こすだけだということである。

触手や視線を適宜にそれに向けたり、それから外らしたり出来るような物体を恒常的なものとみなすのが習慣になってしまうと、例えば触ることの出来ない太陽や月だとか、一度しか見ることの出来ないものだとか、文献を通じてしか知ることの出来ないものだとか、つまり、それが感覚に現われる条件を皆目思いの儘にできないような場合にも、われわれは易々としてそれを恒常的なものと見做す。このやり方は、静態的な経済的世界把握にとっては有意義であろうが、もちろんこれだけが唯一の正しいやり方だというわけではない。かりに、過去全体および未来全体を恒常的だと見做したとしても、それは整合的に一歩を進めただけであろう。因みに、星を見る場合、われわれはそれが数千年以前にあった個所に見るのであるから、たしかに過去はその痕跡中に依然として現前しているのであり、他方未来はといえば、例えばわが太陽系は数千年後にも依然として現在の個所に見えるのであるから、未来は萌芽の形ですでに現存しているのである。何といっても、時間の経過はもっぱらわれわれの感性の諸条件に依繫している。特別な目的を意識して、この一歩を企て、過去および未来を恒常的と見做すことも許されないことではあるまい。(補遺二十一参照)。

以上述べたことからも明らかな通り、真に無条件の恒常性などというものは存在しない。われわれは、ひたすら、諸条件を看過ごしたり、過小に評価したり、常に与えられているものと考えたり、随意的に度外視したりすることによって、恒常性に到るのである。ありとあらゆる恒常な場合を包括する恒常性が唯の一種類だけ存在する。それは、結合（または関聯）の恒常性である。実体や物質も決して無条件に恒常的なものではない。物質と呼ばれているものは、或る合法則的な要素（感覚）の聯関である。一人の人間の様々な感覚器官の感覚は、様々な人びとの感覚器官の感覚どうしがそうであるように、合則的に相互に依属し合っている。玆に物質が存立する。旧い世代の人びと、わけても物理学者や化学者にとっては、物質を絶対的に恒常的なものではないとみなし、それの代りに、それ自体としては甚だ無常にみえる諸要素の安定した結合法則を恒常的なものとみなすようにという提議は、驚愕を惹き起こすであろう。これは若い人びとにとっても一苦労であり、私自身の場合にも、この不可避的な洞察に到るには一時非常な克己を要したのであった。しかしながら、くりかえし同趣の問題に直面して途方に暮れる状態を絶ちきろうと念えば、思考様式の根本的変更を決意しなければならないであろう。

物質という概念は日常的使用に供する目的で本能的に創られたものであるが、この日常的概念の日常的使用を罷めるというようなことは問題外である。また、あらゆる物理学的計量概念もそのまま用いてよい。ただ、私が力学、熱、電気、等々に関して試みたような批判的醇化をうけるだけである。この際、純粋に経験的な概念が形而上学的な概念にとって代るのである。硬直した、不毛の、恒常的な、不可知な或るもの（物質）が、恒常的な法則によって置き換えられても、科学は全然損失を蒙らない。そうした法則は物理・生理学的研究によって、もっと突込んで解明されうる。物質を恒常的法則で置き換えることによって、何か新しい哲学、新しい形而上学がでっちあげられるのではなく、それは相互に適合しようとする実証科学の今日的努力に応えるものである。(原註12)

15

自然科学の命題は、単に次のような結合の恒常性を表現するにすぎない。「蝌蚪から蛙になる。食塩は六面体をなしている。光線は直進する。物体は九、八一秒々米の加速度で落下する。」云々。こういう恒常性の概念的表現をわれわれは法則と呼ぶ。力学的な意味での力は、これまた結合の恒常性の一つであるにすぎない。物体Aが物体Bに力を及ぼすと云うとき、これは、BがAに向かい合うと、Bは直ちにAに向かう一定の加速度を示すということを意味している。

物質Aが、力の絶対的に恒常的な担い手であって、BがAに向かい合うや否やこの力が働くかのように考える特異な妄念は容易に片がつく。われわれがBの位置を占めるとき、あるいはもっと精確にいえば、われわれの感覚器官がBの位置を占めるとき、われわれはこのいつも充足可能な条件を度外視してしまう。そこで、Aが宛かも絶対的に恒常的であるかのように思えるのである。同様に、見ようと思えばいつでも見える磁石は、鉄片――このわれわれ自身のようにはうっかり見すごせないもの――が近づくや否やそこで初めて働らき始めるところの、磁力の恒常的な担い手であるかのように思えるのである。(原註13)結合の恒常性しか認めない立場をとるとき、「力なき物質なく、物質《シュトッフ》なき力なし」という、徒らに自家撞着を除去しようとして立てられた言葉は、無用の長物になる。

16 われわれの四囲が充分恒常的である場合には、それに照応した思想の恒常性が生じてくる。この恒常性のおかげで、われわれの思想は半ばしか観察されていない事実を完成しようとする性向をもつ。この完成しようとする衝動は、観察されている当の個別的事実から発現するのではなく、意図的に創出されるのでもない。それは、わざわざそうしようとはしないのに、内に見出される。それはまるで疎遠な外力であるかのように迫って来るのであるが、いつもわれわれに具っていて援けとなる。われわれは事実を補完するためにそれを用いる。それは経験によって涵養されるけれども、個々の経験が含んでいる以上のものを含んでいる。それは個々の事実を或る程度豊富にする。この衝動によって事実はわれわれにとってそれ以上のものとなる。われわれはこの衝動を具えているおかげで、個個の事実だけしかみない無経験な連中に比べて、いつも一層大きな自然の断片を視野のうちに収めることになる。というのも、その思想およびその衝動を具えた人自身が、まさしく個別的事実に添加さるべき自然の一断片だからである。しかしこの衝動は、どうしても欠けてはならないというものではなく、また事実が必ずしもそれに従うとは限らない。この衝動にわれわれが安んじて身を委ねるのは、色々な面で検証されているわれわれの思想の充分な適応、もっぱらこの前提に基づいている。この前提は、しかし、不断に警戒の眼を以って遇さるべきものである。

　事実を模写する思想の全部が同じ恒常性をもっているわけではない。事実の模写に特別な関心を懐く際には、いつどこでも、われわれは恒常性のより小さい思想を、より恒常性の大きい思想で裏打ちしたり、強めたり、或いは後者で前者を置き換えたりしようと努める。こういうわけで、ニュートンは、すでにケプラーの法則が知られていたにも拘らず、遊星を抛物体と考えたのであり、また、その経過はとっくに知られていたにも拘らず、潮の質量は月によって引張られると考えたのである。われわれは大気の圧力をまるで微粒子が鎖状になって水面を圧しているかのように附け足して考えることによって、はじめて、ポンプの吸引やサイフォンの水流を得心した気になる。同様に、われわれは、電気的、光学的、温熱的過程、これらの現象を力学的に把えようとする。弱い思想をより強い思想で支えようとするこの欲求は因果性への欲求とも呼ばれ、あらゆる自然科学的説明の主たる動索である。われわれは、当然、最も強固で一番徹底的に検証されている思想を基礎に選ぼうとする。それはわれわれが習熟している力学的業務によって手中に収めており、大した手段を使わずにいつでも更めて検証できるような思想である。それゆえに、力学的説明、殊に圧迫や衝撃による説明が権威をもってくる。それに応じて、もっと高い権威が数学的思想に帰せられることになる。因みに、数学的思考の展開には、外的手段が一番少くて済む。それどころか、実験材料の大抵を、われわれはいつも手許にもっている。ところが、一旦数学の方が判ってしまうと、まさしくこのことによって、力学的説明への欲求が減退する。(原註14)

いわゆる因果的説明は、事実ないし事実的聯関の単なる確認(或いは記述)にすぎないということを私は繰り返し述べて来た。従って、もし出来ようことなら、『熱学の諸原理』や『通俗科学講義』でおこなった詳論を単に参照願うに留めたいところである。ところが、何度いっても、物理学に馴染の薄い人びとは、自然科学的記述(例えば胎児の発育史)と物理学的説明とのあいだに、根本的な差異を設けてこそはじめて広くかつ深く考えたことになると思い込んでいるのが常である。それゆえ、若干、附言しておきたい。植物の成長を記述する際、多種多様なその場合ごとに異る諸要因《ウムシュテンデ》がはたらいているので、われわれの記述は、高々、大雑把な特性に関しては普遍的に当嵌るが、微細な個々の点に関しては個々の場合についてしか妥当しないということに気付く。複雑な諸条件《ウムシュテンデ》のもとにおける物理現象の場合にもまさしく同断である。違うのは、物理現象はおおむね割合に単純であり、割合よく知られているという点だけである。物理現象の場合には、諸要因《ウムシュテンデ》を、知的に（抽象によって）はもとより、実験的にも割合とうまく分離することができ、比較的容易に図式化できる。古代の天文学者にとっては、遊星運動の記述は、今日の植物学者にとっての植物の成長の記述に類する仕事であった。ケプラーの法則の発見は、或る幸運なかなり粗雑な図式化に負うている。遊星を精緻に観察すればするほど、その運動は個性的であることがわかり、それだけケプラーの法則からのずれが目立ってくる。厳密にいえば、遊星は各々相異った運動をおこなうのであり、同じ遊星でも時を異にすれば異った動きを示すのである。ニュートンが、質点 m は他の質点 m' によって加速度 $\varphi = \frac{km'}{r^2}$ を得るとなし、後者によって前者の得る加速度の和が幾何学的に決まることを確定することによって遊星の運動を「因果的に説明」するとき、（廻り途をとってではあるが）観察によって明らかになっていた事実が、あらためて確認ないし記述されるだけなのである。その間の過程を考察してみよう。先ず第一に、遊星の運動において基準となる要因（個々の質点とその距離）が分離される。二つの質点の挙動は甚だ単純であって、われわれはこの挙動を規定する要因の全部（質量と距離）を知っているものと確信する。若干の場合に関して正しいことが判っている記述を経験の限界を超えてまで普遍的に正しいものと想定する。――われわれは未知の異質的な要因による攪乱を全然配慮せずにこのように想定してしまうのであるが、ことによるとわれわれは間違っているかもしれないのである。例えば、引力は媒質を通って時間的に伝播するのだということがもしも明らかになったとしたら、さしづめわれわれは間違っていたことになる――。二つの質点に第三の質点、更には第四の質点等々が加った場合にも、挙動の変様はこれまた簡単である。ニュートンの記述は、それゆえ、たしかに個別的な場合の記述ではない。それは諸要素にひきなおしての記述である。ニュートンは質量要素が時間要素中でどのように振舞うかを記述することによって、任意の個別的な場合の記述を、一定の手続に則って、要素から組立てる指針を与えている。理論物理学がこなしている爾余の諸ケースについてもやはり同様である。しかし、これは記述の本質を何ら変ずるものではない。事の眼目は要素(訳註6)の言葉での一般的記述である。私はずっと以前に(『力学』、一八八三、第四版、一九〇一)微分方程式による現象の叙述を推奨しておいたのであるが、これは時を追って受容れられるようになって来た。微分方程式による現象の叙述で満足するとすれば、それは事実上、説明とは要素の言葉での記述にほかならないということの承認である。そうすれば、個別的なケースはいずれも、空間・時間的要素から組立てることができ、要素の言葉を用いて物理学的挙動が方程式で記述されるのである。

17

われわれ人間自身が自然の一断片だということは先に述べておいたが、一例を挙げて説明しておきたい。化学者にとっては、或る物質をもっぱら感官感覚だけで充分に定性できることもある。この場合には、化学者自身が、思想の道ゆきを決定するのに必要な、豊富な事実の全体を内的な手段によって供給するわけである。しかし、外的手段の援けをかりた反応を企図することが必要な場合もある。電流がその面内におかれた磁針を廻転させる場合、私が自分自身を電流のうちにあるアンペア浮尺にみたてるとき、磁針の北極は私の左に偏向する。私は自分自身を関与させることによって(内的反応によって)、電流と磁針というそれだけでは私の思想の途ゆきを不充分にしか規定しない事実を豊富化するのである。導線で作った輪の内に腕時計を置き、針が電流の動きに随うようにしつらえることもできる。そうすると、〈電流によって出来る磁場の〉南極は文字盤の表側に、北極は裏側に出来る。或いはまた、輪にした電流回路を日時計にして――因みに、腕時計はこれに準じて作られたものである(原註15)――影が電流に随うようにしつらえることもできる。そうすると北極は回路の影になっている側に向く。後二者は外的反応である。私と外界との間に溝渠が存在しない場合に限って、これら二種の反応（内的反応と外的反応）が同時に活用できる。自然は一総体である。これら二種の反応がありとあらゆる場合に知られているわけではなく、また、多くの場合観察者は何らの影響をも及ぼさないようにみえるということは、右の見解に対する反証にはならない。

前後や上下とは違って、左右は均等であるように思える。しかし、左右は紛れもなく相異った感覚である。唯それが一層強烈な均等な感覚によって抑圧されるのである。そのため、感覚空間は三つの・卓抜な・本質的に異った方位をもっている。計測的な考察に対しては幾何学的空間の諸方位はすべて相等しい。対称図形はわれわれの直接的感覚には等価に映るが、物理的関聯においては決して等価ではない。物理的空間も、これまた三つの本質的に相異なる方位をもっている。これら三方位は、三斜晶系の媒質や、電磁的要素の挙動のうちに極めて明瞭に現われる。これと同じ物理的特性が、われわれの身体にも現われる。それ故に、われわれの身体も物理学的問題の試験具として使えるのである。われわれの身体の要素に関する精密な生理学的知識は、同時に、物理学的世界了解の本質的な基礎となるかもしれない。（八四〜五頁参照）。

18

私は、物理的なものと心理的なものとの単一性を繰り返し強調しておいたが、この単一性は或る特別な側面から、もう一度考究しておくに値する。一見したところわれわれの精神生活は、それが諸表象を意味する限り、物理的な過程からまったく独立であり、いうなれば、より一層自由な法則、別な秩序に属する法則をもった、独立の世界であるかのように思える。しかし紛れもなくこれは単なる仮象である。物理的過程の痕跡のうち表象内に活きる部分が極めて僅かであることからこの仮象が生ずる。当の部分を規定している諸要因は、極めて錯綜しているので、それの生起を律する法則を精密に指摘することは不可能である。例えば或る物理学者が或る視覚的事実にどの思想を結びつけるかを確定するためには、彼がそれまでに体験したこと、この体験が留めている印象の強さ、彼が影響をうけてきた一般的ならびに技術的文化史の諸事実、等々を知り、さらにはその瞬間における彼の気分を勘定に入れることが出来なければならないであろう。このためには、語の最広義における物理学、しかも凡そ到達できそうにないほど高度に発達した物理学の全体が、補助学として必要であろう。(原註16)

さて今度は盾の反面を考察しておこう。初めて体験する物理学的事実は、われわれに疎遠である。それが現に起るのとは全然別な経過を辿ったとしても、別段奇異には感ぜられないであろう。それの経過は、それ自体としては、何ものによっても規定されておらず、とうてい一義的には規定されていないようにみえる。一体何によって事実の経過が決定性の性格を帯びるようになるのかは、われわれの心理的発達ということに拠ってしか理解できない。表象生活を通じて、事実は漸くその孤立性を脱し、他の多数の事実と接触するようになる。ここにおいて、他の事実との合致の要求や矛盾の排拒を通じて、決定性を帯びるようになるのである。心理学は物理学の補助学である。これら二つの領域は互いに支え合っており、両者が結合されてはじめて完全な学問が形成される。われわれの観点に立てば、普通の意味での主体と客体との対立は存立しない。表象によって、事実を多かれ少なかれ精確に模写するという問題は、爾他の諸問題と同様、自然科学の問題である。

19

要素複合体において、若干の要素が別の要素で置換されると、結合の或る恒常性が別の恒常性に移行する。こういう場合、この交替の前後を通じて、首尾一貫している恒常性を見つけ出すことが望ましい。J・R・マイヤーはこの必要を感じた先蹤であるが、彼は「力」という概念を立てることによってそれを充たしたのである。マイヤーの謂う力は、力学者のいう仕事という概念（ポンスレー）、或いは、もっと精確にいえば、一層一般的なエネルギーという概念（Th・ヤング）に相当する。マイヤーは、この力（ないしエネルギー）を何かしら絶対的に恒常的なもの（蓄蔵物ないしは物質の如き）として表象し、そうすることによって、最も強固で最も直観的な思想へと立返っている。彼は表現、一般的哲学的常套語で難渋しているが（マイヤーの第一、第二論文を見よ）この苦闘から、そういう概念への強烈な欲求が、初めは不随意的かつ無意識的に湧きおこってきたのだということが看てとれる。しかし、現存する物理学の諸概念を、事実ならびに彼の欲求に適合せしめることによって、はじめて、彼の偉業が達成されたのである。(原註17)

20

適応が充全である場合には、事実は思想によって自発的に模写され、部分的にしか与えられていない事実が補完される。物理学はただ数量的規制《レグラティーフ》としてはたらき、自発的に経過する思想を、実用上のないしは科学上の必要に応じて、より限定された形にすることができるだけである。私は物体が水平に抛げられるのを見ると、抛物運動の直観的視像が泛んでくる。砲兵や物理学者にとっては、もっとそれ以上のことが必要である。彼らは、もし、抛物軌道の水平軸に物差Mをあて、鉛直軸に物差M′をあてれば、抛物軌道上の一点に達するためには、前者において、1、2、3、4……を数えるとき、時を同じくして後者においては、1、4、9、16……を数えるはずだというたぐいのことを知らなければならない。してみれば、物理学の機能は、一定の反応Rに応えて感覚徴表Eを与える事実は、同時に、別個の反応R′に応えて別の徴表E′を示すということを教えるということに存する。是によって、部分的にしか与えられていない事実の一層規定された補完が可能になる。

　普遍的に校合できる所謂絶対的尺度を物理学に導入すること、すなわち、センチメートル、グラム、秒、（長さ、質量、時間）という単位へのあらゆる物理学的測定の還元は、或る特異な結果をもたらす。元来、物理学的に把握でき、測定できるもの、人びとが共通に確認できるもの（原註18）は、主観的な感覚に対して、「客観的」であり「実在的」であるとみなされる傾向がある。しかるに、絶対的尺度は、一見こうした考えを支持し、こうした考えに（論理的な動機づけではないにしても）心理的な動機づけを与えるようにみえる。それで普通感覚と呼ばれているものは、物理学においてはまるで余計な代物であるかのようにみえる。よく考えてみると、度量単位の体系はもっと単純化できる。というのは、質量の数値は、加速度の比によって与えられ、時間の計量は、角の測定ないしは弧の測定に帰着するからである。こうして、長さの測定があらゆる計量の基礎をなしている。しかし、われわれは純粋な空間を測定するのではない。われわれは物的な物差を用いる。これによって多種多様な感覚の全体系が、再び持込まれることになる。感性的直観的表象のみが、物理方程式の設定を導きうるのであり、方程式の解釈が存するのもまさしく感性的直観的表象においてである。だからして、方程式は空間的数量しか含んでいないとはいえ、感性的諸要素の系列のどの項から世界像を組み立てるべきか、これを指示する秩序づけの原理たるにすぎないのである。

21

　詳しくは別の折に述べておいたことであるが（原註19）、量的陳述と質的陳述とが異るのは、前者は同種的な諸ケースの連続体に係わるという一点に拠ってである。従って記述のために方程式を有効に使えるのは、極く限られた領域においてだけである。とはいえ、この領域を次のような仕方で、漸次無際限に拡張する見込みがないわけではない。いかなる(視覚的)感覚も、計量することはできないにしても、精神物理学的方法に則って、数で特徴づけて目録を作ることはできる。そこで、任意の(視覚的)体験は、数指標の値が空間時間座標に依属し、また、相互に依属し合っているものとみなして、方程式で表わすことによって記述することができる。原理上これと同じことが他の感覚領域においても達成できるものと考えられる。それゆえ、四〇頁で用いた表現は額面どおりに受取ってよいのである。

22

KLM……をさておき、要素ABC……相互間の依属関係を探究することが、自然科学、すなわち語の最広義における物理学の課題である。しかし実際には、ABC……は必ずKLM……にも依属している。常に、F(A, B, C, ……K, L, M, ……)＝0という形の方程式が成立っている。ところで多数の観察者達、MLM……、K′L′M′……、K″L″M″……、が関与することによって、KLM……の変分がもたらす偶然的な影響を消去し、人々が共通に確認できるものだけを、つまり、ABC……相互間の純粋な依属関係を、発見できるようになる。その際、KLM……K′L′M′……は、——それぞれの特有性、特殊な定数等々の影響が確認される結果から消去されるところの——物理的装置と同じように機能する。しかし、先に挙げた動力学の例のように、或る量的反応と別の量的反応との聯関だけが問題である場合には、事はもっと簡単である。この例では、同じ条件のもとにおける(つまり同じKLMのもとにおける)ABC……の相等性ないし同一性の確定、実際には、空間的同一性の確定、万事はこれに帰着する。感覚質の種類はどうでもよいのであって、肝要なのは唯それの相等性だけである。すべての個人に妥当する依属関係を確定するには、〈この例では〉一個人で充分であり、ここから、研究の全領域に対する確実な基盤が得られる。この事実は心理生理学に対しても有益である。

幾何学者の空間は、決して単なる空間感覚（視覚と触覚）の体系なのではなく、むしろ概念的に理想化され定式化された――空間感覚をその緒口とする――物理学的経験からなっている。幾何学者がその空間をどの点をとってもまたどの方向においても、均等にできているとみなすとき、すでにこのことによって彼は触覚や視覚に与えられている空間――因みにこれは決してそういった単純な性質をもっていない（一三六、一五〇頁以下）――をはるかに超出している。物理学的経験がなければ、幾何学者は決してそういう考えに到らなかったであろう。幾何学の根本的諸命題は、実のところ、物理学的経験を通じてのみ――物差や分度器を当てることを通じて――剛体どうしを当ててみることを通じて――漸く獲得されたのである。合同の定理なしには幾何学は成立しない。物理学的経験がなければ空間像が皆目泛んでこないであろうということは措いても、もし物理学的経験がなければ、空間図形の合同を吟味するために図形を重ね合わせるということもできないであろう。等辺三角形を表象する際、底辺上に相等しい角をも表象せよという(訳註7)内的強制を感ずるが、これは強烈な経験の記憶に基づいているのである。もしもこの命題〔合同定理〕が「純粋直観」に基づいているのであれば、われわれはこの命題をわざわざ学ぶ必要はあるまい。単なる幾何学的想像のうちで発見がおこなわれることもあるが、これは、明るいランプの残像において新しい細部の特徴に気付くことがあるのと同様、経験の記憶も以前には気がつかなかった契機を意識させうるということを示しているにすぎない。数論でさえ同様な仕方で把握しなければならない。数論の根本的諸命題も経験からまったく独立ではないのである。

幾何学（ひいては数学全体）を確実だと思いこませるものは、その教説が全く特別な種類の認識によって得られるということに基づくのではなく、ただ、その経験的素材が、とりわけ容易かつ便利に手に入るということ、殊に再々検証でき、何時でも追検証できるということ、もっぱらこれに基づくのである。なお、空間経験の領域は、経験全体の領域に比べると、はるかに局限されたものである。この局限された領域を本質的な点では大体究めつくしたという確信がやがて生じて来て、必要な自信を懐かせるのである。(原註20)

24

今更いうまでもないことであるが、音響感覚の領域で多くの経験をつんでいる作曲家や、色彩感覚の領域で豊富な経験をつんでいる装飾家も、幾何学者と同様な自信を懐いている。幾何学者にはその要素が熟知されていないような空間図形が立現われるということはまずあるまいし、作曲家や装飾家は、新しい音や色の組合わせに出会うことはあるまい。しかし経験をつんでいない幾何学の初心者は、若い音楽家や装飾家に劣らず、自分の活動の結果に、驚いたり落胆したりするものである。

数学者も作曲家も装飾家もそして自然科学者も、それぞれ思索に耽っている折には、活動の素材や目的は違っているにしても、まったく似たり寄ったりのやり方をしているのである。たしかに、数学者は素材が一番局限されているので、その操作の確実性という点で他の三者よりも有利である。自然科学者は、まさに正反対の理由で、一番不利である。

25

生理学的空間と幾何学的空間との区別が不可避的だということは、すでに明らかになった。ところが、幾何学的洞察は物体どうしを空間的に比較することを通じて得られるのであるから、時間をも考慮に入れざるをえない。物体の空間的比較に際しては、移動ということを無視できないからである。空間と時間とは緊密に聯関し合っており、しかも他の物理学的諸要素から相対的に独立している。このことは物体の運動――但し、時間空間以外の諸属性が相対的に一定な場合――に現われている。まさにこのことによって純粋幾何学、運動学、力学の成立が可能になる。

厳密に観れば、空間、時間は、生理学的関聯においては特別な種類の感覚であり、物理学的な関聯においては、感官感覚によって特性づけられる要素相互間の函数的依属関係である。空間・時間の生理学的指標――これはわれわれの身体の諸部分や過程によって規制される――が、同じ生理学的諸条件のもとで比較されることを通じて、物理学的要素相互間の依属関係が現出する（或る物体の要素と他の物体の要素との依属関係、或る過程の要素と他の過程の要素との依属関係）。この洞察にもとづいて、われわれは時間・空間的規定を純粋に物理学的に抽き出すことができる。一定方向に連続的に進行していく過程のより小さな部分と併発するものが、時間的により先である。均等に充たされた空間中に二つの位置AとBとがあるものとし、Aから出立する過程が、ほかの個所よりも先にBに到達する場合には、Bはほかの個所に比べてよりAに近い。直線とは、二点（つまり無限に小さい二物体）の物理学的関聯によって一義的に規定された位置の総体である。均等な空間中に三つの位置ABCがあって、ABから出立する過程が同じ時間でCに到達する場合、しかも同じ時間で到達する諸点のうちほかのどれよりも短い時間でCに到達する場合CはABの中点である。

26

物理学者の時間は時間感覚の体系とは合致しない。時間を規定しようとするとき、物理学者は、振子運動だとか、地球の廻転だとか、同じ或は同じだと想定されている過程を物差にする。時間感覚と結びついている事実がこうして反応に服せしめられる。この反応の結果、得られる数が、時間感覚に代って思想の途ゆきを一層規定するために用いられる。まったく同様に、われわれは熱現象に関するわれわれの思想を物体が惹き起す熱感覚に従ってではなく、温度計反応によって水銀柱の高さを読む際に現われるはるかに限定された感覚に従って規制するのである。通常、時間感覚は空間感覚（地球の廻転角、時計盤上での針の歩度）によって代替される。しかも、後者はさらに数で代替される。例えば、熱を発散して冷却しつつある物体の周囲に対する過剰温度を$\theta=\Theta e^{-kt}$で表わせば、tがその数である。

方程式が表わす諸量間の関聯は、その方程式で表わそうとしている関聯よりも、通常（解析的に）一層一般的な関係である。で、方程式$\left(\frac{x}{a}\right)^2+\left(\frac{y}{b}\right)^2=1$においては、xのすべての数値が解析的には意味をもっており、それに対応してyの値が決まる。しかし、この方程式を楕円の表示に用いる場合には、$x \leqq a$且つ$y \leqq b$なる値しか（実的な）幾何学的な意味をもたない。

同様に、もしこれで釈然としないならば、方程式$\theta=\Theta e^{-kt}$が実的な事象を表現するのはtが漸増的な値をとる場合に限ってだということを附言しなければなるまい。

別々な事実の経過、例えば或る物体の冷却と他の物体の自由落下とが、それぞれ時間を含む方程式で表わされるものと考えよう。そうすると、これら二つの方程式から時間を消去して、物体が落下した空間で過剰温度を規定するといったことが可能になる。こうすれば、諸要素が相互に依属し合っているということがはっきりする。しかし、そういう方程式の意味は――順次代入する数値は漸増する落下空間の値や逓減する温度の値に限るという――制限条件を附加することによって、より詳しく規定されなければならないであろう。

このように過剰温度が落下空間によって規定されると考える場合、依属関係は直接的なそれではない。この点はペッツォルト(原註21)のいう通りである。しかし、過剰温度を地球の廻転角によって規定したところで、やはり依属関係は直接的なそれではない。因みに、地球が衝突かなんぞによってその廻転速度を変じたような場合、同じ温度の値が従来と同じ角の値に依然として対応するというようには、誰しも考えないであろう。以上の考察からして、何といおうと、次の帰結が導かれるように思う。われわれの陳述は――われわれが知悉できない或る決定的な独立変数を一部分しか知らないということに基づく――暫定的なものだということがそれである。私はかつて或る不確定性に言及しておいたが、それはもっぱらこの意味で理解して頂きたい(原註22)。なお、私のこの見解は、一義的確定性の主張ともマッチする。因みに、一義的確定性の主張たるや、必ず、所与の諸条件を前提し、異常・意想外の変化を捨象しておこなわれるのである。次の一事を考えれば、こうした観方は不可避である。それは、ペッツォルトが強調している同時的依属関係と継時的依属関係との区別は、直観的表象に関しては妥当するけれども、方程式――つまり直観的表象に対する量的規制――に関しては妥当しないということである。後者は唯の一種でしかありえず、同時的依属関係しか表わせない。普通の意味での非決定論――多くの哲学者や神学者達がいう意味での自由の仮定といったこと――は私の与り関せぬところである。

時間は不可逆的である。温かい物体は周囲が冷たければ冷える一方であって温まりはしない。より大きな(よりあとの)時間感覚は必ずより小さな過剰温度としか結びつかない。燃えている建物は焼け落ちるだけで、自ずと復元しはしない。植物は成長しこそすれ、次第に小さくなっていって地中に没したりはしない。時間の不可逆性という事実は物理学的諸量の数値の変化が一定方向に起こるということに還元される。二つの解析的可能性のうち、一方だけが現実的なのである。ここに形而上学的問題をみる必要はない。

変化はただ差異によってのみ規定されうる。差異のないものには規定性が存在しない。変化は差異を大きくすることもあれば小さくすることもある。ところが、差異が大きくなる傾向をもっていれば、変化は無限かつ無際限に進むであろう。〈しかし、実際問題としては〉一般に差異がだんだん小さくなっていく傾向があるという仮定だけが、一般的世界像、一層適切に云えば、われわれの局限された環境世界のイメージに合致する。しかしながら、もしも〈この差異の逓減がその極限に到り〉われわれの環境世界に入り込んできて外部から差異を作り出している諸要因が全然効らかなくなったとしたら、そういう暁にはもはや何事も起らなくなるであろう。

なお、われわれはペッツォルトがそうしているように、身心の安定性から、自然界における諸現象の安定性、一義的規定性、一方向性を論結することも出来る。というのも、われわれ自身が自然の一断片（二七四頁）であるというに止まらず、環境世界における上述の諸特性がわれわれの存立と思惟とを規制しているからである。（『通俗科学講義』、第三版、二五〇頁参照）。しかしこの点に頼りすぎることはできない。というのは、生体は、――極めて限られた、程々の安定性しかもっていない――特別な種類の自然断片であり、現に死滅する代物であり、他面、生体を維持するためには、環境世界が適当に安定しておれば事足りるからである。それゆえ、到るところに窺われるわれわれの知識の限界を承認し、そして一義的規定性への努力は、われわれが思考のうちで出来るだけ実現しようと図る一個の理想だとみなすのが一番正鵠を得ていよう。

私は、自分の思想が最も鬱勃としていた時期（一八七一年）に書下した諸命題が、殊にそのままの形で、論駁の余地なきものだとは、勿論思っていない。また、ペッツォルトの駁論は決して軽率だとは思わない。しかし、本書ではほんの手短かにしか触れることの出来なかった題目について更めて詳論するならば、私は自説の本質的な部分を放棄することなく、必ずや完全な理解を得ていただけることと思う。（原註23）

（1） 私は本章で究明している諸問題に、部分的には以前すでに論及したことがある。（『エネルギー恒存の原理について』、『物理学的研究の経済的性質について』、『力学』、『熱学の諸原理』）。概念を思惟経済の手段として把えることに関して、W・ジェームズ教授は、私の論文と教授の "The Sentiment of Rationality" (Mind. Vol. IV. p. 317. July 1879) との間に合致がみられることを口頭で指摘された。清新かつ公平に開いた眼で書かれているこの論文を読むことは何人にとっても欣快であり、また教えられるところがあると信ずる。

（2） Dubois-Reymond : Über die Grenzen des Naturerkennens. 1872. 4 Aufl.

（3） ここで例に挙げたケースは勝手に案出したものではない。私の三歳になる子供の実例に即している。このケースにおいて実際に確定されるのは生理学的〔つまり視覚上の〕事実である。勿論このことは後になってはじめて認識されるようになる。古代の天文学は、こういう素朴な〈視覚上のものを〉物理的なものと思い込む主張から出発した。

（4） ここでは、判断過程そのものの研究に立入ることはできない。しかし、私はこの問題を扱った近来の著作のうち、W・エルザレムの労作 (Die Urteilsfunktion, Wien 1895) を特に挙げておきたい。私は、エルザレムと同じ基盤に立っているわけではないが、この本を読んで、その数多くの個別的研究によって大いに刺戟され、多くを学んだ。生理学的側面、とりわけ判断の生物学的機能が非常に生き生きと叙述されている。主観を力の中心として把える彼の考えは凡そ適切とはいいがたい。しかし、文化および言語形成の端初において擬人的表象が大きな影響を及ぼしたという主張には同感である。

　A・シュテールは全然別個な問題を、Theorie der Namen, 1889. Die Vieldeutigkeit des Urteils 1895. Algebra der Grammatik. 1898. で扱っている。これらの著作のうち、私には論理学と文法との関係を扱ったものが一番興味深い。

（5） マルコマン人は、ローマ人がドナウ河をこえてもたらしたライオンを「犬」と呼んだし、ヘロドトス（Ⅱ、六九）によれば、イオニヤ人は、ナイル河の「鰐」を、しげみにいる蜥蜴にちなんで「蜥蜴魚」と呼んだ。

（6） これらの例はすべて、実際に観察されたものである。

（7） Withney : Leben und Wachstum der Sprache. Leipzig 1876.

(8) W. Jerusalem : Laura Bridgman. Wien 1891. Vgl. auch L. W. Stern : Helen keller. Berlin 1905. W. Jerusalem : Marie Heurtin. Österreichische Rundschau. Bd. 3, S. 292. 426. (1905.)

(9) 拙著、『熱学の諸原理』一八九六、第二版、一九〇〇、四一五、四二二頁。

(10) J. v. Kries : Die materiellen Grundlagen der Bewußtseinserscheinungen. Freiburg i. Br. 1898.

(11) 拙著、『力学史』、初版、一八八三、第四版、五一九、五二〇頁、参照。

(12) 拙著、『熱学の諸原理』、第二版、一九〇〇、四二三頁以下参照。

(13) 子供にとっては一切のものが実体的にみえる。子供の知覚にとっては五官だけで間に合う。子供は「影はどこに行っちまったんだろう? 消えた光はどこに行っちまったんだろう」と訊ねる。子供は電動機を永いこと廻さないようにしようとする。というのも、火花の蓄えが尽きてしまわないようにである。誕生日前の赤ん坊が父親の唇から出る口笛の音を手で掴もうとするのを見たことがある。もっと大きくなった子供でさえ、色のついた映像を掴もうとする。等々、等々。われわれの外部にある事実の諸条件に気付くようになってはじめて、実体性の印象が消失する。熱学の歴史にはこの点で教えられることが多い。

(14) 力学以外の物理学的経験〔知識〕も、熱知されて来るにつれて、力学的経験と同様な価値を認められるようになるであろう。私の考えでは、シュトリッカーは、因果性と意志とを関係づけることによって、(Studien über die Assoziation der Vorstellungen. Wien 1883) 正当かつ重要な論点を云い当てている。私自身まだ若い講師だった一八六一年に、(ミルの差異法を論じた際に)、後にシュトリッカーによって表明された見解を、激越にかつ一面的に主張したことがある。私はこの見解を棄て去ったわけではなかったが(例えば、『力学』、一八八三、七八頁、二八二頁、四五六頁を参照)、しかし今日では、以上の論議からも明らかな通り、この問題はそれほど単純なものではなく、幾つもの側面から考察さるべきだと考えている。『熱学の諸原理』、第二版、一九〇〇、四三二頁参照。

(15) 時計は、日時計をもとにして、しかも北半球で作られたということの痕跡を針の廻る向きのうちに留めている。

(16) 私は純粋に生理学的な心理学を理想として掲げはするけれども、所謂「内省的」心理学を全く排拒することはやはり理に悖ると思う。というのは、自己観察は非常に重要な手段だというだけではなく、多くの場合、基礎的諸事実に関して知識を得るための唯一の手段だからである。

(17) 拙著、『熱学の諸原理』、第二版、一九〇〇。

(18) この際、個々人の偶然性は実際消去される。

(19) 『熱学の諸原理』、四三八、四五九頁を見よ。

(20) 『熱学の諸原理』四五五頁。
Meiong : Hume-studien. Wien 1877.
Zindler: Beitr. z. Theorie d. mathem. Erkenntnis. Wien. 1889.

(21) Petzoldt : Das Gesetz der Eindeutigkeit. Vierteljahrsschrift f. wissenschaftl. Philosophie. XIX. S. 146ff.

(22) 拙著、『エネルギー恒存の原理』、プラーグ、一八七二。

(23) ここで扱った主題は、近刊の拙著『認識と誤謬』、一九〇五、とくに四二六―四四〇頁で敷衍されている。

第十五章　本書で述べた見解がどのように受取られたか（訳註1）

1

初版を公刊して以来、本書に対する世評は区々に岐れたが、承認をかち得たのは十中八九個々の論点に関してであって、そこへ導いた根本見解は、大むね排斥されたのであった。公けにされた批判（原註1）は、私の知る限り、たとえ否定的論調のものであっても慎重であり、公明であって、私としては多いに教えられるところがあった。

本書に後れて世に出たR・アヴェナリュウスのいくつかの著作が、本書に関する世人の判断にも及ぼした好影響を看過できない。一介の自然科学者が試みようものなら明らかなディレッタント的混乱だとみられるのがおちであるような或る立場を専門の哲学者が周到な体系的叙述で基礎づけたということは、大いに考えさせずにはおかない。アヴェナリュウスの門下やそれぞれ独自の途をたどって私の立場に近づいてきた若手の研究者たちが今日では私に与みしてくれている。とはいえ、少数の例外を除けば、批判家たちや、また、私の根本思想をまったく正しく勘考し、確実に理解してくれる人びとでさえも、私の根本思想に対して重大な疑念なきをえないとされるのである。それも一向に不思議ではない。というのも、私は読者の柔軟性に大いに期待したからである。或る思想を論理的に把握することとそれを共感的に受容れることとは別事である。ものごとを秩序づけ単純化する論理の機能というものは、心理生活が充分に発達し、本能的な獲得物の豊富な蓄積を示すようになったのちにようやく始働できる。ところでこの本能的な前論理的な獲得物の存在は、およそ論理という途を通ってもたらされるものではない。それはむしろ心理学的な改造過程にかかっている。この改造たるや、私自身体験したことだが、若い人びとにあってさえ極めて困難である。それゆえ直ちに同意を求めようとすることは不遜な高望みというものであろう。私としては、同意を求めるどころか、発言を許され、偏見なく聞いて貰えればそれで満足である。私は以下、批判からうけた印象を追いながら、今一度、とくに抵抗がはげしく、なかなか受容されない諸点を採りあげて説明を加えておきたい。この際、私は持出された論駁を、軽佻な論駁だとか、個人的な論駁だとかとみなすのではなく、典型的な論駁として取扱う。それゆえ、批判者の名前は挙げないでおく。

2

われわれは無理に構えない限り、地球は静止しているように見え、太陽や恒星天の方が動くように見える。この観方は、日常の実用的な目的にとっては、それで充分なだけでなく、最も簡単で最も有利な観方である。しかし、これと反対の見方を採った方が、一定の知的な目的にとっては一そう便利だということが判っている。これら二つの見方は、同様に正しくかつ一定の領域においてはそれぞれ目的に適っているのであるが、後者は科学に敵対する権威との果敢な闘いを経て、——因みにこの権威は常人の本能的な観方と手を携えていた——ようやく市民権を得ることができたのである。ところで、汝は地上に立つ観察者ではなく、太陽の上に立つ観察者であると想定せよ、このように要望することは、汝の自我を無とみなし、変易する諸要素のつかのまの結合に解消せよ、と要求するのに比べればものの数ではない。たしかにこういう考え方はいろいろな側面から、長年に亘って準備されて来た。(原註2) われわれは、自我と呼ばれている統一を、生殖に際して生じ、死によって消滅するものと見做す。この統一が生前から潜勢的に存在しており、死後にも存続するのだという――今日ではすでに珍奇になった――フィクションを敢て信じようとするのでなければ、自我が一時的な統一だということを認めるの外ないのである。心理学や精神病理学は、自我は成長したり、豊富になったり、貧弱になったり、萎縮したり、疎外したり、分裂したりするということ、要するに生時においてすでに重大な変化が生じうるということを教えている。にも拘らず、本能的な観方にとっては、自我は最も大切なもの、最も恒常的なものである。それは私のありとあらゆる体験の紐帯であり、私のありとあらゆる活動の源泉である。粗雑な本能的な見方にとっては、剛体も何かしら極めて恒常的なものである。〈本能的な観方によれば〉剛体が分割され、分解され、別の剛体と化学的に結合されると、この恒常的なものの数が増減するというのである。人びとは、今日、いかなる犠牲を払ってでも馴染の思想を固持しようとして、潜勢的恒常性を想定し、原子論に逃げ込む。消滅したり変化したりした物体をしばしば再生させることが出来るのであるから、物の恒常性の方が自我の場合よりも幾らかましな根拠に基づいている。

われわれは物をつかむとき物体の表象なしにはすませないが、これと同様〈理論的にはともあれ〉実用的には、行動するにあたって自我の表象なしにはすませない。地球が廻るのではなくいつ見てみても太陽の方が昇るのと同様、われわれは生理学的には依然として自我論者であり唯物論者なのである。しかし、理論的には、この観方を固執してはならない。試みに観方を変えてみよう！　そうすることによってある洞察が生ずるならば、これまた結局は実用的な成果を伴うであろう。

3

ひとたびカントの影響をうけ、観念論の立場を採ったことがあり、物自体の思想を根こそぎ棄て去ってはいない人びとは、独我論への或る傾斜を留めており、多かれ少なかれその傾向がはっきりと現われるものである。私は若い時分の体験からこの心境がよく判る心算であるが、概念的にも理解できる。哲学的思想家たちは、唯一つの、原理上解決不可能な自我の問題をその他一切の問題の出発点にする。自我はわれわれにとっての所与であり、われわれはそれを超出することはできない。従って、思弁哲学者達が「独我論こそ唯一の整合的な立場である」と主張するとき、こうした言葉は、彼らが完結した、一切を包括する、出来あがった世界観の体系を求めて努力しているのだということに鑑みれば、理解できる。他方、物質こそがもはやそれ以上問究できない唯一の直接的所与だと確信している人びとにとっては、唯物論もまた独我論と同様、全く整合的だということを認めなければならない。こうしたことはどの体系にも妥当する。しかし、もしも自然科学者が「独我論こそ唯一の整合的な立場である」と云うならば、私は驚きを禁じえないであろう。独我論という立場は、真面目に思索し、行動している人びとに対してよりも、黙然として夢見ている托鉢僧にふさわしいということ、私は毛頭この点を強調する心算はない。しかし、自然科学者は独我論への転向によって、哲学的思考様式と自然科学的思考様式とを取り違えることになる、私はそう信じて疑わないのである。自然科学者は完成した世界観を求めない。自然科学者は、自分の仕事は所詮、洞察を拡張し深化することしか出来ないということを先刻承知している。自然科学者にとっては、一方、それ以上解決を深める必要のない問題もなければ、他方、絶対に解決不能だと見なすべき問題も存在しない。或る問題が解けなければ、差当り、より手近かな別の問題を解いておく。そうしたのちに初めの問題に立帰ると、概して怖しそうな面相は消えているものである。

自我は或る独特な要素聯関である。われわれが全く暫定的にこういったところで、この要素聯関の性質が個々の点まで研究しつくされていない限り、決して自我が究め尽されたわけではない。しかし、これに属する個々の問題は思弁によって解けるのではなく、まず、心理学者や生理学者や精神病理学者によって、その解決が見出されるであろう。因みに、この問題に関して、われわれはすでに幾多の重要な解明を彼等に負うているのである。自我の物理的基盤である身体は、(原註3) 内省的心理学では極く不完全にしか扱えないような、幾つもの手掛りを供するであろう。今日熱膨脹が未だ完全には理解されていないという理由で、温度計こそが世界の根本問題だと主張する物理学者が居るとしたら、独我論の立場を採る自然科学者は、まさにこういった物理学者に類するであろう。他方独我論の立場を採る哲学者は、見えるものはいつも必ず自分の前方にあるという理由で、見廻すのをやめる人に似ていると思う。本能的な、だが維持〔賛成〕しがたい自我の分裂、つまり、体験される客体の側と行動するないしは観察する主体の側への自我の分裂は、自我の問題を考究する人びとにとって久しく悩みの種であった。(これについては二〇〜二二頁参照)。

4

万有の根底に存する実在としての自我という考えにとらわれている人びとは、我と汝の感覚との間にも、根本的な区別を設けざるをえない。他方、物体の絶対的恒常性を信じている人びとにとっては、あらゆる属性はこの一つの担い手に所属している。しかし、銀色のナトリュウム片が溶解して、もとの物体とは似ても似つかぬ蒸気になったり、或いはまた、ナトリュウムがいくつもの部分に分かたれ、さまざまな化合物に変えられ、以前よりも多量の物体になったり少量の物体になったりして現前するような場合、通常の考え方を維持しようとすれば、極端に技巧的にならざるを得ない。とすれば、そういう際には、個々の属性は或る時にはこの複合体（物体）に属し、また或る時にはかの複合体に属するものと見做すことにして、恒常的でない物体の代りに、属性とその結合が交替しても自らは一貫して存続する恒常的な法則で置き換えた方が、ずっと有利になる。現にまた、この新しい思考習慣を採ろうとする要求は、決して寡少ではないのである。もしも古代の研究者たちに向かって、「地、水、風、は恒常的な物体ではない。恒常的なものはこれらを構成しているところの今日謂う化学的諸元素である。これら諸元素のうち、多くのものは不可視であり、単独で取り出すのが極めて困難なものもあれば、変成させずに保存しておくのが甚だ困難なものもある。火はもとより物体ではなくして過程なのである」云々、といったならば、彼ら古代の学者達はどんなにか抗弁したことであろう。この歩みにみられる偉大な転換は、いくら高く評価しても評価しきれるものではない。が、今日の化学はこの転換の続行を準備しつつあり、しかもこの抽象の途は、本書でわれわれが執った立場へと通じているのである。ところで、赤や緑が特定の一物体に属しているとは見做さないのと同様、一般的なオリエンティールングのために私が本書で採った立場では、私の諸感覚と他の人びとの諸感覚とのあいだに何ら本質的な区別を設けない。同じ諸要素が、多くの結合点、すなわち自我において聯関し依属しているのである。だが、この結合点は恒常的なものではない。それはたえず生成消滅し変様する。しかし現瞬間に結合していないものは、これというはっきりした影響を及ぼしあわない。私の観方は、神経を結びあわせることによって他人の感覚を私に移入することが出来ようと出来まいと、それによっては影響されない。最も周知の諸事実が、この観方の充分な土台である。

5

恐らく読者の多くは、私の根本思想に対してよりも、私の世界観の一般的性格――と誤認されたもの――に対して、一層抵抗を感じられたのではないかと思う。私はまず次のように言明しておかなければならない。私の側からも先方の側からも繰返し抗議が発せられているにも拘らず、私の見解とバークレーのそれとを同一視する人びとは、紛れもなく私の見解の正当な評価から程遠い。こういう誤解の幾分かは、たしかに、私の見解が観念論的な相面から出立したということ、――この観念論的な相面はその痕跡を表現のうちに留めているし、未だすっかり一掃されたとはいえない――に基づいている。何故〈観念論的相面から出立した〉かといえば、この途こそ、私の立場に至るのに最短でかつ最も自然な途だと思えるからである。なお、読者が往々にして汎心論に対する恐懼にとらわれているということも、それに与っている。本能的な二元論的世界観に対する統一的世界観の死闘〔絶望的な闘い〕において、汎心論に陥る者が少くない。私は若い時分一旦そういう発作に罹り、それに打克ったのであった。アヴェナリュウスは、一八七六年の著作においては未だそれに苦しんでいる。以上述べた二つの点に関しては、私には願ってもない倖せに感じられるのだが、アヴェナリュウスが物理的なものと心理的なものとの関係に関するこれと同じ観方を、全く実在論的な（そういいたければ唯物論的な）基礎の上に展開しているので、私としては彼の詳説を単に指示するだけで済ますことができる。(原註4)

6

自然科学者だけではなく、専門の哲学者の目にも、私の謂う要素（感覚）からなる世界は余りにも浮薄なものに映ずる。物質とは感性的諸要素の相対的に安定した複合体に対する思想上の記号だとみなす私の観方は、賤むべきものだとされる。外界は感覚の総和《ズンメ》としてでは不充分にしか把握できないのであって、現実的な感覚に加えて、少くともミルの謂う感覚可能性(訳註2)をも導入しなければならない、と云われるむきもある。私はこの意見に対して、私の謂う世界も決して感覚の単なる寄せ集め《ズンメ》ではないという点に注意を促さなければならない。それどころか、私は要素の函数的関聯についてはっきりと語っている。このことによって、ミルの謂う「可能性」が無用の長物となるばかりでなく、数学的函数概念というもっと堅牢なものによって代置されるのである。もしも私が簡潔で精確な表現がこうも容易に看過され、通俗的な叙述の方が却って役に立つということを、予め予想していたならば、私もHコルネリュウス(原註5)がその「客観的存在の概念について」において巧みに活用しているような叙述様式を採ったことであろう。しかしともあれ、今ここに更めて叙述するのだとしても、私はやはり可能性という表現を避け、その代りに函数概念を用いることであろう。

　他面では、私の立場は、感性に対する過大評価と、従って抽象や概念的思惟に対する過小評価ということによって位置づけることが出来る、と考えられている向きもある様子である。ところで、強い感性なしには、自然科学者は多くを成すことができない。このことは、しかし、自然科学者が明晰で鋭利な概念を形成することを何ら妨げるものではない。実はその反対である！　現代物理学の諸概念は、精確さと抽象の度の高さにかけて、他の学問のそれに一向に遜色がない。かえって、その基礎となっている感性的諸要素にまで容易かつ確実に遡及できるという利点をもそれは同時に具えているのである。自然科学者にとっては、直観的表象と概念的思惟との溝渠は、さほど大きいものではなく、橋渡しできないものではない。序ながら、私は次の点に注意を促しておきたい。私は物理学の諸概念をいい加減に考えているどころか、殆んどこの四十年来、物理学の諸概念に対して、いかなる先蹤をも凌ぐ透徹した(訳註3)批判に従事して来たのである。そしてこの批判的吟味の成果は、物理学者たちの間で、長いあいだ抵抗を受けた後に、漸次同意を得るに至ったのであるから、この同意は、少くとも軽率に与えられたものではあるまい。しかし、元来、物理学者というものはどんな定義を手にする場合にも極めて慎重であるのが慣いである。そういう物理学者たちが、一切を感性的諸要素の函数的関聯に還元する定義に次第に同意するようになったのであるから、哲学者たちも、よもや物理学者たち以上に物理学者的であろうとはしないであろう。ところで、このスケッチは単に厳密諸科学相互の連繋に対するプログラムたろうと期するものにすぎず、従って、ここには、該当する各論を展開する余地はない。それは私の物理学方面の著作に求めらるべきである。これらの論文が、専門でない人びとは云うに及ばず、物理学者たちの全員に知られていると前提することすら、甚しい僭越の沙汰であろう。がしかし、例えば、マッハは思惟の「自発性」や「自律的法則性」を全く看過してしまっているのではないか、などと考える人びとがあるのは、私の物理学方面の著作が識られていないということも与っている。単なる感覚に対してさえ、われわれは単に受動的に対処するのではない。感覚は、それの自然な継続がまさに事実に対する思想の適応である如き生物学的反応を解発するのである。もしもこの適応が直ちに完全に成功すれば、ここでその過程は熄むであろう。ところが、不完全にしか適応していないさまざまな思想どうしが互いに拮抗に陥る場合には、右にいう生物学的過程が継続する。つまり、私が従来思想相互間の適応と呼んで来たものが起るのである。ところで、論理的展開をも含めて、学問的展開のどの過程が、右にいう思想相互間の適応ということで包括できないであろうか？　この反問を差当りここで打切ってしまうことをお許し願いたい。というのも、それは唯、とうの昔から繰返し述べて来たことを反復再論するだけになろうからである。

7

多くの読者の目には、私流に把えた世界は一つの混沌、解きがたく縺れ合った要素の織物だと映ずる。彼らは、嚮導的統一的観点がないのを惜しんでくれる。しかし、それは本書の課題に対する誤認に基づくものである。特殊科学や哲学的世界考察の観点のうち、苟も価値あるものはいずれも依然として使用できるのであって、現に私はそれらを用いている。私の所説の一見破壊的にみえる傾向は、その実、概念に対する余計な、故にまた人を誤らせる附加物に対してだけ向けられているのである。私はそうすることによって、心理的なものと物理的なもの、主観的なものと客観的なものとの対立を、正しく本質的なものに還元し、同時に伝来の迷信的な観方から浄化した心算である。しかもこの際、科学的に確証されている観点は何ら変更されておらず、新しい観点への余地が同時に設けられている。私は識る価値のあるものや認識できるものから自己満足して頑迷に遠ざかり、これでもってかの悲劇的ないし敬虔な歎嗟、「イグノラビムス」に、代えようとは思わない。無意味だということが判っている問題に対して、回答を断念することには何ら諦観はなく、実際に探求できる一群の問題に対して研究者が採るべき唯一合理的な態度が存するからである。今日、いかなる物理学者も永久運動機関を求めようとしないし、数学者は円の平方化や代数的に閉じた形での五次方程式の一般解を求めようとはしない。しかし、ここには何らの諦観も存在しない。哲学上のより一般的な諸問題においてもやはり同断である。問題は、解かれるかさもなければ空虚《ニヒティッヒ》だということが認識されるか、そのいずれかである。

マッハの哲学的見解の欠陥ないし一面性は、一体どこに存するのか？　某批評家氏のこの設問は、甚だお手やわらかだと思う。というのは、私の所論は唯の一方面で誤っているのではなく、幾つかの方面にわたって欠陥だらけであると——我ながらそう信じているからである。相当急激に見解が変っていく過程ではそういう仕儀に陥らざるをえない。この過程は一人の人間の頭脳においてさえ、完全には進行しない。私は、それゆえ、欠陥があるだろうということは感ずるけれども、それを指摘することは出来ないのである。もしそれが出来るようであれば、私はもっと前進しているであろう。ところが、批判者諸氏の文献に接してみても、欠陥の所在が一向にはっきりしないのである。それゆえ、もう暫く待つことにしよう！

本書や他の文献中で詳細に説明しておいた私の見解が論議の的になっているからといって、私は何人をも論難する心算はない。数多くの出版物を読み、しかも割当てられた短い時間内に、義務にふさわしい熟慮を払って批評しなければならないということは、たしかに真の苦悩というべきであろう。私は批評というこの重大な仕事に対してさらさら趣味を持合わせておらず、従ってこの四十年間に僅々三篇の書評しか書いていない。それゆえ、批評家諸氏がその労苦を軽減したからといって、——たとえそれが或る程度私を犠牲にすることによっているにしても——うらまないようにしたい。私がすべての誹謗に対して、また巧みな諷刺のつもりで吐かれている言葉に対して逐一反論しないことを、どうか悪くとらないで頂きたい。

その後、ヘーニヒスヴァルトは一書を当てて（『マッハ哲学批判のために』、一九〇三）私の立場を論じている。彼が私の著作を繙読する労を措しんではいないということ、これは認めなければならない。また、彼の批評の結論つまり、私の立場はカントの立場とは相容れないということに対しても全く異存はない。勿論、カントの立場とは相容れないからといって、哲学者の全部が全部私の立場は維持しがたいと考えるわけでもあるまい。カントに対する私の関係はまことに特異である。彼の批判的観念論は、私の全批判的考察の出発点であった。私は無上の謝意をもってこのことを承認する。しかしながら、私は批判的観念論に留まることは出来なかった。むしろ、私は間もなく、カントの著作中に多かれ少なかれ潜在的に含まれているバークレーの見解に接近した。感官生理学的研究とヘルバルトとを通じて、私は——当時まだヒュームを識らなかったのだが——ヒュームのそれに近い観方を採るようになった。今日においても、私は依然、バークレーやヒュームの方が、カントよりもはるかに整合的な思想家だと見做さざるをえない。カントのような、その時代との関係に即して評価さるべき哲学者を、批判したり論駁したりすることは、一介の自然科学者の課題たりえない。序ながら、カント哲学が、今日の自然研究を指導するためには不充分だということを指摘するのは、もはや英雄的な行為ではあるまい。実際、こういう指摘は、あらゆる分野における研究の進歩を通じて、また哲学の分野における進歩によって、とっくにおこなわれていることである。ヘーニヒスヴァルトは、いくつかのかなり一般的な観点の言表から直ちに閉じた哲学体系を読みとるのだが、ここにおいて、彼は、自然科学者が慎重に試みる漸近法をまったく看過してしまっている。自然科学者の謂う恒常的なものとは決して絶対的なそれではない。他方、自然科学者が研究する変化は、ヘラクレイトス流の無制限の流転に当るものではない。私は、それが自己目的としての純粋認識に関わっているのではないとき、生物学的目標を実用的と名づける。もしも自然科学者が自らの思索を始めるに先立って哲学体系を逐一論駁しなければならないとしたら、彼は一体どういう状態におかれることになるであろうか？　この点を御一考願いたい。もう一度いおう。マッハ哲学なるものは存在しない！(原註6)

8

果して私の根本思想を哲学者達に納得して貰える日が訪れるかどうか、この点は後事に委ねるの外ない。私は、あらゆる時代の偉大な哲学者達の巨大な精神的労作に対して畏敬の意を表する者であるが、しかし差当って、そのことは大して重要ではない。しかし、私は衷心から自然科学者たちの諒解をとりつけたいと冀っており、これは達成できるのではないかと思う。私の観方は、一切の形而上学的問題を、それが今日解けないだけなのか、そもそも永久に無意味だと見做さるべきなのか、その如何に拘らず、駆除するということ、この点に自然科学者の一顧を煩わしたい。言葉を継いでいえば、世界についてわれわれの知り得ることは、すべて、必ずや感官感覚のうちに現われるということ、しかもこの感官感覚は、はっきりと指示できる仕方で、観察者の個人的影響から解放され得るということ（二七九頁）、この点にも自然科学者の一考を煩わしたい。およそわれわれが知ろうと希い得るものは、或る数学的形式の問題を解くことによって与えられる。すなわち、感性的諸要素相互間の函数的依属関係を探知することによって与えられる。いわゆる「実在」についての知識は、これを識ることに尽きる。まさしくこの要素、つまり、研究される聯関の如何に応じて、物理的対象であったり心理的対象であったりするこの要素が、語の最広義における物理学と自然科学的心理学とのかけ橋をなすのである。

9

恐らく多くの生理学者たちが、細目の点で、私の立場に反対されたのではないかと思う。そういう点に関して若干言葉を費しておきたい。私は、S・エクスナー（原註7）がおこなっているような研究を高く評価するし、また、中枢器官（原註8）の神経結合を研究したり興奮の量的等級化（原註9）を観察したりしただけで、心理現象に関する幾多の重要問題が解けるということも確信している。まさしくエクスナーの著書がその一証左である。しかし、私の考えでは依然として主要問題が解けていない。というのは、結合の変化だとか単なる量的差異だとかによって、一体どのようにして感覚の質的多様性が生ずるのか、私の立場ではこれが得心できないし、この点でほぼ四十年以前と同断だからである。当時非常な影響を及ぼしたフェヒナーの精神物理学によって、私も大いに刺戟された。私は彼の著作に感動して、このテーマに関する欠陥だらけの講義をおこなった。この講義は剰え無価値になった。私は間もなく、フェヒナーの測定公式の考えが誤謬であることを識ったからである。私はその折、ヘルムホルツの感覚電信線説を説明した後に、次のように述べておいた。「しかし、果たして神経内の電気的過程は、（さまざまな感覚質を）十分に説明するためには、余りにも単純すぎるであろうか？　果たしてより一層知られていない領域に説明を押しやる必要があろうか？　もし脳全体を研究してみたところ到る所電流しかなかったとしたら、どうであろう？　私の個人的見解はこうだ。神経の電気的研究は、たしかにすこぶる繊細なたちのものではあるが、甚だ粗雑でもある。与えられた強さの電流は、一定量の活力が、単位時間内に、電流の横断面を通過するということ、ただこれを物語るにすぎない。その活力を促進するのが、一体どの過程や分子運動であるのか、われわれはそれを知らない。同じ電流の強さに対して、多種多様な過程がその基盤をなしているということもありえないことではない[(原註10)]」。私は今日に至るまでこの考えから脱却していない。本質的には今でも同様に、例えばさまざまな電解質中における同一の電流といったものを引証することによって[(原註11)]、この着想を基礎づけたいという念を禁じがたいのである[(原註12)]。今日では、生化学の進歩やさまざまな器官を移植する実験によって[(原註13)]、私の考えはもっと決定的な傍証を与えられているように思う。ロレットは[(原註14)]、自他の業績をもとにして、本書での立論と密接な関聯のある重要な諸問題を、脈絡づけながら甚だ教唆に富んだ仕方で論じている。

（1）　たとえそのようなふしが言葉の端々に露呈していなかったとしても、私は評者達の胸中にある判断が、言表されているものほど中庸を得たものだとは信じなかったであろう。或るドイツの僚友が私の見解に下した侮蔑どころではない判断が、奇妙な廻り途を辿って私の耳に入った。それは、いわば敵対者を介して私の耳に入ったのであって、私を侮辱しようとする明白な意図から出たものであった。しかしともあれ、それは目的を達しなかった。というのは、不毛だと思えるものをうっちゃっておく権利、この私自身しばしば用いた権利を、他の人には認めまいとすることは、確かに甚だ不公平だろうからである。しかし、自分とは別な見解を抱いている人びとを、侮辱すること、私としてはそのような必要を感じたことはかつてなかったのである。

(2) ヒュームとリヒテンベルクの立場を参照されたい。仏教は主として実践的な側面から数千年来この考えを承諾している。(Vgl. P. Carus : The Gospel of Buddha. Chicago 1894. Vgl. auch P. Carus : Karma, a Story of Early Buddhism. Chicago 1894. この本に出ている驚嘆すべき話を参照されたい。

(3) しかし、ここでは不可知な超越的自我が問題なのではない。哲学者達は物自体の思想を大概すでに克服してしまっているが、それにも拘らず、物自体の最後の残渣としての超越的不可知的自我は、幾多の哲学者達に、依然として消去できないもののように思われている。

(4) もう一度、私はバークレーとの差異について一言で述べておくべきであろうか？ バークレーは「要素」はそれの外部に在るもの、不可知なもの（神）によって規定されていると見做している。――これに対してカントは、自分を穏当な実在論者に見せようとして、「物自体」を案出した――。しかるに、本書で述べた私の観方では、「諸要素」相互間の依属関係ということで実際的にも理論的にも事足りると信じている。私の見るところ、人びとはカント解釈に当って、カントが夢幻論者(Phantast)だと思われることを憚ったということ、この自然な、心理的に了解できる恐れを、余り考慮に入れていないように思われる。この見地に立ってのみ、可能的経験に適用できる概念にしか意味と価値とを認めなかった当人が、それについてはいかなる経験も不可思惟的な物自体を設定したということ〈どうしてこういう奇妙な立論がなされえたのかということ〉を理解することができる。普通の人びとや自然科学者は、個々の感官感覚に対して物を対立せしめることによって、つまり、記憶された経験だとか予期している経験だとか、ともかくその感覚と結びついている経験の表象複合体としての物を対立せしめることによって、全く利口に振舞っているわけである。カントの思考様式をこなした人にとっては、この振舞いは、経験の限界においては何らの意味をももたなくなる。

(5) H. Cornelius : Psychologie als Erfahrungswissenschaft. Leipzig 1897. S. 99 und insbesondere S. 110. u. 111.

(6) 『認識と誤謬』、一九〇五、序文、参照。

(7) S. Exner : Entwurf zu einer physiologischen Erklärung der psychischen Erscheinungen . Wien 1894.

(8) A. a. O. S. 4.

(9) A. a. O. S. 3.

(10) 拙稿、「精神物理学に関する講義」臨床医学雑誌、ウィーン、一八六三、三三五、三三六頁。

(11) 本書英語版、(シカゴ、一八九七)序文、V、VI頁を見られたい。

(12) Huppert : Über die Erhaltung der Arteigenschaften. Prag 1896.

(13) Ribbert : Über Transplantation von Ovarium, Hoden und Mamma. Arch. f. Entwicklungsmechanik. 1898. Bd. 7.

(14) Rollett : Entwicklungslehre und spezifische Energie. (Mitteilungen des Vereins der Ärzte in Steiermark. 1902. No. 8.)

補遺

補遺一（二九頁への）　当面のところ実際的な目標をもっぱら追求している人は――学者や研究中の物理学者や、さしあたっては別段批判的であろうとしていない哲学者でさえも往々そうであるが――活動するにあたって彼を自動的に導く、本能的に獲得した自然的世界観を放棄しなければならないというわけでは決してない。彼は、普通の人と同じように、摑もうとする物について考量し、研究しようとする対象について語り、それに基づいた行動をとってよい。しかしながら、感覚の意義とか、物理的なものと心理的なものとの関係だとかについて考えようとする場合には、自分の身体と、爾余の環境構成分とを区別せしめるものは、ただ、感性的諸要素相互間の依属関係の別様性だけだということを篤と考えなければならない。物質だとか世界だとかについてわれわれが知っているのは、それらが一人の人間の、またさまざまな人間の感性的諸要素の函数的結合を表わすということだけである。一定の諸条件のもとで、感性的要素すなわちあれこれの人間の意識内容に影響を及ぼすことができないようなものは、何一つとして現存しない。かつて体験したものは、記憶、表象をあとに残す。もっとも、熱い、めらめらと焔をあげている感覚されているものは、それで水を沸かせる焔であるが、これにひきかえ、熱い、めらめらと焔をあげている〈ものの〉表象でもっては、差当り環境の中で何事もなすことはできない。前者においては心理的なものと物理的なものとが合致しており、後者においてはその関係が弛くなっている。しかしなくなってはいない。表象は、例えば、それが私を駆って、お茶を沸かすために火を熾こさせる場合など物理的なものと同様に現実的である。

Mach : Sur le rapport de la physique avec la psychologie (Bient : L'Année Psychologique. XII 1906. p. 303).
Mach : Sinnliche Elemente und naturwissenschaftliche Begriffe. (Archiv f. d. ges. Physiologie. Bd. CXXXVI. S. 263)

* 右の二篇を参照願いたい。〔なお、前者は加藤・廣松編訳『認識の分析』に収めておいた〕。（訳者）

補遺二（三五頁への）　三五頁の考えは、いかに簡明で穏当にみえようとも、根本的に間違っているかもしれない。A・ブリックナー博士が立派な実験的研究を通じて、盲斑は、そこに投映される視像の消失によってのみならず、対照や残像や、また網膜のほかの部分からの積極的な感覚内容の充塡によっても、可視的にされうるということを指摘された。黒と白との真直ぐな境界線が盲斑を横切るようにするとき、瞠目すべき現象が現われる。（Archiv f. d. ges. Physiologie. Bd. CXXXVI. S. 557―610）.

補遺三（四〇頁への）　〈変数の位置に書かれている〉ABC……が、互いに規定し、制限し合っている相互依属的な質的徴標にすぎない以上、方程式・函数はただ象徴的な意味でしか問題にならない。この間の事情については、七八―八〇頁、二七八〜二七九頁の第二十一、第二十二の両節、さらには三〇〇〜一頁の第八節、ひいてはまた、拙著『認識と誤謬』第二版、二七八頁および三二〇〜三二三頁での説明を挙げておきたい。

補遺四（五〇頁への）　C・シュトゥンプは、ミュンヘン国際心理学会の開会の辞において（第三版、一九〇九、一八頁）、また、W・オストヴァルトは『自然哲学講義』において（一九〇二、三七七頁以下）、特別な精神的エネルギーを仮定している。私は、『認識と誤謬』第二版、四三頁において、この仮説に対する卑見を述べておいた。エネルギーは、心理学の領域——ここでは質的な事象が問題である——においては役に立たない計量概念《マースベグリッフ》であるという論点をここで追加しておきたい。

補遺五（五五頁への）　私はフェヒナーの根本的平行論から出立した。心理的なものと物理的なものとを或る第三のものの二側面として考察することですら、蔑視することはできない。そこには、一層進んだ科学的諸帰結へと通ずる——唯心論と唯物論との——調停がみられる。これを同じ事象に対する二つの見方ということで置き換えれば、もはやこの定式に躓く自然科学者はあるまい。ところで、私がおこなったこの原理の特別な応用はフェヒナーのそれを超えている。私は心理的なものとそれに対応する物理的なものとのあいだの——またはその逆の——形の相似性、形の類似性を求めるのである。

補遺六（七七頁への）　パウル・イエンゼンの „Organische Zweckmäßigkeit. Entwicklung und Vererbuug vom Standpunkte der Psychologie.“ Jena. 1907. を参照されたい。その徹底的な研究は本書での所説を遙かに凌駕している。

補遺七（八四頁への）　とりわけ、C・メンガーの „Untersuchungen über die Methode der Sozialwissenschaften und der politischen Ökonomie insbesondere.“ Leipzig 1883. を参照されたい。

補遺八（一〇二頁への）　次のことは確証ずみであるように思われる。それは、生体の発育は実にさまざまな途を通っておこなわれるが、人間の場合には、とりわけ脳の発育が最も有利〈な地歩を占めている〉ということである。そのため、爾余の身体諸組織の強い変化が不必要になる。（補遺十八参照）。

補遺九（一一〇頁への）　現在 F・ヒルレブラントが従事している諸研究によって、ともあれ次のことが明らかになっている。それは、絶対的空間値による相対的空間値の代償という命題は無条件には妥当しないということである。暗室のなかでゆっくりと点滅している正中光点を凝視し、暗黒時相のうちに幾分右寄りの光点に視線を移しておくと、本当の正中光点はそれが今度出現する時には、見掛け上の正中線よりも左寄りに現われる。すなわち、見掛け上の正中線が二光点の間に来るのである。右側の光点を取除き、可視的な目標点なしに視線の運動をおこなうと、そのずれ*はもっと著しくなる。中点で停止させずに左右の暗黒時相を律動させると、ずれはびっくりするほど大きくなる。実験に先立って牢固な中心性残像を作っておけば、ずれはもとのままである。ずれの程度は一定しておらず、現在のところ部分的にしか知られていない諸条件に懸っている。疑いもなくそれは〈両〉点の見掛け上の距離にも懸っている。ここで使用されている距離（三ないし八メートル）の場合、被験者の大凡の目測によれば、概して、新しい正中線は二光点の間隔の約三分の一ずれるということである。如上の二光点の代りに、平行視線で単視的に融合できるようにしつらえた一対の光点を用いると、（周辺の半像を遮り、正中対を点滅照射）非常に強いずれがみられる。ほかの諸条件はそのままにしておいて、交叉視線で単視すると、ずれは著しく弱まる。

＊　以下屢出する Verlagerung を「ずれ」と訳しておくが、周知の通りこの語は「位置を勘ちがいすること」「位置についての勘違い」を意味するものであって、ずれた距離を意味するものではない。とはいえ Verlagerung が「強くなる」「弱くなる」とか Verlagerung の「程度」だとかが語られているとき、結局はずれた距離の大小、程度と相覆うであろう。（訳者）

この実験から以下の結論が導かれる。——ここに与えられている諸条件（暗室、光点）のもとでは、視線の運動は正常視の場合〔つまり、普通の条件下でものを視る場合〕と同様、たしかに絶対的空間値の変化と結びついてはいるが、しかしその程度は〈網膜上の像の〉、転位によって与えられる相対的空間値の変化を、完全に代償するに足るほどのものではない。（因みに、この点については、ザックスやウラサックがすでに注意している）。正中線がどの程度ずれてみえるか、その嵩は、実際におこなわれた代償が完全な代償に比べてどれだけ不足しているか、という、その不足額を示している。日常ものを見る際の諸条件のもとでは、代償がほぼ完全に、ないしは全く完全におこなわれている。この差異を説明するために、ヒルレブラントは次の事実を持出している。それは、暗室のなかでは、絶対的距離も、客体で充たされた明るい空間中でのそれに比べて、はるかに劣っている〔短小になっている〕ということである。（平行視線で出来る融合像は、暗室中では目から約一メートル半のところに現われる）。同じ幅に見える対象は、近くにあればあるほど大きな視角で結像しなければならない（小径曲線）。従って、見掛け上の距離が小さくなるということは、とりもなおさず、見掛け上の幅と実際の幅との、正常な対応づけの紊乱を意味する。正常であればもっと大きな客観的幅角に対応している筈の位置に、点〔対象〕が見えるわけである。こうして、正常な状況のもとで培われた代償〈作用〉が視線を横に振る運動と結びつく場合には、現在の幅に対しては小さすぎる筈である。すなわち、この代償は部分的な代償でしかありえない。

なお、ヒルレブラントは、部分的にしか代償がおこなわれないという事実と次のような観察事実とを関聯づけている。それは、上述の誤った残像局在化との関連において、O・シュヴァルツ（Zeitsch. f. Psychol. Bd. III, S. 398 ff.）やE・B・ホルト（Harvard Psychol. Studies, Vol. I. p. 3 ff.）によって報告されているものであるが、誤って局在化されたものと並んで正しく局在化されている残像帯もあるということ、但し、後者の方が前者よりも長さの点で優るということ――ホルトによれば三倍程――こういう観察事実である。してみれば、この際問題なのは元の・従って未だ代償されていない位置値だけだという私（マッハ）の述べた考えは、部分的代償という意味でだけ修正されればよいわけである。両種の残像の関係は、視線の運動における代償された部分が、代償されていない部分に対する関係と同じ筈である。この際、両者の量的割合そのものは、当然、実験の特殊的諸条件に左右される。

補遺十（一三九頁への）　私は、ここに記したアリストテレスの触覚実験の改造――つまり、小さな球の代りに平滑な棒を用いるという特別な形での触錯覚の実験――を久しい以前におこなったのであるが、本書の改版で初めてそれを記載した。R・エーヴァルトはぴんと張った紐を使って実験をおこない（„Die Umkehruug des Versuchs des Aristoteles", Zeitsch. für Sinnespsychologie. 1908. Bd. XIIV.）指の布置への注意によって結果がどう変るかを観察している。なお、彼は、この改造〈した形での実験〉を記載している最初の文献はヴィクトル・ヘンリーの著書 „Über die Raumwahrnehmungen des Tastsinnes" Berlin 1898. の六七頁以下だと述べている。

補遺十一（一一二頁への）　私はこの機会に、E・v・チオンの著書 „Das Ohrlabyrinth als Organ der mathematischen Sinne für Raum und Zeit" Berlin, 1908. を是非挙げておきたい。私はこの本の誹謗、中傷、誣告、等々に同意すべき義務があるとは思わないが、欣んで一読を推奨する。この問題について私が書いたものは、一八七三、七四年の数ヶ月間と一八八六年の本書での短かい追補とに限られていて、その道のいかなる人に対してもそこに公開されている。

補遺十二（一四八頁への）　先に補遺十で挙げたヴィクトル・ヘンリーの重要な著作を参照されたい。

補遺十三（一六〇頁への）　拙著『認識と誤謬』における詳説を参照されたい。

補遺十四（一六三頁への）　H・v・ブッテル・レーペン氏は、私宛の書簡で、次のように書いておられる。「拙著の第十二章、第二十九節、におきまして『まさしく高度の精神的発達』という表現は恐らくや過言であろうということを敢て申述べておきました。蟻や蜂は、申すまでもなく、反射機械よりも遥かに高等ではありますが、とはいえ、高度な精神的発達を呈示致しません。――成程、多面的な発達がみられることは否めないのでありますが、私の考えますには、これは常に意識閾下に止っているか、ないしは左様な言い方が許されますならば、本能の領域に渋滞していて、事によるとかすかな意識と結びついているかもしれない、単にそういった底のものであります――かように考えます点では、私はヴァスマン、フォレルの両氏と見解を倶にする所以であります。私共が考えますには、蟻や蜂におきましては、変更能力、可塑的能力は極めて限られているように思われます。ともあれ、場所の記憶、学習能力、等々は存在しております」。

私は此度こそ誣いまいとして、このように引用しているのである。それはそうとして、氏はベーテとその論敵との間に論争が持ちあがった折、私が偶々本書の第四版で採ったのと同じ立場をとっておられるように見受けられる。私は、そのとき、全然変更できない反射が存在するというベーテに疑念を呈し、反射と意志行為との差異は程度の差異にすぎないと看たのである。われわれの心理的過程〔意識を伴う活動〕と類似な過程において、一体何故、外面的な類似性だけをみて、全然内面的な類似性を予想してはならないのであろうか。われわれの大脳過程と類似な過程が動物を導いていることを多くの動物心理学者達が認めなければならないとするとき、彼らがどんな災厄に陥るというのか、私には合点がいかないのである。そうすれば、科学的動物心理学なるものは全く無視さるべきだというのであろうか？　大脳過程は、爾余の脳髄過程や脊髄過程と、まさしく同様な過程なのであって、ただ一層算定しにくいというだけである。それというのも、大脳過程は、個体の生活史の偶然性によって大いに規定されているからである。しかし、だからといって、それは別世界の出だときめ込んではならないのである。

補遺十五（一八三頁への）　幾何光学的形態錯視論綱要。

＊　この補遺十五は、マッハの文章ではなく、L. Burmester の文章であることに御注意願いたい。訳文中、対象紙、対象空間、対象形像、……錯誤紙、錯誤空間、錯誤形像、……と仮りに訳出しておいたものは、それぞれ客観的な実物の系列と、そのようなものとして錯覚されている表象の系列とを表わす。（**A B C D**……太字で表わされているものは前者に属し、A B C D……普通の活字で表わされているものは後者に属する）。
なお、複合された形容詞 geometrisch-optisch を「幾何光学的」と訳出したが、optisch はむしろ錯視の「視」つまり「視覚上の」「視覚的」の意味に解すべきかとも思われる。（訳者）

私は独立の論文 Theorie der geometrisch-optischen Gestaltungen. Zeitschrift für Psychologie Bd. XLI, S. 321. (1906) und Bd. L, S. 219 (1908) で、幾何光学的形態錯視（Gestalttäuschungen）論を詳しく展開しておいたのであるが、幾何光学的形態錯視なるものは、有体的《ケルペルリッヒ》形像の単眼視にあたって、遠くのものが近くに、近くのものが遠くに、従って、奥まったものが手前に、手前のものが奥まって見えるということによって性格づけられる。

第一図のように、厚手の白紙で対象紙**ABCD**を作り、その中点**G**を支軸に固定しておく。支軸を鉛直に捧げ持って、面**ABCD**が正中面と斜交するような布置におき、静止眼で単視する。対象紙の遠い方の二頂点**B**、**C**の一方をひきつづき凝視していると、梯形状に見える〔∵AD∥BC, AD≠BC〕。錯誤紙ＡＢＣＤは、支軸の延長**GH**

の周りに廻転して、第一図の破線と点線とで画かれた布置にみえる。遠方にある稜線**BC**に対応する錯誤紙の稜線BCは小さくなってみえ、近くにある稜線**AD**に対応する稜線ADは大きくなってみえる。従って、錯誤紙の他の二本の稜線ABとDCとはこちらに近づくほど幅が狭まってみえ、観察者の方に向って収斂する。しかも支軸のこちら側に見える部分は非常に縮まってみえ、向こう側に見える部分は著しく末広がりになっている。対象紙**ABCD**と錯誤紙ABCDとの相対応する点を結んで出来る直線群は、均しく視点（つまり、静止している眼球の旋回中心点）に向っているということが注意深い実験的観察によって明らかになっている。

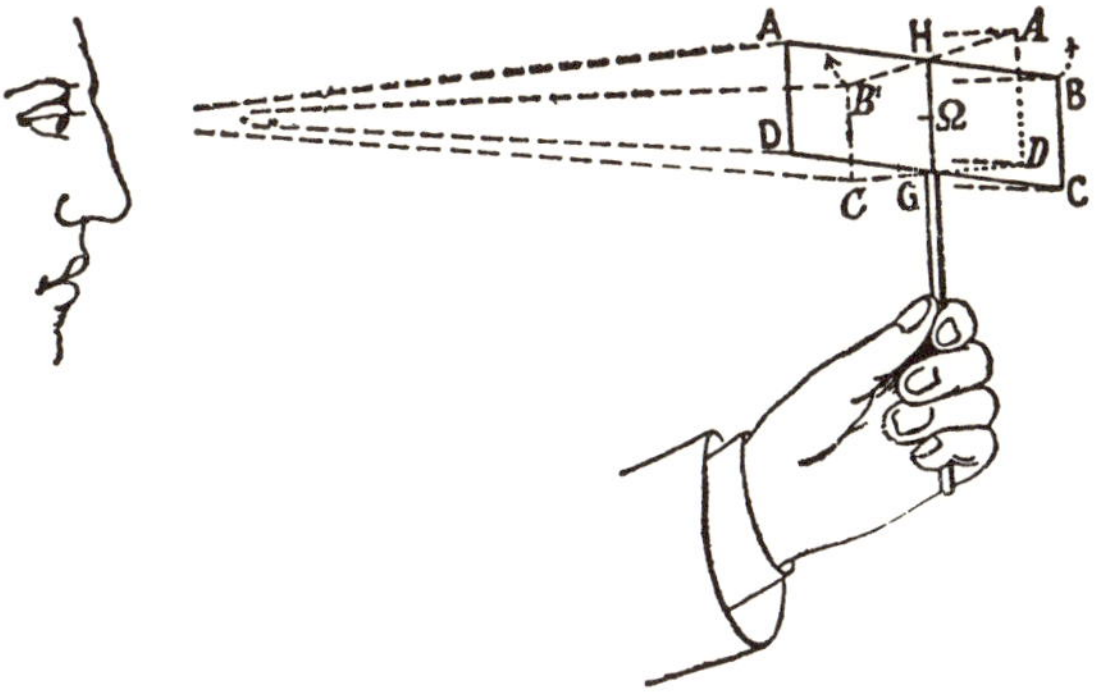

第1図

　この種の錯視現象を幾何学的に研究するために、視点と直線**GH**とを含む平面を貫穿面と名付け、**GH**において貫穿面と直交する平面を中性面、視点から中性面におろした垂線の足Ωを主点と呼ぶ。中性面は、そこに含まれている諸点が――直線**GH**上の諸点がそうであるように――錯視を免れているということで際立っている。

　頂点**B**、**C**の一方を凝視しながら、手の位置そのものは動かさずに、対象紙を廻してみると、錯誤紙は支軸の延長**GH**の周りに、対象紙とは逆向きに廻転する。――第1図では、相対応する二点**B**、Bにおいて左向きの矢印で例示してある――。このように廻転させていくと、対象紙は中性面との間に次第に大きくなっていく角Wを作り、逆向きに廻る錯誤紙は、中性面の他の半分との間に、次第に大きくなっていく角wを作る。この角の大きさは、観察によっては確定できない。観察者が訓練をつんでいれば、この廻転をおこなっているあいだじゅう——それが対象紙と時を同じくして貫穿面に到達するまで——錯誤紙が存続しつづけるのであって、この場合には w＝W＝90°である。しかし、往々、対象紙が貫穿面を通り越すのと同時に、錯誤紙も貫穿面を通り越してしまう。尤も、もう一寸廻すと消えてしまうのであるが、稍々通り越すまで錯誤紙が存続することもあるわけである。角Wが廻転によって小さくなる場合には角wも小さくなる。

角Wのどの値に対しても同じ大きさの角wが対応している。系統的におこなわれた数多くの観察に基づいて、上のように想定することができる。従って、対象紙が中性面内にあるときには w＝W＝0であり、この特別な布置にある場合には錯誤紙は対象紙と同一物だと見做すことができる。ここにおいて対象形像と錯誤形像との代りに、もっと一般化して、対象空間と錯誤空間とを考察すれば、幾何光学的形態錯視論の原理が得られる。

幾何光学的形態錯視においては、対象空間と錯誤空間との相対応する諸点を結んで出来る直線群は視点を通り、主点を通る中性面内の一直線において相交わる相対応する平面群は〈夫々〉中性面との間に同じ大きさの二つの角を両側に作る。

この原理に則って、例えば第1図における対象空間内の一点Aに対して、それに対応する錯誤空間内の点Aを確定することができる。対象点**A**と主点Ωとを含む任意の対象平面と、これに対応する錯誤平面とは、中性面内の一直線、例えば**GH**において相交わり、中性面との間に、同じ大きさの二つの角を——両側に——作る。かつまた、対象点**A**から視点に向う直線は、それに対応する錯誤点Aにおいて錯誤平面を截る。逆に点Aを対象点だと仮定すれば、**A**がそれに対応する錯誤点だという結果になる。此の——対象空間から錯誤空間への、錯誤空間から対象空間への——交互的変換は、対合浮出し遠近法とも呼ばれる。これでもって、形態錯視が幾何学的に解明される。というのは、視点と中性面との双方が既知であれば、これによっていかなる対象形像に対しても、それに対応する錯誤形像を構成的に確定できるからである。

第一図において、もとの対象紙を一旦廃した上で、もとの錯誤紙の布置に更めて対象紙を置き、その四つの頂点のうち、より遠方にあるものの一つ、つまり**A**か**D**を単眼で凝視すると、それに対応する錯誤紙が、もとの対象紙**ABCD**の布置に、かつ、もとの対象紙の形をして、現われる。

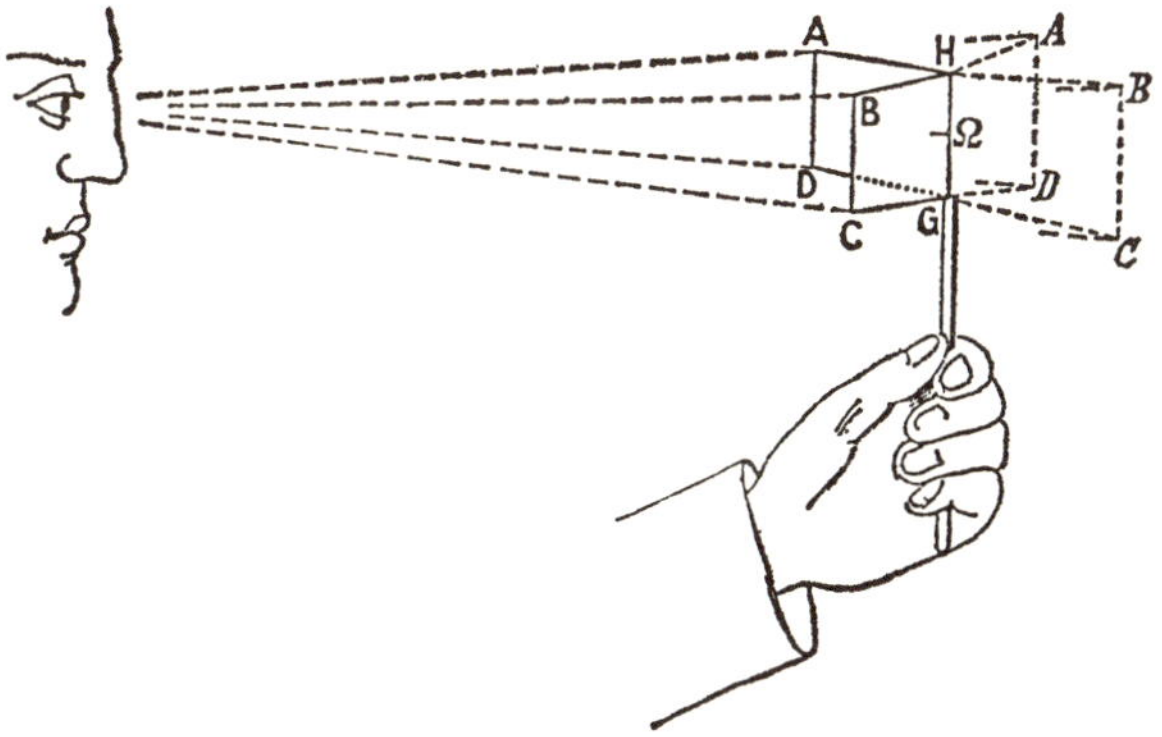

第2図

第2図のように、直角に折り曲げた対象紙**AHBCGD**を、その折り目**GH**が支軸の延長上に来るようにしつらえる。これの凹面を観察者の方に向け、濃い影を投じないようにしておいて、折れ目上の一点Ωを単眼で凝視すると、それに対応する折れ曲った錯誤紙A**H**BC**G**Dが——観察者にその凸面を向けて——第2図の破線で画いた位置にみえる。視点から折り目**GH**に下した垂線の足Ωが主点であり、線**GH**においてこの垂線と直交する平面が中性面である。

この対象紙が観察者の方に傾いたり、向こう側に傾いたりするように支軸を傾けると、それに対応して、錯誤紙の折れ目が、反対側に傾く。ここで棒を廻すと、錯誤紙は、支軸と反対の側に傾いている折り目の周りを、逆向きにまわる。この場合には、折った対象紙のうち、支点**G**だけが錯誤から免れており、この支点と視点とを結ぶ直線に、**G**において直交する平面が中性面である。この折り曲げた対象紙の凸面を、観察者の方に向け、末広がりに伸びている稜線上の一点を凝視すると、それに対応する錯誤紙は凹になる。この形態錯視の諸現象は、理論に則って予め確定することができる。

凹に折れ曲った錯誤紙〔対象紙?〕を机上に据え、机に接している折れ目の隅を凝視すると、机上の前方にある二つの頂点は錯誤から免れたままになっており、視点を動かすと、これら固定した頂点に支えられて、〔これら二点を支点にして〕奇妙な波動に変ずるところの、凸に折れ曲った、傾いた錯誤紙がみえる。

対象形像を適当に照射すると、錯誤形像は目もあやな「光り輝く」光輝のなかに明るく映え、名状しがたい特有な翳りや影が現われる。この現象については、まだ異論のない説明がついていない。

三つの正方面からなる凹凸の骰子帽〔中空の立方体から一頂点を共有する三面を取り去った〕形だとか、針金で作った立方体の骨骼だとか、次々に折って階段状にした厚手の紙だとか、石膏で作った空洞塑像だとかいった対象形像において、視点を静止させたままそれを動かしたり、逆に視点の方を動かしたりすると、多種多様な錯誤形像が現われる。(L・ブルメステル)。

補遺十六(一八七頁への)　組織学上の研究に基づいて、シュテール教授は視覚過程についての見解を若干変更しておられる。氏の新しい見解はウィーン哲学会年報(ライプチッヒ、一九一〇)所収の「単眼的彫塑術」に関する論文で展開されている。氏はシェフラーの視細胞遊走説に与みされるが、しかし、この遊走のメカニズムをも探求しようと努められる。視作用の主過程が眼に移されるのである。

補遺十七（二四三頁への）　一九一〇年のウィーン万国生理学者会議の折、R・エーヴァルト教授は御来訪の上、その実験装置ならびに実験結果を実地にお示し下されたのであった。これで、氏の素晴らしい理論の妥当性に対する、残る唯一の疑念が氷解した次第である。

補遺十八（二〇六頁への）

＊　この補遺は第七版で附加されたものである。このため、補遺十八が二つ存在するという不手際が生じている。（訳者）

E・マッハによって観察された色彩現象のより立入った研究によって次のことが明らかになった。すなわち、本文中に挙げてある実験の諸条件のうち、刺戟の強さと持続時間とを措けば、直接視の条件だけが本質的なのであって、短時間の照射や二番目に凝視する正方形は全く副次的である。末梢的にみられた彩色光はすみやかに色あせた印象になっていき、それにひきつづいて反対色に見えるようになる。この事態によって現象注意説（Aufmerksamkeitstheorie der Erscheinung）はその基盤を奪われる。一見、それは末梢的すなわち生理的原因（原基興奮の消尽）から説明さるべきかのようにみえる。この点についてはパウリの次の論文を参照されたい。Über die Beurteilung der Zeitordnung von optischen Reizen im Anschluß an eine von E. Mach beobachtete Farbenerscheinung. Archiv f. d. ges. Psychologie, Bd. XXI, 1911. この論文では、E・マッハによって持出された時間直観についても詳しく取扱っている。（R・パウリ）。

補遺十八（二四六頁への）　脳の急速な発達が、爾余の身体構造の変化を不要にし、それを背景に押しやってしまうということには殆んど疑いを容れない。大脳の発達のおかげで、梯子やハンマーを案出できる者は、木攀りに適した足だとか重くて固い拳だとかを後天的に形成する必要がない。もっぱら脳の進化によって、彼は世界の支配者となるのである。(『通俗科学講義』第四版、四五五頁参照)。それゆえ、脳の進化が生存競争において占める役割を、過小評価することはたしかに誤りである。或る種の精緻な知性を学者や文人、芸術家といった人びとの場合にだけ考え、それが特殊なものだという理由で、実際生活には不必要だとみなす——現に本文ではそうみなしている——、われわれはこういう誤った考えに陥りがちである。蒙古のフビライ汗はたしかに最も天才的な専制君主であった。たとえマルコ・ポーロの記述には随所に誇張があるにしても、フビライがその一大版図に創設した大規模な公益施設は、彼の精神的偉大さの偽りなき証人である。今日においてもそれらに匹敵するような公益施設が求められているのである。これでもってペツォルト(Einführung in die Philosophie der reinen Erfahrung II, S. 179)との間の忍びがたい見解の相違が除去される。

補遺十九(二六三頁への)　概念に関する独創的な諸研究を通じて、シュテールはその著„Leitfaden der Logik in psychologisierender Darstellung", Leipzig und Wien, 1905. および彼の„Lehrbuch der Logik in psychologisierender Darstellung" Leipzig und Wien, 1910. において、私の観方を歓迎している。

補遺二十(二六七頁への)　この版の第十二節、これは最後の一文を除けば一八八六年の初版中に(一五四頁)同じく第十二節として存在していたものであるが——これは私が一八八八年当時のアヴェナリュウスと同様、恒常性に最高の価値をおいていたことの証拠として役立つであろう。

補遺二十一（二六八頁への）　この第十三節、二六七〜八頁に記されているものは、ドリーシュが（„Naturbegriffe und Naturarteile" Leipzig, 1904. S. 4. f.）実在の第二段階、および第三段階と呼んでいるものに相当する。私はこのことに気がつかなかったわけではないが、——本書のような著作は、とかく人名の過剰に煩わされがちであることに鑑み——特に名を挙げなかったまでである。

訳註

第一章

(1) ここに列挙されているものが、マッハのいう要素=感覚であるが（巻末の附録「マッハの哲学」参照）、原文ではすべて複数で記されており、多岐多様な色彩、音韻、温冷の感覚、圧覚、形や拡がりの感覚、時間感覚、等々というほどの意味である。とくに留意すべきは、「空間」「時間」といっても、ここでは、いわゆる幾何学的空間や物理学的時間ではない。（本書第七章、第十二章参照）。

なお、視覚、聴覚、触覚、というように、感覚器官との関係に即して並列されてはいないという点にも留意すべきであろう。それというのも、色、音、等々、マッハのいう要素=感覚は、根源的・直接的な所与として見出されるのであって、初めから感覚器官に依属するものではないという原理的論点はさておき、マッハの考えでは特定の感覚器官には依属しない「器官感覚」なるものも存在するからであろう（第九章、訳註(2)参照）。あまつさえ、視覚は色彩感覚と空間感覚とからなり、触覚は温冷の感覚、圧覚、空間感覚からなっており、従って、視覚、聴覚、触覚……という云い方は媒介された総括を含意することになる。しかるに、ここでマッハが色、音、圧、空間、時間、……という言葉で指示しようとしているのは、あくまで hier und jetzt の一群の直接的所与、すなわち、当世風にいえば、センスデータなのである。

(2) 原語は Orientierung マッハはこの語を広狭二義に用いている。狭義のオリエンティールングは方向の定位を意味し、デスオリエンティールング（定位障碍）と対をなす。広義のオリエンティールングは、ここでの文脈からもうかがわれるように、細部や変化を顧慮することなく、大雑把な見通しをたてることの謂いであるが、便宜上「概観」と訳出しておいた。

ところで、生物学主義的発想を採るマッハにおいては、大雑把な見通しをたてるということは「思想の途ゆき」Gedankenlauf を方向づけることと相即するのであって、この限り、オリエンティールングという語の原義が生かされている。

(3) マッハがどこまで自覚的に使い分けているかは解釈の問題になるが、関係する項、関係そのもの、両者の総体の三つを便宜上わけるとき、Zusammenhang という言葉は、項をも含めた関係の一総体、諸項の脈絡ある総体を表わす場合に用いられている。少くともそのように解釈できる場合が多い。これに反して、前頁最終行の「関係」Relation や、同じく「関係」と訳出した Verhältnis の場合には、関係そのものにアクセントがあり、Beziehung（関聯）という時には、関係づけを含意しつつ、関わり合いを意味している。無意識的にもせよ、マッハはほぼ右のような使いわけをしているのではないかと思われる。

（4） mitbestimmt, mitbestimmend という表現は、一方が変われば他方も変わるような具合に相関的であること、そのような関係にあることを表わす。ここでの bestimmen では stimmen（調和する、相応する）の意味が生きているといえよう（本書一四六頁、一六二頁、等を参照されたい）。

（5） カント以来の用語法でいえば「プラグマティッシュ」の意味で、「プラクティッシュ」という言葉が用いられている。このプラクティッシュということは、思惟経済の原理とも関係するものであって、マッハにおける重要な発想の一つであり、彼が「プラグマティズムの祖」だといわれる所以もこのことと関係している。

プラグマティッシュという場合にもそうであるが、マッハのいう「プラクティッシュ」は、行為、実践とも不可分であり（本書二九〇頁参照）、あまつさえ、彼の生物学主義的発想に支えられている（二九八頁参照）。

（6） abhängen という言葉は旧来 inhärieren と考えられてきた事態をマッハ流に把えなおす際に用いられている場合が多い。それは単なる依存を表わすだけではなく、従属をも含意する。それ故本書では「依属」と訳しておいた。なお、マッハは Abhängigkeitsverhältnis という語を用いるのであるが、Abhängigkeit という語をその意味に用いている場合もみられる。そのような場合には、依属性と訳さずに依属関係と意訳しておいた。

（7） ergänzen, Egänzung はマッハの判断論における中枢的概念であって、直接的な所与を直接的な所与ではない表象によって補い、より充全な「事実」たらしめることを意味する。

この「補完」は、マッハにおける結合等の作用が一般にそうであるように、必ずしも随意的・意識的な過程ではない。なお、「補完」と ersetzen, Ersatz との関係について（第十章訳註(1)）、また、それとカッシラーのいう概念の函数的性格や Ersatz との関係、更にはマッハをゲシュタルト心理学の開祖とみる人びとはこの補完を「ゲシュタルト的補完」として解釈していること（第五章第三節以下および一七三頁の空間ゲシュタルト、時間ゲシュタルト、二三一頁の音響ゲシュタルト参照）、等々、この「補完」という概念はマッハ解釈上いろいろな側面で問題になる。

（8） マッハは感官感覚 Sinnesempfindungen と器官感覚 Organempfindungen とを区別している（本書一五二頁、および、第九章、訳註(3)参照）。しかし、はたしてここでの感官感覚が器官感覚から区別されたものであるかどうかについては解釈がわかれうるであろう。

（9） 原語は verklärt.「この世ならぬものに高められた」「神聖な」という皮肉がこめられているのかもしれない。ともあれ、この条りは、マッハが倫理の問題に言及している数少い個所の一つであり、しかもかれが一部のプラグマティスト達とは異って、露骨に反宗教的な態度を表明している点で注目される。

(10) これが「補完」の一様式であることについては巻末の附録三四六頁参照。

(11) 上註(2)参照。

(12) ここにいう「序説」は指摘するまでもなく、本書「第一章、反形而上学的序説」を意味する。

なお、以上の第一章とならんで、本書、第十四、十五章において、マッハの哲学的思想が集約的に表明されている(第六版への序文参照)。特にマッハの哲学に主たる興味を寄せられる読者は、次の短い第二章と第三章を読まれたのち、第十四、十五章を先に読まれた方が便利かもしれない。

本章と関係の深いものとして『認識と誤謬』Erkenntnis und Irrtum 4. Aufl.(河出書房新社、世界大思想全集、34巻に、1、7、10、11、14、25章の一部分を抄訳したものが収められている)の第一章「哲学的思惟と自然科学的思惟」、第二章「心理・生理学的考察」、第十六章「研究の前提」、および『通俗科学講義』populär-wissenschaftliche Vorlesungen 所収の「物理学と心理学との内面的関係について」(『認識の分析』所収)を挙げることができよう。

第二章

(1) Verhalten. この言葉は、ビヘーヴィオリズムにいうビヘーヴィアに相当するであろう。マッハは、ジェームズの「悲しいから泣くのではなく、泣くから悲しいのだ」という言葉を引用したりしているが(本書一七頁)、ここの条りからも知られる通り、附け足して考える補完を主張しているのであって、ビヘーヴィオリズムを採ってはいない。

なお、マッハは、外部に現われた動静・動向を表わす場合に、好んでこの言葉を用いており、「瓦斯のフェアハルテン」をすら云々している(本書二五三頁)。挙動と訳したのでは却って奇異の感を与える場合には、動静、動向、行動、振舞い、挙措、等、適宜に訳出しておいた。

(2) 前々頁中程の知的状況を指しているものと思われる。

第三章

(1) 「一緒に生活している周囲の人間」というほどの意味。ここでは恐らくアヴェナリュウスの術語が意識されている。

経験論的な理説においては、マッハの場合にもそうであるように、多くの場合、「方法的独我論」とでも呼べるような局面から出立するが、アヴェナリュウスにおいては、初めから他我の問題が本質的な契機として介在する。マッハとアヴェナリュウスとは、ほぼ同一の思想を抱いていたと云われるが、右の点において、従ってまた、言語の取扱いに関して、両者の間には著しい相違がみられる(なお、第七章訳註(2)の末尾を参照)。

第四章

(1) 現行版の第二、第三章は、改版の際に附加されたものである。序文にみる通り、本書は次々と加筆改訂されたために、往々、前後のつながりがスムーズでない個所を生じている。以下逐一それを指摘する遑を欠くので、予め右の事情を念頭に置いていただきたい。

(2) この点については、『力学』Mechanik in ihrer Entwicklung. 8 Aufl. S. 131～2（伏見譲氏訳、講談社、一三二頁以下）参照。ここにいう偉大な物理学者の一人としてガリレオが念頭におかれていることはまず確かである。

「恒常性の原理」「連続性の原理」は、マッハの基本原理の一つであるが、『力学』（上掲個所）からうかがえる通り、この原理は、ガリレオの「慣性の原理」にヒントをえて、それを一般化することによって措定されたものと思われる。

(3) この Tonempfindung は感覚としての音韻一般を表わす場合と、音調の感覚やヘルムホルツの「純音感覚」といった、より限定されたものを表わす場合とがあるが、特に限定の必要を認めない場合には「音響感覚」と訳出しておいた。詳しくは、第十三章にゆずりたい。

(4) 屈折率は波長と相即するから、この語を波長と読みかえれば、今日の表現に還元することができよう。

逐一の指摘は割愛するが、この類いの表現が存在するということを予め念頭においていただきたい。

(5) マッハは、純粋認識、つまり、認識を自己目的とする研究や、純粋な趣味にもとづく精神活動をきわめて高く評価している（本文九八頁　第十四章訳註(4)などを参照）。この点で、マッハが偏狭な実用主義者ではなかったことがわかる。しかし、一見したところ無用に思える純粋趣味や純粋認識が、この条りからもうかがえる通り、結局においてはプラグマティスティックな要求にこたえることになるという点をも、同時に理解しなければならない（この点については、例えば『認識の分析』前掲邦訳、五八頁以下をみられたい）。

(6) この思想が、本書第六章における視空間形象に関する理説や、第十三章における音響知覚に関する理説とあわせて、「ゲシュタルト心理学の開祖としてのマッハ」を云々せしめる所以のものである。ともあれ、マッハは「要素心理学的」な局面から出立してはいるが、彼が要素心理学的な立場に終始してはいないこと、従ってまた、それの補完物としての「統覚心理学的」な発想を一応は卻けていること、これだけは確かである。

(7) 原語は verminderte Fortpflanzung. ここでは、「胚細胞の増殖が減退すること」という程の意味かと思われる。

(8) 原語の auslösend, auslösen, Auslösung という言葉は、二九頁や五三頁での用法からもうかがえる通り、マッハの感官生理学や感覚論の基底的発想を知るうえで決定的に重要な用語であるが、特殊エネルギー説とも密接不可分なので、註釈は第七章訳註(2)（一〇八頁「神経興発」への附註）まで持越すことにしたい。

第五章

（1） 原語は Enttaüschung. 「迷夢から醒める」という意味と「失望」「幻滅」という意味とを掛けて、両義的に用いられているとも思われる。

（2） 本章では、物理学と生物学との溝渠を埋めようとするためもあってか、生物学的用語や生物学においては特別な意味で転用されている用語が好んで用いられている。これもその一例である。

（3） 「自己保存しうる」 sich erhalten können. 「選択」 Auslese. 「他を抑えて勝利を博し、残留する」。これら三つの語句のうち前二者は生物学用語として用いれば「自己保存」「淘汰」にほかならず、残る一つも、「生存競争にうちかって生きのびる」ということを意味するであろう。本章においてはこのような用語法が多いことは前註に記した通りである。

（4） この文章は二義的に解釈できる。先ず、文中の「有効手段」についていえば、das wirksame Mittel における wirksam は「作用因」「動力因」wirkende Ursache というときの wirkend と縁語であり、この点にアクセントをおいて読めば、本章全体のモチーフになっている動力因と目的とは大同小異だというのが主意になる。他方、探求・発見において有効という点にアクセントをおいて読めば、「目的」ということを手掛りにして……「求めることができる」というのが主意になる。ともあれ、この一文はゲシュペルトで強調されているので、凡例に記した原則に従って、直訳しておいた。

（5） Elementarorganismen. この語は文脈上原生的生物、原生動物の意味にとれる場合もあるが、今日の表現でいえば、むしろ「細胞」に相当するのではないかと思われる。すなわち、マッハはここで、ミュラー・マイネルトの「要素自治」Autonomie der Elemente を念頭におきつつ、しかもそれから遠心的に分離しつつ、自説を提出しているのではないかと思われる。とすれば、要素的器官と訳出しておいた一五二頁の Elementarorgan と同義であろう。

第六章

（1） 炭酸同化作用と呼吸とを指すのであろう。炭酸ガスを取り入れて酸素を放出する前者とその逆を行う後者とが「反対の化学的過程」。

（2） 「幾何学的」と「生理学的」とが対比して用いられている点に注意しなければならない。「生理学的」というとき、このようなコンテクストにおいては、「視覚的ないし触覚的」ということを意味内容としている。「幾何学的空間」と「直接に感性に与えられている空間」とが対比されるわけであるが、後者は視空間と触空間にわかれる所以である。

両者を総称してマッハは生理学的空間と呼ぶ。

(3) 相対応する点を結んで出来るすべての角が等しいという意味であって、二つの多角形において対応する角がすべて等しいという意味ではない。

(4) これは大学での講義であって、『通俗科学講義』ではない。通俗科学講義としては、一八七一年の「対称について」がある。

(5) 第四章、訳註(5)参照。

(6) 上註(2)参照、なお、一行前の「共々に規定」については、第一章訳註(4)参照。

第七章

(1) 双眼鏡の左右の焦点距離の差異。

(2) ここでは、マッハが踏襲している感官生理学上のいくつかの用語と発想について、一括して註釈を加えておこう。

(一)マッハは、当時の主潮であった特殊エネルギー説を前提している。しかも、ヨハネス・ミュラーの特殊エネルギー説を単に踏襲するのではなく、例えば音響感覚論における「二つの特殊エネルギー」の立論（二二四頁以下参照）や時間感覚論（二〇一頁以下および第十二章訳註(1)後半参照）にみられるように、旧説を批判したうえで独自の見解を提出している。あらためて紹介するまでもなく、例えば、色彩感覚は、光刺戟によって生ずるのが普通であるが、眼に電流を通すことによっても、また力学的衝撃を加えることによっても、やはり色彩感覚が生ずる。このような事実を説明するために、光刺戟が原因となって色彩感覚という結果を惹き起こすというような伝統的な発想を棄てて、適当な刺戟が機縁となって網膜の特殊エネルギーの備蓄が解放され発露することにおいて色彩感覚がなりたつ――他の感覚もやはり同様に感官ないし神経に内在する特殊エネルギーの顕現である――というのが特殊エネルギー説である。マッハの、感覚は外物（結局においては物自体）の触発によって生ぜしめられた結果ではないという基本的な考えかたは、如上の特殊エネルギー説を背景にしているといえよう。

(二)本書では「興発」「興発する」と訳出した Erregung, erregen という言葉も、普通の意味での「興奮」ではなく、感官ないしは感覚神経の特殊エネルギーを励起された状態に高めることを意味しているものと思われる。しかも、エネルギーの励起はそれの解放に接続するのが常であるから、「興発」は事実上「解発」を意味する場合もある。「興発」を「解発」と読みかえても文意に異同を生じない個所が散見されるのは、右の事情によるものであろう。「神経興発」と訳出した Innervation という言葉も、今日でこそ「神経分布」や「神経支配」の意味に用いられているが、マッハの用法は橋田元東大教授などが「神経興発」という訳語を当てておられる往時のものであって、しかも特殊エネルギー説と不可分であり、これまた内的なエネルギー励起の謂いであろう。この故に、神経興発は「意志」に通じ「注意のはたらき」に通ずるのであり、更には「生体の燃耗」と結びつくのであろう。ところで、マッハは要素的な感覚から複合的な知覚が形成されるという事実をどのように説明するのか？　結局ヴントの「統覚作用」に類するものを承認しなければならないのではないか？　このような問題がしばしば提出されるが、ゲシュタルト心理学的な発想の萌芽はさておき、彼が右に記したように生物学主義と結びつきうる形で神経興発を考えていたという事実こそが、如上の疑問に対する解答の鍵をなすであろう。

㈢「解発」Auslösung という訳語も今日ではポピュラーになっているが、マッハの場合には、やはり特殊エネルギーと不可分であって、本書二二五頁や二四五頁から明らかなように、特殊エネルギーを解放し発露せしめる、解き発〔はな〕つ、という意味で用いられているものと思われる。（二九頁での「内奥の条件」との関聯づけや、五四頁での「幻覚」との関聯づけも、このように考えれば肯けよう）。ところで、マッハの考えでは、神経興発、生体の機能、反射運動などは齊しく特殊エネルギーの興発ないし解発なのであるから、神経興発の解発（一一一頁）、機能の解発（八三頁）、反射の解発（一二八頁）という云いかたもされる。反射運動などと感覚とは、特殊エネルギー説を地盤にして、一連のものとして把握されている。このように理解してまずは大過ないものと思われる。

㈣ところで、このように特殊エネルギー説を基底的な発想とするとき、空間や時間の生得説を認めることになり（十二章訳註(1)後半参照）、さらには、感覚＝要素一般について一種の生得説をとることにならないであろうか？　特殊エネルギーの解発ということで要素＝感覚を説明しようとする立場を徹底していけば、一種の単子論にならないであろうか？　すなわち、機会因に対してだけ窓のあいたモナドを想定することにならないであろうか？　マッハが感覚の個人的差異は消去できると考え、感覚の共通性を立論しているとき、そして表象と事実との模写的対応を考えているとき、一種の予定調和を想定しているのではないか？　このような疑問が生じえよう。これらの問いに「しかり」と答えてしまうことはマッハの本意ではあるまい。とはいえ、われわれとしては、マッハ自ら認めている通り、彼が一種の単子論を採用し（第一章原註(21)）、かつ一種の平行論をとっていた時期があったという事実を見逃すことはできない。事の眼目は、しかし、マッハの閲歴よりも彼の発想を徹底していけばどうなるかという点にある。

(3)　OPは軸にほかならないのであるから、この文章は不可解である。軸からというのは「ABから」の間違いであろう。

なお、本章を理解するためには、『認識と誤謬』第二十二章「自然研究の立場からみた空間と幾何学」、第二十四章「物理学的にみた時間と空間」、『通俗科学講義』の附録二、更には、『モニスト』誌に連載された三つの論文をまとめた Space and Geometry (in Open Court Classics 1960.) が便利である。

第八章

本章と関係の深いものとして、『認識と誤謬』第四章「反射、本能、意志、自我」がある。

第九章

(1) 原語は Elementarorgan. 第五章訳註(5)、および本文八五頁参照。

(2) Organempfindung. 普通には臓器感覚と訳されるにしても、ここでは特別に定義して用いられているので、「器官感覚」と直訳しておいた。「器官」という意味が特別にアクセントをもつわけではないが、「要素的諸器官」と関係していることは見落せないであろう。

(3) Sinnesempfindung. 五官感覚と訳するのが普通かもしれないが、ここでの定義からすれば、明らかに普通の五官では狭くなりすぎるので、あえて感官感覚と訳出した。

なお、本章を理解する一助として、『通俗科学講義』に収められている「人間はなぜ二つの眼をもっているのか」が参考になる。

第十章

(1) このエルゼッツェンという言葉は、周知の通り、「とって代わる」を意味しうる。もし「とって代わる」という点にアクセントがあるのであれば、二行あとおよび次頁の「抑圧する」verdrängen も「駆除する」「駆逐する」「置換する」という意味に解すべきであろう。或いはこのように解釈すべきかとも思うが、次頁の終り近くにいう「エルゼッツェン」や「ヴィーダーエルゼッツェン」から推せば、むしろ「補う」という方にアクセントがおかれているものと思われる。それゆえとりあえず「補全する」という訳語を当てておいた。しかし、断るまでもなく、次頁で言われている通り、表象と知覚とは拮抗的であり互いに他を「抑圧」しあうのであるから、それは単なる附加ではない。この点では第十四章で示される通り「補完」Ergänzung の場合も同様である(第一章訳註(7)参照)。

(2) 本文二〇四頁参照。

(3) starrer Körper.「空間的移動だけがそれの唯一の変化であるような物体」、すなわち、「位置の移動以外には何らの変化をも生じないような物体」とみなされるものの謂いである(本文一五八頁参照)。マッハの立場からすれば、いわゆる「剛体」の存在は認められないのであって、これがあくまで便宜的な表現であることは断るまでもあるまい。

(4) 第五章訳註(5)、第九章訳註(1)参照。「要素的生体」「要素的器官」の「習慣」という意味であろう。特殊エネルギー説が根底にある以上、「原生的」「本源的」な習慣ということにもなる。

本章での立論は、『認識と誤謬』第九章「感覚、直観、幻想」において補全されている。

第十一章

(1) この語は本章では「無生物」を意味するにすぎないが、一応直訳しておいた。次行以下では、簡単のため「無機物」と訳出する。

(2) Reichtum. 次行の「萌芽」Rudiment と対比されている。「多岐多様に分化した豊かな記憶」と、「まだ貧弱な、生成途上にある記憶とでもいうべきもの」、このように意訳すれば文意が通るであろう。

(3) 第五章訳註(5)参照。

なお、本章と同じテーマが、『認識と誤謬』第三章「記憶、再生、聯想」で扱われている。

第十二章

(1) ここでいう「シュペツィフィッシュ」とは、普通の意味での「特殊的」ではなく、類・種という時の「種」(シュペツィエス)——「一つのシュペツィエスをなす」の意味である。この意味での「シュペツィフィッシュ」の訳語としては「特種的」という表現をあてるのが普通かとも思われるが、あえて「特殊な」「特別な」(例えば次頁)と訳しておいた。

時間感覚があくまで感覚なのであって悟性の所作ではなく、しかも、複合感覚ではないということ、時間感覚というシュペツィフィッシュな感覚があるという主張は、マッハの時間感覚論に特性的なものであるが、時間感覚と「生体の燃耗」との結びつけ方に彼のオリジナリティーがある。本文二〇五頁にみられる通り、「生体の燃耗」は「注意のはたらき」に連なり、「注意のはたらき」は「神経興発」と相即する(本文一四八頁)のであるから、マッハの時間感覚論は、空間感覚論と同様、特殊エネルギー説とマッチしうるのである。そもそも、時間感覚をシュペツィフィッシュな感覚だとすることによって、はじめて、特殊エネルギー説を時間感覚にまで拡張する途を拓いたともいいうる。ここから、視空間に関して、条件つきで「生得説」を承認するマッハが(一〇六頁参照)、時間感覚に関してもやはり一種の「生得説」を認めるのかどうかという問題が生じうるであろう。

(2) この条りは、二〇五頁をうけて、次のように補って読めば意味が通ずるであろう。「時間というものが、私が主張するように、燃耗あるいは疲労素の累積とでもいったものの感得であるとすれば、しかもそれが直接的に感知されるものとすれば、睡眠中には疲労素が減少していく筈であるから、夢のなかでは時間が背進するという帰結を生ずることになろう」云々。

なお、マッハの時間感覚論については、『認識と誤謬』第二十三章を参照すると便利である。

第十三章

（1） おそらく「平行の原理」（本文五四頁参照）をさしているものと思われる。

（2） 前頁末から本頁初めにかけての想定、遡っていえば、本章第六節で設定された課題を想起されたい。この一文はヘルムホルツに対する批判の主論点である。なお、このテーマについては、『ヘルムホルツ音楽理論入門』や『通俗科学講義』附録一の後半を参照のこと。

（3） 原語は fixieren. マッハは、ここで、視覚と聴覚とを類比的に論じているが、周知の通りこの語は、視覚においては「凝視」、「注視」を意味する。本頁後半の「注意の集中」や、二二八頁（本章第十二節）でのそれも同じ fixieren である。

（4） Physharmonika——Fisharmonika.〈調ハーモニカ〉ではない——。果して「アコーディオン」のことなのか、それとも今日では用いられなくなっている旧式のオルガン風楽器「フィスハルモニカ」のことなのか、いずれとも推しはかりがたい。

（5） 原文では daß dieselbe Äusserungen, welche wir gewohnt sind, als Erwachsene auf Rechnung der Freiheit zu setzen, beim Kinde noch auf Mangel an Festigkeit beruhten. となっている。これを直訳すれば、「われわれが大人として自由に帰するのを常としている当の表出は子供の場合には固定性の欠如に基づいている」ということになろう。しかしこの文章は、「大人としてのわれわれが子供の自由に……」という意味に理解することはできない。文章の構造からしても、前後との関係からしても「それが大人〔天才など〕に見出される場合には〈精神活動の〉自由闊達さに帰するのを常としている表出は、〈子供においても一見これと似た表出がみられ天才の感を与えるが、実は〉子供の場合には……」というように、天才的な大人の場合と子供の場合とが対比されているものと考えられる。してみれば、「大人として」als Erwachsene は「大人においては」am Erwachsene の誤植ではないかとも思われる。なお、Festigkeit は英訳に従って「固定した性格」と訳出した。

第十四章

（1） Einfluß der vorausgehenden Untersuchungen auf die Auffassung der Physik. 本章の内容を勘案してかりにこのように訳してみた。英訳は…… our conception of physics となっている。

(2) マッハが、その晩年に至って、「原子の存在をついに否定しきれなくなり、そのことによって彼の立場の破産は本人によって承認されることになった。云々」。このような神話が広く流布している。しかし、死の数年前に出た本書の第六版においても、このような叙述があることは銘記さるべきであろう。なお、本書二五七頁、二六六頁及び一九九頁などにおいても、彼の一貫した主張がラディカルに披瀝されている。

　本書を一読されれば明らかな通り、常識的な意味で「原子の存在」を承認したとしても、そのことは彼の立場を破産に導くものではない。それが破産に導きうるのは、語の真の意味における超越的実在として原子を承認する場合に限ってである。しかしこのような超越的実在の存在は、物理学によっては絶対に実証されえないのであるから、マッハが自説の破産を意味しうるような仕方で「原子を承認した」とは、どうみても考えられない。

(3) レーモンは、物質の究極の本質が不可知だということ、意識は物質的条件からは導き出すことも説明することもできないということを立論し、「われわれは知らない、将来も知らないであろう」Ignoramus, Ignorabimus というキャッチフレーズを立てた。彼によれば、ラプラスの魔においてすら、われわれと同じ認識の限界があり、同一の謎がとけないままに残るのである。彼はそのご、運動の起源、生命の起源、言語の起源、自由意志などを、単純感覚の起源とともに、この類いの難題として挙げるに至った。

(4) 彼はこれを「模写」Nachbildung とも呼び、「適応」の一形式だと考えている（本書附録三四二頁参照）。なお、ここにいう「知的不快をとりのぞくため」ということに留意されたい。『力学』には次のような立論がみられる。「当初、すべての経済は、もっぱら身体的欲求の満足を直接にめざす。職人にとっても、いわんや学者にとっても、もっとも簡約で、もっとも単純な、最小の精神的犠牲で達成できる認識——ある一定の自然現象の領域の認識そのものが、やがては経済の目標となる。ここにおいては、本源的には、それは目的に対する手段であったとはいえ、一旦当該の精神的衝動が発達し、それが自己の充足を要求するようになると、身体的欲求は全然かえりみられなくなる」。（八版六頁）。

(5) 原文では単数の sie になっているが、これは jede naturwissenschaftliche Hypothese und Spekulation「各々の自然科学的仮説や自然科学的思弁」をうけるものと思われる。

(6) 三行前では「諸要素にひきなおしての記述」と訳出しておいたが、以下では「要素の言葉での記述」と訳する。原語は Beschreibung in den Elementen.

(7) ここで念頭におかれているのは、カントではなく、むしろフッサールであろうかとも思われる。本章での叙述には、フッサールの『論理学的諸研究』第二巻での経験論的抽象理論に対する批判を多分に意識しているのではないかと思わせる条りが散見される。
　ついでながら、フッサールのマッハ・アヴェナリュウスに対する特異な関係については、『論理学的諸研究』、第一巻、特に第九章と第七章を参照されたい。

第十五章

（1）原文では Die Aufnahme der hier dargelegten Ansichten. 英訳では How my views have been received.

（2）Empfindungsmöglichkeiten. 恐らく、J・S・ミルが、ハミルトンその他に向けて述べた permanent possibility of sensation を指すものと思われるが、もしそうだとすればマッハが、ミルを誤解してはいないか、はたして「ミルのいう『感覚可能性』が無用の長物になる」であろうかという疑問をぬぐいがたい。

（3）ここでいう Kritik は、認識批判という時の「批判」、吟味という程の意味であろう。すぐあとの「批判的吟味の」に対応する原語は、「この仕事の」(dieser Beschäftigung) である。

マッハの哲学 ——紹介と解説に代えて——

マッハ自身は「マッハ哲学なるものは存在しない」ということを繰返し強調している。しかし、われわれとしてはこの言葉に深く拘泥する必要はあるまい。たしかに、マッハは専門の哲学者ではなかった。彼は物理学を専門とする「一介の自然科学者」であった。彼は、物理学、物理学史、生理学、心理学、等において、古典的な業績を遺している。逆説的にいえば、このゆえに、マッハを単なる哲学者とみなすことはできない。しかし、彼がおさめた哲学上の業績からいえば、われわれとしては何ら臆することなくマッハの哲学を語ることができる。以下三つの章に分けて、彼の哲学の大筋を紹介することにしたい。

一 マッハの世界観*

マッハの世界観は要素一元論として識られている。しかし厳密にいえば、彼は一義的な世界観、一義的な立場を執ろうとはしない。或る意味では、一義的な立場を採らないというのが彼の立場であり、「世界はわれわれに一義的な世界観を強要しない」というのが彼の世界観だということもできる。彼は世界を観るという「行動」がいかなる目的に基づいて遂行されるか、その目的に応じて観方を変えるのであって、大抵の場合には「常人の観方」「素朴実在論」で間に合う。ところが、素朴実在論では目的にそぐわない場合もある。そのとき、かの有名な要素一元論を採るのである。

＊　本章で一瞥しようとするのは、マッハがいう意味での「世界観」Weltanschauung であって、われわれとしてはむしろ存在論と呼ぶこともできよう。

（一）　要素一元論の概要　　マッハのいう要素《エレメンテ》は、普通には感覚と呼ばれているもの——色、香、音、温冷の感覚、圧覚、空間感覚（つまり形や大きさの諸感覚）、時間感覚、等々——にほかならない。それが要素と呼ばれるわけは、それが存在者の構成要素《ベシユタントタイレ》であり、しかも、現在のところもはやそれ以上分解することも他に還元することもできない元素《エレメンテ》だからである。

ところで、この要素＝感覚は、「頭のなかにある」主観的な心像として理解されてはならない。「要素」は、もしそのような云いかたが許されるならば、頭のそとにある感覚なのである。それは第二次的な所産ではなく、第一次的・根源的な所与であり、それ自身としては主観的でも客観的でもない。いわば中性的な構成要素である。

マッハは、いわゆる物体もいわゆる自我も、すべて要素＝感覚から成り立っていると主張する。従って、彼の世界像は、事態的にみる限り、恐らく幼児が抱いている世界像と極めて類似したものだと云うことができよう。幼児にとっては、四界にあるものはすべて、色、音、香、等々の複合体として現われるであろう。例えば、手許にいるむく犬は、一定の形、一定の大きさの黒い色、一定の温たかさ、一定の手ざわり、におい、鳴声、さらには、こわい、かわいい、等々の感情や気分、これらの複合体として現前する。すなわち、マッハの表現でいえば、諸要素の複合体として現前する。幼児においては、いわゆる主観的なものと客観的なものとが二元的に分離されてはいず、四囲にあるものはすべて、自分の外部にある色、自分の外部にある形、外部にある音、香、味、等々から組成されている。言い換えれば、色、形、音、等々が「世界要素」をなしている。マッハが定位しているのも、このような世界像である。

それでは、いわゆる精神的なものと物質的なものとの区別は、どのように処理されるのであろうか？　マッハは「精神」「物質」「自我」「物体」などを、思惟経済上の単位として認め、これらの相対的区別をも認める。しかし、精神と物質をもって根源的に相異る二つの存在となし、二元論を採ることに反対するのである。また、感覚をもって主観と客観との相互作用の所産とみなす通俗の見解をしりぞけるのである（次節参照）。マッハによれば、世界はあくまで一元的な諸要素から組成されているのであるが、唯、それがどのようなコンテクストにおいて把えられるかに応じて、精神的なものになったり物質的なものになったりする。因みに、彼は次のように述べている。「植物の葉が目の前にあるとしよう。この葉の緑（A）は、或る空間感覚（B）、或る触感覚（C）、太陽ないしランプのあかり（D）と結びついている。日光の代りにナトリウム焔の黄色（E）をもってくると、葉の緑色は褐色（F）にかわる。葉緑素をアルコールで抽離してしまうと――この操作はこれまた感覚要素によって標示できるのであるが――緑色（A）は白色（G）にかわる。これらの考察はすべて物理学的な考察であり、……AはBCDE……との依属関係でみれば物理的要素である」（本書三九頁）。ところが、「緑色（A）は私の網膜の過程とも結びついている」。緑色（A）は、赤いものを見た直後に見るのと、黄色いものを見た直後に見るのとでは色合いが違うし、黄疸に罹ったりキニーネを服用したりすると色合いが変わる、等々。Aは、われわれの身体、わけても中枢神経系や感覚器官との依属関係でみればいわゆる感覚なのであって、心理学的要素として把握することもできる。しかし、緑色それ自体は、「われわれが依属関係のいずれの形式に注意を向けるかということに拘わりなく、その本性上は同一不変である」。「異るのは素材ではなくして研究方向」なのである。「いかなる対象も同時に物理学的でありかつ心理学的である」。物質と精神、物理的なものと心理的なものとの間には、こうして、何らの溝渠も存在しない。

同じ要素が、物体との関聯において把えられるか、それとも広義の自我との関聯において把えられるかに応じて、物理的なものになったり、心理的なものになったりするのである。

ここにおいて、直ちに次の問題を生ずる。それは、要素間の「関係」もまたそれ自身「要素」、「感覚」なのかという問題である。この問題に対するマッハの回答は曖昧である。むしろ、不明のままだという方が当っている。しかし、マッハにおいては、諸要素の「関係」「聯関」「依属関係」が極めて重要な意義をもっており、或る意味では、個々の要素よりも、諸要素の「函数的関係」の方が大切だとさえいうことができる。しかも、ここにいう「函数的」(funktionell)な関係は、まさしく「機能的」(funktionell)な関係である。これをようするに、マッハの謂う世界は、それ自身としては主観的でも客観的でもない、いわば中性的な諸要素(感覚)が、フンクチオネールに聯関し合っている一総体なのである。

(二)　**要素=感覚について**　以上の紹介から容易に推察されるように、マッハのいう要素は、大体においてヒュームの「単純知覚」に相当する。大多数の読者に対してはこの旨を記しただけで既に充分であろうし、マッハを初めかいから主観的観念論者だときめつけることがいかに不当であるかも明白であろう。しかし、誤解が広まっている現状に鑑み、ここで若干のコメントを挿んでおきたい。

われわれは、普段、対象と感覚とを区別し、前者は意識に外在するが後者は意識に内在するかのように考え、「頭のなかにある感覚」を云々したりする。すなわち、感覚とは客観的実在が主観に働らきかけた結果として生ずるところの主観的な映像だという具合に考えがちである。マッハが批判しているのは、まさしくこのような考えなのであって、このような考え方を先入主として彼に臨むならば、誤解に陥ること必定である。

われわれは、まずあらかじめ、自分の先入主と対決しなければならない。「客観的実在が主観に影響を及ぼして感覚を生ずる」という場合、客観的実在とはいかなるものであろうか？　リンゴを例にとってみよう。赤い色、香り、味、等々、いわゆる第二性質は感覚であって、実在としてのリンゴに属するものではない。われわれは普通このように考える。しかもその際、見えている限りでの形や大きさも、見る角度や距離によって変るので、やはり主観的な映像だと考えざるをえない。帰するところ、われわれがリンゴの性質と呼んでいるものは、それが直接的な与件である限り、第一性質であろうと第二性質であろうと、いずれも感覚ないし表象にすぎず、客観的実在としてのリンゴそのものに属するものではない。こうして、客観的実在についてわれわれが知りうるのは、結局、それが主観に働らきかけてしかじかの感覚を生ぜしめうるということ、唯これのみであって、客体そのものがいかなるものであるかについては遂に不明である。しかるに、そのような実在こそ、まさしくカントのいう物自体にほかならないではないか！　すなわち、感性を触発して感覚を生ぜしめる或るものであって、それがわれわれに現われる相においては知られえても、それ自体が在る相においては識られえざる先験的対象＝Xにほかならない。ここにおいて、マッハは、問いつめていけば物自体になるような上述の意味での「客観的実在」は、無用無価値であるばかりか、存在しないと主張する。

これは暫く措いて、別の角度からアプローチしておこう。われわれは、通俗の見解を分析しつつ、第一、第二性質が主観的な映像だということを仮りに認めたのであるが、これは往々「頭のなかにある」という云い方をされている。しかし、果たしてそれが頭のなかにあるであろうか？　誰しも文字通り頭のなかにあるとは考えないであろう。いかに生体を解剖してみても、到底感覚を摘出することは出来ない。それではどこにあるのか？　リンゴの色は目の前一米なら一米、つまり実在としてのリンゴが在ると見做されているまさしくその個所にあると考えるのが至当ではないか？　香りは、ツヤは、形は、大きさは？　と問うていくとき、それが頭のなかにはない以上――どこにもないと考えるか、さもなければ――それらはすべて目の前一米のところにあると考えるのが一番合理的である。

こうして、一方、主観に働らきかけて感覚を生ぜしめる客観的実在そのものに固執すれば「物自体」を定立する破目になり、他方、感覚がどこにあるのかを問うとき、常識的な意味でもののある場所――頭のそと！――にあると考えるのが最も合理的であり、経験的事実にも忠実である。（因みに、人びとは感覚が「頭のなか」にあると考えるから、同じリンゴを幾人もの人びとが見たり嗅いだりできるという事実を説明するために、各人の頭のそとにある客観的実在としてのリンゴなるものを要請せざるをえなくなる。しかるに右のように考えれば、この感覚複合体が幾人もの人びとによって共通に感受されることを説明するために、敢てリンゴ自体なるものを持出す必要を生じない）。してみれば、われわれは物自体を消去して、目の前一米なら一米のところに、色、香、形、等々の複合体があるという風に考えても一向に差支えない筈である。

このような世界像は、事態的にみれば、幼児のそれに類するとしても、しかしそれはあくまで事態的にみての話であって、考えかたにおいては異る。子供は、色や香りなどが主観から独立に自存していると考える。これにひきかえ、マッハは、それが自存するとは考えない。けだし、色、形、香、等々は、感覚器官や中枢神経系との一定の依属関係のもとにおいてのみ、色、形、等々として存立するのであって、それ自体として赤かったり白かったり、それ自体として目の前一米の所にあったりするわけではない。このように記すと、「それでは結局、主観的観念論に陥るではないか」、人びとはこう考えるかもしれない。しかし、それは聊か早計である。右に述べた通り、客観（色、形、等々の複合体）は主観（感覚器官、中枢神経系、等々、分解すればやはり要素の複合体）との依属関係を離れては存立しない。この限り、観念論者の主張と合致しうる。しかし、マッハは次のことをも主張する。それは客観なくしては主観もないということである。例えば、x・y＝1という函数的聯関において、xもyも互いに他を俟つことなくしては存立しえない。これと同様、マッハによれば、諸要素および要素複合体は、それが主観を構成するものであれ客観を構成するものであれ、フンクチオネールな相互依属関係のうちにあり、この聯関を離れては自存しないのである。色、形、香、等々が、感覚器官を離れては自存しないというのは、要素はすべて汎通的相互聯関のうちにあり、これを離れて自存するものではないということの一局面たるにすぎない。このゆえに、色、形、等等が主観を離れて自存しはしないという当然の命題は、マッハをして直ちに主観的観念論に陥らせるものではない。

以上のコメントによって、マッハの要素＝感覚一元論が、直ちに主観的観念論に通ずるものではないということ、併せて、マッハの立場が「唯物論と観念論とを共に超えている」と称される所以も略々明らかであろう。

（三）要素一元論の位置　要素一元論は、屢々「ヒューム主義の再来」として位置づけられている。先行哲学との関係においてこのように位置づけることは、一応正しいと云えよう。

マッハは、自ら認めている通り、一旦カント哲学の影響をうけたのち、それを脱却してイギリス経験論に近づいたのである（本書三〇〇頁）。その際、脱却の鍵をなしたのは、多聞にもれず、物自体の思想である（本書三一二頁）。元来、カントの「物自体」は多義的な解釈に途を残しているが、マッハが理解した物自体は、のちにアディッケスなどが解釈した物自体に近い。例えば、目の前にあるリンゴから、色、ツヤ、香、味、形、等々、可感的な諸性質をすべて剥奪していき、さらには思惟可能なあらゆる性質を剥奪していった際、あとに何ものかが残るかどうか？この問いに対して、(a)何ものかが残る、(b)残るかどうか何とも云えない、(c)何も残らない、という三通りの回答が可能であろう。(a)にいう「残る或るもの」こそが、マッハの理解する物自体である。マッハはかかる「物自体」を棄て、併せて先験的構成主義を棄てることによって、現象主義《フェノメナリズム》の立場を採るに至ったのである。

しかるに、マッハの理解するところでは、ヒュームも(c)を採っているのであって、この限り、両者の立場は「本質的には異らない」とされるのである。成程、第三者的にみるとき、ヒュームが(b)(c)いずれをもって答えているかについては解釈が岐れうるであろう。また、「単純知覚」と「要素」とは同じものを指しているにしても、果して把握のしかたにおいても合致するであろうか？　このような疑問も残されるであろう。しかし、ともあれ、マッハの方がラディカルだという点を措けば、要素一元論がヒュームの知覚一元論と事態的にはほぼ相覆うということは認めることができよう。（ついでながら、バークレーもマッハと同様(c)をもって答える。しかし、バークレーは精神的実体に関しては(a)を立てるのであって、この点でマッハとバークレーとは根本的に相容れないのである。）

翻って考えるに、マッハの時代は、実証主義的風潮、心理学的研究の進捗、等々を背景として、幾多の経験論的理説を生み出した時代であった。それは「批判主義」の復興と並んで――第三者的・結果的にみる限り――「経験論」の復興が遂行された時期でもあった。従って当時の哲学のうちには、イギリス経験論の学統をひくもの、ないしその再現と評されうるものが二、三にとどまらない(例えば、内在主義の一派、ジェームズの根本的経験論、マッハとほぼ同一の思想を抱いていたアヴェナリュウス一門の経験批判論、等々、等々)。マッハの要素一元論は、目的意識的な復興でこそないが、第三者的にみる時、経験論復興運動における一巨峯と呼ぶことができよう。

いうまでもなく、マッハの哲学は単なるヒューム主義の再興ではない。しかし差当って、要素一元論を右のように位置づけ、後にのべるマッハの記述主義や函数的要素聯関の思想、さらには「一般的記号論理学」への志向を思いあわせるとき、また、「ウィーン学団」に思いを馳せ、マッハがウィーン哲学界の重鎮であったことを思うとき、人びとがマッハを目して論理実証主義の開祖となすのも、けだしあやしむに足りないであろう。今日、「論理実証主義」「科学哲学」といえば、米英哲学の主潮であり、〝共産圏〟においてもその傍流を生じているが、要素一元論は、後述の諸契機と相俟つことによって、この「科学哲学」の開基としての位置を占める。

マッハの哲学を全体として哲学史的に位置づけることは、ここでの課題ではない。このような仕事は、マッハが「ヒューム主義」的な地盤の上に、彼を超えて、どのような体系を築いているか、これを見た後にはじめて企てることができる。が、まさしく、右に示唆した通り、要素一元論は、マッハの思想全体にとって、その地盤をなしている。体系の内部に即して云えば、要素一元論は基底としての位置を占めるものである。

マッハの認識論や学問論にとって、現象主義的要素一元論がその基礎づけを与えていることについては、次章以下で各個に示すことにして、ここで銘記しておきたいのは、それが単にマッハ哲学の基礎をなしているにとどまらず、彼の物理学、生理学、心理学、等々に対しても「一貫した見地と安全な基盤」を与えているということである。因みに、マッハは次のように述べている。「私は一介の自然科学者なのであって哲学者ではない。私はひたすら、確実にして明晰な――そこから心理学の領域へも物理学の領域へも、形而上学の霧におおわれていない通路が展けるような――哲学的見地をかちえようと努めただけである」(本書四二頁)。ここにいう「哲学的見地」こそ、要素一元論にほかならない。

後論に資するためにも、ここで一例として心理学との関係をみておこう。マッハの心理学は、優れて「生理学的な心理学」である。それはフェヒナーの「精神物理学」を踏襲し、かつ発展させたものだということができる。しかるに、生理学的心理学が可能なためには、物心の一元論を要する。云い換えれば、物心二元論の克服を要する。何となれば、もしも物心が二元的に対立する異質のものであるならば、いかに生理学的な研究を重ねたところで、それは一向に心理の真諦に迫ることができまい。生理的過程をも含めた広義の物理現象と、心理現象とが、根源的にみれば一元的であるからこそ、それぞれ一方の領域における研究が他方のそれを資けることができるのである。マッハは、要素一元論を樹てることによって精神物理学の「基礎づけを行った」ということができる。しかも、要素一元論が彼の心理学に対して有する意義は、これにとどまるものではない。通俗の心理学にとっては、「内主体的過程の所産たる感覚が、何故、如何にして主体の外部に現象するのか？」という問題がアポリアをなす。この問題に対して「外部投射説」をもって答えるのが通例であるが、周知の通り、投射説は解き難い難点を孕んでいる。これに対して、要素一元論的現象主義においては、要素(感覚)は初めから頭のそとにあるのであるから、右のような問題はそもそも生じない。要素一元論を採ることによって、「心理学上の一連のアポリア」を除去することもできるのである。

右の例からも判る通り、要素一元論は「思惟経済の原理」に適っている。しかし、要素一元論をもって、思惟経済の原理に基づいた要請だと考えるならば、それは誤解である。のちにみる通り、かえって、要素一元論を基礎にしてのみ、はじめて思惟経済の原理も権利づけられるのである。要素一元論が、マッハの体系的思想全体に対して、基底的な位置を占めるという所以である。

二　マッハの認識観

前章で一瞥した「世界観」から容易かつ直ちに予想される通り、マッハの認識論は極めて心理学主義的である。現象主義的な立場をとる以上、マッハが構成主義をしりぞけることはあらためて云うまでもない。しかし、認識＝事実、事実＝認識といって済ませるのかといえば、勿論そうではない。マッハは認識を論ずる段になると、一元論を去って素朴的二元論にかえり、通俗の模写説を採っているかのようにすらみえる。しかし、それはあくまで皮相の観であって、彼はオリジナルな概念論を携え、生物学主義的発想に支えられつつ、プラグマティスティックな真理観を背景として、独特な模写説を展開している。

(一) 模写と適応

マッハは、認識活動をもって、生物がおこなう適応活動の一形式だとみなしている。「生物は環境に対する生得的(永久的)な適応と後天的(一時的)な適応とによって、自分と環境との間の平衡を保っている。……生活条件が複雑になったため、単一の刺戟がいくつもの意義をもつようになり、正鵠を得た適応過程を規定することがむつかしくなったとき、そこではじめて感覚というものが、記憶や表象と倶に生体の状態や情緒を規制する自立的な要素として立現われ、ついには目的意識的な行動を解発する。複雑な生活条件に対しては、それに適合した複雑な――多岐多様な相互に適応した諸部分の相互作用を伴った――生体組織が応える。意識というものは、まさしく脳髄の各部分の特別な相互関聯に存するのである」(『認識と誤謬』、第四版、一〇八〜九頁)。こうして、生物学的適応の要求に応えて、当座の関心や周囲の状況によって要求される程度において「表象は充分正確に事実を模写しようとする。このようにして、表象は漸次事実に適応していく」。尤も、適応の成果は場合場合によって多少とも異る。そこで生物学的関心は、適応の成果を相互的に訂正し、できるだけ有利に和合させようとする。勿論、表象の事実への適応と表象相互間の適応とは、峻別しがたいのであって、前者は殆んど常に後者によって影響を蒙り複雑化される。ところで、「これら二つの適応は、初めのうちは意図も明晰な意識もなしにおこなわれる……が、その後極めて漸次に、明晰に意識された意図的な」適応がおこなわれるようになる。事実および爾余の表象とのあいだにおこなわれるところの「明晰に意識された意図的な適応」こそが、優れて認識と呼ばれるものである。後論を容易ならしめるためにも、右の引用文に盛られている思想をマッハの記号で表現し、かつ若干のコメントをつけておこう。マッハは便宜上、要素を三つのグループに分けている。その一つは、いわゆる物を構成している諸要素であって、ABC……で標記される。第二は、身体を構成する諸要素であって、KLM……で標記される。第三に、いわゆる主観的な表象であって、αβγ……で標記される（なお、自他の別を明示することが必要な場合には、K′L′M′……、K″L″M″……、α′β′γ′……、α″β″γ″……の標号も用いられる）。これら三つのグループに属する諸要素は、いずれも、第一次的には世界を構成する要素なのであって「事実」の側に属する。第三のグループもこの範にもれない。しかし、第三グループの或るものは、右にいう第一次的な「事実」に対する模像であることがある。例えば、要素複合体βγδ……が、要素複合体BCD……、LMN……ないしはまたλμν……等々の模像であることもある。認識形象はそのような特別な表象である。それゆえ、模写的一致といっても、マッハの場合には、超越的実在とのあいだのそれではなく、伝統的な表現でいえば、あくまで「表象と表象との一致」にすぎない。この限りにおいて、彼はいわゆる「模写説のアポリア」を免れている。

なお、マッハのいう模写は、決して対象的事実を原因として、これによって一義的に決定された結果なのではない。それは、諸要素の汎通的相互聯関、汎通的相互的適応の一斑なのである。従ってこの模写は「生得的ないし一時的な気分的傾向によっても左右されるし、先入的なそれによっても影響されるのである」。しかるに、人間にとっては、歴史的文化的な全形象が、先入的に介在している（『認識と誤謬』、一四一頁等々）。このゆえに、認識は模写という性格を保有しながらも、対象によって一義的に決定されるのではなく、歴史的社会的に制約され、規制されており、歴史的・社会的に相対的である。このような含みを有することによって、マッハは先験的な構成主義に対しては反対するけれども、常識的な意味での「構成」に対しては、それを容れうるような形で模写説を立てているのである（次節参照）。

あらためて確認しておけば、マッハは表象が相互的適合を伴いつつ事実とのあいだで示す模写的一致を「適応」という生物学的機能に即して把握する。マッハの考えでは、認識とは畢竟、表象のうちに事実を模写的に再録すること――このような形式での適応である。

（二）　**概念と判断**　マッハは心理主義的な立場を採るけれども、彼の概念論はいわゆる一般表象説でもなければいわゆる代表説でもない。一般に、経験論的理説は、その抽象理論(abstractiontheory)において、周知の難点を孕んでおり、この点をめぐって論理主義者の好餌となっているが、マッハは経験論的抽象理論の難点を自覚的に回避している。彼は「一般的な人間なるものを表象することはできない」ことを認め、表象できるのは、高々、色色な人びとの偶有的諸特性を合一して「デッチあげた」一個の特殊的人間像にとどまることを述べている。端的な例をあげれば、われわれが表象する三角形は、直角三角形であるか、鋭角三角形であるか、鈍角三角形であるか、必ずそのいずれかなのであって、そのいずれでもあるような三角形の概念にふさわしい一般的三角形なるものは、そもそも表象することが不可能である（『認識と誤謬』、一二六頁参照）。「概念の称呼に伴って泛かび、概念的操作に随伴する心像《ビルト》が概念なのではない」（本書二六一頁）。マッハはこのように論ずることを通じて、概念をもって一般表象なりと見做すいわゆる一般表象説を郤けている。彼は代表表象説をも郤け、概念はそもそもレディーメードな表象ではないことを論断したのち、次のように自説を提出している。

「或る概念を示すために言葉を用いる際、そこには周知の感性的活動――これの結果として感性的要素（概念の徴表）が生ずる――への単なる衝動が存する」にすぎない（同上）。けだし概念とは「批判検討したり、比較校合したり、構成したりする、往々にして複雑な、或る精確に規定された活動への衝動」なのであって、この間の事情はピアノ奏者と音譜との係わりになぞらえることもできる（『通俗科学講義』第五版、二八二頁）。概念に照応する内的過程は、ゲシュタルト的に体制化されており、いわゆる「移調性」等々を具えている。しかも「概念は人間仲間全体の知的要求に影響されており、その時代の文化の刻印を担っている」（『認識と誤謬』、一四一頁）。人びとは、与えられた概念に照応する「精確に規定された活動」を、円滑に遅滞なく遂行できるよう「訓練」を通じて習熟しなければならない。マッハの言葉でいえば、「筋肉および構想力のデリケートで多岐多様な神経興発を自在にコントロールできるよう」熟達しなければならない。そのとき、その概念は初めて、概念として定着するのである。この際、どのような表象が泛ぶかということは、副次的な問題である。畢竟するに、マッハは概念の本質を上述のごとき「内的・潜勢的な活動性」に求めるのである。

ところで、抽象的な概念を事実に適用する際、この概念は感性的活動への衝動として働らき、この感性的活動が新しい感性的要素をもたらす。われわれは活動によって、われわれにとっては余りにも貧弱な事実を豊富化し、拡張する。それを保障する具体的な過程が判断の過程にほかならない。例えば、初めて曠野に出た子供が、あたりを見廻して、「僕達は球のなかにいる」「世界は青い球だ」と云う場合、第一の判断においては、既存の感性的表象「僕達」が既存の表象「球」によって一つの像《ビルト》に補完されている。同様に、第二の判断においては、「世界」の像が「青い球」という表象によって補完されている。この例からも窺えるように、「判断とは、常に、感性的事実をより完全に叙述するためにおこなわれるところの、感性的表象の補完である」（本書二五九頁）。

このような補完の過程、判断の過程は、知覚の場面にも浸透している。例えば、垣根ごしに見えるのは帽子だけであっても、われわれはその帽子を補完して、垣根の向う側に人間がいることを知る。また、著名な実験を援用すれば、円弧を一瞬間見せると、それが優弧であれば、被験者には完全な円にみえる。或いはまた、現実の感性的所与は友人の動作や表情だけであっても、われわれは彼の心理状態を補完して考える。このような補完を、マッハは「附け足して考える《ヒンツーデンケン》」という言葉で表現しているのであるが、この「ヒンツーデンケン」ということは、たとえ右の例ほど著しくはないにしても、知覚一般において認められる事実である。このように「補完」が介在している以上、われわれの知覚は、事実の模写だとはいっても、単に受動的な・一方的に刻印される印象なのではなく、敢てそのような云いかたが許されるならば、即自的な「構成」の所産でもある。

この故に、マッハのいう「模写」は初めから「ヒンツーデンケン」を含意しているのであって（『認識と誤謬』、二頁以下）、判断は認識活動の一段階というよりも、むしろ、彼のいう最広義の認識、すなわち、模写的適応一般を通ずるところの構造的契機だということもできよう。

（三）　認識と誤謬

マッハは一種の模写説を採ってはいるが、超越的な真理概念を立てているわけではなく、また彼のいう「模写」たるや或る意味では構成を俟っている。この故に、彼は伝統的な真理概念を踏襲して、真理とは対象的事実を忠実に反映しているものだという形では真偽を論ずることができない。他面において、彼は判断の過程そのものの内部に真偽の基準を求めることもできない。けだしいかなる表象の根底にも「同一の心理的ないし生理的過程が存在しており」（『認識と誤謬』一〇九頁）、認識へ導かれるのも誤謬へ導かれるのも「同一の法則に従う同一の心理的機能による」からである。

結論から先に云えば、「認識と誤謬とは同一の心理的起源から発するのであって、これら両者は、ただ結果によって区別しうるのみである」（『認識と誤謬』一一七頁）。「自分で下した判断なり他人から伝達された判断なりが、それのかかわる物理的ないし心理的な実状に適合し対応していることが分かるとき、そのような判断を正しいと呼び、特にその判断がわれわれにとって新しくまた重要である場合、これをもって認識であると認める。認識というものは、われわれにとって直接的にせよ間接的にせよ、生物学的に有益な心理的体験である。これに反して、判断がそのようなものではないことがはっきりしているとき、われわれはそれを誤謬と呼ぶ」（同上、一一五頁、加藤・廣松編訳『認識の分析』、六七頁参照）のである。

マッハの誤謬論を理解するためにも、ここで繰返し強調されている「同一の心理的ないし生理的過程」の内実について充全な理解を必要とする。「補完」や「ヒンツーデンケン」が聯想律などに依準することはあらためて云うまでもない。しかし、ここで特に銘記しておきたいのは、一層根源的ないくつかの法則である。ここでは、そのうち三つ程を摘録しておこう。その一つは、「恒常性の原理」ないし「連続性の原理」と呼ばれるものであって、いうなれば物理学における慣性の法則の心理学上の片割れである。意識的・前意識的思考は、無為をも含めて、慣い性となっている経路を歩もうとする。例えば、二つの事象AとBとを頭のなかで結びつける習慣が一旦できあがってしまうと、多少異った事態のもとでも、この習慣を維持しようとしたり（聯想）、或るケースに即して得た知識を可及的に推及しようとする（類推）、等々。このような形をとって顕現する根源的な心理法則が「連続性の原理」である（なお、「充足規定の原理」ないし「充足分化の原理」と呼ばれるものが、この定律と相補的である」。（『力学史』一二八頁、本書五一頁以下参照）。もう一つの定律は、「確率の原理」と呼ばれるものであって、「与えられた知覚形象は、それに対応しうる可能的客体群のうち、そのような知覚形象として現われる確率が大なるものにひきつけて直覚的に受納される」ということである。これは「副次的な規定を附け足して考えることに基づくのでもなければ念頭に泛ぶ意識された記憶に基づくのでもなく」（『認識と誤謬』一七五頁）、「従来きわめて屢々一緒に解発されてきた諸機能は、その一つだけが興発された時にも一緒に現われる」という生理学的事実（パブロフ流にいえば条件反射）に基礎をおくものである（本書一七四頁参照）。あと一つの定律は、「節約の原理」と呼ばれるものであって、感覚は「刺戟によって規定される以上の努力を進んで引請けるようなことはしない」ということ、言い換えれば、「感覚は与えられた刺戟に応えるに最小の努力をもってしようとする」ということである。

右にあげた諸原理は、いずれも経済の法則（次章参照）に適っており、さなきだに、これらの原理にしたがうことは、概して、生物にとって合目的であり、一般には「認識へと導く」ものである。しかしながら、まさしくこれらの原理にしたがうことが誤謬の源泉ともなりうるのである。例えば、「連続の原理」にしたがう結果、不当に連続化してしまい、「充足分化律」を犯し、「観点間の葛藤」にまきこまれるとか、実際には確率が小さい事件が現出しているのに確率の原理に従ってしまうとか、不当な「節約」に陥るとか、このような仕儀に陥りかねないのである。ちょうど、蛾にとって一般には合目的な趨光性が、飛んで火に入る夏の虫という仕儀に至らせるのと同断である。マッハは、斯様に、生体に具っている傾向性そのもののうちに誤謬の源泉を認めるのである。

ここで特に指摘しておきたいのであるが、一般に模写説においては、絶対的な真理とは完全な模写だということができよう。ところが、マッハは一種の模写説をとっているにも拘らず、このような立論を自覚的に避けている。「正しい模写」ということはマッハのいう真理にとって必要条件ではあっても充分条件ではない。因みに完全な模写は、かりに可能だとしても、極めて不経済であり、生物学的目的にとって、無益である以上に有害であろう。かかる不経済な「完全な模写」をもって真理の理想だとはしないところに彼の真理論は思惟経済の原理とも整合的である。

三　マッハの学問観

マッハは感覚一元論を採りかつ記述主義を唱道しているが、しかし、彼は決して偏狭な「実証主義」を採るものではない。また、個別科学万能論を唱えるものでもない。彼が偏狭な実証主義者でないことは、思考実験や思惟的補完がいかに強調されているか、これを想っただけでも容易に肯けよう。また、彼が個別科学万能論者でないことは、包括的・統一的なパースペクティヴを与える見地の問題として、哲学的見地の重要性を認めていることや、学問的研究の目標として「出来るだけ完全な、脈絡ある、統一的で、安定的な、新しく立現われる事柄によってもはやこれといった混乱に陥らないような世界像、可能な限り安定した世界像」(『熱学の諸原理』、第二版、三六六頁)を挙げていることからも知ることができる。

マッハの考えでは、学問はすべて、実際的な目的のためであれ知的な不快を片づけるためであれ、ともかく事実の模写をめざすものである(本書二五六頁)。それゆえ、事実への思想の適応こそがあらゆる自然科学的事業の目標である(本書二五八頁)。溯って云えば、知識そのものが有機的自然の所産であり、それ自身進化の法則に適うもの(『通俗科学講義』、二四六～九頁)なのであって、「学問は、一見、生物学的文化的発展から生まれた最も不必要な傍道であるかのようにみえるが……迅速な明確に意識された方法的秩序をもった適応」なのである(『認識と誤謬』、四五七頁)。マッハは、このように、生物学的機能に即して学問を観ずるのである。

(一)　思惟経済の原理　マッハといえば直ちに思惟経済の原理を思い泛べるほど、この原理はマッハの令名と結びついている。しかし、思惟経済の思想はキルヒホッフの「完全にして最も簡単な記述」を先蹤とし、遡ればアダム・スミス、さらにはニュートンに淵源するものである。しかも、マッハと相前後して、アヴェナリュウスが同じ思想を周到に定式化している。恐らくこのような事情も手伝って、マッハ自身は思惟経済の原理に関して、それほどオリジナリティーを主張してはいない。しかし、ともあれ、思惟経済の思想がマッハの学問論において枢要な位置を占めていることは確かである。

思惟の経済とは、精神的労力を「節約」することの謂いであるが、節約そのことが自己目的なのではなく、それはあくまで「より完全な記述」と相関的である。この点で、単なる「節約の原理」とは区別されなければならない。思惟経済の原理は、畢竟、出来るだけ僅かな「支出」によって、可及的に充全な「記述」をおこなうというにある。元来、思惟の経済は、動物の知的活動においてすら、いな、要素的諸器官においてすら、汎通的にみられる傾性であるが、学問においてそれが完現するのである。彼は次のように述べている。「自己保存の経済から最初の知識が発生する」(『通俗科学講義』、二二八頁)。ところが、幾多の人びとがかつて実際になした経験が、コミュニケーションを通じて一つにまとめられ、これと並んで、経験の総和を可及的に小さな思惟の支出によって律しようとする慾求が、経済的な秩序づけへと駆りたてる。このようにして学問が確立してくる。かくて、「学問というものは、事実を思想のうちに模写し予写することによって、経験を代替したり節約したりすべきものである」(『力学史』、四五七頁)。「思惟の経済つまり事実の経済的な叙述こそが学問の本質的な課題」(本書四四頁)なのである。

「学問の本質を貫いているこの経済的な機能は、きわめて一般的な考察によってすらすでに明らか」であるが、敢て例解を求めるならば、数学こそその恰好なものである。数と呼ばれている整序記号からしてすでに驚嘆すべき節約の体系である(『通俗科学講義』、二二六頁)。算術の問題はすべて数を算える経験に帰着するのであるが、算えていったのでは一生かかっても算定できないようなものを、ほんの数分間で片づけることができる。対数表や積分公式集を想ってみるが良い。一般に公式と呼ばれているものを想ってみるが良い。これらは他人の経験でもって自分の経験を代替し、かつ節約することを可能ならしめる。初等数学のみならず高等数学も、すぐ使える形になっている経済的に秩序づけられた算数経験に外ならない（同上）。

ところで、思惟経済の原理は、その生理学的・心理学的基盤を尋ねるならば、就中、節約の原理と充足分化の原理との調和的協働に基づいている。例えば、水面における光線の屈折は、当初、恣意的にみえる。しかし、それはやがて $\frac{\sin\alpha}{\sin\beta}=n$ という形で縮約的・統一的に記述できることが判る。ところが、定数 n の或る値を墨守していたのでは、うまく記述できないケースに直面する。光線の色（波長）に応じて n の値を補正しなければならないし、また、温度に応じてもそうしなければならない。このような分化が周到に行われえてのみ上記の「屈折法則」は、はじめて完全な縮約的記述となる。これを一般化していえば、マッハの考えでは、もともと認識活動というものが生物学的適応の一過程なのであるが、恒常性の原理、ひいては節約の原理に則った思惟活動は、時として、新しい事態に直面して佇立したり、所期の結果が得られなかったり――生物学的適応に齟齬を来たす。ここにおいて「問題」が発生する。しかるに問題の解決とは、そのような齟齬がもはや感じられなくなるほど「生物学的要求」を充当すること、すなわち、適応が円滑に進捗することにほかならない。ここに充足分化が要求されるのである。こうして、問題の発生とその解決を契機としつつ、節約の原理と充足分化の原理との相補的充当を通じて、思惟経済の原理が貫徹していくのである。

（二）記述主義　前節でみた通り、学問の本質と課題は、マッハの考えによれば、事実の経済的記述に存する。普通には説明原理だと考えられているものも、実は記述原理にすぎず、本質的には、博物学における記述原理と異らない（『通俗科学講義』、二三〇頁）。

科学をもって因果的説明の体系だとみる通説をしりぞけ、マッハが敢て記述主義を標榜するのは、いわゆる因果的把握が不当な発想と結びついており、少くとも一面的にすぎるということへの洞察に根差している。因果観はプリミティヴな擬人的世界観に発するものであり（本書八二頁）、ともあれ、因果的説明においては、往々、或る「有意的エージェント」が所期の結果を「惹き起こす」かのように語られ、暗々裡に擬人的発想が残留している。この点は措くとしても、因果的説明は実体概念と不即不離の関係にある。しかるに、マッハは宛かもE・カッシラーを予料するかのように、実体概念に代えるに函数概念をもってしようとする。因果概念、ひいては因果的説明に対するマッハの処遇は、抽象的一般的に云えば、この基本的態度の一斑である。

すでにみた通り、世界はフンクチオネールに聯関し合っている一総体である。しかるに、因果的な把握は、かかるフンクチオネールな聯関の一局面を、しかもきわめて不完全な形で一方的に把握したものにすぎない。「自然における聯関は、一つの原因と一つの結果とを挙げうるほど単純なことは稀である」（本書七七頁）。例えば、物体が千仭の谷底に「自由落下」していく場合、この物体の加速度は地球という質量塊の引力（原因）の結果だとされるのが普通である。しかし、この物体が現実におびる加速度は、大気の抵抗、従って物体の形状によっても規定されるのであり、周囲の山からも引力を受ける。物体の加速度は、これらきわめて多くの要因によって規定されているのであって、決して地球の質量によって一義的に決定されているわけではない。そのうえ、地球の引力は一方的な原因なのではなく、実は地球と物体とのあいだには相互作用が成立しているのである。両々原因であると同時に結果でもある等々。

マッハは、それゆえ、「因果概念をば数学的函数概念、現象相互間の依属関係、より厳密にいえば、現象の諸徴表相互間の依属関係で置き換えよう」とする（本書七八頁）。彼によれば、科学的探求は、象徴的・記号的に記せば、F（A, B, C, ……）＝0という形の方程式を解くことに帰着するのであって（本書四〇頁）、説明と呼ばれているものは、所求の近似方程式を立て、それを陽函数の形に書き改め、変項の値を措定してみせることにほかならない。これをもって「説明」と呼びつづけようとそれは勝手である。しかし、陽函数的措定は、その本質においては、諸現象の相互的依属関係を縮約的・統一的に記述したものにすぎない。この意味において、*いわゆる説明とは、その実、記述にすぎないというのである。

* マッハのいう「記述」は狭い意味に理解されてはならない。因みに、科学は単なる記述の体系ではなく「予言を含む体系」だという立論に対して、彼は次のように述べている。「しかし、この予言という表現は狭隘にすぎる。地理学者や考古学者や、時としては天文学者も、また歴史家や文献学者は常に、いわば過去の方に予言する。……科学は部分的にしか与えられていない事実を思考のなかで補完する……」。（『通俗科学講義』、二八三頁）。「記述ということは事実を思想の言葉で構築することである」（同上）。マッハのいう記述は、単なるラレツ的な記述ではなく、補完的・構築的・体系的な記述である。

（三）**法則論**　マッハによれば、そもそも「法則」というものも経済的記述の一斑である。「法則とは知的労力を節約するための縮約的記述である」。

しかし、観点をかえていえば、「法則とはわれわれが経験の指導のもとにわれわれの期待に課する制限である」（『認識と誤謬』、四四九頁）。「法則というものは、それが行動の制限と考えられるものでも、また逸脱を許さぬ自然事象の軌道と考えられるものでも、或いは事象を補完しかつ予測する表象活動や思考活動に対する指針と考えられるものでも、すべて可能性の制限である。ガリレオとケプラーは、落下運動と惑星運動のさまざまな可能性を表象し、観察と合致するものを求めた。彼らは自分の表象を観察に基づいて制限したのである。慣性の法則は考えられうる無数の可能性のうちから、表象に基準を与える一つの可能性を顕揚する」(『認識と誤謬』、四五〇頁)。以上の引用からも窺えるように、マッハは法則をもって、単なる対象的法則性の模写だと見做すことなく、先に紹介した「概念」と相補的に、「期待の制限」となし、認識主観の活動性に即して把握するのである。

「自然法則は、自然のなかで適切に行動しよう、現象に直面して混乱狼狽することのないようにしようというわれわれの心的要求から生まれたものである。このことは法則の動機のうちに明瞭に現われている。法則は常にこの要求に答えるものであるが、その答え方はその時々の文化状態によって異る。初期の粗笨な把握の試みは、神話的、鬼神論的、文学的であった。自然科学の新たな勃興の時期、すなわちコペルニクス・ガリレオの時代は、何よりも先ず暫定的な質的解明が試みられた時代であり、思惟による自然の再構成のための法則探求の主目標は、容易さ、単純さ、美しさであった。そのご出来るだけ完全な、すなわち一義的な規定をめざして、精密な量的研究が行われるようになった」(『認識と誤謬』、四五八頁)。しかしともあれ、「記憶を賦与された生物にあっては、或る与えられた環境のもとにおけるその期待がいつも種と個との維持という目的に合致するように規制されねばならぬという要求がある」(同前)。法則は、かかる「要求」に応えるものである。けだし、法則は、如上の「期待の制限」として、生物学的適応の一形式なのである。

マッハの哲学に関しては、紹介さるべき実に多くの事柄が存在する。しかし、私はここで一旦紹介の筆を擱かねばならない。本書『感覚の分析』は、どちらかといえば個別的諸研究の集成といった性格をもっており、マッハの哲学説を読み取るには聊か不便である。以上の拙い紹介がマッハ哲学のアウトラインを泛べる一助となりうれば望外の倅である。

マッハ哲学の研究書は多数にのぼるものと思われるが、ここでは繙読の機会にめぐまれたものを幾つか挙げておこう。

Reinhold Schultz : Die Machsche Erkenntnistheorie. Darstellung und Kritik. Berlin, 1908.

Rudolf Thiele : Zur Charakteristik von Machs Erkenntnislehre. (Abh. zur Philosophie u. ihren Geschichte. herausg. von Benno Erdmann, Heft 45) Halle, 1914.

Franz Kallfelz : Ökonomieprinzip bei Ernst Mach. Darstellung und Kritik. München, 1929.

Bernhard Hell : Ernst Machs Philosophie. Eine erkenntniskritische Studie über Wirklichkeit und Wert. Stuttgart, 1907.

Hugo Dingler : Die Grundgedanken der Machschen Philosophie. 1924.

Herbert Buzello : Kritische Untersuchung von Ernst Machs Erkenntnistheorie. Halle, 1911.

なお、評伝としては次の二著が優れているといわれる。

Hans Henning : Ernst Mach, als Philosoph, Physiker und Psycholog. 1915.

Friedrich Adler : Ernst Mach, Überwindung des mechanischen Materialismus. 1918.

また、マッハ主義を批判したものとしてはレーニンの『唯物論と経験批判論』と並んで、カント主義の立場から書かれた、

Richard Hönigswald : Zur Kritik der Machschen Philosophie. Berlin, 1903.

がある。

（廣松　渉）

エルンスト・マッハ
(Ernst Mach)

1838-1916．オーストリアの物理学者・哲学者・科学史家．グラーツ大学，プラハ大学の物理学教授（1864-67），ウィーン大学哲学教授（1895-1902）．アインシュタインの相対性理論に対する直接的な先駆者としての業績をはじめ，心理学・生理学・科学史など多方面にわたって重要な業績をのこし，その哲学は論理実証主義・分析哲学に多大な影響をあたえている．本書のほか，『認識の分析』『時間と空間』（邦訳・法政大学出版局）など多くの著書がある．

《叢書・ウニベルシタス　26》
感覚の分析

1971年10月25日　初版第1刷発行
2013年10月25日　新装版第1刷発行

エルンスト・マッハ
須藤吾之助／廣松　渉　訳
発行所　一般財団法人　法政大学出版局
〒102-0071 東京都千代田区富士見 2-17-1
電話03(5214)5540　振替00160-6-95814
製版，印刷：三和印刷／製本：誠製本

Printed in Japan

ISBN978-4-588-09970-0

事項索引

ア行

カ行

サ行

マ行

ヤ行

ラ行

人名索引

ア行

カ行

サ行

タ行

ナ行

ハ行

マ行

ヤ行

ラ行

ワ行